Mémoires d'un Feu

Un roman historique

Daniel-Gérard Rouzier

Deuxième édition, revue et augmentée.
Préface de Michel Soukar
Postface d'Eddy Cavé

Titre original : Mémoires d'un Fou, Un Roman Historique
© Daniel-Gérard Rouzier, 15 septembre 2023
Tous droits réservés
Dépôt légal :22-080-270
Bibliothèque Nationale d'Haïti
ISBN : 9798884881488
Première de couverture : Dessin de Patrick Vilaire
Conception Graphique : Xavier Delatour et Max Desdunes
Traitement des images : Fabrice Rouzier, Xavier Delatour et Max Desdunes
Photographie : Sidney Abrahams Rouzier
Mise en page : Kiskeya Publishing Co

À Papa Rouzier et aux ancêtres
À Karine, Stefan, Nathalie et Sidney

TABLE DES MATIÈRES

Quatrième partie : Après la peste, le choléra

Cinquième partie : C'est affaire entre Dieu et toi !

Sixième partie : Rien ne se résout, tout continue !

PRÉFACE

Un roman historique donne généralement vie à un ou des personnages réels ou imaginés, acteur (s) d'évènements passés où l'invention peut ne pas être exclue. Après la production fantaisiste de Mme de Scudéry et la réaliste « Princesse de Clèves » de Mme de La Fayette au XVIIe siècle, ce genre littéraire prend forme au début du XIXe siècle avec l'écossais Walter Scott. Les tourments et les exaltations soulevés par la Révolution de 1789, puis par l'épopée de Bonaparte ont suscité le sentiment de vivre des moments décisifs. Ainsi nait un puissant intérêt pour l'Histoire et son influence sur le cours d'un destin individuel ou collectif. Jaillit alors le courant de l'œuvre-témoin : celle de Balzac sur la France de la Restauration, celle de Zola sur le Second Empire, de Martin du Gard dans *Les Thibault* sur l'entre-deux guerres (1919-1939), de Marguerite Yourcenar sur la Rome antique dans *Mémoires d'Hadrien* , etc...

Le roman retrouve sa vocation originelle : l'enquête générée par la fascination de l'Histoire. Le ou les personnages acquièrent leur crédibilité par leur participation à une entreprise collective. Le metteur en œuvre doit satisfaire deux exigences : une documentation solide, non envahissante au service d'une intrigue respectueuse des couleurs de l'époque, de son déroulement et la prise en compte de la perception du lecteur moderne. Le regard sur le passé reste celui d'aujourd'hui et ce double rapport à l'Histoire constitue tout son intérêt.

Il y a des œuvres qu'on ne devrait pas oser avant d'avoir atteint une certaine maturité et Daniel-Gérard Rouzier n'est pas à ses premières armes. Il avoue qu'il lui aura fallu plus d'une vingtaine d'années de recherches pour compléter l'histoire de ce Fou qui raconte, à sa manière et au gré de ses souvenirs, l'Histoire de son pays. Il campe la trame d'un récit qui bien qu'inédit, est solidement ancré sur des faits authentiques. Entre éphémérité et éternité, cinq siècles d'histoire défilent à la vitesse d'un rêve et tiennent en haleine une psychiatre en formation, une manbo et un prêtre catholique. En sortiront-ils sains d'esprit ?

La folie est un thème fort dans les lettres, une source vive d'inspiration, un questionnement multiple. L'obsession d'Achab dans *Moby Dick*, les hallucinations d'Hamlet, la passion amoureuse du jeune Werther, les conséquences d'abus d'alcool et de drogues chez Antonin Artaud, les folies dues au pouvoir absolu chez *Caligula* de Camus, les anormalités de la société à travers *Don Quichotte de Cervantes*,

Les Possédés de Dostoïevski, les créations plus qu'étranges de Nerval, de Maupassant, sans oublier des personnages des tragédies grecques, etc...

Dans la littérature haïtienne, la folie et la possession saccagent bien des personnages de roman. Parmi les œuvres qu'elles marquent de leur empreinte sinistre : *Les dix hommes noirs* (1901) d'Etzer Vilaire, *Folie* (1968) de Marie Chauvet, *Les Possédés de la pleine lune* (1987) de Jean Claude Fignolé, *Le cri des oiseaux fous* (2000) de Dany Laferrière, *Les fous de Saint-Antoine* (1989) de Lyonel Trouillot, *Je suis vivant* (2015) de Kettly Mars, *La Folie était venue avec la pluie* (2001) de Yanick Lahens etc...

Un égoïsme enragé et des désirs aussi immodérés qu'inassouvis ont transformé une île paradisiaque en enfer... comment ? pourquoi ? *Mémoires d'un Fou* propose des réponses. Il divertit par la fiction, instruit par la connaissance et les leçons du passé. Mais Daniel ne s'arrête pas là, et c'est un des nombreux mérites de ce livre. Au-delà des intérêts occultes et de la voracité d'appétits non-avoués, il questionne le rôle des croyances religieuses des protagonistes et tente de comprendre leur influence dans les hauts faits des Aïeux comme dans leurs errements. Au fait, il ne se contente pas de décrire et de critiquer. Même si tout peut paraître désespéré, son Fou a assez vécu pour savoir que rien n'est vraiment désespérant et qu'au bout du compte, tout passe. Un refrain revient constamment : il y a un temps pour chaque chose ! Avec la foi du pénitent qui cherche sa rédemption et son salut, le Fou raconte, explore, confesse, se confesse et découvre finalement l'antidote contre l'égoïsme et l'indifférence des hommes.

Les *Mémoires d'un Fou* relèvent-ils du merveilleux ou du fantastique ? Je penche pour le second. La lecture de ce roman historique produit une hésitation entre le possible et l'impossible, entre le logique et l'illogique. Le merveilleux fait la part belle au surnaturel. Les présupposés d'un monde magique une fois admis, le récit s'y déroule normalement. Avec Moro, nous longeons la frontière entre le merveilleux et l'étrange, avec tout ce que cela entraîne de discussions. Dans la littérature haïtienne, des œuvres fortes colorent ces paysages insolites habités par des êtres originaux : *La Piste des Sortilèges* (2001) de Gary Victor, *L'Ange du Patriarche* (2018) de Kettly Mars, *Romancero aux étoiles* (1960) de Jacques S. Alexis...

Le discours cohérent du Fou soulève bien des controverses. Notamment dans les rapports de l'homme avec Dieu. « Dieu qui, dit-il, ne nous épargne rien mais nous soutient en tout ». Le Fou prêche l'amour entre les humains. Ce que, malheureusement, constate-t-il, les « amis d'Haïti » ne pratiquent guère, perpétuant la politique du pillage de leurs aînés grâce à la trahison de *politicailleurs* et d'affairistes dits haïtiens. Entreprise d'anéantissement sous un manteau d'hypocrisie démoniaque. Comme nous, le Fou la subit encore.

Ce roman risque de faire partie de ces œuvres qui accompagnent et habitent son lecteur. En relisant ces *Mémoires d'un Fou* , ne soyez pas surpris de le chercher autour de vous, dans les coins et les recoins de notre pays où il gagne son pain depuis des temps immémoriaux.

Daniel-Gérard Rouzier revêt notre tragédie de peuple d'une forme esthétique et apporte une compréhension au-delà de toute rationalité ! N'en déplaise à Macbeth, cette histoire pleine de bruits et de fureur n'est pas dite par un idiot et chacun y saisira un sens, puisant une matière à méditer.

Michel Soukar
Novembre 2023

Figure 1. Armoiries de la République, dessin au crayon de Kassim Oumarou dos Santos.

AVANT-PROPOS

Je suis fou d'Haïti. Je ne suis pas seul. Comme beaucoup d'autres avant moi, j'ai aimé et j'aime encore ce pays d'un amour passionnel, c'est-à-dire, hors du commun, souvent aveugle et insensé, tant et si bien que chaque fois que j'ai été face à la réalité et que j'aurais dû le regarder pour ce qu'il était, mes sentiments m'en ont empêché. Je le sais et je l'assume. Haïti m'a tant donné… c'est là que par un heureux hasard j'ai rencontré ma femme, c'est là que chacun de mes enfants est né, c'est là que je me suis bâti des amitiés intemporelles, c'est aussi là que je me suis investi et que j'ai fait ma vie. Avec le temps, sans le savoir, sans même le sentir, un peu comme il est naturel de respirer, j'en suis tombé éperdument amoureux et contre vents et marées, contre toutes les souffrances, contre tous les sévices et contre toutes les avanies, j'ai persévéré et j'y ai béatement creusé plus profondément mes fondations.

Dans mon entêtement, j'ai souvent sacrifié mon amour propre et en retour, souvent contre toute attente et malgré des instants de grande douleur, Haïti m'a aussi offert des moments d'intense bonheur. Ma patrie m'a demandé mon dévouement, ma disponibilité, ma confiance, mon intégrité, ma sueur. J'ai choisi en plus de lui offrir mon cœur. Maintenant que j'entame la fin de mon parcours, je peux honnêtement affirmer que rien n'est comparable à l'amour d'un homme pour sa patrie, si ce n'est celui qu'il a pour sa mère et qu'il a dans le sang : Il n'en ressent la profondeur et l'acuité que lorsqu'arrive le moment de la séparation. Avant de laisser la scène, je me suis promis d'accomplir un dernier devoir, celui de raconter l'histoire du pays, telle que je la comprends, telle qu'on me l'a racontée, telle que je l'ai vécue et telle qu'au bout d'une longue et patiente recherche, je l'ai découverte. Pour faire œuvre qui vaille, je me suis efforcé de la contextualiser à la lueur des croyances des uns et des autres, car rien en Haïti n'est vraiment compréhensible sans l'éclairage des pratiques religieuses des protagonistes.

J'offre ce livre à mes pairs et à leur progéniture en espérant que, dans le dédale des faits d'armes, des décisions lumineuses, des rendez-vous manqués et des opportunités gaspillées, ils arriveront à se faire une idée de ce qui, en cinq-cent-trente ans, a fait de ce pays le capharnaüm le plus chaotique de l'hémisphère occidental.

En fin de compte, rien de ce qui est arrivé jusqu'ici ne devrait nous étonner : Nous avons hérité d'une Nation qui dès sa formation a été isolée du monde qui l'entourait ; un monde qui l'a traînée aux gémonies pour avoir osé vouloir vivre libre ; un monde qui, dès ses premiers pas, l'a cousue de dettes et qui aujourd'hui encore n'a aucun scrupule à lui couper l'accès aux capitaux qui lui permettraient de devenir autonome, vibrante et souveraine ; un monde qui, après l'avoir affamée, a feint de compatir à sa douleur en la mettant sous perfusion d'un assistanat perpétuel.

Comme si ces défis n'étaient pas suffisants, certains de ses propres enfants sont devenus ses pires ennemis. J'ai vécu plus de cinquante ans en Haïti et j'ai pu observer, impuissant et désespéré, comment certains de mes compatriotes, une fois arrivés au pouvoir, s'étaient transformés en ogres pour entamer le dépeçage systématique du troupeau qu'ils avaient pourtant juré de défendre. Avons-nous le mot *pichon*[1] gravé sur nos fronts ? Sommes-nous irrémédiablement voués à l'échec ? Notre dérive morale est-elle sans rémission ? L'esprit citoyen est-il mort ? Sommes-nous condamnés à végéter éternellement à la traîne ? À toutes ces questions, je réponds péremptoirement NON !

Cependant, pour relever ce peuple et lui permettre d'atteindre son niveau d'excellence, il est absolument nécessaire de lui raconter son histoire, sans biais, sans préjugés, ne serait-ce que pour qu'il s'abstienne de répéter les mêmes erreurs, emprunte finalement un autre chemin et détruise à tout jamais l'Haïti de misère, d'égoïsme et de mendicité qui a existé jusqu'ici pour la remplacer par une Haïti verte, vibrante, dynamique, prospère, équitable et résolument tournée vers l'avenir. C'est là toute l'ambition de ce livre !

Déjà le 15 mai 2018, dans un discours prononcé lors d'un dîner organisé par la Chambre de Commerce Américaine en Haïti (AMCHAM) en l'honneur de l'ambassadeur américain, j'exhortais publiquement mes pairs à agir autrement pour changer le cours du destin funeste qui nous pendait tous au nez. Mon appel était alors tombé dans des oreilles sourdes. Depuis, la société haïtienne me rappelle étrangement Louis XVI qui, le 14 juillet 1789, alors que Paris entrait en ébullition et que le peuple envahissait la Bastille, inscrivait machinalement dans son journal intime : « *Rien !* ».

En conséquence, rien de ce qui a suivi mon discours ne m'a pris à l'improviste. J'ai vécu les évènements de 2018 à 2023 comme des conséquences fatales mais prévisibles de notre cécité, de notre égoïsme et de l'inaction qui en a résulté. Honnêtement, je n'espérais pas de résultats meilleurs, même, je les craignais pires.

J'ai passé un temps considérable à fouiller dans le passé et je crois savoir aujourd'hui d'où nous venons. Je crois aussi comprendre, à défaut d'y souscrire, les choix que nous avons faits pour arriver jusque-là. L'histoire de cette terre a été une

---

[1] Guignon.

succession ininterrompue et alternée de terribles orages et de violents séismes créés, certains par la nature, d'autres par l'homme... Autant il est vrai que les orages obscurcissent le ciel et que les tremblements de terre remuent la vase de fond et troublent l'eau, il est tout aussi vrai que quelques temps plus tard, « *la terre se raffermit, l'eau s'épure, et le ciel, momentanément troublé, mire au lac éternel ses étoiles d'or[2].* »

Je m'en voudrais de ne pas saisir ici l'occasion de remercier tous ceux qui par leurs conseils, leur collaboration et leur travail ont contribué à la publication de cet ouvrage :

— À ma femme Karine dont l'amour a été constant dans les bons comme dans les mauvais moments et dont les conseils avisés et la patience ont permis au Fou de vaincre ses réticences et de s'exprimer...

— À mes enfants Stefan, Nathalie, Sidney et à mes petits-enfants qui sont ma raison d'être. Qu'ils sachent que j'ai écrit ce livre en pensant constamment à eux.

— À mes parents et mes grands-parents qui m'ont donné le goût des livres.

— À Michel Soukar qui m'a littéralement tenu la main et ne m'a ménagé ni son temps, ni ses connaissances.

— À tous les historiens qui m'ont précédé et qui, par leur travail, ont rendu la publication de ce livre tellement plus facile. Ils se retrouvent immanquablement à chaque page de cette œuvre.

— À Patrick Vilaire qui, il y a plus de trente ans, sans le savoir, m'a lancé dans cette œuvre en m'offrant le dessin qui est sur la première de couverture.

— À Evelyne Cadet, ma sœur de cœur, qui, au pire de la tourmente, jour après jour, a continué à être là, à travailler, à espérer, à questionner et à me pousser à trouver le mot juste.

— À manbo Euvonie, qui a été la première à me parler vraiment du vaudou et a patiemment répondu à mes questions. Adja Houn! Que sa belle âme repose en paix.

— À mes amis prêtres et pasteurs, Clément, Elder, Keith, Ogé, Olivier, Pierre-André, Téky...

— À Chuck, Jack, Johnny, Ken, Mario et Sacha qui reconnaîtront ici et là, je l'espère, le fruit de nos prières et de nos nombreuses discussions.

---

[2] Alexandre Dumas, *Le Collier de la Reine*, deuxième série des mémoires d'un médecin, Méline, Cans et Compagnie, Bruxelles, 1849, avant-propos.

— À tous ceux et toutes celles qui, en lisant les différentes épreuves de cet effort, m'ont permis d'en affiner le contenu, Karine Rouzier, Evelyne Cadet, Dominique Richard, Liliane Villaire, Louino Robillard, Patrice Dalencour, Fred Brutus...

— À Eddy Cavé, dont la plume délicate et l'œil avisé ont non seulement corrigé les imperfections de ce texte, mais en ont fait une œuvre plus limpide et accessible.

— À mon frère Fabrice qui n'a jamais hésité à me prêter son crayon ou à m'aider dans la recherche, la sélection et le traitement des dessins et des meilleures gravures.

Et finalement et particulièrement, je dis merci au Bon Dieu : Merci pour ce cheminement qui touche à sa fin ; merci pour tout ce qu'IL m'a permis d'observer, de comprendre et d'apprendre ; merci pour toutes les portes qu'IL a ouvertes ; merci pour toutes celles qu'IL a fermées ; merci pour les responsabilités qu'IL m'a confiées et qui ont donné un sens à ma vie ; merci pour cette foi qui m'a permis, envers et contre tout, de continuer à aimer, à croire et à espérer ; merci pour tout ce qu'IL n'a jamais cessé d'être pour moi, et pour tout ce que j'ai voulu être pour LUI. Qu'IL me pardonne mes doutes, mes manquements et mes errements !

Avec ce travail qui prend fin, je retourne à Dieu et, par LUI, à tous ceux qui ont vécu ces cinq-cent-trente dernières années dans la souffrance et l'indignité. « Il y a une morale humaine qui impose des devoirs et reconnaît des droits. Ces devoirs et ces droits tiennent à la nature de l'homme. Ils viennent de Dieu. On peut les violer. Il n'est du pouvoir d'aucun mortel de les supprimer[3] !»

Lorsqu'au bout de plus de vingt ans de recherches et d'efforts ce livre aura paru, je veux croire que mes amis reconnaîtront l'homme que j'ai toujours été, avec mes qualités et les défauts de mes qualités. Ils me retrouveront certes, plus mûr, c'est-à-dire, avec quelques rides de plus au front et des cicatrices de plus au cœur. Dans mes espérances comme en moi-même, il n'y a par conséquent aucun changement ; si ce ne sont ces vieilles rides et ces douloureuses cicatrices. C'est tout.

Quant à mon Haïti, je sais qu'un jour je la laisserai mais, je sais aussi qu'au fond, elle ne me laissera jamais et que je ne l'aimerai que davantage. Que le Bon Dieu protège Ma Patrie, toujours !

Daniel-Gérard Rouzier
Le 15 septembre 2023

---

[3] *Lettre pastorale de Mgr Saliège*, archevêque de Toulouse, août 1942.

PROLOGUE

« Il y a un temps pour tout ; un temps pour toute chose sous les cieux : Un temps pour naître, et un temps pour mourir[4].» C'était le meilleur des temps. Ce 26 juillet 1986, Louis-Marie Laporte, que ses amis appelaient familièrement Lou, était au septième ciel. La vie lui souriait : tout autour de lui, en ce jour béni, était, comme dans Baudelaire : « ordre et beauté, luxe, calme et volupté[5]. » Dehors, dans un ballet féérique, les colibris et les papillons contaient fleurette aux hibiscus et aux clochettes qui, sans aucune prétention de pudeur, leur livraient leurs pistils embaumés ; les fourmis folles s'agitaient dans un désordre frénétique comme des pirates à la recherche du trésor de Golconde ; le maïs en fleur augurait d'une récolte abondante et d'affaires juteuses pour Lou qui était un spéculateur en denrées et qui avait pu, par son sérieux et son sens de l'équité, acquérir une honnête aisance et vaquer en paix à ses activités.

Rien de tout cela cependant n'avait d'importance pour lui car, en ce matin de juillet, il était bien là chez Maître Marcel Cinéus, Officier d'état civil de la Petite-Rivière de l'Artibonite pour déclarer que de ses œuvres et de celles de sa femme légitime Camille Hélène Saint-Macary, institutrice, était née leur fille à laquelle ils avaient choisi de donner les prénoms d'Anne-Catherine.

Ils avaient choisi de l'appeler Anne parce qu'elle était venue au monde le jour de la Sainte Anne, la grand-mère de Jésus. Comme Anne et Joachim, Lou et Hélène étaient dans leur trentaine et avaient, jusque-là et malgré leurs meilleurs efforts et leurs plus ferventes prières, été sans enfants. Ils avaient vécu leur stérilité comme tous ceux qui comme eux vivent la même épreuve : doutes sur soi, doutes sur l'autre, doutes sur leur foi, chagrin, moquerie, petits mots méchants de leur entourage...

Peu importe, aujourd'hui, tout était oublié... Leurs prières étaient exaucées, un trésor leur était confié... Ils avaient choisi de l'appeler aussi Catherine en l'honneur de Catherine de Médicis, reine de France, pour laquelle Hélène avait la plus grande admiration. Elle voyait en elle une femme exceptionnelle, qui avait su par des temps de discorde et de guerre de religion, instaurer chez ses sujets une liberté de conscience et un esprit de tolérance... deux valeurs qu'Hélène chérissait mais, qui faisaient tant défaut à ses compatriotes.

---

[4] *Livre de l'Ecclésiaste* 3 : 1 et 2.
[5] Charles Baudelaire, *L'invitation au voyage, Les Fleurs du mal*, Poulet-Malassis et de Broise, 1857, pages 115-117.

Lou, de son côté, pensait sincèrement que la combinaison de ces deux prénoms était bien trop lourde à porter par un tout petit bébé, mais il s'était tu et avait accepté la décision de sa femme sans se faire prier. Oui, il s'était résigné parce que d'une part, follement amoureux d'Hélène, il ne pouvait vraiment rien lui refuser et que d'autre part, il était persuadé que sa petite Anne-Catherine était vouée à devenir tour à tour et au gré de ses ambitions paternelles, soit la plus jolie princesse que le monde n'ait jamais eu le privilège de voir éclore, soit une présidente de la Cour de cassation et pourquoi pas une lauréate du prix Nobel d'économie. Il lui fallait, par conséquent, porter un prénom digne de toutes ces prétentions.

Tous les soirs, Lou prenait sa petite princesse dans ses bras pour la bercer et la faire dormir. Il lui chantait toujours le même refrain et se l'imaginait comme la Reine de Saba dans toute sa splendeur, parée d'une robe et d'une traîne somptueuses, adulée par tous et dansant une valse au bras du plus brave des cavaliers

— En attendant, sur mes genoux, belle princesse, endormez-vous[6] !

Il la voyait ensuite portant une toge, entourée d'un auguste aréopage de juges sages et compétents alors qu'elle rendait, avec éloquence, une ordonnance assurée de faire école pour l'humanité :

— En attendant, sur mes genoux, honorable magistrat, endormez-vous !

Il se la représentait enfin, docteure en économie, professeure à l'Université, auteure à succès, recevant un prix Nobel dans une salle en liesse de l'Académie Royale des Sciences de Suède :

— En attendant, sur mes genoux, très chère docteure, endormez-vous !

« Il y a un temps pour tout, un temps pour toute chose sous les cieux : Un temps pour tuer, et un temps pour guérir[7]. » C'était aussi le pire des temps. Quelques mois plus tôt, le président à vie Jean-Claude Duvalier, sentant que les jours de son pouvoir étaient comptés, avait choisi de quitter le Palais National pour laisser subrepticement et en pleine nuit le pouvoir et aller jouir du fruit des brigandages du régime, loin du pays et de ses turpitudes. Il était richissime et encore jeune. Il avait hérité d'une dictature qui aura régné sur Haïti, pendant vingt-neuf longues années ; des années pénibles pendant lesquelles les libertés publiques avaient été supprimées ; des années sanglantes au cours desquelles, des dizaines de milliers de personnes avaient disparu,

---

[6] Anatole France, *Les désirs de Jean Servin*, Calmann-Lévy, Éditeurs, 1921, Paris page 3.
[7] *Livre de l'Ecclésiaste* 3 : 1 et 3.

les plus chanceuses ayant pu laisser le pays sans demander leur reste. Pour ceux restés sur place, le pays avait connu 29 ans de paix, c'est vrai ! Mais, c'était aussi, dans la plupart des cas, une paix de cimetière.

Au départ de Jean-Claude, l'enfer ouvrait ses portes. La réponse de la population, enfin libérée du joug du duvaliérisme et excitée par des démagogues à l'esprit revanchard, avait été proportionnelle, sinon supérieure, à l'horreur des actes des bourreaux d'hier. D'anciens tortionnaires avaient été lapidés, d'autres brûlés vifs sans autre forme de procès. En ce matin de juillet 1986, la chasse aux anciens dignitaires du régime battait son plein, à telle enseigne que beaucoup de tribunaux et de postes de police rurale avaient été vidés de leur personnel et de leur contenu. À la messe de six heures, le révérend père Olivier Baude, récemment promu curé de Saint-Jérôme, avait demandé à ses ouailles de prier pour le repos de l'âme du juge de paix Ézéchiel Brévil de la troisième section rurale de Maïssade. Celui-ci avait été brûlé vif la veille par une foule en liesse haranguée et conduite par un escroc que le bon juge avait trouvé coupable de faux en écriture et condamné, l'année d'avant, à cinq ans de réclusion ferme.

Le père Olivier était un saint homme qui se mêlait de voir dans son prochain l'image du Bon Dieu et de l'aimer pour cause. Contrairement à l'idée que l'on peut se faire d'un prêtre, il avait peu de zèle à répandre la foi par la parole. Comme Saint François d'Assise, il prêchait l'Évangile toujours et partout mais n'utilisait de mots que lorsqu'absolument nécessaire. Olivier les aimait tous autant, vodouisants, athées, protestants, catholiques ou syncrétistes. Il avait eu la chance, au terme de six années de formation rigoureuse au Grand Séminaire Notre Dame, d'être choisi pour être envoyé aux frais du Vatican, à l'Université Pontificale Salésienne de Rome où, au bout de quatre années laborieuses, il avait décroché un double doctorat en théologie et en psychologie. Originaire de la Petite-Rivière, il avait eu le bonheur d'y être assigné par l'Église, où il avait retrouvé Lou dont il était le meilleur ami et qui l'aimait autant qu'un frère puisse en aimer un autre.

Olivier avait été orphelin très tôt dans sa vie. C'était un 25 avril, ses parents revenaient de la célébration de la Fête patronale de Saint-Marc. Arrivé au Portail Guêpe, à la sortie Nord de la ville, leur véhicule s'était fait emboutir par l'*Adorable Capoise,* un autobus faisant le trajet Cap-Port-au-Prince ; un autobus plein comme un œuf, conduit par un chauffeur éméché qui roulait à toute allure au milieu de la chaussée. Lélia Baude, sa grand-mère paternelle qu'il appelait affectueusement Yaya, l'avait récupéré et s'en était occupé comme elle seule en aurait été capable : en le confiant au Bon Dieu dans toutes ses prières et en l'élevant avec ce qu'elle croyait être une discipline qui tenait du spartiate et du puritain et une austérité de buveur d'eau. Fervent catholique, il n'avait que neuf ans lorsqu'officiant comme enfant de chœur pour la célébration de la fête du saint patron de la ville, il reçut l'appel divin. Avec la grande hardiesse que l'on connaît aux enfants tumultueux, ce petit bout d'homme n'eut pas froid aux yeux et demanda au Bon Dieu de le laisser vivre libre de tout engagement jusqu'à dix-neuf ans, âge auquel il Lui promettait de se remettre à Lui tout entier.

Beau, vigoureux, alerte, affable, tout plein d'entrain, Olivier était devenu la coqueluche des jeunes filles de la ville, mais s'était correctement abstenu de s'engager envers aucune d'elles. Certaines femmes d'un autre âge, en étouffant un gémissement, se rattrapaient dans un sursaut de pudeur quand elles réalisaient qu'elles avaient laissé traîner, un peu trop longtemps sur lui, des yeux furtifs et languissants. Premier de sa classe depuis la maternelle, Il avait été tour à tour – et au grand dam de Yaya – buteur émérite de l'équipe de football des *Bolides de l'Artibonite*, chanteur de charme de l'ensemble *les Diables du Rythme,* chasseur impénitent et tireur d'élite au *fistibal*[8]. Tout ce qu'Olivier fît lui réussit bien. Il formait avec Lou, Hélène et Amélie la jeune sœur d'Hélène, un quatuor de joyeux lurons connus pour être si inséparables, qu'aux meilleures fêtes de l'endroit, personne n'osait en inviter l'un sans les trois autres.

Lorsqu'à 19 ans, Olivier décida de se retirer de la vie laïque pour entrer sans explication et sans coup férir au séminaire, plus d'une mère essuya les larmes d'une fille éplorée et inconsolable puisqu'ayant secrètement rêvé de convoler en justes noces avec lui. L'une d'entre elles, plus que toutes, encaissa le coup si violemment et en fut si ébranlée au plus profond d'elle-même, qu'en silence, elle pleura sa douleur et son désarroi pendant des années. En effet, lorsqu'Olivier annonça sa décision à Amélie, elle reçut la nouvelle comme un coup de massue...

À 17 ans, elle était devenue une très jolie jeune fille, plus aguichante que sa sœur aînée, tout aussi coquette et cultivée mais surtout, une personne agréable tant par son esprit, sa gentillesse que par son enjouement. Une taille mince et cambrée à souhait, des formes exquises souvent révélées par un coup de vent fortuit qui venait plaquer le tissu de sa robe sur ses rondeurs, une peau couleur de sapotille, un nez parfait, clé de voûte d'un visage aux traits fins et réguliers qui était illuminé par des yeux qui variaient,

---

[8] Lance-pierre.

au gré de son humeur, du jaune au vert et qui étaient cintrés par l'arc impeccable de sourcils que la Providence avait pris le temps d'affiner ; une chevelure bouclée, profonde, noire avec des reflets de rousseur qui lui tombait agréablement sur les épaules, des lèvres roses et ourlées qui au moindre sourire lui donnaient paradoxalement quelque chose à la fois de sensuel et d'ingénu, Amélie était le résultat d'un agréable et harmonieux brassage de toutes les races d'hommes et de femmes qui, depuis des siècles avaient vécu sur l'île.

Sans que nul ne le comprenne, elle avait systématiquement repoussé toutes les avances d'hommes bien plus mûrs qu'elle, comme de jeunes premiers qui lui avaient juré fidélité et promis monts, merveilles et fortune. Le conseil des sages de la famille Saint-Macary avait même été convoqué à l'extraordinaire pour la sermonner et lui faire comprendre qu'elle était à quelques années de *coiffer Sainte Catherine* et qu'elle devait se montrer un peu plus avenante aux propos de ce cortège d'admirateurs qui au cours des ans ne pouvait que s'éclaircir jusqu'à ce qu'indécise, elle se retrouve vieille fille.

Qu'à cela ne tienne, en son for intérieur, elle ne se réservait que pour un seul homme, un seul : Olivier. Celui qui dès sa plus tendre enfance, sans l'avoir su, certainement sans l'avoir voulu, l'avait conquise avant la moindre déclaration ; celui auquel elle avait rêvé la veille et auquel, en songe, elle avait avoué qu'elle l'aimait passionnément. Toujours en songe, Olivier l'avait alors prise dans ses bras et lui avait répondu que lui aussi, s'était torturé le cœur et l'esprit pour trouver le courage de lui déclarer ses sentiments mais que par pudeur, il avait hésité entre la crainte d'avoir violé leur amitié et la honte d'avoir manqué d'audace. Ils s'étaient alors embrassés et elle s'était laissé aller ; elle avait lâché prise et tout en elle avait frémi ; elle avait eu cette impression inexplicable de flotter hors d'elle-même. Subitement, alors qu'elle rentrait littéralement en extase, elle sentit qu'entre ses jambes coulait doucement un liquide adoucissant qui lui fit étrangement penser au miel que quelques heures auparavant elle avait mis dans son thé au corossol. Elle se réveilla alors en sursaut. Il faisait encore noir, une agréable brise s'insinuait par les persiennes et les cigales grésillaient sans arrêt dans la fraîcheur du *devant jour* . Reprenant peu à peu ses sens, elle réalisa qu'elle était seule dans son lit. Elle pleura alors doucement des larmes qu'elle ne comprenait pas et qui loin de l'attrister, la rendaient étrangement radieuse et détendue. Le cœur léger, l'âme épanouie, elle n'avait plus aucun doute : elle appartenait tout entière à Olivier.

Lorsqu'au petit matin, sa mère l'avertit que son ami était là, elle fit rapidement une toilette, enfila sa robe de chambre, jeta un dernier regard dans un miroir et se précipita au bas de l'escalier. Lorsqu'elle entra dans le salon, Olivier se leva pour l'accueillir et avait le visage illuminé du plus joli sourire. Il pria Mme Saint-Macary de les excuser. Il prit Amélie par la main et se dirigea vers le jardin.

Dehors, tout était beauté et ivresse. Les tourterelles roucoulaient, les abeilles bourdonnaient, les flamboyants déployaient leurs mille rosaces d'une incandescence allant du rouge vif à l'orangé sur le bleu pervenche d'un ciel sans nuages, comme si la nature conspirait pour ne laisser percevoir aucune différence entre les feuilles, les fleurs, le ciel d'azur et la flamme d'Amélie. Olivier l'entraina vers un banc tout au fond du jardin, la fit asseoir et lui confessa d'un trait et avec l'enthousiasme du pauvre qui vient de gagner le gros lot, sa décision aussi soudaine qu'irrévocable d'entrer dans les ordres. Cette annonce tomba comme la foudre. Tout, autour d'Amélie, comme par enchantement, s'était tu. Graduellement, ses oreilles étaient envahies par un bruit sourd qui s'intensifiait et battait à la mesure de son rythme cardiaque. Elle pouvait bien voir les lèvres d'Olivier se mouvoir, mais elle ne comprenait absolument rien de toutes les élucubrations incendiaires qui lui sortaient de la bouche et qui, une à une, mettaient impitoyablement le feu à ses rêves jusqu'à les réduire en cendres. Elle voulait le faire taire, mais elle était figée dans une stupeur qui la paralysait et qui étrangement lui ôtait jusqu'à la sensation de la souffrance qu'elle était en train d'endurer.

Elle ferma alors les yeux pour retenir ses larmes et tenter d'avaler le nœud qu'elle avait dans la gorge et qui empêchait le moindre son de sortir. Son seul salut était dans la fuite : sans dire un mot, elle se leva alors brusquement du banc, lui posa un baiser d'oiseau sur la tempe qui le fit tressaillir et le troubla ; puis elle se retira en courant précipitamment dans sa chambre où elle s'enferma et s'effondra sur son lit en sanglots.

Mme Saint-Macary qui assistait de loin à la scène, comprit que quelque chose de terrible venait de se passer. Elle prit calmement l'escalier après Amélie et frappa discrètement à sa porte. Sans attendre de réponse, elle pénétra dans la chambre, s'assit en bordure du lit et se mit à caresser tendrement les cheveux de sa fille qui, entre deux sanglots, lui confessa le drame qu'elle venait de vivre.

Tard dans l'après-midi, M. Saint-Macary rejoignait sa femme et ses deux filles qui lui racontèrent dans les moindres détails, les évènements de la journée. Il leur demanda à chacune de jurer qu'elles garderaient le silence et n'en diraient jamais rien à personne. Il conclut qu'il fallait qu'Amélie s'en allât loin de ce lieu où le poids de sa déconvenue la suffoquerait. Il était son père et il fallait absolument qu'il la protège en enlevant à ce béotien, à ce rustre, à ce malotru, la moindre impression qu'elle l'aimait autant. Amélie avait besoin d'une terre d'asile : en catimini et avant que ne se lève le jour, ses parents l'avaient accompagnée à la gare pour prendre le premier autobus en partance pour les Gonaïves où elle allait retrouver sa marraine.

Olivier, quant à lui, n'avait pas fermé les yeux de la nuit. Complètement désarçonné par le drame du jardin, il passa et repassa plusieurs fois devant la maison des Saint-Macary, sans oser y rentrer, mais en espérant apercevoir Amélie pour tenter de lui parler et comprendre sa volte-face. Il avait des palpitations si fortes et si sonores qu'il en fut épouvanté. Il ressentait une confusion de ses sentiments et de sa volonté dont il eut soudain honte. Il avait involontairement fait mal à son amie et avait le cœur gros, un cœur débordant de souvenirs et rempli de chagrin, de nostalgie et de larmes. Le surlendemain, ses efforts pour revoir Amélie ayant été vains, il pliait bagage, répondait à l'Appel et partait pour le Grand Séminaire Notre Dame d'Haïti.

Olivier resta volontairement cloîtré à *Turgeau*[9] pendant les six années que dura sa formation et ne retourna à la Petite-Rivière qu'une seule fois, pour assister au mariage de Lou et d'Hélène. Au terme de ses études, en présence de ses deux amis d'enfance et de Grann Yaya émue jusqu'aux larmes, il était ordonné prêtre et prononçait ses vœux de chasteté, de pauvreté et d'obéissance.

Seul avec ses amis, il leur avait confié que ce n'était que pendant la cérémonie du jour, après qu'il se soit engagé librement et sans contrainte quelques instants plus tôt, que dans Son tact et Sa délicatesse, le Bon Dieu lui avait rappelé cette promesse faite seize ans plus tôt et qu'il s'en était souvenu.

Lorsqu'en fin d'après-midi, alors qu'Hélène et Lou se préparaient à partir, Olivier trouva le courage de leur demander des nouvelles d'Amélie. Hélène lui répondit laconiquement qu'une fois arrivée aux Gonaïves, elle avait complètement refait sa vie. Elle avait rejeté sa foi catholique et s'était convertie au vaudou. Elle avait ouvertement commencé à fréquenter *Lakou Souvenance*[10] où, au bout de quelques années de formation et d'initiation sous la direction du bon vieux *Houngan*[11] Gabriel Bien-Aimé, elle était devenue *manbo*[12]. Amélie avait aussi fait des études de psychologie à la Faculté des Sciences Humaines de l'Université d'État d'Haïti. Lauréate de sa promotion, elle avait obtenu une bourse de l'Organisation des États Américains qui lui avait permis d'entamer à *Northwestern University*, une maîtrise en histoire de la diaspora africaine

---

[9] Le Grand Séminaire Notre Dame est situé à Turgeau dans les hauteurs de Port-au-Prince.
[10] Lakou Souvenance, situé à onze kilomètres des Gonaïves, est - avec Lakou Soukri et Lakou Badjo - un des trois grands temples sacrés du vodou en Haïti.
[11] Prêtre Vodou.
[12] Prêtresse Vodou.

dans les Amériques. Olivier avait ouvert de grands yeux. Il avait un millier de questions au bout des lèvres et se préparait à poursuivre la conversation. Avant qu'elle ne se perde en explications et ne viole le serment fait à son père quant au drame du jardin, Hélène mit un terme à leur conversation. Elle prétexta qu'il leur fallait reprendre la route s'ils devaient retourner à la Petite-Rivière avant que ne tombe la nuit. Elle embrassa son ami, demanda qu'il continue à prier pour le couple, prit la main de Lou dans la sienne et se dirigea vers la sortie. Olivier les accompagna au parking, ouvrit galamment la portière du passager, attendit qu'Hélène soit confortablement assise avant de la refermer. Il regarda la voiture s'éloigner et agita la main en signe d'adieu.

Une pluie fine commença alors à tomber sur la ville. Après deux violents coups de tonnerre, Olivier regagna sa chambre et entrouvrit les persiennes afin de profiter de l'air frais apporté par l'averse. Il ferma les yeux et revînt, six ans plus tôt, au drame du jardin. Au loin, du fond du bois longeant le séminaire, le son des tambours commençait à se faire entendre. Des dizaines de voix harmonieuses s'élevaient progressivement, un peu comme les volutes de fumée d'un feu de bois montent au-dessus des arbres et se dissipent dans le ciel en tournoyant :

Lapriyè n ape la priyè, lapriyè n ape lapriyè la a

Twa Patè, twa ave Maria

Twa Patè, twa ave Maria la !

Je crois en Dieu ki ba nou la vi a,

N ap lapriyè pou Ginen[13] *yo*[14] *!*

Nous prions, nous prions, nous prions, nous prions là

Trois Pater, trois Ave Maria

Trois Pater, trois ave Maria, là !

Je crois en Dieu qui nous donne la vie

Nous prions pour les Ginen[15]*.*

---

[13] Habitants d'un lieu mystique où seraient les ancêtres avec leurs esprits.

[14] Max G Beauvoir, *Lapriyè Ginen*, Presses Nationales d'Haïti, Septembre 2008, p 82-17. Nota : « Ginen » se prononce Guinin.

[15] Traduction de l'auteur.

CHAPITRE 1

Au terme de sa formation à Rome, les professeurs d'Olivier pensèrent qu'il était prêt et que le moment était venu de lui confier une paroisse. Deux ans plus tôt, le pape Jean-Paul II avait visité Haïti et avant son voyage, il avait tenu à rencontrer les prêtres haïtiens présents à Rome. Il les avait tous conviés à déjeuner au palais apostolique de Castel Gandolfo. Olivier avait alors été choisi par ses pairs pour prononcer le discours de circonstance. Une fois les civilités accomplies, les discussions avec le souverain pontife avaient rapidement tourné autour de choses bien plus sérieuses qui allaient de la justice sociale, à la répartition des richesses, à l'irresponsabilité des élites, aux abus de la dictature au pouvoir, à l'église qui semblait de plus en plus distante des pauvres et finalement au dilemme posé par la montée en flèche de la théologie de la libération[16]. Au dessert, le pape leur avait demandé de définir avec lui un thème, une sorte de slogan qui devait caractériser cette visite officielle. Il leur avait fallu peu de temps pour qu'à l'unanimité et à l'unisson, ils lui répondent : « IL FAUT QUE QUELQUE CHOSE CHANGE ! »

La visite de Jean-Paul II en Haïti avait connu un succès phénoménal pour avoir donné un regain d'espérance à tous ceux qui vivaient encore dans le pays et n'osaient plus espérer. De retour à Rome, il avait ordonné qu'au terme de leur formation, tous les prêtres haïtiens retournent indistinctement chez eux « prêcher ce réveil, ce sursaut et cette marche de l'Église, pour le bien de tout le pays[17]. »

Quelques temps plus tard, le programme de doctorat de l'université pontificale salésienne de Rome touchait à sa fin. À la cérémonie de remise de diplômes, Olivier était lauréat *Summa Cum Laude*[18] de sa promotion. Comme si tout cela n'était pas assez, il eut l'agréable surprise d'apprendre que l'évêque des Gonaïves, Mgr Emmanuel Constant, l'avait désigné pour être le nouveau curé de Saint-Jérôme.

Lorsqu'au cours du déjeuner dominical chez les Saint-Macary, Lou s'avisa d'annoncer le retour d'Olivier dans la ville, M. Saint-Macary s'excusa poliment et se leva de table pour ne pas y retourner. Sa femme, quant à elle, n'eut aucune réaction particulière si ce n'est que pousser un soupir et demander sans désemparer à Hélène si elle se sentait bien car elle paraissait un peu incommodée depuis son arrivée dans la

---

[16] Courant de pensée théologique chrétienne venu d'Amérique latine, inspiré du marxisme, suivi d'un mouvement socio-politique, visant à rendre dignité et espoir aux pauvres et aux exclus et les libérant de conditions de vie intolérables.
[17] Discours du pape Jean-Paul II, 9 mars 1983, Port-au-Prince, Haïti.
[18] Plus grande distinction.

maison. Lou était un peu perdu et ne comprenait pas très bien pourquoi subitement, le nom de son meilleur ami avait autant perturbé l'humeur de ses beaux-parents. D'un air inquisiteur, il regarda en direction d'Hélène qui, d'une œillade discrète, lui fit comprendre qu'il ferait mieux de parler d'autre chose. Après le déjeuner, la maîtresse de maison proposa à sa fille et à son gendre de passer au salon où, avant le café, elle se préparait à leur servir un blanc-manger[19]. Avant de se rendre à l'office pour récupérer le dessert, elle rentra discrètement dans sa chambre à coucher où elle trouva son mari qui, immobile et regardant dans le vide, était plongé dans des réflexions insondables. Assis au bord du lit, il s'était pris la tête dans les mains et ressentait toute la marée de ses ressentiments refluer en lui. Lorsque le poète écrivait : « Le paradis ne connaît de rage plus redoutable que celle de l'amour devenu haine, comme l'enfer n'a connu de fureur comme celle d'une femme méprisée[20] », il sous-estimait la réaction du père d'une telle femme.

Mme Saint-Macary se dirigea vers son mari, le prit affectueusement par la main en lui disant de ne pas permettre que la nouvelle du retour de ce jeune homme dans la ville, lui pourrisse la vie et lui gâche l'opportunité de jouir de cet agréable moment en famille. Dans la voix de sa femme, M. Saint-Macary pouvait discerner que la douleur qu'il éprouvait, était nettement moins pénible que la sienne. À table, il n'avait pas manqué non plus de noter que dans le ton de son épouse, Olivier – qu'ils avaient vu grandir ensemble – était apparemment devenu pour elle un personnage tout à fait impersonnel et quelconque. Sans se faire prier, il la suivit et se laissa conduire à un fauteuil dans lequel il s'installa. Elle lui posa un baiser sur le front et lui servit une portion de dessert qui, l'espace d'un instant, lui fit oublier l'existence de celui qui avait fait pleurer sa fille.

Pour accueillir son ami dont la longue absence lui avait pesé si lourd, Lou arriva à l'aéroport international François Duvalier, deux bonnes heures avant que l'avion en provenance de Paris n'atterrisse à Port-au-Prince. Il était encore possible, à l'époque, d'accéder au balcon au deuxième étage de l'immeuble principal pour tuer le temps. Pour assister aussi à l'atterrissage gracieux des avions et surtout, une fois arrivé le vol attendu, pour jouir du plaisir de reconnaître les siens parmi le cortège de passagers qui

---

[19] Dessert onctueux à base de lait de coco, de lait et de sucre.
[20] Congreve, W., *The Works of Mr. Congreve: Volume 2. Containing: The Mourning Bride; The Way of the World; The Judgment of Paris; Semele; and Poems on Several Occasions*, Adamant Media (2001). «Heaven has no Rage, like Love to Hatred turned, Nor Hell a Fury, like a Woman scorned » Acte III, Scène II. (Traduction de l'auteur.)

descendaient d'un escalier monté sur un petit camion accosté au fuselage de l'engin. Alors commençait un tohu-bohu au cours duquel des centaines de personnes juchées sur la terrasse se mettaient à gesticuler, à crier, à hurler, bref à faire un vacarme « à ne pas entendre Dieu tonner ». Du tarmac, les passagers tentaient de reconnaître ceux qui, depuis leur perchoir, cherchaient à attirer leur attention en criant leur nom.

Figure 2. Aéroport International François Duvalier[21].

Lou eut du mal à reconnaître son ami qui, pour l'occasion, décida de porter une calotte, un complet noir et des lunettes en écailles. Pour comble de confusion, Oli s'était laissé pousser une barbe touffue qui lui mangeait le visage et lui donnait un air beaucoup plus grave que ne devrait avoir un jeune homme dans la trentaine. Lorsqu'enfin Lou le reconnut, il se mit lui aussi à gesticuler, à siffler, à crier, jusqu'à ce qu'Olivier, sourire aux lèvres, lève la tête et le repère. La main sur le cœur, le jeune prêtre leva le bras droit en l'air, l'index et le majeur en « V », signe de victoire. Victoire sur le mal du pays, victoire sur la solitude, victoire sur un programme difficile dont il était sorti lauréat.

Une fois les formalités d'immigration et de douane accomplies, un officier d'immigration lui ouvrit la porte de sortie en lui souhaitant la plus cordiale bienvenue dans la Perle des Antilles. Olivier se retrouva dans un espace où des barrières métalliques séparaient les passagers récemment arrivés de la foule d'amis, de parents et de badauds qui les avaient récemment accueillis depuis la terrasse. Avec cette

---

[21] Traitement au crayon d'une photo. University of Florida, digital collections.

différence qu'ils n'étaient maintenant qu'à quelques mètres les uns des autres et que le vacarme qui avait accompagné leur descente d'avion recommençait de plus belle mais, cette fois-ci avec bien plus de décibels. Une foule hétéroclite poussait de grands éclats de joie, des voix s'interpellaient, des enfants fatigués d'avoir trop attendu pleuraient, les familles allaient et venaient par groupe pour tenter de ne pas se perdre avant d'avoir récupéré l'être cher, le tout agrémenté d'un tintamarre de klaxon de véhicules tentant de laisser un parking où des chauffeurs indisciplinés avaient stationné derrière eux en leur barrant la sortie.

Inconscient du bruit autour de lui, Olivier resta un moment immobile, les yeux fermés, le visage levé au ciel, comme s'il voulait jouir de l'air tiède qui le grisait. Les senteurs ineffables du pays, émanant des restaurants ambulants de la zone, se bousculaient pour l'étreindre et lui apporter quelque chose d'intime et de familial : arôme de café frais, fumet des fritures et effluves des *trempés*[22]. Oli était bel et bien de retour au bercail.

Lou aperçut son ami et franchit la barrière sans prêter attention au gendarme de service qui mit la main au bâton mais hésita à l'utiliser tant Lou avait agi naturellement. C'est-à-dire comme s'il avait un « bois derrière son bananier », qu'il était un ayant-droit, un de ses *tontons macoutes*[23] en civil auxquels tout était permis. Inconscient du risque qu'il venait de courir, il se précipita sur son ami, le prit dans ses bras avec une telle vigueur que ses mallettes lui échappèrent des mains. Il lui posa deux bises dans la barbe, ramassa les valises et se dirigea vers le parking où ils montèrent en voiture pour la Petite-Rivière.

Le trajet de Port-au-Prince au Pont Sondé s'effectua sans grands problèmes. Les deux amis parlèrent de tout et de rien, de Rome et de la Petite-Rivière, de cuisine italienne et d'art culinaire haïtien, de pizza napolitaine, de crabes au lalo, de *gnocchis alla romana*, de griots et de bananes pesées, *d'osso-bucco alla milanaise* et de maïs moulu au djondjon, du Calcio et de la Coupe Pradel, des éliminatoires de la Coupe du Monde, de Zico et de Diego Maradona, de Philippe Vorbe et de Manno Sanon. Bref, c'était comme si les deux compères s'étaient entendus pour n'effleurer aucun sujet douloureux ou conflictuel.

---

[22] Boissons alcoolisées à base de fruits, de pelures de fruits, de racines, d'épice douces en macération dans du clairin qui est un rhum blanc non raffiné.

[23] Les *Tontons Macoutes* –aussi appelés Macoutes– étaient une milice paramilitaire tristement célèbre en Haïti, créée par François Duvalier (Papa Doc) en 1959 pour consolider son pouvoir et maintenir son régime dictatorial. Officiellement appelée *Milice de Volontaires de la Sécurité Nationale* (MVSN), cette force parallèle à l'armée régulière était utilisée pour réprimer toute opposition politique, terroriser la population, et perpétuer un climat de peur.

Olivier insista pour que toutes les vitres du véhicule restent baissées pour jouir de l'air frais et continuer à se laisser imprégner des senteurs du pays : celles du sucre rouge de la HASCO[24], celles du rhum et du *clairin*[25] des différentes guildiveries[26] de la plaine du Cul-de-Sac ou celles des tablettes de noix et de bananes de la plaine de l'Arcahaie. Même les émanations sulfureuses des Sources Puantes le firent sourire en lui rappelant toutes les accusations scatologiques dont Lou et lui s'affublaient réciproquement chaque fois qu'ils traversaient la zone ensemble.

Lorsqu'ils arrivèrent au Pont Sondé, ils s'arrêtèrent un moment pour admirer le fleuve argenté qui coulait calmement dans son lit. Par endroit, il commençait à prendre les teintes roses et ocres des atermoiements du soleil qui commençait lentement à se coucher sur la vallée. Les yeux fixés sur l'horizon, Olivier était revenu, malgré lui, dix ans en arrière. Il sentait que les palpitations de son cœur devenaient graduellement plus fortes, plus sonores et plus profondes. Il s'aventura alors timidement à dire tout haut ce qui, depuis une décennie, lui taraudait le cœur et l'esprit :

— Lou, parle-moi d'Amélie s'il-te-plait.

— Comment ça, parle-toi d'Amélie ?

— Lou, voyons : il y a dix ans, Amélie, Hélène, toi et moi étions inséparables. Amélie a été la première personne à laquelle j'ai choisi d'annoncer que j'allais entrer au séminaire. Elle a eu, ce jour-là, une réaction qui m'a complètement déboussolé. J'ai dû l'offenser sans le vouloir, mais elle a coupé court à notre conversation et, depuis, elle a rompu tout contact avec moi. J'ai tenté en vain de la joindre pendant mes premiers mois au séminaire, mais toutes mes lettres sont restées sans réponse. J'aimerais simplement comprendre les raisons de cette volte-face. Saurais-tu ce qui s'était vraiment passé et ce que j'avais bien pu lui avoir fait de si mal ?

— Oli, c'est là une conversation que tu devrais peut-être avoir avec Amélie, pas avec moi. J'ai mille fois tenté de questionner Hélène sur ce qui s'était passé ce jour-là, mais elle a toujours tout fait pour éluder le sujet. Tout ce que je peux te dire est qu'Amélie est revenue de Chicago, qu'elle habite Port-au-Prince et qu'elle est maintenant titulaire d'une chaire d'histoire à la Faculté des Sciences Humaines de l'Université d'État. C'est tout ce que je sais.

---

[24] Haitian American Sugar Company.
[25] Eau-de-vie obtenue par distillation du sirop de canne à sucre fermenté.
[26] Usine où est distillée le sirop de canne à sucre pour en faire des spiritueux.

Sachant qu'ils avaient encore un bout de route à faire, ils remontèrent en voiture pour tenter d'arriver à destination avant la nuit. De *Kafou Pèy* à la plaine de Savien, de *Kafou Segur* à *Nan Palmis*, de *Gwo Chodyè* à l'entrée de la ville, le tableau était saisissant. Des deux côtés d'une route sablonneuse, s'étendaient à perte de vue des rizières verdoyantes que les tendres caresses d'une brise de fin d'après-midi faisaient frissonner. La Vallée de l'Artibonite était un cadeau du ciel à Haïti, une succession de plaines fertiles qui pouvaient nourrir tout le pays, une débauche de verdure, une splendeur de végétation qui, au-delà de ses rizières, était ponctuée de cocoteraies, de bananeraies et de palmeraies qui en leur saison étaient chargées de fruits et livraient leurs panaches aux caprices du vent.

Dans la pénombre de ce début de soirée, Olivier pouvait enfin apercevoir au loin, les lumières parsemées de la Petite-Rivière alors que des *coucouilles*[27] voltigeaient dans la touffe des manguiers plantés des deux côtés de la route. À l'entrée de la ville, Lou emprunta la Rue Louverture et en moins de temps qu'il ne faut pour le dire, les deux compères pouvaient déjà voir le clocher excentré de Saint-Jérôme. Quelques minutes plus tard, Lou tourna à droite pour longer le frontispice de l'Église. Il le dépassa légèrement et tourna tout de suite à gauche pour pénétrer dans la cour du presbytère. Il avait à peine garé le véhicule qu'il fut entouré par le comité de bienvenue. On y trouvait le diacre, les enfants de chœur, les *dédées* (les vieilles dévotes de la paroisse), le maire qui faisait office de chef des *Tontons Macoutes* locaux, le chef de la Police, le commandant du sous-district des Forces Armées d'Haïti, le juge de paix, les grands commerçants de la ville. Et également Hélène qui avec la patience d'un ange, aidait Grann Yaya qui, du haut de ses 91 ans, avançait péniblement sur un sol inégalement revêtu de pavés.

Après avoir ouvert la portière, Olivier sortit lentement de la voiture, fut accueilli par une dizaine de mains qui voulaient serrer la sienne. Avec patience et affabilité, il avait un mot aimable et un sourire pour chacun de ceux qui avaient tenu à être là pour lui souhaiter la bienvenue. Soudain, la petite foule se fendit en deux pour laisser passer la vieille dame qui, malgré son âge avancé, droite comme un « i », regardait devant elle pour tenter de reconnaître son petit-fils, celui qu'elle n'avait pas revu depuis quatre ans, mais pour lequel elle priait matin, midi et soir. Lorsqu'Olivier l'aperçut il s'avança lentement vers elle, les bras ouverts. Elle prit un moment pour reconnaître celui qui était derrière cette barbe et ces lunettes. Elle lâcha alors doucement la main

---

[27] Lucioles.

d'Hélène pour se laisser étreindre par son enfant. Les yeux mouillés de larmes, elle lui dit doucement :

— Oli, *pitit mwen*[28], tes parents seraient si fiers de toi et je suis tellement heureuse d'avoir vu ce jour où tu reviens comme curé de la Petite-Rivière ; j'ai tant prié pour l'Église et pour toi...

Les yeux fermés, Olivier lui répondit simplement :

— Dieu ! ce que tu m'as manqué, Yaya... merci pour tout, simplement pour tout, Maman chérie !

Le diacre prit les valises et les déposa dans la chambre du curé. C'était une petite pièce austère, dont les murs nus étaient enduits de blanc de chaux. La porte s'ouvrait sur un petit lit bateau en chêne recouvert d'une moustiquaire avec une table de nuit qui avaient été poussés sous des fenêtres garnies de persiennes en vitre. En face, un petit bureau entouré sur trois côtés par une bibliothèque en bois d'acajou et une chaise laissaient juste ce qu'il fallait d'espace pour un crucifix placé au-dessus d'un *prie-Dieu*. Sur le mur de droite, une armoire à glace complétait le sobre mobilier de la chambre.

Après un vin d'honneur, le comité de bienvenue se dispersa. Olivier embrassa successivement Hélène, Lou et Yaya qui se préparaient à partir ensemble. Il monta ensuite dans sa chambre et défit ses valises. Il accrocha son linge dans l'armoire, rangea les livres qu'il avait apportés de Rome sur les étagères du bureau et mit trois photos sur la table de nuit : une de Yaya, une de ses parents et une dernière prise, une quinzaine d'années plus tôt sur la poudrière de la Crête-à-Pierrot[29], avec Hélène, Amélie et Lou. Il se mit ensuite à genou, fit le signe de la croix et commença la prière du soir :

« Je T'adore, ô mon Dieu, avec la soumission que m'inspire la présence de Ta souveraine grandeur. Je crois en Toi, parce que Tu es la vérité même. J'espère en Toi, parce que Tu es infiniment bon. Je T'aime de tout mon cœur, parce que Tu es souverainement aimable, et j'aime mon prochain comme moi-même pour l'amour de Toi[30]. »

---

[28] Mon enfant.

[29] Le Fort de la Crête-à-Pierrot est situé au Sud-Est de la Petite-Rivière de l'Artibonite. Il a été, en mars 1802, le théâtre d'une des batailles décisives pour l'Indépendance du pays.

[30] R. P. Wilhelm Nakatenus (1617-1682), jésuite allemand, *Prière du Soir pour se mettre en présence de Dieu et L'adorer*, traduit en français par M. l'Abbé Casimir Bourquard (1820-1900), docteur en théologie, chanoine honoraire de Quimper et aumônier du Collège Rollin à Paris.

Figure 3. Église Saint-Jérôme. Dessin au crayon de Kassim Oumarou dos Santos.

CHAPITRE 2

Située sur l'artère principale de la ville, l'église Saint-Jérôme en était le cœur même et faisait corps avec le presbytère, les bâtiments municipaux, la place publique, le commerce et l'habitat. Elle en partageait l'existence, en suivait le rythme et sur son parvis se mêlaient toutes les rumeurs de l'endroit. Ses cloches marquaient l'heure, appelaient les fidèles à la messe, égrenaient leurs sons pour l'Angélus et les Vêpres[31], tintaient le glas pour annoncer les funérailles, carillonnaient pour les baptêmes, sonnaient à toute volée pour les mariages ou les grands incendies. Elles se taisaient cependant du Jeudi au Samedi saints : la tradition catholique voulant qu'elles soient alors à Rome[32]. Les vaudouisants quant à eux étaient convaincus que les *Iwa*[33] les avaient condamnées à se taire pour qu'elles ne gênent point la procession et l'harmonie des bandes de *Rara*[34].

Deux mois s'étaient écoulés depuis l'arrivée d'Olivier à la Petite-Rivière. Il s'était réintégré dans la communauté comme s'il ne l'avait jamais laissée et avait rapidement établi une routine de travail de sorte que ses journées étaient toutes bien remplies. Tous les jours dès quatre heures il se levait, faisait ses ablutions, se recueillait pendant une bonne heure avant de chanter les Laudes[35] et dire la messe de six heures. Chacune de ses messes était offerte à l'intention d'Hélène et de Lou et à leur profond désir d'avoir un enfant. Il prenait ensuite seul son petit déjeuner et se rendait à l'école Notre Dame de Fatima où il travaillait avec les Sœurs de la Charité de Saint-Louis dont il était l'aumônier. Il déjeunait avec elles et tout juste après, faisait la tournée des différents hôpitaux de la ville pour visiter tous ceux qui sollicitaient ses prières – quelle que soit leur confession. Il était toujours présent, prêt à baptiser l'enfant prématuré, à prier avec les mourants, à leur donner l'extrême onction, à répondre aux appels provenant de famille dans le désarroi devant la maladie, et plus d'une fois, il se contentait tout simplement d'être là et d'écouter.

---

[31] Les Vêpres sont la prière solennelle du soir dans l'Église catholique.
[32] *2016 Dictionnaires Le Robert - Le Grand Robert de la langue française.*
[33] Divinités dans le vaudou. Pour le vaudouisant, l'existence de Dieu est indiscutable et il croit que cette Essence Divine se situe par-delà les formes et dans l'universalité. Elle est le Grand Maître-Maîtresse de tout ce qui existe dans l'univers. Elle est en chacun de nous comme Elle est aussi hors de nous. Dieu est Celle qui donne la vie et qui aide à la maintenir. Elle est l'Idéal de tous les idéaux de la société. Elle est la vertu de toutes les vertus, l'Âme de toutes les Forces qui existent dans le monde. Chacune des 401 lwa est une image partielle de Dieu. Ensemble, ils sont comme les facettes d'un diamant. Ils reflètent les Énergies vibrantes et agissantes qui émanent de Celle qui est le Grand Maître. (in: *Lapriyè Ginen* par Max Beauvoir.)
[34] Carnaval vaudou qui commence après le mercredi des Cendres et se termine le Samedi saint.
[35] Partie de l'office divin qui consiste en psaumes chantés à l'aurore.

Vers 15 heures, il était de retour à Saint-Jérôme. Les mercredis, il animait un cours de bible et les vendredis, le parking de l'église se transformait en une véritable cour des Miracles où des mendiants de toutes sortes, des éclopés, des aveugles, des sans-abris et une multitude de laissés-pour-compte se réunissaient pour oublier ensemble leur misère et obtenir du curé ce qu'il pouvait leur donner : vieux linge, nourriture sèche, menue monnaie, etc. Avec le coucher du soleil, il disait les Vêpres avec les *dédées* puis passait ensuite une heure en adoration devant le Saint-Sacrement. Avant de monter dans sa chambre, il s'installait sur la galerie et se balançait doucement sur une *dodine*[36] où Adile, une dame qui faisait, en même temps, office de cuisinière et de gouvernante du presbytère, lui offrait, après un léger souper et au gré de son humeur, un thé à la citronnelle, à la mélisse, au corossol, au *ti-bôm*[37], au *choublak*[38] ou au citron.

Tous les jeudis, Lou dînait avec lui et le rejoignait ensuite sur la galerie pour partager les multiples saveurs des thés d'Adile et parler, à voix basse, de tout et de rien, d'Hélène et de Yaya, des rumeurs dans la ville et des troubles à venir. Un vent de révolte commençait en effet à souffler sur le pays et ce début de mois de septembre 1985 avait été mouvementé. Le maire et ses tontons macoutes avaient Olivier à l'œil depuis que Jean-Bertrand Aristide, un prêtre salésien comme lui, avait été nommé aumônier de l'église de Saint-Jean-Bosco à Port-au-Prince et avait commencé à faire des remous avec ses sermons au vitriol contre la dictature. Les positions d'Aristide en faveur de la théologie de la libération et des *Ti Kominoté Legliz*[39] le mettaient non seulement en porte-à-faux face au pouvoir en place, mais aussi face à la hiérarchie catholique qui ne tolérait pas que des thèses marxistes viennent pervertir les dogmes de l'Église. Entre deux commentaires politiques, Olivier s'aventurait à demander des nouvelles d'Amélie et Lou lui répondait invariablement et visiblement mal à l'aise, qu'elle était en bonne santé, toujours à Port-au-Prince, ni plus, ni moins.

Lorsque pour l'anniversaire de Lou, le 20 décembre, Hélène l'invita à dîner avec eux chez les Saint-Macary, il accepta visiblement avec plaisir, mais en son for intérieur, il considérait la chose avec une certaine appréhension. Plus d'une fois, il avait aperçu les Saint-Macary à la messe mais ils étaient les seuls notables de la ville, qu'il avait connus dès sa plus tendre enfance et qui depuis son retour, ne lui avaient témoigné aucun signe

---

[36] Chaise à bascule.
[37] Menthe.
[38] Hibiscus.
[39] Petite Église ou Église des Pauvres.

d'affection. La mère communiait régulièrement, tandis que le père restait obstinément à sa place avec une résistance carrément effrontée.

Le jour venu, il se présenta chez eux en début de soirée, vêtu sobrement mais élégamment. Ton sur ton, il portait un costume noir deux pièces sur une chemise noire assortie d'un col romain, sur la poitrine, un crucifix en argent, suspendu à une cordelette noire. Pour l'occasion, il avait aussi cédé aux pressions de Yaya et était passé chez un coiffeur qui lui avait coupé les cheveux en brosse et taillé la barbe de sorte qu'il n'affichait plus cet air austère et négligé d'un moine cistercien.

Il poussa la porte du jardin qui s'ouvrit en grinçant. Il s'avança dans l'allée jusqu'au perron menant à la porte d'entrée. En gravissant les marches d'un pas lourd et mesuré, il pouvait entendre des voix qui lui firent comprendre qu'il n'était pas le seul invité. Il s'apprêtait à frapper à la porte quand elle s'ouvrit. C'était Hélène qui, l'ayant aperçu, était venue l'accueillir. Elle était rayonnante de joie. Elle l'embrassa, le prit par la main et le fit entrer dans le salon où une bonne vingtaine de personnes étaient, pêle-mêle, en conversation. Elle l'entraîna vers Lou qui était en tête-à-tête avec le délégué départemental du ministère de l'Agriculture. Dès qu'il remarqua Olivier, il s'excusa auprès de son interlocuteur, et se dirigea vers lui. Les deux amis s'embrassèrent et Olivier lui remit le livre qu'il lui avait apporté en cadeau, un choix insolite s'il en était : *La Symphonie Pastorale*[40] d'André Gide.

D'un discret mouvement du regard et de la tête, Lou invita Olivier à tourner les yeux vers le fond de la salle. Devant une desserte rustique que surmontait un miroir octogonal, biseauté et encadré de dorures, les époux Saint-Macary suivaient d'un air distrait, les échanges d'un petit groupe. Autour d'une jeune femme aux formes harmonieuses et la taille élégante, moulée dans une jolie robe longue de lin blanc, une demi-douzaine d'hommes prévenants se pressaient. Ses cheveux noirs, libérés avec nonchalance d'un madras noué à la hâte, encadraient avec grâce son cou fin et délicat.

Avec une certaine appréhension, Olivier s'arma de courage et s'avança vers eux. Politesse oblige, il tendit d'abord la main à Mme Saint-Macary, qui, visiblement troublée, serra la sienne et se laissa embrasser sans dire un mot. M. Saint-Macary, quant à lui, semblait un instant avoir voulu le dévisager mais, par bienséance, prit le parti de lui serrer la main en lui disant sèchement : « Monsieur le Curé ! ». En guise de réponse, celui-ci, quelque peu gêné, marmonna des civilités inintelligibles et tourna son attention vers la jeune femme qui, d'un air désinvolte, continuait à suivre le badinage

---

[40] *La symphonie pastorale* est un roman d'André Gide qui traite du conflit entre la morale religieuse et les sentiments.

de sa petite cour d'admirateurs. Alors qu'Olivier était debout devant elle, l'inconnue prit une bonne dizaine de secondes avant de reconnaître sa présence et sa main tendue dans le vide. Elle tourna alors gracieusement la tête, fixa sur lui des yeux couleur tamarin qui brillaient de mille feux et lui dit en lui serrant la main : « Olivier, tu n'as pas beaucoup changé. »

En entendant cette voix d'un autre temps, il tressauta. Il lui sembla que tout autour de lui s'était éteint et que tout son être avait été transporté dans le jardin où dix ans plus tôt, il avait été seul avec Amélie. Cette fois-ci, contre toute attente, il se sentait brusquement enivré par le charme et la beauté de la ravissante créature qui était debout devant lui. Il avait mille fois imaginé cette scène, savait tout ce qu'il voulait lui dire le jour où il la reverrait, mais maintenant qu'elle était là, toute une foule de sentiments et d'idées qu'il ne comprenait pas, lui tourmentait le cœur et l'esprit. Soudain, il fut pris de vertige. Pour recouvrer ses sens, il ferma doucement les yeux, prit quelques profondes respirations et comme un enfant pris au dépourvu, il se tint coi. Amélie, manifestement soucieuse, lui serra la main un peu plus fort pour tenter de le ramener à lui et le porter à rouvrir les yeux : « Olivier, ça va ? » lui demanda-t-elle.

Il se remit lentement de sa stupeur, recommença progressivement à entendre le bruit des conversations autour de lui et se ressaisit ; ses lèvres, incapables de trouver des mots, préférèrent poser un baiser sur la main qu'il avait prise dans la sienne. Il leva alors la tête et répondit :

— Je vais bien, Amélie. Merci de me le demander. Je suis agréablement surpris de te revoir. Je ne savais pas que tu étais à la Petite-Rivière. En te voyant devant moi après si longtemps, les mots me manquent. J'espère que nous aurons le temps de nous rattraper avant que tu ne retournes à Port-au-Prince.

Avant qu'il n'ajoute quoi que ce soit d'autre, il était interrompu par Hélène qui annonçait que le dîner était servi. Quatre tables, capables d'accommoder six personnes chacune, avaient été installées entre la salle à manger et la salle de séjour. La cour d'admirateurs d'Amélie se pressa autour d'elle et se bouscula en s'écrasant littéralement les pieds pour jouir de l'honneur de lui tirer sa chaise. Oli ne se fit pas prier et s'assit un peu plus loin avec les fonctionnaires publics. Hélène avait préparé un menu succulent fait de *lalo*[41], de riz blanc, de pintades aux petits pois et d'une salade d'avocats. Un délicieux *Concha y Toro*[42] coulait à flot et la conversation allait bon train.

Juste avant le dessert, Lou se mit debout. Il avait le visage radieux. Il prit une fourchette qu'il frappa délicatement contre l'épaule d'un verre à vin pour capter l'attention de ses invités. Lorsqu'ils se turent, il prit affectueusement la main de sa femme dans la sienne et prononça ces mots : « Nous sommes ravis de vous avoir avec nous ce soir. J'ai une nouvelle providentielle à vous annoncer. J'ai reçu le plus joli cadeau d'anniversaire. Hélène vient de m'apprendre qu'elle est enceinte. »

Après quelques secondes de silence et d'hésitation, l'assistance ne put contenir sa joie et le salon retentit d'applaudissements. Les invités se levèrent de table et se pressèrent autour du couple pour les féliciter. Amélie fut la première à atteindre sa sœur qu'elle étreignit à plein bras en versant naturellement des larmes de joie. Olivier quant à lui, attendit patiemment son tour et fut parmi les derniers à embrasser ses amis d'enfance. Quelques minutes plus tard, Mme Saint-Macary entrait dans la salle à manger avec un gâteau *moka*[43] sur lequel une bonne douzaine de bougies étaient allumées. Les invités commencèrent aussitôt à entonner les premières mesures d'un « Bon anniversaire ».

Lou avait à peine soufflé ses bougies que, comme par enchantement, une brise fraîche se leva en traînant avec elle les arômes exquis qu'exhalaient les ylang-ylangs et les frangipaniers du quartier. Sans que personne ne s'en rende compte, Amélie, s'était éloignée des convives et avait suivi les rayons de lune qui glissaient à travers le feuillage de l'amandier proche de la galerie. Elle avait traversé l'esplanade de gazon et s'était assise sur le banc tout au fond du jardin. Les cigales grésillaient plus fort que d'habitude et le coassement des grenouilles avait quelque chose d'étrangement mélodieux ; les orchidées qui tapissaient le mur de clôture s'étaient réveillées et offraient au ciel étoilé un spectacle féérique, aux mille couleurs.

La soirée était réussie, belle et émaillée de simples bonheurs. La nouvelle de la grossesse d'Hélène était la cerise sur le gâteau qui avait réjoui tous ceux qui, visibles ou invisibles, avaient jusqu'ici partagé la peine du couple. L'humeur était légère et expansive : les rires, en se mélangeant aux bruits des insectes, carillonnaient dans la nuit. Tout laissait présumer que l'enfant qui allait naître serait spécial.

---

[41] Plat typique de la région fait à base de feuilles de *Lalo*, de pattes de porc et de pinces de crabe.
[42] Vin chilien.
[43] Gâteau recouvert d'une crème au beurre parfumée de café et de cacahuètes.

Amélie, leva alors son verre au ciel et salua les quatre points qui ordonnent et crucifient le monde. À l'est, la direction des nouveaux départs, là où se lève le soleil, là où tout recommence, là où les plantes se retournent pour bourgeonner, fleurir, exhaler leurs effluves et là où s'ouvrent les portes de l'Afrique ancestrale que garde *Atibon-Legba*[44]; à l'ouest, où disparaît la Nouvelle Lune, là où tout finit, là où règnent des ténèbres que ne trompe que l'obscure clarté des étoiles; au nord, d'où viennent les vents froids et les grands dangers et au sud où la vie reprend, là où se marient le feu et la créativité et là où règne l'amour incandescent. Elle laissa ensuite tomber les trois gouttes d'eau rituelles sur le gazon en l'honneur des ancêtres. Alors commença une cérémonie d'invocation et d'action de grâce au Grand Maître et aux 401 lwa qui le composent, pour les remercier de l'inestimable cadeau qu'ils avaient fait à la famille. Gracieuse comme une sylphide, elle se mit debout et commença à tourner lentement sur elle-même en chantant :

Grann o, rele Grann o!
Grann Alouba[45], *lonje men w bay zanfan la yo*[46].

Grand-Mère, Ô Grand-mère, invoquons-la !
Grand-Mère Alouba, tends la main à tes enfants[47].

Après avoir pris congé de ses amis, Olivier chercha instinctivement Amélie et ne la trouva pas tout de suite. Il sortit alors machinalement sur la galerie et, tout au fond du jardin, il l'aperçut et put jouir tout seul du spectacle qu'offrait cette créature ravissante et raffinée. Les yeux fermés, elle semblait flotter en tournoyant dans la nature qui l'entourait. Une sainte pudeur le réveilla de ce merveilleux rêve. Il ordonna à son âme de se refermer sur elle-même, devant la menace de cet orage susceptible de l'abîmer. Il retourna alors dans la maison, ferma discrètement la porte derrière lui, se dirigea vers les Saint-Macary qu'il remercia pour leur généreuse hospitalité et tira sa révérence.

Pouvait-il imaginer qu'il venait de faire partie intégrante d'un spectacle impromptu ? Qu'Amélie, après avoir remercié Grann Alouba, s'était tournée vers Erzulie pour lui confesser sa soirée ?

---

[44] Atibon-Legba a la double fonction d'intermédiaire et de messager de Dieu. Il est assimilé, à Saint Pierre, et détient les clefs de l'au-delà. Il est celui qui permet, ou non, de parler aux lwa.
[45] Grann Aloumandia ou Alouba est le lwa de la mémoire, elle représente l'immensité de l'océan et l'étendue lubrique de la forêt, elle est le pont entre le monde visible et le monde invisible.
[46] Max Beauvoir, *Le Grand Recueil Sacré*, Presses Nationales d'Haïti, 2008, op.cit., pages 615-205.
[47] Traduction de l'auteur.

— Pourquoi Manman? implorait-elle. Pourquoi ? Comment se peut-il que cet Oli que j'ai « cloué au pilori » pendant une décennie, ait refait surface et qu'en le revoyant – tous griefs, toutes rancœurs disparus – de battre, mon cœur s'est arrêté. Il était beau ! Beau comme un dieu ! Beau… plus beau encore que ce dieu grec qu'on dit manier la foudre, cette foudre qui vient d'embraser mon cœur, enflammer mon esprit et enfiévrer mon corps. Beau… comme ce Dieu qu'il a choisi au-dessus de tout, au-dessus de moi ! Ce Christ si beau dans sa bienveillance envers la femme adultère, si beau et si sublime sur cette croix où il offre sa vie par amour… dit-il. Ce Christ-là même qu'Olivier porte en étendard sur sa poitrine. Beau… comme rarement l'a été Ogou quand il vient, sur son cheval, hanter nos nuits de femmes et nous dépouiller de toute pudeur… *Tanpri Manman, ede m*[48], ne m'abandonne pas ! Il n'y en a plus que pour lui !

De retour à Saint-Jérôme, Olivier, quant à lui, était joyeux. Malgré l'heure avancée, Il ouvrit la chapelle et alla s'agenouiller devant le Saint Sacrement. Il alluma un cierge et récita un Magnificat :

« Magníficat ánima méa Dóminum, […] Quia respéxit humilitátem ancíllæ súæ […] Quia fecit mihi magna qui potens est, Et sanctum nomen ejus. »

Mon âme exalte le Seigneur […] Il s'est penché sur son humble servante […] Le Puissant fit pour moi des merveilles, Saint est son nom.

Il resta en adoration jusqu'à l'aube pour remercier le Bon Dieu d'avoir exaucé ses intercessions en faveur de ses amis. Il en profita aussi pour recommander Hélène et son précieux bébé à la protection bienveillante de la Sainte Vierge Marie, Mère du Perpétuel Secours. Lorsqu'il regagna sa chambre pour se préparer à la messe de six heures, il s'assit en bordure du lit, ferma les yeux un instant pour se recentrer et commencer une nouvelle journée. En réalité, il voulait se remettre l'esprit en place et oublier cette image qui, en pleine adoration, lui était revenue plus d'une fois, une image qu'il aurait dû chasser mais qui ne le lâchait pas, l'image de celle qui, en le regardant droit dans les yeux, avait à tout jamais changé la loi de la pesanteur.

---

[48] Je t'en prie Maman, viens à mon secours.

Figure 4. Lélia « Grann Yaya »Baude.

CHAPITRE 3

Huit mois s'étaient écoulés depuis l'annonce de la venue du bébé. En cet après-midi de juillet, Olivier venait à peine de faire répéter la chorale des élèves des Sœurs de la Charité quand Mme Saint-Macary entra en trombe dans la chapelle.

— Hélène vient de rompre la poche des eaux, dit-elle, en s'approchant de lui à grands pas. Lou l'a conduite à Deschapelles[49] et m'a prié de te prévenir, poursuivit-elle.

— Alléluia ! s'écria spontanément Olivier.

Il marcha à sa rencontre et sans qu'elle ne s'y attende, il la prit instinctivement dans ses bras et la fit tournoyer avec lui comme une toupie, de sorte que ses pieds laissèrent un instant le sol. Cette audacieuse effronterie la fit d'abord rougir puis sourire.

— *Zo gran moun pa pran*[50], Olivier, tu vas me casser le cou... Dépose-moi par terre tout doucement, s'il te plaît !

Olivier était visiblement radieux et s'empressa de lui présenter des excuses pour son manque de retenue. Il la remercia de s'être déplacée pour le prévenir, mais avant qu'elle ne parte, il l'entraîna devant l'autel où il l'invita à s'agenouiller à ses côtés pour dire une dizaine[51].

Il la raccompagna ensuite à la porte de l'église, où elle retrouva son mari qui de loin avait assisté à la scène. Olivier s'avança vers lui et sans que son vis-à-vis n'ait le temps de réagir, il lui posa un baiser sur chacune des joues.

— Le moment est trop beau et j'ai le cœur qui déborde de bonheur, lui dit-il. Vous voudrez bien m'excuser pour tant de familiarité, M. Saint-Macary, mais je n'ai tout simplement pas pu me retenir. Je vais de ce pas les retrouver à l'hôpital.

Le vieil homme, obstinément silencieux avec le jeune prêtre, hocha la tête comme s'il avait déjà pardonné la chose. Il tendit alors galamment le bras à sa femme et redescendit les marches du parvis de l'église sans dire un mot. Mme Saint-Macary, laissa traîner sur lui son regard et observa avec bonheur qu'il souriait : « Plus le visage

---

[49] L'Hôpital Albert Schweitzer à Deschapelles dessert toute la région du bas Artibonite.
[50] Les vieux guérissent difficilement d'une fracture.
[51] Prière consistant à dire un « Notre Père » en tenant le gros grain du chapelet et un « Ave Maria » pour chacun des dix grains intermédiaires.

est sévère, plus le sourire est beau[52] » se dit-elle. « Ce soir il est arrivé à l'église dur comme Ogou Feray[53] et il repart doux comme un grand-père ! »

Olivier courut alors se changer et réquisitionner *manu militari* le véhicule du diacre qui, devant l'insistance du curé, n'eut que le choix de lui en remettre les clés. Tel un cyclone tropical, il partit sur les chapeaux de roue pour rejoindre ses amis. Il avait avalé la route en soulevant un énorme nuage de poussière blanchâtre qui avait tout enfumé sur son passage. Arrivé à la maternité, il trouva les Laporte qui avaient à peine achevé les formalités administratives d'usage. Une jeune infirmière poussait une chaise roulante sur laquelle était assise Hélène, jusqu'à la chambre qui lui avait été allouée. Lou l'aida patiemment et affectueusement à s'installer sur le lit.

Dehors, le soleil se vautrait paresseusement sur l'horizon avant de disparaître. Un jour mi-rose, mi-bleu, arrivait à son terme et donnait aux murs austères du bâtiment une charmante allure de maison de poupée. Un peu avant minuit, les contractions d'Hélène commencèrent à devenir plus fréquentes et plus intenses. Le gynécologue de service frappa à la porte, demanda aux deux compères de laisser un moment la salle. Il fit un toucher du col et décida qu'Hélène devait entrer en salle d'accouchement. C'était encore l'époque où seuls la patiente, son médecin et ses assistants étaient autorisés à entrer en salle d'opération. Lou embrassa tendrement sa femme et laissa la place à ses beaux-parents. Mme Saint-Macary serra sa fille dans ses bras, comme si elle ne voulait pas la laisser partir : « Tout est dans la respiration, lui dit-elle ! Ne pousse pas trop tôt. Suis les conseils du médecin et tout ira bien ! »

M. Saint-Macary s'avança visiblement impassible. Bien que le sang pétillât dans ses veines, il restait calme au possible. L'œil pur, la paupière immobile, il regarda sa fille, droit dans les yeux, et lui dit simplement : « Vas-y ma chérie ! Tu es prête ! Sois sans crainte. Avant que tu ne t'en rendes compte, ceci aussi passera ! »

Olivier s'avance alors vers la civière. Il fait une courte prière de bénédiction en recommandant son amie et son bébé à l'intercession et à la protection de Notre Dame du Perpétuel Secours. Il lui pose ensuite un baiser sur le front et la laisse partir en lui disant qu'elle peut être quiète car tout va bien se passer.

Lou s'approche une dernière fois de sa femme et lui fait un doux baiser sur les lèvres. Ils se regardent droit dans les yeux et sans rien dire, ils se disent pourtant tout.

---

[52] Citation de François-René de Chateaubriand.
[53] Lwa de la guerre. Son doublet catholique est Saint Jacques le Majeur. Son nom se prononce Ogou Ferraille.

L'infirmière poussa la civière à travers la porte de la salle d'accouchement qui se referma automatiquement derrière elle.

Olivier posa les deux mains sur les épaules de son camarade et le dirigea adroitement alors vers la salle d'attente, où pendant les douze douloureuses heures que durèrent les couches, le jeune curé épaula son ami et tenta du mieux qu'il pût de le rassurer.

— Maintenant que j'y pense Oli, à quoi vas-tu bien pouvoir me servir ? Que sais-tu des femmes, des accouchements et des grossesses ? lui demanda Lou sur un ton espiègle.

— Bien plus que tu ne le penses, Frérot. J'ai dû déjà aider plus d'une dizaine de fidèles et de moins fidèles à accoucher. Tu l'as peut-être oublié, mais j'ai travaillé comme diacre d'abord, comme aumônier ensuite, à l'Hôpital Gemelli de Rome. Là, entre deux extrêmes-onctions, je me suis retrouvé plus d'une fois à la maternité, appelé en urgence, soit pour consoler une jeune mère sans mari, soit pour réconforter un homme qui, désespéré de ne pas encore avoir eu de fils, s'était fait dire qu'il était devenu l'heureux père d'une septième et très jolie petite fille.

Tiens, un jour, j'ai même dû jouer au conseiller matrimonial en plein accouchement. Je venais à peine d'arriver en Italie. C'était la veille du carnaval de Rome. Une jeune femme avait été admise à l'hôpital et était sur le point d'accoucher. Elle souffrait le martyr car le bébé était mal engagé. Elle était arrivée seule, car son mari, parti plus tôt faire la fête avec ses amis, était introuvable.

Quelques heures plus tard, le pauvre bonhomme était arrivé à moitié saoul au chevet de sa femme. L'alcool aidant et voyant tout ce que les contractions lui faisaient endurer de douleurs, il lui tint la main et lui dit en pleurnichant : « Mon amour, mon sucre d'orge, ma seule raison de vivre, tu souffres tant et tout ceci est ma faute… » La femme ouvrit un œil, cessa de gémir un instant et juste avant de perdre connaissance lui répondit avec un sourire narquois : « Mais non, tu n'y es pour rien… absolument pour rien ! » Les Italiens, comme tu le sais, ont un tempérament bouillant et j'ai eu tout le mal du monde à expliquer au pauvre homme que sa femme avait parlé sur le coup de la colère et de la douleur et qu'il était bel et bien le père de l'enfant.

Les deux amis s'esclaffèrent de bon cœur :

— Tu sais Lou, tu devrais remercier le Ciel qu'Hélène puisse accoucher dans un hôpital. Dans ce pays où il n'y a qu'un seul médecin obstétricien-gynécologue pour douze mille habitants, il y a tant de mères, en ce moment précis, qui accouchent sans un accompagnement médical adéquat. Si ce n'était le savoir-faire et la bonne volonté des *fanm chay*[54] ce serait la catastrophe. Comme Marie et Joseph, beaucoup trop de couples ne trouvent pas de place à la proverbiale auberge et n'ont d'autre choix que d'accoucher chez eux. Lorsqu'Hélène et le bébé seront sortis de l'hôpital, je voudrais que nous travaillions ensemble à augmenter l'accès des jeunes mères de la paroisse à des soins de santé convenables.

Pendant que j'y pense, un jeune prêtre anglican qui aurait préféré être pendu plutôt que de retenir un mot drôle, m'a raconté une version colorée de la conversation entre Saint Joseph et l'aubergiste. Saint Joseph et la Vierge Marie se présentent à l'auberge. Marie souffre le martyre et est sur le point d'accoucher. Il leur faut trouver une chambre. L'aubergiste dit qu'il n'en a malheureusement pas. Joseph insiste... même réponse... Joseph insiste encore, élève la voix, jusqu'à ce qu'excédé l'aubergiste lui dise : « Écoutez mon vieux, c'est votre problème, je n'ai rien à voir avec la grossesse de votre femme ! » Joseph se calme un peu et lui répond stoïquement: « Moi non plus, Monsieur ! »

Lou et Oli rigolèrent de plus belle, mais cette fois-ci, derrière eux, ils pouvaient entendre le rire étouffé des époux Saint-Macary. Olivier resta ainsi auprès de son ami en tentant de saisir toutes les occasions de tromper son angoisse et de faire filer les heures. La nuit passa et juste avant que l'aurore n'entrouvre les portes dorées de ce matin de juillet, Anne-Catherine était née. Hélène se portait bien. Elle avait souffert c'est vrai, mais tout était maintenant oublié. Une très jolie petite fille de six livres et une once, un harmonieux mélange de ses parents leur était donné. Lou et Hélène étaient sans mot et avec un sourire béat, admiraient ce cadeau venu du Ciel. Les laissant à leur bonheur, Olivier était discrètement reparti vers la Petite-Rivière pour y célébrer la messe de six heures, retrouver les dédées, dire merci au Bon Dieu d'avoir exaucé ses prières et Lui recommander l'âme du bon vieux juge Brévil.

---

[54] Matrones, sages-femmes.

Hélène n'était restée que deux jours à l'hôpital. Lou voulait à tout prix ramener sa petite famille chez lui car les rumeurs de violence imminente et de récriminations contre les pontes de l'ancien régime se faisaient de plus en plus menaçantes. Quelques jours plus tôt, à Bonal, une commune d'Anse-Rouge située à une centaine de kilomètres au nord-ouest de la Petite-Rivière, une énorme exploitation d'ail et d'oignon qui avait appartenu à un haut-gradé de l'armée avait été complètement détruite par une foule en colère. Le bruit courrait que des *dechoukaj*[55] allaient bientôt commencer dans toute la vallée de l'Artibonite.

Lou n'avait aucune raison particulière de se sentir visé par les revendications de ceux qui avaient souffert des affres du régime des Duvalier. Mais il savait aussi que lorsque les bas instincts d'une foule étaient excités par des meneurs souvent malintentionnés, des excès inqualifiables et systématiques étaient perpétrés sur les uns et les autres, sans distinction de culpabilité. En février, une foule d'un demi-million de personnes avait pris les rues de Port-au-Prince, pour faire la chasse aux macoutes et s'était acharnée à détruire tous les symboles du régime. La sépulture du dictateur avait été violée, des macoutes avaient été lapidés, d'autres avaient été brûlés vifs.

À travers le pays, une cinquantaine de *houngan* et de *manbo* avaient été tués, sans autre forme de procès, pour des liens présumés avec le régime des Duvalier, et des dizaines de personnes accusées d'être des sorciers avaient été lynchées par la foule. Le pays tout entier était en proie à une frénésie. À Gressier, une vieille dame avait été désignée par la vindicte populaire qui l'accusait d'être un loup-garou assoiffé de sang d'enfant. En réalité, la pauvre femme était atteinte de démence sénile. Sans attente, elle avait laissé sa maison à Mariani et s'était simplement perdue. Lorsqu'elle avait rencontré une foule en délire, elle avait pris peur et avait été incapable de s'exprimer avec cohérence. La première pierre avait été lancée par un homme qui n'était pas sans péché, car déjà la veille, il avait violé une adolescente ayant eu l'impudence de rejeter ses avances. De « bonnes gens » s'étaient saisies de la vieille et l'avaient rossée de coups de pelles jusqu'à ce que mort s'en suive. L'atmosphère était franchement délétère, anarchique et la famille Saint-Macary avait de bonnes raisons de s'inquiéter pour la sécurité d'Amélie.

---

[55] Le dechoukaj (prononcé déchoucage) est un terme haïtien inventé à la chute des Duvalier et qui « *vient du français « dessouchage », c'est-à-dire extraire la souche après l'abattage d'un arbre. Le dechoukaj consiste à détruire les maisons jusqu'à leur fondation et les entreprises appartenant aux notables ou aux bourreaux liés aux différents despotes.* » in: Wikipédia.

À l'époque, les maisons de la Petite-Rivière n'étaient pas connectées au réseau téléphonique national. Dans la soirée, M. Saint-Macary se rendit au bureau local de la Téléco[56] pour réserver une cabine et joindre Amélie au téléphone. Il lui donna d'abord des nouvelles d'Hélène, puis d'Anne-Catherine. Et avec le tact qu'on lui connaissait, sans mentionner la violence ambiante, il trouva la parade adéquate pour l'inviter à venir passer quelques jours avec la famille. L'université avait déjà fermé ses portes pour les vacances d'été, lui dit-il, et elle n'avait réellement aucune raison de rester dans la Capitale. Sans se faire prier, elle avait accepté de revenir chez ses parents. Elle était non seulement consciente du danger qui la guettait à chaque pas, mais elle voulait d'abord et avant tout aider sa sœur aînée avec son bébé.

Figure 5. Hélène et sa mère.

---

[56] Les Télécommunications d'Haïti S.A.M (Téléco) était une entreprise d'État qui à l'époque jouissait du monopole des communications téléphoniques dans tout le pays.

CHAPITRE 4

Le jeudi qui avait suivi le retour des Laporte à la Petite-Rivière, Olivier les avait rejoints chez eux après le dîner. Il s'était dit que les nouveaux parents étaient probablement éreintés et il s'était porté volontaire pour bercer Anne-Catherine et permettre à Hélène et à Lou de se reposer un peu. Lorsqu'il frappa à la porte, il dut patienter un moment avant que Lou ne lui ouvre et l'invite à entrer en lui demandant de ne pas faire de bruit. Il avait alors compris qu'Anne-Catherine commençait à s'assoupir.

Dans la pénombre crépusculaire du salon, il pouvait deviner le tangage régulier d'une *dodine* et entendre la voix rassurante, faible et tremblante de Yaya qui l'avait devancé chez les jeunes parents et fredonnait, tout bas, une berceuse pour calmer le bébé et lui permettre de s'endormir :

Dodo ti pitit manman

Si ou pa dodo krab la va manje'w

Manman ou pa la, l ale nan maché

Papa ou pa la, l ale la rivyè

Dodo titit, krab nan kalalou.

Endors-toi petit bébé de Maman
Si tu ne t'endors pas, le crabe va te manger
Ta mère n'est pas là, elle est au marché
Ton père n'est pas là, il est à la rivière
Endors-toi petit bébé, [rassure-toi] le crabe est dans le gombo[57].

Il s'avança sur la pointe des pieds jusqu'à Yaya et s'arrêta un moment pour contempler l'image apaisante et rassurante de cette vieille dame et de ce nouveau-né. Il fut tout à coup rempli d'un sentiment indicible de soulagement et de sérénité. Il se pencha sur sa grand-mère, lui posa un baiser sur la joue gauche et marqua le front du bébé du signe de la Croix.

En se relevant, il chercha Hélène des yeux mais ne la trouva pas. Lou, qui était derrière lui, l'invita, en chuchotant, à le suivre sur la galerie.

— Hélène se repose, lui dit-il. Elle va nous rejoindre dans un instant. Yaya est arrivée à point nommé et a pu calmer le bébé qui pleurait. Elle l'a changé, lui a donné un biberon et a réussi à l'endormir.

---

[57] Traduction de l'auteur.

— Yaya vous aime beaucoup tous les deux. Elle n'habite qu'à deux pas de chez vous et je suis certain, qu'elle sera heureuse de vous aider avec Anne-Catherine lorsque vous en aurez besoin.

— Je sais, Oli, et je lui en suis reconnaissant. Avec la situation qui se corse dans la ville comme un peu partout dans le pays, mon beau-père a aussi pu convaincre Amélie de venir passer les vacances d'été à la Petite-Rivière. Elle est arrivée depuis ce matin et va habiter chez nous pour nous aider, elle-aussi, avec Cat.

— Amélie est là ? Je ne l'ai pas revue depuis ton anniversaire.

Alors qu'ils s'approchaient de la galerie, Olivier aperçut une silhouette féminine qui était appuyée sur la balustrade de la plateforme et regardait distraitement le jardin. Au loin, le clocher de Saint-Jérôme sonnait les sept heures et malgré lui, il se sentit frémir. Amélie ne s'attendait pas à ce que les Laporte reçoivent de la visite et était vêtue en conséquence. Elle portait un jean délavé qui épousait agréablement les contours de ses jambes et de ses hanches et une chemise blanche dont l'échancrure des trois premiers boutons négligemment dégrafés laissait deviner qu'elle ne portait pas de soutien-gorge. Lorsqu'elle entendit des pas derrière elle, elle se reboutonna rapidement, se passa une main dans les cheveux, avant de se retourner :

— Bonsoir, Messieurs, je vous prie de m'excuser, mais je me croyais seule sur la galerie. Je me préparais de toutes façons à regagner ma chambre. Je vous laisse à votre conversation.

— Reste donc un moment avec nous, lui dit Lou. J'aimerais justement te parler avec Oli, si ça ne te dérange pas.

— Permets que je rentre me couvrir car il commence à faire un peu plus frais. Je reviens dans un instant.

Lou indiqua alors à Olivier un espace sur la galerie où se trouvait un mobilier en fer forgé composé de deux fauteuils, d'un petit divan, d'une table recouverte d'une vitre sur laquelle la femme de ménage venait à peine de déposer une théière fumante, un petit pot de miel et quatre tasses. Il l'invita à s'asseoir et s'excusa un moment pour aller chercher Hélène. Un arôme de mélisse et de citronnelle parfumait la salle. Quelques instants plus tard, Lou revenait sur la galerie avec sa femme à son bras qui, ne s'étant pas encore remise de ses couches, avançait lentement. En l'apercevant, Oli se mit instinctivement debout et s'empressa de mettre un coussin additionnel contre le dossier du divan pour qu'en asseyant, Hélène soit plus à l'aise. Entre temps, Amélie les avait rejoints. Elle s'était refait une beauté et s'était drapée simplement mais élégamment d'un châle beige. Pour permettre à Hélène de continuer à se reposer, elle commença à servir le thé.

Après avoir confortablement installé sa femme, Lou s'assit à côté d'elle et prit un moment pour observer sa belle-sœur et son meilleur ami avant de leur dire :

— Amélie, Oli, vous savez toute l'affection qu'Hélène et moi avons pour vous. Nous aimerions que vous ayez une place particulière dans la vie de notre enfant. Elle aura besoin de guides tout au cours de sa vie, de guides qui ne soient pas seulement ses parents mais qui seront aussi des gens qui l'aiment et qui partagent nos valeurs. Nous aurions aimé que vous jouiez ce rôle pour elle et nous voudrions savoir si vous acceptez d'être ses marraine et parrain. Évidemment, votre acceptation nous ferait le plus grand plaisir, mais votre refus, pour quelque raison que ce soit, ne portera aucune atteinte à notre affection pour vous deux.

— Je serai heureuse d'être proche d'Anne-Catherine, répondit spontanément Amélie. Je réalise cependant, en vous entendant parler de parrain et de marraine, que vous sous-entendez un baptême et que vous avez par conséquent fait le choix d'élever votre enfant selon la religion catholique. Comme vous le savez, je ne suis plus catholique depuis longtemps et je doute que cette Église qui, sans aucun scrupule, est propre à voler les rêves de ses enfants, permette à une *manbo* qui se réclame comme telle, d'être partie à un baptême.

Hélène prit instinctivement la main de Lou dans la sienne et la pressa nerveusement. Le cœur lui monta à la gorge. En fronçant les sourcils, elle tenta désespérément de croiser le regard de sa jeune sœur pour lui faire comprendre que le moment était mal choisi pour déballer une douleur vieille de dix ans.

— Tu te trompes, Amélie, objecta délicatement Olivier. L'Église est bien moins exclusiviste que tu le penses. En réalité, elle exige seulement que le parrain ou la marraine soit catholique.

Se tournant vers ses hôtes, il ajouta sans coup férir :

— Je suis heureux que vous ayez fait choix de moi et j'accepte avec plaisir de porter Anne-Catherine sur les fonts baptismaux, si Amélie n'y voit pas d'autres inconvénients, bien entendu.

— Humm. Tu m'en apprends des choses, Oli. Je peux déjà m'imaginer la moue incrédule et le chichi désapprobateur des dédées lorsque je vais entrer dans la sacristie avec le bébé. Moi, une manbo dans toute sa *gangans*[58], parée de ses plus beaux atours et toi portant tes « habits de Bon Dieu ».

— Ne t'inquiète pas, Amélie. Tu peux avoir laissé l'Église, mais l'Église ne te laissera jamais. Saint-Jérôme et ses ouailles seront heureux de recevoir une de ses filles, même si elle a pris ses distances. Je vais demander de ce pas à Mgr Constant, s'il veut bien venir des Gonaïves, célébrer le baptême. Je t'assure que, ce jour-là, je ne porterai aucun des vêtements liturgiques : pas d'aube, pas d'étole, ni chasuble, ni chape. Je ne revêtirai que mon seul complet noir, une chemise blanche, un col romain et mon crucifix.

— Ne fais pas de promesses pour ton Église et pour ses ouailles Olivier ; des promesses que tu ne pourras pas tenir. Cette Église est remplie de *kaw*[59], tu m'entends, de fichus mauvais oiseaux qui n'ont que deux fonctions : jacasser du matin au soir pour empoisonner la vie des braves gens et détruire les champs en déterrant des semences que de pauvres agriculteurs ont patiemment triées, puis confiées à la terre. Des semences qui, au demeurant, auraient dû rester dans le sol pour l'imprégner et arriver à concrétiser des rêves qui, fécondés par un cœur pur, auraient pu changer le cours d'une vie. Mais je m'égare. Ceci est une conversation pour un autre jour. Hélène, quand voudrais-tu faire baptiser l'enfant ?

— Lou et moi pensons que le plus tôt sera le mieux, répondit Hélène. Le pays est en ébullition et nous aurions aimé qu'Anne-Catherine rentre au plus tôt dans la « famille du Bon Dieu » et que nous la confiions à la protection de Jésus par Marie et Joseph.

— Cela tombe bien, dit Olivier. Je ne savais pas que vous vouliez aller aussi vite. Monseigneur sera à Saint-Jérôme samedi matin pour une conférence sur le

---

[58] Élégance.
[59] Le *kaw* est une Corneille palmiste, un oiseau endémique à l'île d'Haïti. Il est tout noir avec des reflets bleu pourpre sur le dos et les plumes tectrices supérieures.

vénérable Pierre Toussaint[60], je peux lui demander après celle-ci s'il pourrait célébrer le baptême.

Sans que le couple ne s'en rende compte, la date annoncée ne lui laissait que 24 heures de battement. Hélène n'avait par conséquent qu'une journée pour préparer la robe, le bonnet de baptême et la tavaïolle[61]. Or, comble de malheur, la robe qui avait déjà servi aux baptêmes de quatre générations de Saint-Macary avait légèrement jauni sans que personne ne s'en aperçoive. Le temps étant trop court pour qu'Euphrosine, la lavandière du quartier, opère un quelconque miracle, Cat devrait la porter en l'état. Hélène avait les larmes aux yeux. Elle était inconsolable d'autant qu'avec la grossesse, elle avait pris un certain embonpoint et la fermeture éclair de la robe qu'elle se préparait à porter, malgré la patience et les meilleurs efforts de Lou, s'entêtait à ne pas progresser d'un pouce plus haut que ses vertèbres lombaires. Tout semblait perdu quand soudain, vendredi après-midi, Lou entendit frapper à la porte.

— Honneur ! dit une voix fluette que Lou reconnut tout de suite.

— Respect, Yaya ! répondit Lou.

Il laissa un moment Hélène à ses contrariétés et se dirigea vers le perron de la maison où il put voir la vieille dame avec, sur les bras, ce qui paraissait être un vêtement accroché à un cintre et enveloppé dans une mince couverture de plastique. Elle demanda tout de suite à voir Hélène, et Lou la conduisit à elle. En entrant dans la chambre, elle put voir la jeune mère essuyer ses larmes et se mettre debout pour l'accueillir et l'embrasser. Yaya lui dit :

— *Pitit mwen, kite kantik pran priyè*[62], j'ai appris par ma commère Euphrosine, que la robe de baptême que tu avais projeté d'utiliser pour Anne-Catherine ne

---

[60] Pierre Toussaint était un esclave né sur l'habitation Bérard dans la vallée de l'Artibonite. Il laissa la colonie avec son maître en 1797 pour s'établir à New-York. Pierre Toussaint entama une carrière de coiffeur et devint un homme riche. Il n'oublia jamais ses origines et chaque fois qu'il le put, vint en aide aux plus vulnérables de ses frères. Il devint ainsi un des premiers philanthropes américains. Sa vie exemplaire marqua les esprits et attira l'attention des autorités de l'Église catholique Américaine qui, dès 1968 se firent postulateurs de la cause au Saint-Siège pour lancer le processus de sa canonisation. En 1989, le Cardinal O'Connor ordonna que ses restes fussent localisés puis exhumés pour être transférés dans la crypte de la cathédrale Saint-Patrick à Manhattan, où il est, à date, le seul laïc et le seul noir à reposer à côté de cardinaux et d'archevêques. En 1996, Saint Jean-Paul II dit que Pierre Toussaint était « *la bonté divine incarnée dans le bois d'ébène !* » et le déclara Vénérable, l'avant-dernière étape avant qu'il ne soit proclamé saint. Par un heureux concours de circonstances, une partie des restes du Vénérable Pierre Toussaint était aussi léguée à Food for the Poor, qui, en 2020, les accueillit dans sa modeste petite chapelle à Port-au-Prince.

[61] Linge d'église garni de dentelles, servant à présenter un enfant au baptême.

[62] Expression créole qui signifie littéralement : « Ma petite, laisse tomber les cantiques, commence à prier », mais qui se traduit mieux ainsi : « Ma petite, cesse de te plaindre, passons aux choses sérieuses. »

serait pas prête à temps. Je t'en apporte une autre qui est peut-être tout aussi jolie et qui a servi à baptiser cinq générations de Baude... le dernier du nom a été Olivier et puisqu'il est prêtre et a fait vœu de chasteté, notre descendance s'arrête avec lui. Je veux l'offrir en cadeau à Anne-Catherine qui pourra l'utiliser demain et la préserver lorsque, si le Bon Dieu veut, elle deviendra, elle-aussi, une maman.

Elle enleva délicatement et patiemment l'emballage de plastique qui enveloppait la robe et l'étala sur le lit. Elle devait faire deux fois la taille d'Anne Catherine et ressemblait à une robe de mariée avec sa traîne. Elle était somptueuse et franchement digne d'une petite princesse. Comme le voulait la coutume de l'époque, elle avait été taillée à partir de tissus de soie pris de la robe de mariée de la grand-mère de Yaya. L'ensemble comprenait une robe, un jupon et un bonnet. Le jupon était d'un seul tenant. La robe était blanche pour symboliser non seulement la pureté et l'innocence des bébés, mais aussi et surtout la Lumière qu'apporte un baptême dans l'eau et dans l'Esprit. Elle était brodée de fleurs, de colombes, de colibris, de cloches et de crucifix. Le tout était agrémenté de rubans et de dentelles. Le bonnet, selon les précisions de Yaya, était fait exceptionnellement de dentelle blanche de Chantilly.

Hélène était certes ébahie devant la somptuosité du vêtement, mais elle était surtout sans mot, devant la délicatesse et la prévenance du geste de Yaya. Sans rien dire, elle se contenta de la serrer dans ses bras. Défaillante, avec un léger frisson, elle s'abandonna alors au désordre des sentiments qui la tourmentaient et laissa des larmes couler à flots, des larmes de lassitude pour ces couches qui l'avaient tant fatiguée. Des larmes de nostalgie pour avoir perdu sa silhouette de jeune fille ; des larmes d'énervement contre la fermeture éclair de cette robe qui refusait de coopérer ; des larmes d'empathie pour sa sœur qui avait encore le cœur brisé. Des larmes aussi pour son pays qui sombrait sens dessus dessous dans l'anarchie ; des larmes de joie d'avoir trouvé une robe de baptême pour sa petite fille ; des larmes de bonheur quand, derrière Yaya, elle pouvait voir les yeux attendris de Lou. Après quelques minutes, elle se calma, s'essuya les yeux et remercia Yaya :

— *Paix à ta bouche,* Hélène, tu devrais être plus indulgente avec toi-même ; lui dit la vieille dame. Tu as accouché, il y a, à peine, une semaine. Tu devrais être patiente ; comme toi, j'ai été une jeune femme et j'ai redouté de ne jamais perdre les livres de ma grossesse. Ne t'inquiète cependant pas ma chérie, tu vas retrouver ta ligne avec des rondeurs qui vont ajouter à ton charme. Dans un plus jeune âge, tu sais que j'ai été couturière. Je prends la soirée pour arranger cette robe récalcitrante et je n'ai aucun doute qu'elle va t'aller comme un gant avant le baptême.

— Yaya, tu as déjà trop fait. Ne te fatigue pas.

— Hélène, ma fille, l'âge m'a certes rabougrie, j'ai peut-être l'air *delala*[63], mais je suis *enganm*[64], tu m'entends. Enfile une nouvelle fois la robe que tu veux porter demain. Je vais prendre tes mesures et laisse-moi faire.

---

[63] En décrépitude.
[64] En bonne santé.

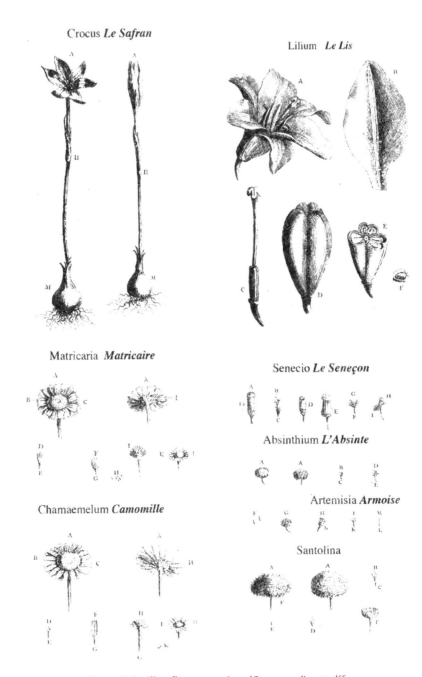

Figure 6. Feuilles, fleurs et racines (Gravures diverses)[65].

---

[65] Josephi Pitton Tournefort, *Institutiones Rei Herbariae*, Tomus Primus, Parisiis, 1700.

CHAPITRE 5

Le petit matin s'insinuait en frémissant à travers les persiennes de toutes les portes des galeries de la Petite-Rivière. Dehors, les oiseaux commençaient à s'agiter. Le jour « J » était bien là. Hélène et Lou étaient déjà debout depuis quelques heures et s'affairaient aux mille et une petites choses qui devaient faire de ce baptême, tout sobre qu'il allait être, un évènement mémorable, une date charnière dans la vie de leur enfant. L'arôme du café matinal et les effluves d'un agréable mélange de *bwadine*[66] et d'essence de vanille d'un *akasan*[67] bien chaud remplissaient la maison.

Au *pipirite-chantant*[68], Yaya était à la porte avec la robe qu'elle avait quelque peu modifiée pendant la nuit et qui maintenant allait bien à Hélène. Elle s'assit à table avec le jeune couple où ils prirent ensemble le petit-déjeuner. L'humeur était détendue et la conversation tournait autour de la merveilleuse journée qui s'annonçait et au cours de laquelle les portes de la sacristie et du paradis allaient s'ouvrir à Anne-Catherine. Pendant que la petite assemblée se préparait à se lever de table, Olivier les rejoignit brièvement pour les informer que Mgr Constant était déjà en route et qu'il avait fixé le baptême pour 3 heures dans l'après-midi.

Vers huit heures, Anne Catherine se réveilla en pleurant, un peu comme miaule un chaton pour attirer les câlins de sa maman. Amélie se précipita vers le berceau avec un biberon de lait maternel préalablement tiré par Hélène. Adroitement, elle changea les couches du bébé. Elle le prit ensuite dans ses bras, retourna au salon où elle s'assit sur la dodine pour le nourrir.

Hélène et Lou s'approchèrent d'elle et posèrent, chacun son tour, un baiser sur le front de leur fille en remerciant leur jeune sœur de les avoir devancés et de s'être occupé d'elle. Amélie releva la tête et leur sourit :

— J'aimerais, ce matin et avec votre assentiment, donner au Bébé un bain de garde.

— De quoi veux-tu parler, lui demanda Lou avec un regard tout plein de suspicion ?

— Un bain de garde est un bain de protection donné aux nouveau-nés dans le vaudou. J'aimerais le combiner avec un bain *maldyòk* pour protéger Anne-Catherine du mauvais œil, des jaloux et la prémunir des mauvais esprits.

---

[66] Feuille rappelant celle du laurier mais dont la saveur est douce et aromatique.
[67] Bouillie préparée à partir de farine de maïs qui se prononce Akassan.
[68] Le pipirite est un passereau chanteur très matinal.

— Qu'est-ce que c'est que cette histoire?

— Calme tes ardeurs, *Bòf* [69]. C'est un rite qui existe depuis la nuit des temps chez les Juifs, chez les Arabes du Maghreb et chez nos ancêtres africains.

Lou regarda en direction d'Hélène pour s'assurer qu'il avait son accord pour refuser de soumettre sa fille à un rite qu'il trouvait franchement superstitieux. Lorsqu'il leva la tête, il aperçut sa femme qui avait les mains sur les hanches et les yeux bien calés [70]. Il comprit alors, – qu'il le veuille ou non – que la bataille était perdue et que sa fille allait être baignée. Il sourit et se résigna à ne demander à Amélie que l'essentiel :

— Peux-tu me dire ce que contient ce « bain » ?

— C'est un mélange bio, inoffensif pour le bébé. À de l'eau tiède, je vais ajouter du *pwa tchous* [71], des branches de cive pilées et du lait caillé de cabri. Je vais ensuite mélanger le tout à des feuilles de *pwa kongo* [72] et d'armoise, auxquelles je vais mettre une poignée de sel et une cuillérée de lait maternel [73].

— Je veux croire que tu as déjà tous les ingrédients avec toi ?

— Lou, ne t'inquiète pas, bon sang ! Je ne ferais jamais rien qui mette qui que ce soit en danger, encore moins ce petit être inoffensif. Fais-moi confiance s'il te plaît.

Lorsqu'Anne-Catherine eut fini son biberon, Luciana apporta une petite baignoire en étain ou Amélie fit couler de l'eau tiède sur les ingrédients sacrés. Elle demanda à Hélène de tenir sa fille dans le bain et avec délicatesse, elle commença à laver sa filleule en psalmodiant :

Tout kò l se lò !
Lò metrès sòti nan dlo, tout kò l se lò !
Fèy Mapou... se lò ! Fèy twonpèt... se lò !
Fèy kanpèch... se lò ! Tout Fèy ... se lò [74] *!*

Tout son corps est en or !
Lorsque la maîtresse sort de l'eau, tout son corps est en or !

---

[69] Diminutif affectueux de Beau-Frère.
[70] Regard soutenu et droit dans les yeux.
[71] Pois blanc.
[72] Le *pwa kongo* (pois du Congo), de son nom scientifique, cajanus cajan, est aussi appelé pois d'Angole.
[73] Carol de Lynch, *Le cahier sacré du Vodouisant*, Éditions Henri Deschamps, Haïti 2008, page 249.
[74] Max Beauvoir, *Le Grand Recueil Sacré*, op.cit., page 416.

Toutes les feuilles de Mapou[75]... sont en or ! Toutes les feuilles de Trompète[76] ... sont en or !
Toutes les feuilles de Campêche... sont en or ! Toutes les feuilles ... sont en or[77] !

Doucement, Amélie prit sa filleule dans ses bras, l'essuya délicatement et l'embrassa en lui disant : « *Bienvenue au monde, ma Princesse !* »

Sans que personne ne s'en aperçoive, les heures avaient filé en ce matin d'été. Lorsque les cloches de Saint-Jérôme se mirent à égrener leur tintement pour annoncer l'Angélus de midi et convoquer les esprits qui allaient bénir l'après-midi, toute la maisonnée sentit un regain d'énergie et une recrudescence d'activité. Hélène refit l'inventaire de tout ce qu'il fallait inclure dans le sac du bébé. Elle s'assura avec Luciana, la cuisinière, que les préparatifs pour la petite réception qu'elle projetait d'offrir à ses proches, après la cérémonie, étaient achevés. Elle conseilla alors à Lou de laisser tout ce qu'il faisait et de profiter du moment pour aller se préparer:

— Même s'il nous reste encore quelques heures, nous n'avons qu'une seule salle de bain et deux jeunes femmes qui doivent se faire belles, lui dit-elle. Dans un petit moment, tu auras beau vouloir récupérer quoi que ce soit dans cet espace, il te sera interdit d'accès.

Lou ne se fit pas prier et se soumit à la sagacité de sa femme. Après une douche bien fraîche, il s'essuya vigoureusement, se mit une serviette autour des reins et rentra rapidement dans la chambre à coucher, où il trouva sur le lit, la robe que Yaya avait arrangée la veille et un complet blanc qu'Hélène avait pris soin d'étaler pour lui, avec une chemise rose pastel sans cravate. Il enfila rapidement son pantalon et sa chemise. Lorsqu'il se regarda dans le miroir de la penderie, il put voir que sa veste était égayée d'une pochette[78] de la même couleur que sa chemise. Hélène avait vraiment pensé à tout. « Dieu, que j'aime cette femme ! », se dit-il. En s'admirant dans la glace, il ne put s'empêcher de sourire et de fredonner doucement :

---

[75] Ceiba pentandra.
[76] Cecropia Peltata.
[77] Traduction de l'auteur.
[78] Petit mouchoir fin qu'on met dans la poche d'un veston et dont on laisse dépasser une partie.

Papa Gede[79] bèl gason

Gede Nibo[80] bèl gason

Li abiye tout an blan, pou l'al monte o palè

Lè l abiye tout an blan

Li sanble yon depute

Papa Guédé, beau garçon
Guédé Nibo, beau garçon
Qui s'est habillé tout en blanc pour se rendre au palais
Lorsqu'il porte du blanc
Il ressemble à un député[81]

Soudain, la porte de la chambre s'ouvrit. Hélène entra en trombe et, lorsqu'elle aperçut Lou, elle retomba littéralement sous son charme et s'arrêta pour l'admirer. Sans pouvoir détourner son regard de lui, elle lui dit tendrement :

— Tu es beau, mon homme !

— J'espère seulement être à la hauteur de l'angélique beauté de ma femme et de ma fille, lui répondit Lou avec un sourire épanoui. Je te laisse la chambre et je descends au rez-de-chaussée pour m'assurer que tout est bel et bien en place pour le baptême. Nous avons à peine deux heures devant nous et j'aurais aimé arriver à l'Église une bonne demi-heure avant la cérémonie.

Hélène ne dit mot. Lou savait bien que cette subtile forme de pression n'aurait en réalité aucune influence sur sa femme qui ne serait prête que lorsqu'elle l'aurait décidé, mais, au fond de lui-même, il sourit en se disant qu'il avait au moins essayé. Il embrassa tendrement Hélène sur le front et en sortant, il referma sagement la porte derrière lui.

En pénétrant dans le salon, il put apercevoir Mme Saint-Macary, qui habillée, simplement mais élégamment, d'une robe blanche, supervisait Luciana qui mettait la

---

[79] « Les Guédé sont les lwa de la mort, qui hantent les cimetières et se parent des attributs du deuil. Fort nombreux, ils forment, dans la classe des Rada, une grande famille qui, elle-même, se subdivise en 117 nachons (nations). Baron-Samedi, Baron-Cimetière, Baron- la-Croix, Grande Brigitte, Guédé Nibo sont les membres les plus importants de cette famille. Les trois Guédés qui portent le titre de « Baron » constituent une sorte de triade et leurs noms sont presque toujours associés dans les textes liturgiques, bien que leurs fonctions et leurs attributs soient différents. » In : Émile Marcelin *Les grands dieux du vodou haïtien*, Journal de la Société des Américanistes. Tome 36, 1947, page 119.

[80] Guédé Nibo est un esprit qui avant sa mort était un très bel homme. Traditionnellement vêtu de noir ou de mauve, lorsqu'il porte du blanc, la tradition le veut saisissant. Dans la mythologie vaudou, il est un psychopompe qui, à l'instar d'Apollon, de Charon, d'Hermès ou d'Orphée chez les Grecs, fait office d'accompagnateur des âmes ; un de ceux qui, après la mort, le conduit à l'autre monde.

[81] Traduction de l'auteur.

dernière main à une *chiquetaille*[82] de hareng. M. Saint-Macary avait opté pour un costume, cravate blanc sur blanc, mais, séniorité oblige, il n'avait pas osé, comme son gendre, un look chic décontracté pour le baptême de sa petite-fille. Confortablement installé sur le canapé, une jambe croisée sur l'autre, il parcourait d'un œil distrait, l'édition du week-end du *Nouvelliste*. Dans un coin de l'office, Lou put voir Yaya, qui s'était « habillée pour tout son argent ». La vieille dame ressemblait à une reine de Castille allant en audience avec le pape. Elle s'était voilé les cheveux d'une mantille blanc cassé, qui lui tombait sur les épaules et qui était du même ton que sa robe. Sur ses tempes, elle avait attaché quelques fleurs d'un casse rose. L'ensemble était tout simplement charmant.

Une bonne heure plus tard, Hélène rentrait dans le salon. Instinctivement, son père et son mari se levèrent en même temps pour l'accueillir et leurs regards admirateurs suffirent pour lui signifier que cette robe couleur rose pâle qui lui arrivait aux genoux et ce collier de perles que lui avait prêté Yaya, lui donnaient un air de fraîcheur qui ne laissait pas deviner qu'elle venait d'accoucher.

— Quelle élégance, s'exprima M. Saint-Macary !

— Je t'avais dit que tu allais être ravissante aujourd'hui ! Tu me rappelles les temps immémoriaux où j'avais ton âge, lui dit Yaya.

— Lou et toi vous êtes donné le mot, ma chérie. Vous portez les mêmes couleurs et vous avez l'air de deux mannequins, ajouta Mme Saint-Macary.

— Merci pour vos aimables mots, leur répondit-elle. Je ne sais honnêtement pas ce que j'aurais fait sans vous.

Lou, en admiration devant sa femme, était, quant à lui, bouche bée. Il se ressaisit rapidement, s'avança vers elle et l'embrassa légèrement, pour ne rien enlever ni de son maquillage, ni de son rouge à lèvres.

Quelques instants plus tard, Amélie faisait son apparition, un peu comme une actrice principale qui, en laissant les coulisses, avait profondément respiré avant d'entrer en scène. Elle était franchement saisissante : une robe fourreau cramoisie lui moulait exactement les contours d'un corps majestueux et sculptural. Une chevelure abondante soigneusement peignée et enveloppée dans un madras du même ton ne laissait apercevoir que deux boucles d'oreilles créoles en or. Elle était légèrement

---

[82] Apéritif traditionnel où de la chair de poisson salé est déchiquetée et assaisonnée d'une vinaigrette aromatisée d'oignon et de piment.

fardée et ne portait qu'un rouge à lèvres agréablement assorti à sa tenue. M. Saint-Macary et Lou se levèrent une fois de plus en même temps mais, spontanément cette fois-ci, le vieil homme poussa un profond soupir qui trahit une certaine anxiété.

— Tu n'as rien à envier à *Néfertiti*[83], lui dit Mme Saint-Macary.

— Tu es superbe, ma fille, renchérit Yaya.

— Le rouge te va à merveille, Amélie ! Tu vas mettre le feu non seulement aux cierges de l'Église, mais aussi à l'imagination démesurée des dédées, ajouta Lou sur un ton espiègle qui visiblement agaça Monsieur Saint-Macary.

Amélie sourit aimablement et hocha de la tête comme pour remercier la petite assistance de ses compliments. Elle se dirigea vers le berceau où Anne Catherine sommeillait en paix.

— Nous allons devoir bientôt la réveiller dit-elle. Monseigneur doit déjà être sur place.

— Nous n'attendions que toi pour bouger, lui répondit Mme Saint-Macary. Le bébé est déjà baigné. Pas besoin de le réveiller, nous l'habillerons à l'église. Son sac est prêt.

Hélène se pencha sur le berceau, enleva la moustiquaire avec délicatesse et prit l'enfant dans ses bras. M. Saint-Macary se leva. Le groupe se mit en branle et se dirigea vers le parking où se trouvait la Land Rover familiale. Lou aida d'abord Yaya et sa belle-mère à grimper sur les sièges arrière. Il se retourna alors vers Hélène en lui souriant. Il lui prit Anne-Catherine des bras qu'il installa confortablement dans ceux de Yaya avant de l'aider à monter à côté d'elle. Amélie et son père étaient déjà installés sur la banquette avant. Lou referma la portière arrière et s'installa au volant. La circulation était fluide, en quelques minutes, ils étaient déjà à Saint-Jérôme. Il n'y avait aucune activité notoire dans les parages et Lou se gara facilement. Rapidement, le petit groupe descendit du véhicule et gravit les marches du parvis. Le clocher sonnait les coups de trois heures lorsqu'il pénétra dans le narthex de l'Église.

Les dédées s'affairaient autour du chœur en babillant à voix basse. Elles faisaient un ménage avant que ne commence la messe du soir. La famille qui venait à peine de pénétrer dans le lieu sacré retint à peine leur attention. Ce n'est qu'en apercevant Amélie, cependant, qu'elles se retournèrent en synchronie comme des fauves épiant

---

[83] Néfertiti, dont le nom signifie : La belle est venue, est une reine d'Égypte réputée pour sa grande beauté.

une proie qu'ils avaient longtemps guettée. Sans qu'elles ne se soient donné le mot, un silence mortel et une froideur glaciale remplirent tout à coup la chapelle. La jeune manbo leur avait littéralement coupé le souffle. Léonie, la femme du maire, fut prise de vertige et dut s'appuyer sur l'autel pour ne pas se retrouver sur son derrière. Jeanne la mère du diacre qui, d'habitude était la plus bavarde du groupe, tressaillit et laissa subitement échapper une série de hoquets rauques et de plus en plus rapprochés qui fit penser un moment à ces commères qu'elle suffoquait. Elle ne retrouva ses sens qu'après avoir sorti d'une poche de son tablier une flasque de *clairin* trempé dont elle avala quelques bonnes goulées. Il aura fallu que Céphise – qui faisait office de présidente des Filles de Saint-François et qui était accessoirement la patronne du plus grand bazar de la place, une femme qui en avait vu d'autres et n'avait pas peur d'esclandre – frappe du pied pour briser la stupeur de ces commères et sonner le branle-bas :

— Quelle *fréquancité*[84] ! Mesdames, à vos postes ! L'ennemi est dans nos murs ! Protégeons le Tabernacle car cette sorcière est sûrement venue nous voler des hosties !

En entendant le brouhaha qui s'élevait à proximité, Olivier se retourna d'abord vers les dédées. En regardant vers le fonds de la chapelle cependant, il sourit en apercevant ses amis. Il emprunta l'allée principale de la Nef pour les accueillir. Il embrassa d'abord Yaya, puis Mme Saint-Macary et enfin Hélène qui portait Anne-Catherine dans ses bras. Bien qu'il se fût préparé consciencieusement à revoir Amélie, une fois arrivé devant elle, il ne put s'empêcher de sentir tout son sang se retirer vers son cœur. Il se ressaisit rapidement et lui fleurit le front d'un baiser. Amélie sourit. Il tendit ensuite la main à M. Saint-Macary et embrassa Lou. Avec prévenance, il dirigea la petite assemblée d'abord vers la Sacristie où Anne-Catherine pourrait être changée et revêtue de sa robe de baptême.

Dans l'intervalle, sous le commandement de Céphise, les dédées s'étaient remobilisées. Elles avaient laissé le chœur pour prendre position devant le tabernacle. Tel un corps de gardes suisses en formation d'éperon, elles tenaient chacune leur balai comme hallebarde et étaient sur le pied de guerre.

Le bébé, un peu incommodé par toutes les contorsions que subissait son petit corps encore fragile pour entrer dans la robe, commença à pleurer. Les mains expertes de

---

[84] Impudence.

Yaya et de Mme Saint-Macary arrivèrent rapidement au bout des peines de l'enfant qui, rasséréné, s'assoupit doucement sous l'effet de la sérénité extatique qui s'exhalait du parfum délicat des fleurs posées devant l'autel et de la fraîcheur de l'eau bénite du baptistère.

Mgr Constant, vêtu très sobrement de son aube[85] et d'une étole[86] verte, les attendait déjà, le Missel à la main. Il leur souhaita la bienvenue et invita les parents, le parrain et la marraine à la fontaine baptismale. Il commença par lire le passage de l'Évangile où Jésus racontait à ses disciples la parabole de la drachme perdue. Une femme qui avait dix pièces d'argent, en perdait une. Elle alluma alors une lampe, balaya sa maison et chercha avec soin jusqu'à ce qu'elle l'eût retrouvée. Elle réunit alors ses amies et ses voisines pour leur dire : « Réjouissez-vous avec moi car j'ai retrouvé la pièce d'argent que j'avais perdue ! » et le bon Évêque de conclure : « Il y a de la joie devant les anges de Dieu pour un seul enfant qui était perdu et qu'ils ont retrouvé[87].» Il se retourna alors vers Amélie et lui dit simplement et avec affection :

— Bienvenue à Saint-Jérôme, Manbo Amélie.

Momentanément interloquée par cette marque d'attention, Amélie, en guise de réponse, baissa légèrement et momentanément la tête avant de la relever et de lui sourire. L'Évêque prit le temps de rappeler à la petite assemblée que, pour un baptême, il suffisait qu'un seul des parrain ou marraine soit catholique.

Il demanda alors à Hélène de remettre le bébé à sa marraine qui le prit dans ses bras. La cérémonie de baptême avait officiellement commencé. Il interrogea Olivier qui en tant que parrain affirma qu'il renonçait au mal et à Satan. L'Évêque lui demanda ensuite d'affirmer sa foi en reprenant les principaux articles du crédo : le mystère de la Trinité, la rédemption dans le Christ et la destinée sublime des Baptisés. Il redemanda aux parents s'ils souhaitaient le baptême de leur enfant. Après leur acquiescement, il versa, par trois fois, en forme de croix, l'eau sur le front du bébé et dit solennellement : « Je te baptise au nom du Père, du Fils, et du Saint-Esprit ». Il lui oignit ensuite la tête avec le *Saint-Chrême*[88]. Il alluma alors un cierge qu'il remit à Olivier en lui disant :

---

[85] Vêtement ecclésiastique de lin blanc que les officiants portent par-dessus la soutane pour célébrer la messe.
[86] Écharpe « *insigne du pouvoir d'ordre que l'évêque, le prêtre et le diacre portent au cou dans l'exercice de certaines fonctions liturgiques* ». In Dictionnaire pratique de liturgie romaine, Bonne Presse, 1952, sous la direction de Robert Lesage .
[87] *Évangile selon Saint Luc* 15 : 10.
[88] Le Saint-Chrême est une onction faite d'huile d'olive et de baume qui est utilisée dans certains sacrements de l'Église catholique.

— Ce cierge est le symbole de la foi, de cette lumière qui éclairera Anne-Catherine tout le reste de sa vie.

La petite assistance applaudit. Amélie sourit et embrassa sa filleule. En fixant le cierge dont la flamme dansait gracieusement dans les mains d'Olivier, tout au fond d'elle-même, elle dit à sa façon une prière d'action de grâce :

— Merci, Grand Maître, tout simplement merci pour cette petite fille ; je Te la confie ainsi qu'à Tes lwa, à Tes anges et aux Invisibles. *Ke limyè balenn sila klere chimen ou, pitit mwen*[89] ! *Ayibobo*[90].

---

[89] Que la lumière de ce cierge éclaire tes pas, mon enfant !
[90] Expression vaudou du rite Rada qui est utilisée de deux manières. D'une part, pour servir de conclusion à une prière, ou d'acquiescement à un commentaire et signifier *« Qu'il en soit ainsi !»*. D'autre part, il est aussi utilisé en guise de salutation d'un fidèle à l'autre pour lui signifier : *« Honneur et respect à Dieu et à Ses lwa qui vivent en toi ! »*

Figure 7. Un médecin en herbe, dessin au crayon de Kassim Oumarou dos Santos.

CHAPITRE 6

La journée était belle et avait bien commencé. Ce vendredi 7 novembre 2008 ressemblait à tout autre vendredi de novembre : frais et fleuri. À Pétion-Ville, les feuilles des poinsettias viraient du vert à l'écarlate, les bauhinias roses, les jacarandas bleus et les lianes de quisqualis étalaient toute leur splendeur et leurs fleurs, au gré du premier coup de vent, tapissaient joliment leurs alentours. La journée s'annonçait plutôt calme...

Dès dix heures, cependant, dans toutes les rues il se produisit un *kouri*[91], une espèce de *marché-pressé*. La mairesse venait de lancer un vaste programme de réfection de trottoirs et avait chargé les inspecteurs municipaux de chasser tous les marchands ambulants qui y avaient installé leur commerce informel. Poursuivis par des agents de l'ordre munis de *kokomakak*[92], plusieurs centaines de marchandes et de brocanteurs de toutes sortes grouillaient, comme des fourmis folles, dans tous les sens et se hâtaient de trouver refuge dans le dédale inextricable de ruelles, de corridors et de passages étriqués des bidonvilles ceinturant la cité. Il leur fallait tenter le tout pour le tout et sauver leur petit commerce : le modique pécule qu'ils avaient gagné de l'aube jusqu'ici était tout leur capital, et « le pain de leurs enfants, et leur joie et leur vie[93] ».

À Nérette, en banlieue de la ville, le pasteur Augustin Fortain avait demandé à ses professeurs d'être vigilants, car il avait été prévenu par certaines de ses ouailles que la ville serait chaude et qu'il pourrait bien avoir du grabuge dans la matinée. Le bon pasteur était propriétaire et directeur de l'école « La Promesse Évangélique ». Il l'avait construite, lui-même, « comme un grand », c'est-à-dire, avec les moyens du bord et en faisant fi des règles les plus élémentaires de génie civil. Sans la moindre retenue, faisant tantôt office d'ingénieur civil, tantôt de contremaître, il avait érigé une horreur de bâtiment de trois étages à partir d'un matériau qui ressemblait plus à un composite de comprimés effervescents *d'Alka Seltzer* qu'au béton armé prescrit par les normes du Laboratoire National du Bâtiment et des Travaux Publics.

Qu'importe, le pasteur Fortain venait à peine de sonner la fin de la récréation de dix heures. Les 350 enfants de l'établissement étaient tous sagement retournés en classe en rêvant déjà au son de cloche de midi qui viendrait les libérer en signalant le début des menus plaisirs du week-end. Soudain, le charivari discordant et tumultueux

---

[91] Ambiance de panique.
[92] Bâton.
[93] Louis Borno, *Le Denier, Offrande Mariale*, L'Étoile de Port-de-Paix, Haïti, 1921.

de la foule poursuivie par des agents de la commune commença à se faire entendre de plus en plus fort, tout près de l'école. Comme un capitaine de vaisseau sonnant le branle-bas, le révérend Fortain intima prestement l'ordre au surveillant de fermer complètement le portail principal qui était encore entr'ouvert. Alors que ce dernier s'affairait à pousser la lourde structure en acier, un bruit sourd, un grondement lointain, progressif, grossissant, lugubre, comme provenant dont on ne sait quel abîme, commença à se faire entendre.

Le pasteur fronça les sourcils. Le surveillant, en sueur, continua de plus belle à pousser la barrière métallique de toutes ses forces. Les professeurs se turent un instant. Certains élèves inquiets se regardèrent les uns les autres : les plus jeunes en commençant à pleurnicher ; les plus âgés, en esquissant un sourire jaune qui dissimulait mal une angoisse certaine. Subitement, les murs des salles de classe commencèrent à se lézarder, des fissures sillonnèrent les plafonds, le sol se mit à trembler, les tableaux se décrochèrent des clous et se renversèrent avec fracas sur les bureaux des professeurs. Quelques secondes plus tard, quatre des poteaux de béton qui tenaient la dalle du troisième étage s'affaissèrent et l'immeuble entier s'écroula, comme un château de cartes.

Dans un vacarme fracassant, l'écroulement souleva un épais nuage de poussière grisâtre qui couvrit toutes les maisons du quartier. Tétanisé par cette scène d'apocalypse, le voisinage tout entier était resté un instant figé dans un silence incrédule. Les marchandes ne couraient plus, les policiers avaient baissé les bras et avançaient lentement. Ce n'est que lorsque des pleurs et des appels à l'aide s'élevèrent de l'amas informe de décombres fumants, que tous les habitants du quartier se ruèrent sur les ruines.

Les hommes du voisinage, armés de toutes sortes d'outils, pelles, pioches, barres à mine, marteaux et burins furent les premiers à arriver sur les lieux. Sans perdre de temps et sans la moindre inquiétude pour leur propre sécurité, ces héros s'abandonnaient à leurs meilleurs instincts et s'acharnaient déjà avec frénésie à briser les énormes masses de maçonnerie qui pesaient de tout leur poids sur des victimes qui hurlaient, les unes de douleur, les autres, d'effroi ou de désespoir.

À bout de bras ou sur des civières, des corps inanimés complètement couverts d'une poussière sèche mêlée de sang frais étaient transportés dans les maisons du quartier transformées – certaines en clinique de fortune, d'autres en morgues provisoires.

Quelques heures plus tard, des ingénieurs militaires de la *MINUSTAH*[94] montés sur des engins lourds se frayaient un passage parmi la foule de badauds accourus sur les lieux du drame. De leur côté, policiers et marchandes avaient fait une trêve et faisaient de leur mieux pour organiser un cordon de sécurité, alors que certains d'entre eux se retroussaient les manches pour aider les premiers sauveteurs dans leur tâche furieuse et exténuante.

La nouvelle de la catastrophe s'était répandue dans la ville comme une traînée de poudre. Anne-Catherine Laporte qui était en 4e année de médecine à l'Université Notre Dame, apprenait la nouvelle en sortant d'un cours de dermatologie et retrouvait ses condisciples en émoi. Un étudiant de cinquième année connu pour être un incorrigible hâbleur racontait à un auditoire attentif qui se pressait autour de lui, qu'il avait parlé à quelqu'un sur place, qui lui avait affirmé qu'une école avait explosé en emportant avec elle une dizaine de maisonnettes, tandis qu'un autre rapportait qu'un énorme camion de sable avait raté un virage et avait capoté dans une école où il avait fait des morts.

La réalité était que les circonstances du drame étaient encore floues. La presse était sur place mais n'arrivait pas encore à donner des détails sur ce qui s'était passé. Pour comble de malheur, un camion-grue qui était sur un chantier à proximité, avait été réquisitionné par les autorités mais, en se rendant à Nérette, ses freins avaient lâché et l'engin avait embouti des véhicules sans faire de victimes.

Anne-Catherine rassembla une demi-douzaine de ses condisciples sous l'amandier qui surplombe le parking pour discuter avec eux de ce qui pouvait être fait pour aller au secours des victimes. Après quelques échanges, ils décidèrent de se rendre sur les lieux du drame pour constater de visu l'étendue des dégâts. Avant de se séparer, ils organisèrent une quête et recueillirent un peu plus de 12,500 gourdes pour acheter des gants, des pansements, des bandages, de la gaze, de l'alcool, du matériel de suture, des analgésiques et quelques bouteilles d'eau traitée.

Depuis le début de ses études universitaires à Port-au-Prince, Anne-Catherine habitait chez sa marraine. Elle l'appela au téléphone pour lui expliquer la situation et la prévenir qu'elle rentrerait tard dans la soirée, peut-être même le lendemain. Avant de raccrocher, elle posa ses lèvres sur son portable et fit le bruit d'un baiser. Regardant alors en direction de ses compagnons, elle leur dit : « En avant ! »

---

[94] Mission des Nations Unies pour la Stabilisation d'Haïti.

En début d'après-midi, le petit groupe était déjà sur les lieux et, après avoir fait un tour d'horizon et évalué les besoins, il y resta 36 heures d'affilée. Lorsque le dimanche matin, la lune descendit du ciel pour céder la place au soleil, Anne-Catherine et ses amis, n'avaient pas fermé l'œil de la nuit. Ils avaient ainsi réussi à panser, à rebouter et à plâtrer les membres blessés de tous les enfants qui leur avaient été confiés. La journée du dimanche touchait à sa fin. La plupart des blessés avaient été, soit traités sur place, soit transportés dans des hôpitaux de la région. Le bilan final était épouvantable : plus de 150 enfants étaient blessés, mutilés ou devenus carrément invalides. Quatre-vingt-douze des trois cent-cinquante occupants de l'école étaient morts[95].

Les volontaires étaient accablés de fatigue. Malgré leur verte jeunesse, les futurs médecins étaient moulus de courbatures. Leur mission était arrivée à son terme. Ils se préparaient à rentrer chez eux quand, soudain, une jeune femme visiblement amaigrie, échevelée, l'œil hagard, passa devant eux. Elle appelait désespérément son enfant de sept ans qu'elle « voulait » encore en vie. Elle s'arrêta brusquement, figée dans une attitude cataleptique qui lui donna, un instant, l'air d'une statue de cire. Anne-Catherine s'approcha d'elle pour lui parler et tenter de lui venir en aide. C'est seulement en se tenant debout devant elle, qu'elle compris que la jeune femme pleurait sa douleur sans bruit : ses yeux étaient gros de larmes qui, une à une, glissaient sur ses joues et se frayaient un passage dans l'épaisse couche de poussière qui s'y était accumulée pendant deux jours de démarches vaines et de recherches infructueuses. Ne sachant que faire pour lui venir en aide et alléger sa douleur, le jeune médecin ouvrit les bras pour l'enlacer et la laisser pleurer. Qu'avait-elle de plus à lui offrir ?

Lorsqu'après quelques secondes, Anne-Catherine sentit que l'être humain qu'elle avait dans les bras n'avait pas bronché, elle relâcha délicatement son étreinte et, presque simultanément, la jeune mère cessa de pleurer. Lentement, son corps redevint raide. En un instant, elle retourna à son état catatonique, immobile et complètement détaché de son environnement. Soudain, elle releva la tête et eut comme un frétillement involontaire qui lui fit trembler les yeux, les sourcils et le front. Elle regarda alors droit devant elle et se remit à marcher machinalement, comme un zombie, recommençant à appeler son enfant.

En l'observant, Anne-Catherine, la gorge nouée, s'effondra en larmes. Des larmes qui traduisaient un profond sentiment d'échec. Elle avait choisi de devenir médecin pour acquérir ce qui lui fallait de compétences pour apaiser la peine de gens qui

---

souffraient d'un mal, quel qu'il soit. Elle venait de comprendre, avec amertume et un haut le cœur qu'elle avait été tout à fait inutile à cette jeune maman qui souffrait comme une damnée, dans son corps, dans son cœur, dans son esprit. Et qui avait visiblement perdu la tête.

C'est en ce lieu et à ce moment précis qu'elle se rendit compte que cette jeune femme n'était probablement pas un cas isolé et que plusieurs des victimes ou des témoins étaient sans doute en train de vivre le même drame. Qu'elles allaient bientôt commencer à montrer des signes patents de dépression ou de choc post-traumatique. Dans un pays en manque de tout et où toute promesse était aussi branlante, défaillante, vide et vaine que « la Promesse Évangélique » :dans un pays qui compte moins d'un psychologue ou d'un psychiatre pour cent mille habitants[96] et où le système médical, en carence cruciale de tout, était à deux doigts de s'écrouler lui aussi, comment est-ce que ceux qui souffraient de troubles mentaux allaient-ils jamais trouver une aide adéquate ?

Cette question hantait Anne-Catherine, et le souvenir de cette jeune maman errant dans les ruines et appelant son enfant mort ne la quittait plus. Il fallait absolument faire quelque chose...

---

[96] Bolivar Anne Myriam, *Maladie mentale : des Haïtiens se tournent vers le vodou pour remède*, Global Press Journal, 29 septembre 2021.

Figure 8. Maison Gingerbread[97].

---

[97] Arrington Phillips Anghelen, *Gingerbread Houses*, Haiti's Endangered Species, Imprimerie Henri Deschamps, Haïti, 1975 page 29.

CHAPITRE 7

À l'aube du siècle dernier, en dépit de multiples conflits politiques qui n'avaient cessé d'émailler l'histoire d'Haïti depuis son Indépendance, les cerveaux des entrepreneurs locaux étaient en ébullition. Les prix du café, notre principale denrée d'exportation, étaient en hausse. L'industrialisation des processus de transformation agricole et les progrès de productivité qui en découlaient, avaient permis envers et contre tout, l'émergence d'une classe moyenne relativement florissante et en pleine expansion.

La prospérité – bien qu'encore inégalement répartie – allait croissante : les filatures et les distilleries se multipliaient. Profitant de leur nouvelle richesse, les Haïtiens les plus fortunés parcouraient l'Europe et en revenaient ébahis par les villas d'Italie et d'Angleterre qu'ils avaient découvertes dans leurs diverses pérégrinations. De retour au pays, ils avaient tous ce désir impatient de construire autrement, plus convivialement, plus luxueusement et de répliquer à leur façon les quartiers idylliques qu'ils avaient visités.

Avec l'invention des machines à tourner le bois, les architectes haïtiens donnaient alors libre cours à leur imagination et réalisaient, à cœur joie, de ravissantes charpentes et des éléments de menuiserie très élaborés. Les frises des toits, les portes, les fenêtres, les balustres des balcons se dépouillaient alors graduellement de leur aspect purement fonctionnel, pour devenir des expressions artistiques. Port-au-Prince, à peine remise des plaies de ses révolutions à répétition, s'appliquait, timidement, lentement mais sciemment à stimuler son développement culturel et à se donner une identité esthétique propre.

En conséquence, du Bois-Verna à Pacot, du Bas-Peu-de-Chose à Turgeau, de charmantes bâtisses en briques et bois construites un siècle plus tôt se détachaient au milieu d'acajous, de chênes, de calebassiers, de taverneaux, de palmiers, de frangipaniers, de fougères arborescentes, d'orchidées et d'hibiscus. Et au milieu de tout ce que la flore d'Haïti avait de plus parfumé et de plus somptueux, des ramiers, des tourterelles, des perroquets, des charpentiers et autres *madan sara* batifolaient dans une superbe symphonie de couleurs.

Les briques jaunes qui avaient été utilisées pour leur construction avaient été importées dans le pays après avoir servi de lest aux bateaux qui venaient charger le café, le sisal, le sucre et la mélasse qu'à l'époque Haïti exportait encore en Europe et aux États-Unis[98]. Bien que le soin accordé au décor extérieur de ces maisons pût paraître prédominant, elles avaient toutes été conçues avec un pragmatisme évident qui leur permettait de résister non seulement aux tremblements de terre mais aussi aux cyclones qui tous les ans ne cessaient de ravager notre partie de l'île.

Les élégantes charpentes apparentes des toits donnaient à chaque pièce, un cachet certain. Aux poutres étaient souvent suspendus des lustres en forme de chandelier, ornés de pendeloques. Bien ventilées pour convenir au climat tropical, les pièces étaient toutes naturellement éclairées et très aérées. Les plafonds étaient hauts et une pléthore de fenêtres et de portes en bois munies de persiennes, ouvraient sur des balcons ou sur des terrasses couvertes. Pour faire face aux défis inhérents de sécurité qui avaient toujours existé à Port-au-Prince, les fenêtres et les portes étaient chacune doublées par des volets opaques avec des crochets qui pouvaient les fermer, au besoin, de l'intérieur.

C'est donc à Pacot, à l'avenue N, dans un de ces joyaux architecturaux vieux d'un siècle, dans un des quartiers les plus calmes et les plus boisés des hauteurs de Port-au-Prince, qu'habitait Amélie. Elle en avait hérité de son père qui, quelques temps avant de mourir, en avait fait l'acquisition d'une famille d'origine allemande qui avait décidé de laisser définitivement le pays.

Amélie était encore célibataire. Toujours belle comme une nymphe, elle continuait à recevoir, de temps à autre, des demandes en mariage. Elle n'était cependant pas du genre à céder aux pressions de la société pour se conformer aux usages et consentir à une union qui ne correspondrait pas aux élans de son cœur et elle préférait rester seule. Depuis la déception de la Petite-Rivière, elle se tenait sur ses gardes et n'avait franchement jamais ressenti cet appel des sens, ce grand élan d'enthousiasme, ce désir envoûtant de succomber à l'ivresse du bonheur. Ce besoin aussi d'abandon intégral qui l'aurait amenée à tout négliger pour se livrer aveuglement au bonheur d'aimer un autre, jusqu'à vouloir se lier à lui pour toute la vie.

Lorsqu'Anne-Catherine eut terminé ses études classiques à la Petite-Rivière, Hélène et Lou l'encouragèrent à gagner Port-au-Prince pour entamer ses études universitaires. Amélie n'attendait que ça : elle lui avait d'ailleurs déjà préparé une chambre confortable où, chaque fois qu'elle en avait l'opportunité et que son horaire le lui permettait, sa filleule venait passer, à sa guise, des jours ou des semaines de vacances avec elle.

---

[98] Arrington Phillips Anghelen, op.cit., page 3.

Amélie et Anne-Catherine s'entendaient à merveille. Amélie avait un ascendant sur sa filleule qui l'adulait et la respectait profondément. Anne-Catherine l'aimait, lui vouait, en effet, une confiance totale et la considérait plus comme une grande sœur que comme une tante. Fidèle au rôle que lui avaient confié Lou et Hélène, Amélie lui servait de mentor, ne la laissait jamais s'aventurer toute seule et l'encourageait constamment à parfaire sa formation en organisant ou en participant avec elle à plein d'activités culturelles triées sur le volet, dont la plupart se tenait dans un rayon ne dépassant pas deux kilomètres de leur résidence à Pacot.

C'est ainsi que, pendant les quatre dernières années, Anne-Catherine et sa marraine rejoignaient régulièrement les causeries organisées par *FOKAL*[99] ou par l'Institut français, qu'elles assistaient ensemble aux nombreux concerts du Festival International de Jazz de Port-au-Prince. Qu'elles participaient aux éditions de *Livres en Folies*[100], qu'elles découvraient le théâtre haïtien contemporain au Festival de Théâtre des Quatre Chemins. Qu'elles fréquentaient assidûment la Bibliothèque nationale et celle des Frères de l'Instruction Chrétienne, qu'elles étaient régulièrement invitées aux vernissages des plus belles œuvres d'art moderne haïtien organisés par le Centre d'Art, et qu'elles avaient plus d'une fois assisté aux soirées dansantes du Jeudi à *l'Hôtel Oloffson*. Pendant les vacances d'été, Amélie entretenait chez elle un véritable salon littéraire où, deux ou trois fois par semaine, se côtoyaient sociologues, politologues, historiens, poètes, écrivains, musiciens et artistes de toutes sortes, où les discussions étaient sans fin et où les conversations se renouvelaient sans cesse.

Lorsqu'en ce dimanche après-midi, de retour de Nérette, le taxi la déposa à l'avenue N, Anne-Catherine entrouvrit la barrière du parking et marcha lentement jusqu'au petit escalier menant au perron où elle s'arrêta en hésitant à monter la première marche. L'air égaré et les yeux rouges de larmes, elle était perdue dans ses réflexions. Elle avait les yeux fixés droit devant elle et ne remarqua même pas sa marraine qui, du haut de l'escalier, l'observait. Lorsqu'elle leva la tête et qu'elle aperçut Amélie, elle éclata en sanglots. Cette dernière descendit rapidement vers elle et la prit affectueusement dans ses bras en lui caressant les cheveux et en lui répétant tout doucement : « *Je sais, je sais...* »

La voix entrecoupée, Cat lui raconta tout ce qu'elle avait vécu pendant ces deux derniers jours. Lorsqu'elle arriva à l'histoire de la jeune maman qu'elle avait rencontrée

---

[99] *Fondasyon Konesans ak Libète* (Fondation Connaissance et Liberté).
[100] Foire du Livre Haïtien organisé par Le Nouvelliste.

en partant, sa poitrine fut prise de contractions successives, ses épaules se remirent à secouer et elle fondit en larmes. Amélie l'étreignit et l'aida à monter les marches jusqu'au perron. Avec un sourire elle lui dit :

— Cat, ma puce, avec toute l'affection que j'ai pour toi, permets que je te rappelle que tu es restée de garde pendant quarante-huit heures d'affilée et que tu ne sens pas la rose. Va prendre une bonne douche et rejoins-moi ensuite à la salle à manger. Luciana t'a préparé un menu spécial. Nous t'attendions avant qu'elle ne mette la viande sur la braise.

Anne-Catherine regagna sa chambre et entra tout de suite dans la salle de bain attenante où elle se déshabilla et prit une bonne douche. Une bonne vingtaine de minutes plus tard, elle avait séché ses larmes et avait retrouvé sa marraine qui l'attendait patiemment à table. Fraîche et visiblement remise de son chagrin, elle avait les cheveux enveloppés dans une serviette. Elle tira une chaise et s'assit en face d'Amélie. Sa marraine lui tendit les bras, lui prit les mains dans les siennes et les yeux fermés, dit doucement :

— Prions ensemble, ma chérie. Merci au Grand Maître et à ses lwa pour ce repas que nous allons prendre. Que les mains qui l'ont préparé soient bénies. Que tous ceux qui ont faim trouvent de quoi se nourrir. Que toutes les familles qui souffrent aujourd'hui et qui ont tant perdu trouvent une consolation auprès des visibles et des invisibles. Nous te remercions aussi, Grand Maître, pour la vocation de Cat et pour sa présence parmi les plus vulnérables de tes enfants. Ayibobo !

— Amen, lui répondit Anne-Catherine.

Fidèle à l'engagement qu'elle avait librement pris lors du baptême de sa filleule, Amélie s'était toujours fait un devoir de l'encourager à persévérer dans sa foi catholique. Elle priait tous les jours avec elle, l'accompagnait souvent à la messe, particulièrement lors des grandes solennités de l'Église mais s'abstenait toujours de communier. Elle répondait avec candeur à toutes les questions qu'avait sa nièce sur le vaudou, mais ne l'avait jamais encouragée à la suivre dans cette direction, sachant au fond d'elle-même, qu'on ne se convertit pas au vaudou sans y être prédestiné. En bénissant le repas qu'elles allaient partager ensemble, Amélie s'était sciemment écartée de la tradition vaudou qui voulait que le bénédicité se fasse plutôt avant la cuisson des différents ingrédients de sorte que, dans un élan de reconnaissance, le Bon Dieu soit remercié d'avoir créé une nature si prolifique, car « Il a fait des merveilles ! » Une fois la prière terminée, les deux femmes déplièrent les serviettes de table qu'elles mirent sur leurs genoux et commencèrent à déguster une succulente gratinée de mirliton que Luciana leur avait servie comme entrée.

Quelques minutes plus tard, la bonne vieille cuisinière revenait dans la salle où elle installa successivement un plat de cabri boucané, un bol de *pikliz*[101], une *fritay*[102] *d'akra*[103], de bananes pesées, de bananes frites, de patates douces et de *lam veritab*[104] et une assiette fumante de riz national[105] que surmontait un *piman bouk*[106] dont le parfum tenace envahissait l'espace :

— Merci, Lulu, lui dit affectueusement Cat. *Si ou kontinye gate-m konsa, mwen pap janm ka kite kay sa-a non*[107]...

— *Cat pitit mwen, se pa de kontan m kontan, pou m wè jan ou tounen yon gwo doktè k ap ede malere. Marenn ou pa di-w sa, men ayè o swa se nan televizyon wi nou wè-w k ap bay ti moun yo swen. Bon Dye va remèt ou sa pitit mwen. Kounye a, pe la ma fi. Koumanse manje ak marenn ou pou ka refè fòs ou*[108].

Cat poussa spontanément sa chaise, se leva et embrassa affectueusement Luciana. La vieille femme l'avait vu naître, l'aimait comme si elle était sa propre fille et l'avait suivie à Pacot lorsqu'elle a laissé la Petite-Rivière pour poursuivre ses études. Luciana essuya discrètement une larme et retourna à sa cuisine. Marraine et filleule déjeunèrent en silence ; un silence que ne troublait que le cliquetis des fourchettes, des couteaux et des assiettes. Lorsqu'elles eurent terminé, le jeune médecin se chargea de débarrasser la table et d'en enlever les couverts ; Amélie entre temps, fit couler un café qu'elle se préparait à servir dans la galerie attenante à la salle à manger. Anne-Catherine l'y rejoignit et s'installa sur un canapé à côté d'elle :

— Marraine, merci pour ce vrai festin ! Tout était délicieux.

---

[101] Condiment fait de carottes, de chou blanc râpé, d'oignons et de piments baignant dans du vinaigre et du jus de citron.
[102] Friture à l'huile.
[103] Mélange de purée de malanga, d'échalotes, de piment bouc, d'oignons, d'ail et de farine de blé.
[104] Fruit de l'artocarpus altilis, communément appelé arbre véritable.
[105] Riz cuit avec des haricots rouges.
[106] Une variété de piment très piquant.
[107] Si tu continues à me gâter autant, je ne vais jamais laisser cette maison.
[108] Cat, mon enfant, je suis si contente de constater que tu es devenue un grand docteur pour les pauvres. Ta marraine ne te l'a pas dit, mais hier soir nous t'avons vue à la télévision alors que tu soignais des enfants. Le Bon Dieu te le rendra. Cesse de parler ma fille. Va prendre ton déjeuner avec ta marraine pour te refaire des forces.

— De rien, ma chérie. Luciana et moi avons voulu te préparer quelque chose de spécial après un week-end pour le moins éprouvant. Pendant ton absence, je n'ai cessé de penser à toi en essayant de m'imaginer tous les risques auxquels tu as été exposée. Jusqu'à ce que tu nous reviennes à la maison cet après-midi, je n'ai rien mangé et je n'ai bu que de l'eau. Le cierge blanc que tu as pu remarquer à l'entrée brûle depuis vendredi soir en l'honneur de ton ange gardien que j'ai prié de marcher devant toi, derrière toi et à tes côtés pour te protéger. Pour t'inspirer et te faire connaître les volontés et les choix du Grand Maître et des *lwa*. Mes prières ont été exaucées : tu nous es revenue saine et sauve.

— Merci, Marraine, pour tes prières. J'ai fait mon devoir, je n'ai fait que mon devoir et le Bon Dieu m'a protégée, mais j'ai le cœur serré. Je me sens perdue et j'ai besoin de tes conseils. Un peu plus tôt, je t'ai raconté l'histoire de cette jeune maman qui, étouffant sous le poids d'une fatalité écrasante, était en déni. Refusant d'admettre une réalité traumatisante, elle ne pouvait accepter de ne jamais retrouver le corps de son enfant, de ne pas pouvoir lui offrir de sépulture décente et de n'avoir finalement aucune opportunité de faire la paix avec la mort. En l'observant de loin, j'ai vite compris que je n'avais pas la formation requise pour l'aider et j'ai pleuré toutes les larmes de mon cœur. Devant sa détresse, je n'ai pas su trouver les mots qu'il fallait et comme tous les *kapon*[109], je me suis consolée en me disant que quelqu'un d'autre l'aiderait à ma place.

— Cat, *kapon* ? Toi-même ? Je ne pense pas. Tu es une des personnes les plus braves que je connaisse oui, ma fille !

— Marraine, je dois t'avouer qu'en observant la douleur de cette femme et devant mon impuissance, j'ai été prise de panique. La vérité est qu'à la première occasion, je me suis enfuie le plus loin possible d'elle et je me suis sentie lâche. Désarmée devant ce drame, j'ai sciemment détourné les yeux. J'ai abandonné une victime à son sort en sachant qu'elle n'allait trouver ni l'aide, ni les soins que nécessitait son état. En quittant Nérette, j'ai évoqué le cas avec mes condisciples. Bien que tous aient exprimé de la tristesse face à sa situation, aucun ne semblait véritablement concerné. La réalité est que les troubles de l'esprit sont un sujet tabou chez nous, un thème que, par crainte ou par

---

[109] Peureux, craintifs.

superstition, l'on choisit d'ignorer. Aucun des membres de ma promotion ne comprend ni l'ampleur ni l'étendue des maladies mentales en Haïti et aucun d'entre eux n'est attiré par la psychiatrie. Les besoins sont pourtant bien là. Quant à moi, j'ai toujours voulu être pédiatre et je ne veux pas changer de cours. Penses-tu cependant que je devrais sacrifier mes rêves et laisser tomber la pédiatrie pour me spécialiser en psychiatrie ?

— Cat ma chérie, c'est une question à laquelle tu es la seule à pouvoir répondre. J'ai toujours su qu'un jour tu deviendrais médecin, mais je ne me suis honnêtement jamais posé de question sur ce que tu aurais choisi comme spécialisation. Tu as toujours eu la passion de soigner et de guérir et cela m'a suffi. Tu aimes les enfants et tu aurais assurément fait un excellent pédiatre. Aujourd'hui, tu t'interroges sur la discipline que tu vas choisir comme carrière et c'est là une décision existentielle que tu ne devrais prendre qu'après t'être essayée à la branche qui t'interpelle. Fais gaffe cependant !

— À quoi exactement ?

— Un psychiatre doit avoir une disposition innée du cœur et de l'esprit qui dépasse la simple compréhension. Pour qu'il arrive à diagnostiquer ce qui tourmente son patient, il lui faut énormément de sagesse, d'empathie, de pondération, de discernement et de clairvoyance pour arriver à entrer en synchronisation avec celui qui a perdu la raison. Ce n'est qu'en descendant littéralement dans la folie avec lui, qu'entre deux crises et pendant de brefs intervalles de lucidité, qu'un thérapeute arrive progressivement à regagner la confiance de celui qu'il soigne pour l'amener à s'exprimer sans crainte, lui redonner sa dignité et à terme, lui offrir un traitement. Cependant, il faudra que tu fasses très attention, car il existe de graves dangers dans l'intensification de la relation, de la proximité ou du transfert entre thérapeute et patient. De nombreux psychothérapeutes se sont retrouvés, plus d'une fois, piégés dans un nœud relationnel qui dégénère souvent violemment.

— Marraine, je dois t'avouer que c'est une spécialité qui m'a toujours fait peur, car elle me semble ardue et ingrate. Ardue, parce que rien ne pèse tant qu'un esprit confus et déréglé. Ingrate, parce que même les parents des malades en ont honte et préfèrent les tenir hors de vue de la société. Cet ostracisme s'étend aussi aux psychiatres qui, très souvent, sont eux aussi perçus comme étant encore plus dangereux que les malades qu'ils traitent.

— Tu sais, ma chérie, il y a des impostures très répandues dans l'imaginaire haïtien et colportées tant par des intégristes chrétiens, toutes confessions confondues, que par des *houngan* : les maladies mentales n'existent pas vraiment et ce que les experts diagnostiquent comme telle relève plutôt d'un mauvais esprit qu'un ennemi aurait jeté à un autre ou d'une possession par un être surnaturel, en général maléfique. Par conséquent, des forbans – œcuméniques seulement dans la méchanceté – abusent de pauvres gens en leur soutirant le peu qu'ils possèdent pour les délivrer de ces *malentespri*[110]. Et ces fripons sont partout. Je te raconte tout ça en connaissance de cause, ma fille… car, dans le vaudou, ils sont légion. Ces *bòkòs*, ces *houngan* dénaturés qui « ne travaillent que de la main gauche[111] » ont trahi leur mission divine et ne sont plus au service des plus vulnérables. Ces âmes basses et vénales ont choisi de se vendre au plus offrant. Elles abusent de leurs ouailles et les mystifient. Elles violent impunément l'éthique et toutes les conventions du vaudou et de ses *doktè fèy*[112]. Elles utilisent le pouvoir des feuilles qui leur a été enseigné, non pour soigner et alléger la souffrance, mais pour asservir et pour empoisonner.

— Es-tu en train de m'expliquer que la corruption a envahi les églises et les *hounforts*[113]?

— Ce que je te dis, Cat, est que beaucoup d'églises et de *hounforts* sont sous l'emprise de fieffés brigands. Je ne prétends pas pouvoir donner de leçons aux églises chrétiennes – sur ce point tout au moins. Cependant, je ne cesse d'encourager les vaudouisants conséquents dans leur foi à nettoyer leur religion de tous les clichés et de toutes les horreurs dont les affublent certains observateurs extérieurs, étrangers pour la plupart. Sans observation scientifique sérieuse et sans aucun scrupule, ces individus se plaisent à n'associer notre vaudou qu'à la sorcellerie, à la magie noire et même au cannibalisme. Ils le décrivent comme un frein au développement et à la modernité.

La réalité est cependant toute autre. En parlant de psychiatrie par exemple, notre pays souffre d'une carence cruelle, non seulement d'infrastructures d'accueil pour les malades mentaux mais surtout de médecins qualifiés pour

---

[110] Mauvais esprit.
[111] Ceux qui servent l'adversaire.
[112] Guérisseurs qui utilisent la médecine traditionnelle.
[113] Temples vaudous.

les soigner convenablement. N'était la présence de nos *houngan* et de nos *mambos* à travers le pays, la population aurait été littéralement livrée à elle-même. Même là, bien que notre pharmacopée traditionnelle offre bon nombre de plantes médicinales qui permettent, tant bien que mal, d'atténuer les troubles psychiatriques de ceux qui en sont affectés, beaucoup de nos guérisseurs sont limités dans leur formation, et ce qu'ils prescrivent relève souvent de vieilles traditions suivies à la lettre et sans grande nuance.

Trop souvent, ils cèdent à des généralisations hâtives et imprudentes qu'ils étendent à l'ensemble de leurs patients et arrivent sans investigation scientifique adéquate à des diagnostics souvent erronés. Et pourtant, il existe parmi les vaudouisants une élite qui a fréquenté et qui continue de fréquenter les meilleures universités du monde. Une élite qui connaît bien les « secrets » des feuilles et qui a la généreuse ambition de permettre au vaudou d'embrasser la modernité sans en déraciner les traditions.

— En t'entendant parler, Marraine, je me rends compte, une fois de plus que le pays en général et la psychiatrie en particulier sont en manque de tout. Malheureusement, j'aurai beau insister, tu vas t'abstenir de me dire ce que je devrais faire, pas vrai ? Je suis cependant perdue et j'ai besoin de tes lueurs.

— Cat, tu as le cœur sur la main, tu es une belle âme qui veut aider tous ceux qui sont sur ton chemin. Je suis ta marraine et je t'aime. Mon rôle est de te protéger et de t'avertir qu'en choisissant de t'occuper des troubles de l'esprit, tu vas embrasser une carrière qui est tout aussi enrichissante qu'éprouvante ; une occupation qui demande, comme toutes les branches de la médecine, un effort constant sur les sentiments. Un effort qui requiert un détachement émotionnel mesuré qui ne doit jamais devenir ce que Balzac appelait cette mort du cœur qu'est l'indifférence. En conséquence, peu importe la carrière que tu vas choisir pourvu que tu l'embrasses avec amour, de sorte que chaque fois que tu rencontreras un nouveau malade, ce soit toujours pour toi comme pour lui, une expérience bienveillante.

— Marraine, il s'agit d'un changement radical par rapport à tout ce que je pensais vouloir être...

— Malgré les appréhensions légitimes qui te trottent dans la tête, quel que soit le choix que tu feras, au lieu de te demander ce que sera ta vie si tu choisis d'aller dans une direction donnée, demande-toi plutôt ce que sera la vie de tes patients potentiels si tu choisis l'une ou l'autre direction. Cela dit, je connais bien celui qui dirige le Centre psychiatrique et psychologique Mars-Kline. C'est un collègue d'Université. Nous irons le voir ensemble demain matin pour lui demander de te prendre en stage. S'il accepte, tu pourras alors jauger si tu veux vraiment travailler avec des malades mentaux.

CHAPITRE 8

En plein cœur de Port-au-Prince, non loin du stade Sylvio Cator, l'angle des rues Mgr Guilloux et Oswald Durand, était toujours congestionné et pollué de toutes sortes de bruits, d'odeurs et de détritus. C'est là que se trouvait un hideux immeuble en béton dont les fenêtres rectangulaires, déjà mal aérées, étaient barrées par de grotesques structures en fer forgé. Un immeuble dont les plafonds trop bas tenaient prisonnier un air lourd, chaud et par moment pestilentiel.

Lorsqu'en 1958, le gouvernement fraîchement élu de François Duvalier choisissait d'inaugurer le Centre psychiatrique et psychologique Mars-Kline dans la cour de l'hôpital général, le quartier n'était pas aussi dégradé. Une cinquantaine d'années plus tard, le bâtiment ressemblait sincèrement plus à un bagne, qu'à un sanctuaire où des esprits dérangés pouvaient être soignés pour retrouver leur équilibre, leur calme et leur dignité.

Il avait un espace administratif exigu qui était partagé entre une salle d'attente, une pharmacie, un bureau pour l'administrateur et un carré pour les infirmières. Une salle commune faisait office de salle à manger et de salle de jeux. Elle était attenante à une cuisine et à deux dortoirs distincts : un pour les femmes et un autre pour les hommes. Des salles de bains, sans toilette moderne et sans eau courante exhalaient une odeur infecte et jouxtaient chacun des dortoirs.

Une cour extérieure était ceinturée de murs surmontés de fil de fer barbelé et avait été complètement bétonnée. Une demi-douzaine d'arbres y avaient quand même poussé, bon gré mal gré, et offraient aux usagers un tant soit peu d'ombre. Sans autre végétation notoire, l'espace avait des tables et des bancs en béton et un grand bassin où hommes et femmes, sans grand soucis de pudeur, se lavaient les uns à côté des autres et déambulaient le torse nu pour tromper la chaleur ambiante. Conçu originellement pour accueillir 33 patients en permanence, l'asile était plein comme un œuf et plus d'une centaine de malades et une trentaine d'employés se bousculaient dans les espaces communs.

Lorsqu'Amélie et Cat se présentèrent à la barrière principale du Centre et qu'elles dirent au gardien de service qu'elles avaient rendez-vous avec le docteur Fénelon, il leur demanda une pièce d'identité qui fut enregistrée dans le cahier de garde et il remit à chacune un badge qu'elles épinglèrent à leur corsage. En pénétrant dans la cour, elles réalisèrent tout de suite qu'elles venaient de franchir le seuil d'un espace aussi insolite qu'inique. Au fond de l'allée principale, sur la main droite, elles purent remarquer qu'avant la porte d'entrée du bâtiment, un espace de triage avait été érigé. C'était une sorte de tonnelle, une petite construction rectangulaire, dont le toit recouvert de tôles de zinc était supporté par six colonnes en béton.

Ce matin-là, l'espace était vide... enfin presque. Un homme d'un âge indéfini, avait le torse et les pieds nus. Son corps crasseux était recouvert d'une fine couche de ce qui semblait être une boue grisâtre. Mince mais musclé, comme s'il n'avait jamais mangé à sa faim mais avait travaillé dur toute sa vie, l'individu était emmenotté à l'un des poteaux. Il avait le visage dur et le regard farouche. Sans faire attention à son entourage, il bougeait dans tous les sens pour tenter de se libérer. Les deux femmes, interloquées, s'arrêtèrent un moment devant lui. Complètement inconscient de leur présence, il continuait à gigoter. Une vilaine tignasse et une barbe grisonnante – soit par l'effet de l'âge, soit par l'effet de la saleté – lui donnaient un air de brigand. Il avait un faciès grimaçant, une sorte de rictus qui laissait deviner une grande douleur. Les menottes se resserraient au fur et à mesure de ses mouvements et commençaient à lui entamer la chair. En croisant fortuitement les yeux d'Anne-Catherine, il arrêta brusquement ses mouvements, ferma les yeux et baissa la tête comme s'il venait de perdre le duel de sa vie. Doucement, il se laissa glisser le long du poteau et s'affaissa en silence.

Les deux femmes se regardèrent un instant sans rien dire et allèrent leur bonhomme de chemin sur la pointe des pieds. Elles prirent l'escalier du perron et poussèrent la porte d'entrée qui donnait directement sur le carré administratif. Elles furent tout de suite assaillies par un brouhaha de voix. Des infirmiers en grappe se pressaient les uns contre les autres, s'écrasant les pieds en tentant de se faire servir par l'unique pharmacienne de service.

Loin de se laisser décontenancer par cette cohue, la pharmacienne avait la répartie facile et le flegme d'un responsable de loterie annonçant les numéros gagnants :

— Nous n'avons pas de lorazepam, ni d'halopéridol aujourd'hui...

— Et du lithium, lui demanda l'un ?

— Nous n'avons pas de lithium non plus, mais nous avons en revanche du Tégrétol® et de la Dépakine®...

— Prends ma réquisition pour du Tégrétol® alors... lui dit un autre.

— Ta réquisition n'est pas signée mon chéri, tu te crois tout permis, toi ?

— Cette pharmacie est aussi vide que le kwi[114] d'un pauvre aveugle, sourd et muet mendiant sur le parvis de Saint-Antoine, s'exclama un troisième.

— Tchuipp[115] ! Continue à brailler comme ça et je te dirai d'aller te faire servir dans le corridor d'en face, là où tu sais.

Amélie sourit et s'adressa à un des infirmiers pour tenter de s'orienter. Celui-ci se contenta de pointer le doigt en direction d'une porte entrouverte sur laquelle était inscrite le nom du Docteur Télémaque Fénelon. Amélie prit Cat par la main et frappa.

— Entrez, répondit une voix grave.

— Bonjour, Télémaque, lui dit Amélie

— Manbo Amélie, quel plaisir de te revoir. Quel bon vent t'amène ici ?

— Je voulais te présenter ma filleule Anne-Catherine Laporte. Elle est en quatrième année de médecine à l'Université Notre Dame. Nous sommes ici pour savoir comment nous pourrions t'aider à offrir de meilleurs services à tes patients.

— Amélie, je t'aime comme une sœur, peut-être même un peu plus, mais si tu es ici pour me vendre quoi que ce soit, sache que mes caisses sont vides. L'État n'alloue que deux millions et demi de gourdes par mois au centre pour son fonctionnement et ses investissements, soit moins de sept-cents gourdes[116] par patient, par jour et cette allocation doit tout payer : les médicaments, la nourriture, l'eau, l'électricité, l'entretien du site, l'achat d'équipement, le salaire du personnel, la sécurité, les services de clinique externe, etc...

— Voyons, Télémaque, tu me connais mieux que ça. Tu as l'air débordé de travail et tu n'as évidemment pas beaucoup de temps à perdre. Je vais donc être brève. Anne-Catherine voulait jusqu'ici être pédiatre, mais elle a récemment vécu une expérience qui lui fait croire qu'elle serait plus utile à la communauté si elle devenait psychiatre. Je sais bien qu'elle ne doit choisir sa spécialisation que dans deux ans, mais je suis ici avec elle pour te demander de faire une exception qui lui permettrait de travailler ici à temps partiel – question pour elle de se faire une idée plus juste de ce qu'implique une carrière de psychiatre en Haïti.

---

[114] Écuelle.

[115] Version créole du tchip originaire d'Afrique et des Antilles, inscrit au *Robert de la langue française* et qui est le fait d'émettre un bruit de succion en signe de désapprobation ou de mépris.

[116] Seize dollars américains exprimés au taux de change moyen de 2009.

— Mais Amélie, je n'ai aucun budget. Comment vais-je pouvoir la payer ?

— Docteur Fénelon, interrompit Anne-Catherine, peu importe l'argent, je suis prête à accepter un stage non payé. L'essentiel pour moi est de comprendre, autant que possible, ce à quoi je m'engagerais en choisissant cette profession.

— Mademoiselle Laporte, votre détachement vous honore et me soulage. Cela va faire bientôt trois mois que le ministère des Finances n'a pas renfloué nos comptes. Aucune des bonnes âmes qui travaillent ici n'a reçu de salaire depuis le mois d'août. Nous sommes en novembre et personne n'est encore venu se plaindre. Ils continuent tous à travailler. Je les observe et je les admire. Ils sont tous des gens modestes, sans grands moyens, mais leur vocation irrésistible leur permet de tout endurer et de patienter. Bon Dieu ! que ce pays a des gens remarquables… mais je m'égare. Quand désireriez-vous commencer votre stage ?

— Je peux me libérer tous les samedis et vous consacrer la journée entière. Si cela vous convient, je peux commencer dès samedi prochain.

— Je vous attends de pied ferme. À samedi prochain donc !

Le docteur Fénelon se leva de son siège pour signaler la fin de l'entrevue et prendre congé des deux femmes qui le remercièrent de la suite favorable à leur requête. Anne-Catherine en lui serrant la main ne put s'empêcher de s'enquérir de l'identité et de l'histoire de celui qu'elles avaient trouvé immobilisé à l'entrée de l'immeuble.

— Cet homme est arrivé au centre, il y a environ six mois, lui répondit-il. Il a été déposé ici par la police. Aucune idée de son identité ! Depuis son arrivée ici, il a tenté plus d'une fois de se suicider. Au début, nous avions cru qu'il était bipolaire[117]. J'ai tendance à penser qu'il est plutôt schizophrène[118]. En toute sincérité cependant, nous ne sommes jamais arrivés à le diagnostiquer convenablement, car depuis son arrivée, après nous avoir sorti des élucubrations historiques sans cohérence aucune, il se renferme chaque jour un peu plus sur lui-même et aujourd'hui, il s'exprime à peine. Nous devons l'immobiliser de temps à autre de peur qu'il ne se fasse violence. Malheureusement, nous n'avons pas d'espace d'isolement adéquat. Lorsqu'il

---

[117] Trouble de l'humeur, caractérisé par des phases d'excitation (manie), alternant avec des épisodes dépressifs. *2022 Dictionnaires Le Robert - Le Grand Robert de la langue française.*
[118] Trouble psychotique caractérisé par une distorsion de la pensée et de la perception, la perte du contact avec la réalité, le retrait social et des difficultés cognitives. *2022 Dictionnaires Le Robert - Le Grand Robert de la langue française.*

est en crise, notre seule option est de l'attacher, de lui administrer un neuroleptique et d'attendre qu'il se calme avant de le relâcher.

— Me permettriez-vous de lui parler à mon arrivée ?

— Peut-être. Avant, il faudra que nous vous trouvions un de nos infirmiers les plus costauds qui vous accompagnera et s'assura de votre sécurité.

— À samedi, Docteur !

— À samedi, Mademoiselle !

Figure 9. Saint François d'Assise[119].

---

[119] *Icône de Saint François*, initiation à la fraternité franciscaine, Sanctuaire Saint-Bonaventure, Lyon.

CHAPITRE 9

Le samedi venu, Anne-Catherine s'était levée de bonne heure. Après ses ablutions, elle était sortie dans le jardin sans faire de bruit. Elle voulait jouir du calme qui précède le *devant jour*. Elle voulait aussi profiter de ce moment de silence pour entrer en contemplation, sentir la présence de son Créateur et s'unir à Lui. C'est son parrain qui, très tôt dans sa vie, lui avait appris à méditer pour aller tout au fond d'elle-même à la rencontre de Dieu, pour être seule avec Le Seul.

Olivier lui avait expliqué que pour vivre pleinement sa vie, elle devait être à la fois contemplative et engagée. En s'inspirant de Jésus qui, au début de son ministère, s'était retiré pendant quarante jours de silence contemplatif, il avait toujours encouragé sa filleule à prier avant d'agir, à se recentrer spirituellement avant d'affronter le monde et ses problèmes.

Ce matin-là, l'aurore entrouvrait progressivement les portes dorées du matin. Cat ferma doucement les yeux pour mieux jouir de la brise fraîche qui soufflait sur Pacot. Assise sur le banc, elle commença alors sa contemplation comme elle l'avait fait des centaines de fois auparavant, c'est-à-dire en découpant lentement ce délicieux verset du psaume 46 :

Sois tranquille et sache que Je Suis Dieu[120] !
Sois tranquille et sache que Je Suis
Sois tranquille et sache
Sois tranquille
Sois !

Elle ferma alors les yeux, son souffle ralentit, sa tête se vida graduellement de ses pensées et elle se laissa emporter par un torrent d'amour qui lui paraissait sans fin et sans fond. Même avec les yeux clos, elle pouvait sentir, tout près d'elle, un colibri multicolore qui butinait les fleurs roses d'une alamanda enlaçant lascivement la balustrade de la galerie. Un sentiment de bonheur l'envahit. Elle avait retrouvé la source d'amour pur et perpétuel... Elle était heureuse d'être là, avec son Créateur, dans le jardin.

---

[120] *Livre des Psaumes* 46 : 10.

Au bout d'un moment, les cloches du Sacré-Cœur annonçaient au loin, les laudes et la messe de 5 heures. Cat rouvrit doucement les yeux. Elle fit le signe de la Croix et dit une prière pour ses parents, son parrain et sa marraine, pour Luciana, pour ses défunts. Sans oublier ses amis, les victimes du drame de Nérette ainsi que leurs parents. Le sourire aux lèvres, elle remercia aussi le Bon Dieu pour l'indicible moment qu'elle venait de passer en communion avec Lui. En pensant à la nouvelle aventure qui l'attendait dans la matinée, elle susurra les mots de Saint François d'Assise :

Seigneur, fais de moi un instrument de ta paix,
Là où est la haine, que je mette l'amour. [...]
Là où est le désespoir, que je mette l'espérance. [...]
Ô Seigneur, que je ne cherche pas tant
à être consolée qu'à consoler,
à être comprise qu'à comprendre,
à être aimée qu'à aimer.
Car c'est en se donnant qu'on reçoit,
c'est en s'oubliant qu'on se retrouve,
c'est en pardonnant qu'on est pardonné,
c'est en mourant qu'on ressuscite à l'éternelle vie.

Elle s'apprêtait à revenir vers la maison quand elle aperçut Amélie qui marchait vers elle et lui apportait une tasse de café bien chaud. Elle embrassa sa marraine et lui prit délicatement la tasse des mains. Les deux femmes rentrèrent dans la salle à manger, prirent ensemble leur petit déjeuner et regagnèrent leur chambre à coucher pour se préparer à affronter une journée bien remplie. Amélie donnait un cours à la première heure sur la dissonance cognitive[121] des esclaves de Saint-Domingue. Anne-Catherine quant à elle avait rendez-vous chez les fous.

Anne-Catherine arriva un peu avant huit heures au Centre. Elle montra patte blanche au gardien et fut admise à pénétrer dans l'enceinte de l'Asile. Elle tourna les yeux tout de suite en direction de la tonnelle et vut qu'elle était vide. Elle longea l'allée principale, monta l'escalier, poussa la porte d'entrée et se dirigea directement vers le bureau du Docteur Fénelon. Elle trouva la porte grande ouverte et pouvait voir le bon

---

[121] Tension qu'un individu ressent lorsque son comportement contredit ses idées, ses croyances, ses émotions ou ses principes.

médecin derrière son bureau où il travaillait déjà. Aussitôt qu'elle arriva sur le seuil de la pièce, il leva instinctivement la tête, l'invita à entrer et à s'asseoir.

— Bonjour, Mademoiselle Laporte, lui dit-il. Bienvenue au Centre Mars-Kline. Le patient auquel vous vouliez parler est présentable aujourd'hui. Il est beaucoup plus calme et nous avons pu libérer un de nos infirmiers qui va vous accompagner pour vous protéger, juste au cas où il recommencerait à s'agiter. Permettez que je vous présente à Gaby Belle-Anse qui sera avec vous durant toute la matinée.

— Merci, Docteur. Bonjour, Gaby.

— Je vous mets en garde cependant, Mademoiselle. Rappelez-vous que nous n'avons pas encore diagnostiqué ce patient. Il parle peu. Nous savons qu'il a des tendances suicidaires et qu'il est, pour le moins, dépressif. Si à aucun moment vous vous sentez en danger avec lui, faites signe à Gaby et il vous évacuera immédiatement. Nous vous avons aménagé un espace de travail, au fond de la cour extérieure. Une fois que vous vous y serez installée et que vous serez prête à commencer, le patient vous sera amené.

Anne-Catherine se leva et prit congé du Docteur Fénelon. Elle se dirigea vers la cour extérieure où elle trouva l'espace qui lui avait été réservé. Le staff infirmier avait découvert dans le dépôt de l'asile une table carrée en formica et trois chaises blanches en plastique qu'ils avaient installées au fond de la cour sous un amandier en parasol. Elle tira l'une d'entre elles, s'assit et fit un signe de la main à Gaby qui partit récupérer le patient. Un instant plus tard, les deux hommes, côte à côte, marchaient en direction de Cat. En les apercevant, elle se leva et, lorsqu'ils s'arrêtèrent devant elle, elle fit les salutations d'usage et invita le patient à s'asseoir en face d'elle. Pour leur donner un peu d'intimité, l'infirmier eut la délicatesse de déplacer une des chaises en plastique qu'il installa à une saine distance de l'amandier et s'assit pour les observer.

Le patient venait apparemment de prendre une douche. Il puait le désinfectant artisanal, un vilain mélange de vinaigre blanc, d'huile essentielle de citron et de bicarbonate de soude. Des gouttelettes d'eau, scintillantes sous l'effet du soleil, endiamantaient son indomptable tignasse. Il s'assit en face d'elle et la regarda droit dans les yeux. Cat se dit qu'il y avait quelque chose d'à la fois humain et perçant dans ce regard. Des yeux d'oiseau de proie se détachaient d'un visage émacié, boucané par le soleil et mangé par une vilaine barbe. Ces yeux scrutateurs tentaient de lire dans ceux de Cat, ce qu'elle pouvait bien penser de lui, un homme qu'on lui avait probablement dépeint comme dément.

Pendant une dizaine de secondes, Cat resta comme le Sphinx de Gizeh. Immobile, énigmatique et mystérieuse, elle ne détourna pas le regard, essayant de susciter une réaction de celui qui était en face d'elle. Elle se retourna un instant et sortit de son sac une banane et une bouteille d'eau dont elle dévissa le bouchon. Elle les poussa très légèrement vers lui comme pour lui indiquer qu'elle les lui offrait.

— Je suis Anne-Catherine Laporte, lui dit-elle. Je suis étudiante en médecine et je suis ici en stage. En début de semaine, je vous ai aperçu, attaché à un poteau. Vous vous démeniez comme un diable dans un bénitier. Lorsque nos regards se sont croisés cependant, vous vous êtes tout de suite calmé. Le docteur Fénelon m'a permis de passer un moment avec vous ce matin. Qui êtes-vous ? Comment êtes-vous arrivé ici ?

L'homme ne broncha pas et continua à fixer Anne-Catherine des yeux. Après un quart d'heure de silence, il prit la banane et commença lentement à l'éplucher. Cat l'examinait attentivement en se demandant s'il avait encore ce qu'il fallait de dents pour la manger. Il ouvrit la bouche, mais une barbe hirsute, la couvrait en partie et ne révéla ni dent, ni gencives. Il en prit néanmoins un morceau. En mâchant lentement, il continua à scruter son interlocutrice, prenant une bouchée de temps à autre, jusqu'à engloutir le fruit. Il se retourna alors pour regarder en direction de Gaby, lui fit un signe de la tête pour lui signifier la fin de l'entrevue. Il se leva en prenant soin d'emporter avec lui la pelure et la bouteille d'eau. Anne-Catherine se mit debout. L'homme la regarda et inclina la tête en signe de respect. En passant près d'une poubelle, il s'arrêta et y jeta la pelure.

Les quatre séances suivantes se passèrent relativement de la même façon. Anne-Catherine attendait tranquillement sous l'amandier. Gaby lui amenait le patient. Elle se levait pour l'accueillir et continuait religieusement à placer un fruit et une bouteille d'eau devant lui. Ils s'observaient en chien de faïence et au bout d'une demi-heure, après avoir dégusté le fruit, il se levait, prenait congé d'elle en inclinant la tête mais, toujours sans dire un mot. En passant devant la poubelle, il se faisait toujours un devoir d'y déposer tout ce qu'il avait ramassé de déchets sur la table.

La sixième séance eut lieu le 20 décembre. Anne-Catherine, comme à l'accoutumée s'installa sous l'amandier. Gaby lui amena le patient qui s'assit devant elle. Cette fois-ci, elle lui apporta un sorbet de corossol, une cuillère en plastique et une bouteille d'eau. Elle défit le couvercle du bac, planta la cuillère dans le sorbet et le poussa délicatement vers lui. L'homme l'observait dans ses moindres gestes. Il tira le sorbet vers lui, en prit une cuillerée et ferma les yeux un moment comme pour jouir plus intensément de l'explosion de saveurs qu'il avait dans la bouche.

Anne-Catherine lui dit : « Nous sommes à quelques jours de Noël et je vous ai apporté un cadeau. J'espère qu'il vous plaira.» Elle se pencha sur son sac et en tira un paquet enveloppé dans un papier satiné blanc entouré d'un ruban rouge. L'homme regarda Anne Catherine dans le blanc des yeux et pour la première fois esquissa un sourire pendant qu'il tendait les mains timidement pour recevoir ce qui lui était offert. Il défit précautionneusement l'emballage et y découvrit une dashiki[122] blanche dont l'encolure et les poignets portaient une délicate broderie dorée. Spontanément, il l'enfila par-dessus le maillot de coton qu'il portait. Il se mit debout et fit quelques pas avec les bras légèrement écartés. Les patients qui étaient dans la cour commencèrent tous à applaudir et à l'ovationner. Il fit une pirouette sur le talon de son pied gauche et se rassit en face d'Anne-Catherine. Les applaudissements redoublèrent d'intensité. Même Gaby, assis un peu plus loin, avait laissé tomber ses airs menaçants de sbire de police secrète et applaudissait lui aussi avec un sourire qui allait d'une oreille à l'autre.

L'homme avait recommencé à scruter les yeux d'Anne-Catherine comme s'il espérait pouvoir évaluer la sincérité de son geste. Il la regarda droit dans les yeux, respira alors profondément et lui dit d'une voix calme :

— Merci, Mademoiselle Laporte.

— Je vous en prie. C'est un plaisir d'entendre finalement le son de votre voix. Je commençais à désespérer, dit-elle en souriant.

— Mademoiselle, tout au long de ma vie, j'ai été exposé à mille avanies. Je n'osais plus croire dans la bienveillance de l'homme, dans sa capacité à se dévouer pour son prochain jusqu'à l'humaniser. Merci de m'avoir traité avec dignité.

Il cessa alors de parler, comme s'il avait déjà trop dit et venait de se rendre à l'évidence qu'il avait irréversiblement compromis l'intimité du sanctuaire qu'était son silence. Anne-Catherine, put sentir son embarras et avant qu'il ne se referme sur lui-même, lui demanda délicatement :

— Pourrais-je vous poser quelques questions ?

---

[122] Chemise ou tunique originaire d'Afrique de l'Ouest.

Il leva les yeux aux cieux comme pour y trouver ses mots :

— Mademoiselle, avant que je ne consente à répondre à une ou plusieurs questions, il est important qu'ensemble nous posions des balises avec engagement de les respecter tous les deux.

— Allez-y, je vous écoute.

— D'abord et avant tout, de combien de temps disposez-vous ?

— Mon stage doit durer un an et je vais y consacrer tous mes samedis. Si nous enlevons les six séances déjà écoulées, nous allons pouvoir passer potentiellement un peu plus de quarante journées ensemble. Si cela vous dit, bien entendu.

— Je suis disposé à vous parler. Cependant, vous devez me promettre en échange, qu'avant de vous arrêter à un diagnostic, vous allez être patiente et attendre que je vous raconte mon histoire, toute mon histoire. Ce n'est qu'à ce prix, que je vais m'ouvrir à vous.

— Je suis prête à vous accorder tout le temps qu'il faudra. Cependant vous devrez, à votre tour, me promettre certaines choses à moi aussi.

— Oui, lesquelles ?

— Chaque fois que je serai avec vous, vous allez me promettre de garder votre calme, de respecter ma personne physique et de ne jamais me menacer. Nous allons devoir construire ensemble une relation qui nous permette d'avoir confiance l'un envers l'autre, un peu comme nous faisons confiance à la solidité du pont qui, à deux pas de nous, est jeté sur le Bois-de-Chêne et que nous empruntons même lorsqu'en dessous, les eaux de la ravine sont en crue.

— La confiance, ce pont mystérieux entre deux âmes… j'aime la façon dont vous pensez, Mademoiselle Laporte. Je m'engage à tout faire pour honorer ma part de ce marché…

— Cela dit, si vous êtes à votre aise, nous pouvons commencer la séance… Comment vous appelez-vous ?

— Je ne m'appelle pas, Mademoiselle… Mes parents m'ont appelé Kassim Oumarou dos Santos.

— D'où venez-vous ?

— Mon père était un explorateur portugais, né à Ribeira de Sesimbra, un petit village de pêche au sud de Lisbonne. Ma mère était originaire d'Ife dans le

Royaume Doyo, en Afrique de l'Ouest. C'est là qu'ils se sont rencontrés et qu'ils sont tombés follement amoureux l'un de l'autre. C'est aussi là que je suis né de cette idylle,. Ma mère a eu des couches laborieuses et en est morte quelques semaines plus tard. Le cœur meurtri, mon père a laissé l'Afrique et m'a emmené avec lui au Portugal. Il était navigateur et m'a appris son métier. J'ai passé toute mon adolescence à sillonner les côtes de l'Afrique. Les Portugais m'ont surnommé Mouro, le Maure[123], à cause de la couleur de ma peau. Ce nom déformé, au fil du temps, en Moro m'est resté et je l'ai adopté avec une pointe de fierté quant à mes origines. J'avais seize ans lorsque j'ai été engagé par Christophe Colomb comme aide navigateur lors de son premier voyage aux Amériques. Je suis sur l'île depuis 1492 et je ne l'ai jamais laissée.

— Attendez, attendez, attendez... Vous êtes arrivé en Haïti avec Colomb ? Quel âge avez-vous donc ?

— Un peu plus de cinq-cents ans, Mademoiselle ! Cinq-cent-trente-deux pour être exact. Devrais-je déjà vous rappeler votre promesse d'entendre toute mon histoire avant d'arriver à une conclusion ?

Anne-Catherine sourit, car elle sentit que son patient venait de la surprendre en flagrante violation de l'engagement pris, il y avait à peine un instant. Elle comprit alors qu'elle devrait se surpasser pour ne pas laisser transpirer ses émotions et permettre à son patient de s'exprimer. Elle devrait feindre de le croire, même si son histoire lui paraissait tout à fait farfelue.

— Je ne tire pas encore de conclusion, M. dos Santos. Je dois vous avouer que votre âge m'a surprise et je vous prie de m'excuser. Vous allez cependant me permettre de vous arrêter de temps à autre pour vous poser des questions ?

— Bien sûr. Puis-je continuer ?

— Je vous en prie. Allez-y.

— Je ne sais pas pourquoi j'ai tant vécu. J'aurais dû être mort depuis longtemps. Honnêtement, je suis las de vivre. Je me sens un peu comme Sisyphe, ce personnage de la mythologie grecque, condamné par les dieux à pousser un énorme rocher jusqu'au sommet d'une colline. Chaque fois qu'il arrive près du but, le rocher lui échappe, culbute tout sur son passage et roule de son propre

---

[123] Dérivé du mot latin *Maurus*, le terme était à l'origine utilisé pour décrire les Berbères et les personnes originaires de l'ancienne province romaine de Maurétanie, dans ce qui est aujourd'hui l'Afrique du Nord. À partir de la Renaissance, le mot *Maure* a également été employé pour décrire toute personne à la peau noire ou bronzée.

poids au bas de la pente. Il doit alors recommencer le même travail pour l'éternité et devient ce héros absurde décrit par Camus.

— Vous avez lu Camus ?

— Mademoiselle, 500 ans de solitude vous laissent beaucoup de temps sur les bras. Je vous disais donc, que chaque fois que le rocher de Sisyphe dégringole sous l'effet de la pesanteur, ce pauvre homme doit redescendre de la montagne pour recommencer sa peine avortée. Camus pense qu'il a alors le temps de contempler son tourment et, ce faisant, de surmonter son destin. L'expérience peut paraître absurde au néophyte, mais le savoir étant un gage de bonheur, Camus dit qu'il faut imaginer Sisyphe heureux.

— Êtes-vous heureux, M. dos Santos ?

— Franchement, non. D'abord, parce que vous m'appelez M. dos Santos et que je préfère Moro, si cela ne vous dérange pas.

— Bien sûr que non ! Désormais, je vous appellerai Moro.

— Ensuite et plus sérieusement parce que, depuis plus de 500 ans que je vis ici, j'ai assisté aux pires massacres que l'humanité ait jamais connus. J'ai mille fois tenté de m'enfuir, mille fois j'ai échoué. Bien que j'aie toujours eu cette île dans la peau, plus j'y ai vécu, plus j'ai dû me rendre à l'évidence que son histoire était un perpétuel et cruel recommencement.

J'ai compris que ceux qui y vivaient refusaient systématiquement d'apprendre de leurs erreurs ; qu'ils continuaient à les répéter et avaient le toupet de s'attendre à des résultats différents. En 500 ans, j'ai été un témoin malheureux de l'égoïsme, de l'hypocrisie et de la méchanceté d'hommes incapables de se mettre ensemble pour bâtir un endroit où il fait bon vivre pour tous, sans exclusion et sans exclusive.

Mon expérience jusqu'ici a été atroce. Incapable de m'échapper physiquement, j'ai tenté plusieurs fois de me suicider. Je me suis brûlé la cervelle, je me suis pendu, je me suis ouvert les veines, je me suis jeté du haut de différentes falaises, je me suis immolé par le feu, je me suis laissé emporter par des torrents en furie. J'ai souffert jusqu'à en perdre connaissance. Je me suis plus d'une fois cru mort, mais je me suis toujours retrouvé avec stupeur, quelques heures plus tard, bel et bien vivant. Malgré mes meilleurs efforts, j'ai conclu que j'étais incapable de mourir. Condamné à assister à la décrépitude systématique d'un peuple qui a failli à sa vocation historique, je me sens comme un brin de paille emporté par les flots tumultueux d'une histoire tragique et douloureuse.

— Comment avez-vous abouti au Centre, Moro ?

— En avril dernier, le pays était secoué par des émeutes de la faim et avait sombré une fois de plus dans une anarchie totale. Par un malheureux concours de circonstances, une inflation inhabituelle sur les marchés internationaux de denrées est venue se greffer aux conséquences mortifères de trois cyclones successifs, lorsqu'Ike, Gustav et Hanna ont frappé le pays et ont dévasté l'agriculture. Les prix des produits de première nécessité ont flambé. Une foule exsangue et furieuse, une foule composée principalement d'adolescents et de jeunes adultes, s'est mise à tout détruire sur son passage en scandant à tous les vents : *Nou grangou ! Grangou klorox la ap manje trip nou*[124] *!*. Des véhicules appartenant à de pauvres chauffeurs de taxis avaient été incendiés et des petits commerces avaient été pillés. Cinq personnes avaient été tuées par les forces de l'ordre et soixante autres blessées. Honnêtement, la violence que j'ai vu déferler devant moi ce jour-là, n'a rien de comparable à ce que j'ai eu à vivre dans ce pays durant les cinq-cents dernières années.

Ce qui m'a été le plus éprouvant ce jour-là cependant, c'est la haine que j'ai pu lire dans des yeux d'enfants ; des enfants qui de 1990 à 2008 ont vécu dix-huit ans de croissance économique négative ; des enfants qui, s'ils ont fréquenté une école, ont été condamnés à recevoir une formation surannée et bancale qui ne leur aura jamais permis d'être admis dans un centre universitaire sérieux; des enfants qui ont gaspillé treize ans de leur vie à languir, à dépérir même, sur les bancs d'une école qui au bout du compte ne leur aura rien enseigné de valable ; des enfants qui, au lieu de s'en prendre à leurs bourreaux et à ceux qui ont contribué à faire de ce pays un enfer, ont sciemment et paradoxalement choisi de détruire tout ce qui, sur leur passage, aurait pu appartenir à leurs parents. J'ai tenté, à un moment, de m'interposer avant qu'ils ne mettent le feu à un petit autobus bondé de monde. Pendant que les passagers s'enfuyaient pêle-mêle, une dizaine de manifestants me sont tombés dessus et m'ont roué de coups.

---

[124] *Nous avons faim. La faim Clorox® nous dévore les tripes*. La faim Clorox® décrit la douleur d'une faim si atroce qu'elle s'apparente à celle de quelqu'un qui aurait ingurgité de l'eau de Javel. Quelques années plus tard, sous la présidence de Jovenel Moïse, les conditions s'étant considérablement dégradées, le peuple, avec l'humour du désespoir, l'avait rebaptisée plus « caustiquement » : *grangou asid batri* (une faim d'acide de batterie).

— Comment avez-vous réagi ?

— J'aurais pu me battre avec ces morveux et en arriver facilement à bout. Profondément démoralisé par ce à quoi je venais d'assister, j'ai baissé les bras et je me suis laissé faire. J'ai reçu une multitude de coups de pieds au ventre et à la tête. Lorsque, ces petits malfrats m'ont abandonné ensanglanté sur le pavé, je me suis relevé fourbu de douleurs et me suis dirigé tout droit vers le Marché Salomon. J'ai acheté une corde de pite. J'ai été ensuite dans la zone désertée par les bouchers affolés par cette violence. Je suis monté sur une de leurs grosses tables de marbre. J'ai attaché ma corde à une poutre de la structure métallique du toit. Je me la suis passée autour du cou. J'ai donné un grand coup de pied dans la table qui s'est renversée. J'ai senti la mort s'approcher à pas feutrés, presqu'avec des gestes de maternelle affection. Je l'ai vue venir, comme une amie compatissante. De loin, elle m'a jeté une œillade d'ange consolateur. Je l'ai aperçue, je lui ai souri et je l'ai presque embrassée. Comme un fantôme cependant, elle s'est évanouie aussi rapidement qu'elle était venue. Quelques heures plus tard, je me réveillais indemne au Centre Mars-Kline où je me faisais dire que des policiers m'avaient transporté.

Cat n'avait pas laissé Moro des yeux. Elle était captivée par son histoire, prenait furieusement des notes et avait des dizaines de questions qui lui trottaient dans la tête. Elle ne savait par où commencer. Elle avait fait parler son patient bien plus que tous les médecins qui l'avaient précédée et elle en tirait un brin de fierté. Il avait certes une imagination fertile, mais, contre toute attente, il était volubile et s'exprimait souvent avec une cohérence certaine.

Elle hésitait cependant à précipiter l'entrevue. Pleinement consciente de son inexpérience, elle se dit qu'il valait mieux encore attendre. Dieu ! ce qu'elle aurait aimé qu'Amélie et son parrain soient avec elle. Ils avaient, chacun des diplômes en psychologie. Leur présence l'aurait rassurée. Leur expérience respective aurait pallié la sienne et lui aurait permis d'évaluer bien plus en profondeur, le fonctionnement et l'état de la santé mentale de son patient. Avec eux, elle aurait pu discuter des interventions et des traitements qui auraient pu l'aider. Peu importe, elle était seule avec lui et il était essentiel qu'il continue de s'exprimer. Tant qu'à poursuivre un interrogatoire agressif, elle choisit de l'engager sur un détail apparemment frivole.

— Moro, je vois que vous portez un anneau en or à l'oreille droite. Pourquoi ?

— Aussi longtemps que je me souvienne, j'ai toujours porté une boucle d'oreille, Mademoiselle. Lorsque je me suis enrôlé dans la marine marchande portugaise, je voulais être un navigateur et, à ce titre, je n'avais pas d'organe plus important à protéger que mes yeux et de sens plus important à aiguiser que ma vue.

— Nous parlons de vos oreilles, Moro et pas de vos yeux...

— J'y arrive, Mademoiselle. La tradition au XVe siècle voulait qu'en se perçant le lobe de n'importe laquelle de ses oreilles, un marin pouvait développer une vue longue, exercée à discerner les plus menus détails et du coup, réussir à se prémunir contre les maladies des yeux. Mon père et ses collègues m'avaient raconté à l'époque que ce n'est qu'en me faisant percer une oreille et en portant un anneau que j'arriverais à repérer les écueils, les mauvais temps, la terre ferme ou les navires ennemis.

— S'il ne s'agissait que de vous faire percer une oreille pour améliorer votre vue et soigner vos yeux, pourquoi avez-vous choisi une boucle d'oreille en or, serait-ce par vanité ?

— Non ! Contrairement à ce que vous pourriez croire, je n'ai jamais eu d'engouement pour la mode, pour l'argent ou pour les bijoux précieux. Les marins comme moi ont toujours porté des boucles d'oreille en or massif, simplement parce qu'elles nous ont servi d'assurance-vie. Elles ont permis, à notre mort, de payer nos funérailles et d'en utiliser le reliquat pour aider nos familles. Je n'ai plus aucun parent vivant et la mort ne semble pas pressée de me prendre, j'ai néanmoins décidé de garder mon anneau qui est peut-être un des rares objets qui me reste pour me rappeler une période de ma vie aujourd'hui révolue.

Au loin, les cloches de Sainte-Anne, sonnaient les douze coups de midi et appelaient les fidèles à l'Angélus. Cat se rendit compte qu'elle venait de passer quatre heures ininterrompues avec Moro. Elle lui proposa d'arrêter momentanément la séance pour le déjeuner et de la reprendre à treize heures. Il acquiesça, ramassa l'emballage du cadeau et le bac du sorbet de Corossol qu'il avait entre-temps terminé. Il se leva, salua son interlocutrice de la tête et suivit Gaby qui l'amena à la cafétéria.

Anne-Catherine se dirigea alors en direction du bureau du docteur Fénelon qu'elle trouva en train de se préparer à partir. Elle l'accompagna au parking en lui racontant ses progrès avec Moro. Agréablement surpris, il lui posa une myriade de questions sur son identité, sur sa santé et sur son état d'esprit. Il la complimenta pour ces avancées inattendues et lui proposa de continuer à le voir. Elle accepta sans hésiter et proposa qu'elle se fasse accompagner la prochaine fois par sa marraine qui était psychologue. Il consentit à la chose, pourvu que toutes les notes prises soient partagées avec le psychiatre qui, un jour ou l'autre, hériterait du cas. Ils se serrèrent la main et se séparèrent.

CHAPITRE 10

Une brise tiède, provenant du Golfe de la Gonâve, soufflait sur Port-au-Prince et l'alanguissait. La ville commençait son week-end. Les marchés publics étaient clos, le trafic automobile avait considérablement diminué et, avec lui, l'intensité des bruits et des odeurs qui, toute la semaine, avaient assailli le quartier. Anne-Catherine avait repris sa place au fond de la cour et Moro l'avait rejointe. Gaby, sentant que le patient était calme et en confiance, s'éloigna un peu plus de l'amandier et adossa sa chaise à un manguier où il s'assoupit.

Anne-Catherine prit le temps de relire ses notes. Moro la regardait d'un œil distrait et attendait patiemment qu'elle relance leur entrevue. Au bout de quelques minutes, elle leva la tête, respira profondément et lui dit :

— Moro, vous êtes né en Afrique. Vous avez vécu au Portugal. Pouvez-vous me parler du périple qui vous a amené jusqu'ici ?

— À la vérité, mon père ne s'était jamais vraiment remis de la disparition prématurée de ma mère et avait tenté de tromper sa douleur en substituant une passion à une autre. Incapable d'élever un enfant seul, une fois revenu au Portugal, il m'avait mis en pension dans un monastère bénédictin et était reparti à la conquête de nouvelles découvertes. J'avais à peine neuf ans quand, de passage à Lisbonne, Papa s'était mis au service de Bartolomeu Dias. Il m'avait alors extrait de la pension et avait obtenu que je sois engagé comme mousse. À ses côtés, pendant deux bonnes années, j'ai visité toutes les îles portugaises de la mer Océane[125] et que j'ai parcouru toute la côte occidentale de l'Afrique. J'ai même eu la chance de faire partie de la première expédition européenne à débarquer au Cap de Bonne-Espérance, qu'initialement Dias avait baptisé *Cabo Tormentoso* ou Cap des Tempêtes en raison des vents très violents qui y soufflaient.

Je n'avais jamais été aussi heureux. Après avoir été sevré de mes parents sans aucune explication, je réalisais qu'après tout, mon père m'aimait et était revenu me chercher. Il avait choisi de m'apprendre son métier et, à ses heures libres, il me formait à lire les cartes et m'enseignait l'utilisation de l'astrolabe, de la boussole magnétique, du quart de cercle, du bâton de Jacob et du compas à pointe sèche pour déterminer la position d'un navire par rapport à l'étoile

---

[125] Océan Atlantique.

polaire. Il m'apprit à lire le vent et à faire toutes sortes de nœuds marins : nœud de cabestan pour s'amarrer sur le bollard d'un quai ; nœud en huit pour terminer un cordage ou nœud de taquet pour brider une amarre. À nos moments de loisirs, il me racontait tout plein de fables, de légendes et de contes. Il me parlait d'Ulysse, de Télémaque, de Calypso, de Jason et des Argonautes, de la Toison d'Or, de Médée, des sirènes et de l'Atlantide. Il me raconta l'histoire de Marco Polo et de Gengis Khan. Il me parlait des croisades et de la Route de la Soie.

Par une après-midi d'octobre, les vents étaient favorables et nous remontâmes la côte ouest de l'Afrique en direction de Lisbonne. Nous voguions en silence en passant au large de Ouidah. Papa me fit remarquer que c'était la terre de mes ancêtres, celle où il avait rencontré l'amour de sa vie et là où il l'avait enterrée. Soudain, ses yeux se mouillèrent de larmes, ses muscles se raidirent, sa poitrine se referma sur elle-même. Il se mit à respirer avec difficulté et sa figure était crispée de douleur. Sans que j'aie le temps de réagir, il s'affaissa sur le pont. Transporté en urgence sur le château de poupe, le médecin de bord confirma qu'il avait été foudroyé par une crise cardiaque.

Le capitaine Dias, après avoir dit une courte prière pour le repos de son âme, décida de lui offrir une sépulture en mer. Il défit la boucle d'oreille en or que portait mon père et me la remit. Les voiles du navire furent momentanément carguées[126]. Le cadavre fut enroulé dans une toile de voile qui, comme le voulait la tradition, fut cousue à son nez et lestée d'un boulet de canon. Quatre marins se portèrent volontaires pour transporter la dépouille sur la planche de coq[127] qui, posée sur la lisse, servit de bascule pour la jeter à la mer. Avant même de comprendre le drame que j'étais en train de vivre, le corps de mon père faisait un trou dans l'Atlantique où il disparaissait dans une vrille de bulles et d'écume.

— Moro, vous étiez un tout petit bout d'homme. Vous n'aviez que onze ou douze ans. Vous avez dû vivre une expérience horrible !

— En effet Mademoiselle, répondit Moro en s'essuyant une larme, je n'étais qu'un adolescent. Je n'avais aucun souvenir de ma mère et que de vagues et confuses

---

[126] Serrer les voiles contre le mât au moyen de cordages.

[127] La planche du coq est un bout de planche de 6 à 7 pieds qui aidait à descendre la chaudière de l'équipage, en la faisant glisser, sur le pont, où devait se faire une distribution de nourriture. Cette même planche trouvait quelquefois une triste application lorsque quelqu'un mourait à bord. Enveloppé de toile, alourdi par les pieds avec quelques boulets, le cadavre était placé sur la planche du coq. Jules Lecomte, *Dictionnaire pittoresque de la marine*, Paris (1835).

images de ma terre natale. Je me préparais à jouir du bonheur d'entendre Papa me parler de ses premières amours et de mon enfance. Je m'apprêtais à lui poser mille et une questions quand, en un clin d'œil, il s'était éteint et avait disparu de ma vie à tout jamais.

J'étais désormais seul face au destin, orphelin sur un bateau, entouré de marins qui n'avaient pas la plus simple notion de tous les sentiments qui me fendaient le cœur. Je commençai à pleurer et j'en eus honte mais, ne pouvant retenir mes larmes, je pleurais davantage. La vie m'avait joué un bien sale tour et je n'avais d'autre choix que de prendre mon courage à deux mains et d'affronter cette vie hardiment. Lorsque notre navire accosta quelques semaines plus tard à Lisbonne, je défis ma boucle d'oreille que je vendis et que je remplaçai par celle de mon père. L'argent que j'en tirai me permit de rembourser à Dias le coût de la voile qui avait servi à son inhumation. Il me resta un reliquat de Ceitis[128]. J'en ai gardé un seul en souvenir de Papa et j'ai offert tout le reste en obole à la Cathédrale Santa-Maria-Maior de Lisbonne. En échange, j'ai demandé au Curé de dire une messe, tous les mois et pendant un an, pour le repos de l'âme de mes parents.

Malgré ma douleur, j'avais tout de suite compris qu'il y avait quelque chose d'immanent, une coïncidence heureuse et poétique, dans la mort de Papa et dans le fait qu'il ait été inhumé au large d'Ife. Dans mes rêves, je l'ai souvent revu, métamorphosé en dauphin. Il s'était échappé de sa voile et s'était délesté de son boulet. Il avait nagé jusqu'à Ouidah où l'attendait Maman. Belle comme une sirène, elle rentrait dans l'eau à sa rencontre. Le tenant par l'aileron, ils partaient ensemble à la découverte des coraux heureux, un endroit mythique que j'imaginais au fin fond de l'Atlantique. Un sanctuaire où des poissons clowns, des crabes, des anémones aux tentacules multicolores, des raies, des étoiles de mer, des dauphins, des tortues, des zancles et des chirurgiens bleus se côtoyaient en harmonie.

— Lorsque j'habitais encore à la Petite-Rivière, Yaya, une vieille dame qui était très proche de notre famille, interprétait souvent les rêves. Un jour, je l'ai entendue dire que voir en songe des poissons qui nagent dans les grands fonds était un signe qu'une porte se ferme et qu'une autre s'ouvre, qu'un homme meurt alors qu'un autre commence un voyage. Elle pensait que rêver de poissons était un

---

[128] Monnaie portugaise du 15ème siècle, *Revue numismatique*, 6ème série, XXXVI, p 199-219

signe annonciateur de résurrection, de renouveau ou de recommencement. Après votre arrivée à Lisbonne, après avoir réglé vos dettes, qu'êtes-vous devenu ?

Figure 10. Christophe Colomb[129].

— Je suis retourné à Bartolomeu Dias qui m'a conseillé de parfaire mes connaissances en cartographie. Il m'a alors remis une lettre de recommandation pour que je sois admis au Monastère Franciscain de la Rabida, dans le Sud de l'Espagne dans le village Andalou de Palos de la Frontera. J'ai alors laissé le Portugal et j'ai rejoint sept moines qui consacraient tout leur temps à l'étude de la mer, au salut de leurs âmes et de celles des marins du voisinage. C'est avec eux, pendant deux ans, que j'ai appris à dessiner et à interpréter les cartes pour navigateurs. Le prieur du monastère était le père Juan Pérez, un homme d'une sagesse, d'une spiritualité et d'une renommée scientifique telles que la reine Isabelle la Catholique l'avait choisi comme confesseur.

— Quand et où avez-vous rencontré Christophe Colomb ?

— J'ai rencontré l'amiral qui était venu de loin pour consulter la bibliothèque et les cartes de la Rabida. Un jour, il était entré dans le réfectoire du cloître et s'était assis par hasard à la table où j'étais. Il était accompagné du père Antonio de Marchena. Il lui racontait une discussion houleuse qu'il avait eue quelques années auparavant avec l'Évêque de Ceuta, un membre influent de l'entourage du roi Jean II. La rencontre s'était soldée par une amère déconvenue avec la Couronne du Portugal, à cette occasion des mots malheureux ayant été échangés.

---

[129] Emile Baron Nau, *Histoire des caciques d'Haïti*, Gustave Guérin et Compagnie, Éditeurs, Paris, 1894, page 45.

Colomb était un homme de génie, un homme en avance sur son temps. Fervent catholique (c'est du moins, l'image qu'il voulait projeter à l'époque), il avait fouillé comme un moine dans les meilleures bibliothèques d'Europe pour trouver le moyen de concilier ses connaissances théoriques à sa foi. Il avait lu la *Géographie de Ptolémée* et en avait déduit que la terre était ronde. Il était convaincu qu'en voguant vers l'Ouest, il pouvait atteindre les Indes et désenclaver la chrétienté. Il réalisait cependant qu'il était en flagrante contradiction avec l'Église qui imposait comme article de foi que « La surface de la terre [était] plane, et [que] le ciel [était] tendu au-dessus comme une peau, extendens cælum sicut pellem[130]. »

Feignant d'appuyer Colomb, les Portugais l'avaient persuadé de leur dévoiler son plan et Il accepta de le faire sans réserve. Ces derniers le trahirent et entreprirent l'expédition pour leur propre compte. L'aventure échoua lamentablement et Colomb fut déclaré *persona non grata*[131] à la Cour portugaise. J'ai alors compris qu'Il était à la Rabida, non seulement pour consulter des cartes, mais aussi parce qu'il avait un autre agenda. Ayant échoué avec les Lusitaniens, il voulait maintenant se mettre au service de la Couronne d'Espagne et la convaincre de soutenir son exploration. Il avait voyagé de loin pour rencontrer le père Pérez et le persuader de lui obtenir une audience avec le roi Ferdinand d'Aragon et sa femme, la reine Isabelle de Castille. Au cours du repas, j'étais arrivé à m'immiscer dans la conversation et à faire valoir mon expérience et mes prouesses avec Dias. Avant que Colomb ne se lève de table, il m'invita, avec l'assentiment du père Pérez, à me joindre à lui s'il arrivait à financer son expédition et j'acceptai.

— Pourquoi était-ce si important pour vous de rejoindre Colomb ?

— Mademoiselle Laporte, d'abord et avant tout, parce que l'homme était franchement convaincant. Bien formé, il avait l'éloquence d'un professeur d'université, l'autorité d'un général de brigade et le charisme d'un prédicateur. Ensuite, parce que c'était l'époque de tous les espoirs, de toutes les convoitises et que Colomb promettait à tous ceux qui le suivraient qu'ils allaient être couverts d'or et de gloire, et qu'ils étaient voués à jouir à tout jamais de la gratitude du monde chrétien. Pour que vous me compreniez mieux, permettez

---

[130] Emile Baron Nau, *Histoire des caciques d'Haïti*, op.cit., page 19.
[131] Personne dont la présence est jugée indésirable.

que je vous explique un peu le contexte du moment. Lorsqu'il y a un peu plus d'une heure, nous nous sommes séparés pour aller déjeuner, je n'ai pu que sourire en entendant les commentaires péjoratifs de ceux dont je partageais le repas. Sans exception, ils se sont tous plaints de la qualité de la nourriture qui leur était servie et j'ai tout de suite pensé à l'amiral.

— Je ne comprends pas la relation entre votre repas de tout à l'heure et votre désir de rejoindre l'expédition de Colomb...

— J'y arrive Mademoiselle. Le repas que j'ai pris tout à l'heure était d'après moi tout à fait acceptable. Ceux qui étaient à table avec moi, cependant, n'ont fait que rouspéter. Ils ne réalisaient cependant pas combien ils étaient chanceux de pouvoir manger un morceau de viande, des céréales ou des légumes plus ou moins épicés.

Depuis la nuit des temps, la nourriture des pays d'Europe avait été fade et n'avait franchement servi qu'à refaire les forces des hommes, ni plus, ni moins. Il aura fallu qu'on y inclue des épices asiatiques : un soupçon de poivre, un morceau de cannelle, une branche de thym, une pointe de curry, une pincée de safran ou une graine d'anis, astucieusement ajoutés à un assaisonnement pour graduellement transformer l'alimentation insipide de l'époque en une expérience gastronomique plus ou moins agréable.

Depuis la découverte des épices, les Européens n'appréciaient un plat que si, dans sa préparation, il était assaisonné à l'excès et leur mettait le feu aux papilles. C'est ainsi, qu'en jouant sur la subtilité des saveurs, du gingembre était régulièrement ajouté à la bière et que les vins étaient si épicés qu'ils enflammaient les gosiers.

La manipulation du goût et de l'odorat ne s'arrêtait cependant pas aux apprêts des bons repas. Les perruquiers, avec une fastueuse exubérance, ne négligeaient aucun sacrifice pour sublimer les standards de beauté de l'époque et faisaient découvrir aux femmes « le musc lascif, l'exotique écorce d'orange et la suave essence de rose[132] » qui aiguillonnaient la curiosité et les désirs de leurs soupirants. En conséquence, ces dames n'en avaient jamais assez. L'Église, quant à elle, pour mieux faire monter ses prières au ciel, brûlait des tonnes d'aromates arabes et indiennes dans ses encensoirs.

---

[132] Stefan Zweig, *Magellan*, Éditions Grasset, 1938, page 2.

Tout cet appétit, toute cette concupiscence, tous ces nouveaux penchants n'auraient été qu'un demi-mal, mais dans un monde aux frontières largement inconnues et où l'agriculture industrielle était encore à ses balbutiements, aucune de ces plantes n'était encore exploitée en Europe. Toutes les épices et tous les aromates dont l'Occident était devenu tellement friand devaient être importés de Chine, d'Inde ou du Moyen-Orient. Avant qu'ils n'aboutissent dans les meilleures cuisines européennes, avant qu'ils ne colorient les coiffures ou qu'ils ne parfument le cou et les lèvres peintes des dames de compagnie, avant qu'ils ne brûlent dans les encensoirs et n'embaument les églises, toutes ces épices et tous ces aromates devaient traverser deux ou trois mers tropicales et autant de déserts.

C'est ainsi que des Moluques à Malacca, de Malabar à Beyrouth, de Bagdad à Damas, une infinité d'intermédiaires formait une chaîne d'approvisionnement dont chaque maillon prélevait un droit de courtage. De plus, avant que ces épices n'arrivent aux consommateurs, elles devaient d'abord transiter par la République de Venise qui, *manu militari*, s'était appropriée le monopole de ce commerce. Ce n'est qu'alors qu'on a commencé à les vendre exclusivement aux enchères à des grossistes allemands, flamands ou anglais.

— Voulez-vous dire que ce commerce était quand même juteux, malgré toutes les marges bénéficiaires des intermédiaires ?

— Les profits générés par ce cartel étaient faramineux, Mademoiselle. Ils faisaient des envieux et attisaient les convoitises de tous les royaumes voisins. Les Génois, les Français, les Espagnols et les Portugais pestaient contre le petit État de Venise et ses alliés musulmans. Ils finirent par se liguer contre eux pour leur ravir l'accès exclusif à cette mine d'or.

Deux siècles plus tôt, les Grandes Couronnes d'Europe allaient tenter de perturber la mainmise de l'Islam sur la Route des Épices. Elles organisèrent les croisades qui, loin d'être des entreprises généreuses visant à libérer le Saint-Sépulcre de l'occupation des Infidèles, ont été d'abord et avant tout, motivées par la cupidité financière de courtiers européens qui voulaient à tout prix ravir Jérusalem aux Sarrasins et forcer un passage exclusivement européen vers l'est. C'est ainsi qu'entre 1095 et 1291, huit croisades furent entreprises par différentes coalitions chrétiennes. Elle se soldèrent toutes par un lamentable échec.

Qui pis est, lorsqu'en 1453, Constantinople tomba aux mains de l'Empire ottoman, la situation se compliqua pour les intermédiaires européens. Le sultan Mehmed II avait conquis l'Empire byzantin et contrôlait désormais toutes les voies commerciales entre l'Occident et l'Extrême-Orient. Grâce à une flotte maritime considérable, il pouvait systématiquement interdire aux bateaux chrétiens de croiser en mer Rouge.

L'Islam était désormais en position de force et n'entendait plus lâcher prise. L'Empire ottoman s'était officiellement interposé entre le monde chrétien et la manne asiatique. Il ne restait aux Européens qu'une option, une seule : trouver, au « nom du Christ », une autre route libre et indépendante de celle contrôlée jusqu'ici par les musulmans. L'Europe étant bloquée à l'est, il fallait absolument qu'elle ouvre une brèche à l'ouest. Et c'est à ce moment qu'enfin Colomb vint, que j'eus la chance de le rencontrer et qu'il me fit rêver de gloire et de richesses en me convainquant qu'il existait une autre route pour aller aux Indes et qu'il était de mon devoir de partir à sa découverte !

Au loin, les cloches de Sainte-Anne se mirent à carillonner pour appeler les fidèles à la messe de cinq heures. Anne-Catherine réalisant qu'il commençait à se faire tard, décida de mettre un terme à la séance du jour. Moro, sentant qu'ils allaient se séparer, l'interrompit momentanément pour lui souhaiter un joyeux Noël et lui remettre un petit paquet qu'il avait enveloppé dans le même papier-cadeau et entouré du même ruban qu'il avait préalablement reçus d'elle. Comme s'il avait un peu honte de la modicité de son geste, il baissa les yeux et la pria de l'accepter en gage de sa bonne foi et de la gratitude qu'il voulait lui témoigner pour sa prévenance. Elle prit le cadeau et le remercia en souriant. Il la pria de ne pas l'ouvrir en sa présence. Elle acquiesça, se leva, prit congé de Moro et de Gaby, et rentra chez elle.

De retour à Pacot, Anne-Catherine gravit les marches en courant et arriva essoufflée sur la galerie où elle trouva Amélie assise au petit salon et visiblement occupée à corriger des feuilles d'examen. À peine avait-elle rejoint sa marraine qu'elle l'embrassa rapidement, s'excusa de la déranger et sans attendre sa réaction, commença sur-le-champ à lui raconter sa journée.

Elle avait, lui dit-elle, tranquillement rongé son frein pendant six semaines. Elle avait été patiente et sa sérénité avait porté des fruits. En suivant les conseils de sa marraine, elle avait offert à son patient une écoute respectueuse, tolérante et sans jugement. Et cette écoute lui avait permis de percer la carapace de son silence. Elle raconta à Amélie tous les progrès qu'en huit petites heures, elle avait enfin pu faire avec son patient. Elle décrivit aussi tous les mots d'encouragement que lui avait adressés le docteur Fénelon.

Anne-Catherine était aux anges. Mais une chose la tourmentait. Elle avoua à sa Marraine qu'elle avait attentivement écouté une histoire insolite dans le plus menu détail et qu'elle avait été tentée d'y croire plus d'une fois. Amélie fronça les sourcils et la reprit avec délicatesse :

— Cat, tu vas devoir faire extrêmement attention et te ressaisir. Fais gaffe à ne pas renforcer les illusions de ton patient et d'en devenir la dupe.

— Marraine, je suis consciente de l'énormité de ce que je viens de te dire, mais je m'en voudrais de ne pas te l'avouer. M. dos Santos (si c'est vraiment son nom) est cohérent dans ce qu'il raconte et, même si rationnellement je comprends l'impossibilité de la chose, j'aurais aimé que tu m'accompagnes à la séance de samedi prochain pour m'aider à faire la part des choses.

— Cat ma chérie, *nan kisa ou vle mete-m la-a*[133] ?

— J'en ai déjà parlé au Docteur Fénelon qui, sans avoir aucun détail, a pensé que ta présence serait bienvenue.

— Ô ma fille...

— Marraine, je ne t'ai pas encore tout dit. Pour amener le patient à me faire confiance, je lui ai offert une chemise en guise de cadeau de Noël. Il a été très content et, à mon départ, il m'a lui aussi offert le cadeau que voici et dont je n'ai pas encore défait l'emballage.

— Cat... là encore, tu dois faire attention ! Tu risques de franchir une ligne dangereuse sur le plan éthique.

— Je sais, mais j'ai été prise à l'improviste. J'étais loin de m'imaginer que cet homme avait quoi que ce soit en sa possession dont il pouvait disposer. Lorsqu'il m'a offert ce cadeau, j'ai pensé qu'il s'agissait d'une vétille et je n'ai pas voulu l'offenser en refusant de l'accepter. Je vais ouvrir le paquet et le lui retourner à la première occasion en lui expliquant la délicatesse de la chose.

---

[133] Dans quoi veux-tu m'entraîner ?

Cat sortit le cadeau de son sac à main et commença minutieusement à en défaire l'emballage. Une fois le papier ouvert, elle trouva un petit morceau de tissus refermé sur lui-même. Elle le déplia soigneusement et découvrit une petite pièce de monnaie en cuivre qui avait perdu sa forme initiale. Elle leva la tête pour regarder Amélie qui haussa les épaules avec un air dubitatif. Cat alla chercher une loupe et put constater qu'un château à trois tours avec les initiales presqu'effacées de D. Afonso V avait été frappé sur l'avers de la pièce et que sur le revers se trouvaient un écusson avec cinq fanions disposés en croix. Elle se rappela soudain la pièce que Moro disait avoir gardée avec lui, lorsqu'il avait réglé les dépenses funéraires de son père, et raconta l'histoire à Amélie.

— Ceci ne prouve rien, ma chérie. Même si cet homme était en possession d'un ceitis vieux de plus de cinq-cents ans, cela ne veut rien dire de plus qu'à un moment de sa vie, il a probablement été un collectionneur. Pour en avoir le cœur net, dès lundi, je vais quand même me rendre au musée numismatique de la Banque Centrale et là un expert pourra nous confirmer si la pièce elle-même n'est pas une contrefaçon.

— C'est une excellente idée Marraine !

— Cat, je vais faire un coq-à-l'âne. Rappelle-toi que ta grand-mère et tes parents arrivent demain et vont passer la fin de l'année avec nous. Tu devrais nettoyer ta chambre, changer les draps de ton lit, faire un peu de place dans ta penderie car tu vas la laisser à ta Grand-Mère. Pendant leur séjour, tu dormiras avec moi.

— Avec plaisir Marraine. Au fait, j'allais oublier. Ce matin, j'ai reçu un appel de mon parrain. Il est à Port-au-Prince depuis hier. Ses supérieurs l'ont transféré au Grand Séminaire de Turgeau dont il a été nommé recteur. J'espère que tu ne m'en voudras pas mais, sans prendre le temps de confirmer avec toi, j'ai pris la liberté de lui dire que nous assisterions en famille à la messe de Minuit qu'il va célébrer à Manrèse[134] le 24 décembre et je l'ai invité à déjeuner avec la famille le lendemain.

Amélie fut tout à coup prise de palpitations. Elle respirait mal et sentait son cœur battre la chamade. Elle fit tout pour se contrôler en espérant que Cat ne s'en apercevrait pas. Ce fut cause perdue :

---

[134] Située à proximité du Grand Séminaire Notre Dame, la villa Manrèse est un centre de retraite qui est géré par les clercs de Saint-Viateur.

— Tu vas bien Marraine ? J'ai l'impression que tu as un malaise.

Elle n'avait pas revu Oli depuis plus de deux ans et elle était, malgré elle, troublée. Elle ferma les yeux, inspira et expira plusieurs fois pour rétablir son souffle. Au bout de quelques secondes, elle arriva à peine à murmurer :

— Je vais bien, ma chérie.

Réalisant que sa voix portait à peine, elle toussa volontairement pour l'éclaircir. Elle se reprit finalement et changea rapidement de sujet.

— C'est une bonne nouvelle, Cat. Tu n'as probablement rien mangé de la journée. Luciana t'a préparé du lambi boucané, une sauce Ti-Malice[135], des patates douces, des *lam veritab*[136] frites et une salade de tomates et de concombres. Va prendre une bonne douche et rejoins-moi vite sur la galerie où les couverts sont déjà installés.

Cat avait un sourire radieux. Elle était heureuse, car les gens qu'elle aimait le plus allaient passer la fin de l'année avec elle. Elle embrassa sa marraine et se retira momentanément dans sa chambre. Amélie se mit debout et en faisant les cent pas, elle recommença à respirer profondément pour tenter de calmer ses palpitations et retrouver sa paix d'esprit.

---

[135] Sauce relevée à base de vinaigre, de jus de citron, de sel, d'ail, de piment Zwazo, de piment Bouc, d'ail et d'échalottes.
[136] Fruit de l'arbre véritable (artocarpus altilis) coupé en tranches.

Figure 11. Palais National à Port-au-Prince, Dessin au crayon de Kassim Oumarou dos Santos.

CHAPITRE 11

À Port-au-Prince, ville quasiment chrétienne et majoritairement vaudouisante, les fêtes de Noël étaient traditionnellement la meilleure saison de l'année. Les enfants, des plus riches aux plus pauvres, étaient tous en droit de s'attendre soit à de somptueux cadeaux, soit à des aumônes plus généreuses qu'à l'ordinaire. Cette année, l'ambiance était encore plus festive qu'à l'accoutumée. Le président de la République, qui semblait vouloir mettre le drame de Nérette derrière lui, avait fait décaisser des fonds substantiels pour illuminer le Champ de Mars de mille feux.

Le Palais National était saisissant : tous les encadrements des portes et des fenêtres, toutes les moulures du toit et du fronton, chacune des nervures des trois dômes et du campanile, avaient été soulignés par des guirlandes lumineuses. Toutes les colonnes du péristyle avaient été entourées de rubans bleus et rouges, et d'énormes nœuds de velours cramoisi avaient été attachés à chacun des quatre balcons de la façade principale. La maison du peuple brillait comme un fanal. Autour d'elle, tous les lampadaires du Champ-de-Mars et tous les édifices publics scintillaient.

À chacune des entrées nord, sud et est de la ville, des scènes grandeur nature de la Nativité avaient été érigées et d'énormes sapins artificiels étaient parés de gigantesques boules et d'ampoules multicolores. L'Hôtel de Ville avait été entièrement nettoyé, la Cité de l'Exposition, en grande toilette, faisait étinceler le voisinage et toutes les places publiques de la ville avaient été complètement rénovées pour permettre à la population de jouir à nouveau d'espaces de convivialité et de mixité qui lui avaient été interdits depuis plus de vingt ans[137].

De grandes soupes populaires avaient été organisées pour que le parti politique au pouvoir distribue gratuitement un plat chaud par jour, par personne – préférablement en début de soirée – aux citoyens les plus vulnérables. En réalité, le Président avait compris que, pour garantir la paix des rues pendant les fêtes de fin d'année il lui fallait calmer la faim des tripes. Ce geste, au-delà de son côté tout à fait calculateur, témoignait tout de même, d'une certaine velléité de solidarité envers les plus pauvres.

Si le Président, de son côté, avait opté pour un comportement bon enfant en entrant d'emblée dans une célébration – même intéressée – de la naissance de Jésus

---

[137] Haïti était jusque-là et paradoxalement, un des rares pays au monde ou les places publiques étaient interdites d'accès au public. Entourées de clôtures en fer forgé, elles étaient scrupuleusement gardées par des agents municipaux munis de bâtons qu'ils n'hésitaient pas à utiliser à la moindre incartade.

de Nazareth, s'il avait choisi de ramener une certaine sérénité dans les cœurs, les âmes et les esprits des bonnes gens, le maire de la Capitale et certains ministres, quant à eux, avaient décidé d'aller dans une direction complètement opposée.

Optant pour une reconstitution scrupuleuse de Sodome et Gomorrhe, ils avaient engagé des sommes considérables pour que, du 21 décembre au 6 janvier, dans tous les quartiers de la ville, des ti-sourit soient organisés. Élaborés pour tenir occupée une jeunesse oisive et lui faire oublier sa misère, les ti-sourit étaient une forme de bacchanale, une débauche bruyante et discordante, un exercice totalement décousu, dépravé et franchement déshumanisant au cours duquel l'accès à certaines rues de la capitale était bloqué pour permettre que s'y déroulent des activités diverses. Avec elles, les moindres prétentions d'humanité et d'empathie dont l'édile et les ministres auraient pu s'affubler, s'évaporaient.

Peu importe qu'à proximité s'y trouvent un hôpital, une maison de retraite, un malade en agonie, ou de simples citoyens désirant se reposer après une journée de dur labeur, le volume des haut-parleurs était poussé au maximum et exposait le commun des mortels à une violence sonore inédite. La séance de torture commençait en fin d'après-midi avec des compétitions « sportives » – un match de football par-ci, un match de basket par-là – au cours desquelles une foule de jeunes était graduellement chauffée à blanc par des « commentateurs » qui retransmettaient, en vociférant, les rencontres pour un public pourtant sur place. L'exercice qui pouvait paraître saugrenu à plus d'un titre, était en réalité un exercice propagandiste planifié au cours duquel les noms et les multiples « qualités » des ministres, du maire et de ses assesseurs étaient matraqués et vantés ad nauseam.

En début de soirée, les « choses sérieuses » commençaient pour ne se terminer qu'aux petites heures du matin. Un DJ, perché sur une estrade, mixait sur ses platines un mélange hétéroclite de hip hop, de rap et de techno à vous casser le tympan. Ce nouveau genre musical s'appelait Raboday. Un prosaïsme vulgaire, misogyne, monté sur une mélodie monotone et abrutissante annonçait sans ambages un changement de garde. Footballeurs, basketteurs, entraîneurs et arbitres ramassaient leurs cliques et leurs claques pour faire place à une foule interlope de trafiquants de drogue, de prostitués des deux sexes, de petits truands, de gros malfrats, de débiteurs de boissons alcoolisées et d'une foule de mineurs prêts à tout et à n'importe quoi. Il suffisait par exemple qu'un des animateurs tire un billet vert de cinquante dollars qu'il se disait prêt à offrir à la jeune fille qui portait la culotte tanga la plus aguichante, pour qu'une vingtaine de jeunes filles, la plupart des mineures, se déshabillent séance tenante, pour monter sur scène et s'exhiber à moitié nues devant une foule en liesse.

Alors que le Président et sa suite s'attelaient soit à détourner, soit à capter l'attention du gros peuple – qui sait vraiment ? –, les religions d'obédience chrétienne se préparaient chacune, à sa manière, à célébrer la venue du Messie. Dans les églises, les confessionnaux ne désemplissaient pas et les chorales répétaient les plus beaux cantiques de la saison. Dans chaque église, dans chaque temple, dans chaque maison, en plus d'arbres de Noël qui étaient décorés au gré des moyens financiers des ouailles, des crèches tentaient de leur mieux de reproduire l'étable de Bethléem. L'âne et le bœuf, les moutons, les bergers, les anges, la Sainte Famille, l'Enfant Dieu dans son berceau … tout y était.

Chez les vaudouisants, les fêtes de fin d'année étaient tout aussi spéciales – pour des raisons différentes, bien entendu. Du 21 décembre, le solstice d'hiver, à la Fête des Rois mages le 6 janvier, la grande majorité des *hounforts* célébraient la Fête de la Purification par les Feuilles. Durant cette période, toutes les familles vaudouisantes s'affairaient à la cueillette des feuilles sacrées et aux préparatifs du bain annuel purificateur qui devait leur permettre de se laver de tous les guignons et de tous les *madichon*[138] qu'auraient pu leur lancer des gens mal intentionnés. Ce bain devait aussi les aider à devenir invisibles au mauvais œil et à commencer le nouvel an sur des bases plus saines et moins pénibles que celles de l'année précédente.

Selon les croyances vaudou, toutes les créatures de Dieu sont douées d'un esprit. Tous les soirs par exemple, il existe une légende qui veut que les esprits des arbres se manifestent. Du *mapou*, le roi, le plus majestueux de tous les arbres-reposoirs de notre tradition ancestrale, en passant par le calebassier des enfants, pour arriver au palmiste-royal, ce symbole de notre identité qui trône sur les armoiries nationales[139], sans oublier les tamariniers, les acajous, les chênes, les sucrins ou les bois d'orme, tous sans exception se promènent à leur guise sur les sentiers ruraux. Bien qu'inoffensifs, leurs gigantesques silhouettes terrorisent, selon les rumeurs, les voyageurs qui croisent leur chemin.

---

[138] Mauvais sorts.
[139] Didier Dominique, *Odeur de Soufre, Éditorial de Casa de Las Americas*, La Havane, Cuba, Décembre 2022.

Les mapous dominent tous les arbres, veillent sur la création et ont chacun un nom propre. La tradition veut même qu'un jour, le grand *Mapou Dérandis* de Marbial, section rurale de Jacmel, se soit transporté jusqu'à Léogâne pour s'entretenir avec le *Mapou Dampus*, un congénère aussi grand, aussi beau et aussi âgé que lui[140].

Tous les esprits des arbres ne sont cependant pas aussi aventureux que ceux des mapous. Certains, encore plus timides que d'autres, ne s'extériorisent qu'une fois l'an. Ceux des bambous, par exemple, attendent la nuit du 25 décembre pour se transformer en de très plantureuses jeunes femmes. D'autres encore sont, quant à eux, plus aguerris. Ces esprits-là habitent les plantes malfaisantes. Deux fois par an, les 18 février et 19 décembre, ils se rassemblent aux pieds des mapous pour conspirer et planifier les crimes qu'ils se proposent de commettre ensemble au cours de l'année[141].

Au-delà des mythes et des allégories, dans le vaudou comme chez les premiers mystiques chrétiens, il semble exister un besoin intense de s'unir intimement au Créateur à travers Sa Création. Le vaudouisant se prosterne au pied d'un mapou qui représente pour lui l'Arbre de la Vie ou celui de la connaissance du bien et du mal[142], le reposoir des *Iwa*, le proverbial *trou de ver*[143] qui lui permettra un jour de retrouver la route de *Zanholi*[144].

Inopinément, un peu comme le vaudouisant, Saint François d'Assise, docteur de l'Église, professe, lui-aussi, un amour inconditionnel pour le Créateur à travers la création. Il prêche aux fleurs ; il parle aux oiseaux, au soleil, à la lune, aux étoiles, au vent et au feu, et à travers eux, il s'adresse directement à Dieu pour Lui rendre grâce.

Vaudouisants et chrétiens reviennent, peut-être sans en être conscients, à l'esprit d'un ancien adage zoulou : « Umuntu ngumuntu ngabantu[145] » qui signifie littéralement « je suis, parce que nous sommes ». Autrement dit, pour l'un comme pour l'autre, il n'y a pas de sauvetage individuel : nous sommes tous et chacun tributaires des circonstances qui affectent ceux qui nous entourent. Ce qui blesse mon prochain, me

---

[140] Alfred Métraux, *Croyances et pratiques magiques dans la Vallée de Marbial*, Journal de la société des américanistes, 1953, page 144.

[141] Ibid.

[142] L'Éternel Dieu fit pousser du sol des arbres de toute espèce, agréables à voir et bons à manger, et l'arbre de la vie au milieu du jardin, et l'arbre de la connaissance du bien et du mal. *Genèse 2 :8-9*.

[143] Un trou de ver (en anglais : wormhole) est, en astrophysique, un objet hypothétique qui relierait et serait un raccourci entre deux emplacements distincts de l'espace-temps. L'utilisation du « *trou de ver* » permettrait un voyage d'un endroit à un autre en un temps exponentiellement plus court que celui qu'il faudrait pour parcourir la distance linéaire séparant ces deux endroits.

[144] Zanholi est le nom d'un quartier à Ouidah où furent parqués les Africains destinés à devenir des esclaves en Amérique. (in: Norluck Dorange, *Le rituel du retour à Souvenance*, http://www.ipimh.org/fiche-rituel-retour-souvenance-4.html).

[145] Jacqui Lewis, *Fierce Love: A bold path to ferocious courage and rule-breaking kindness that can heal the world* (New York: Harmony Books, 2021), 11–12.

fait mal. Ce qui le guérit, me fait du bien. Ce qui le réjouit me fait sourire, et ce qui le rend triste me fait aussi pleurer. À travers cette adoration et cette quête de communion avec le Créateur dans Sa création, chrétiens et vaudouisants (lorsqu'ils sont sincères) sont fondamentalement à la recherche d'une seule et même chose : une révolution amoureuse qui devra les faire renaître ensemble des cendres de leur déchéance actuelle.

En plus des liens qui devraient nous unir naturellement, est-il déraisonnable de chercher encore à découvrir et à embrasser nos origines partagées et d'accepter enfin que la planète – notre maison commune – est une mère dont nous partageons l'existence, et qu'à ce titre, elle fait partie de notre arbre généalogique ? Est-il absurde de déduire que la terre et que tout ce qui pousse sur elle, en elle et à partir d'elle, sont des êtres vivants à part entière ? N'est-il pas alors légitime de conclure que son écosystème, ses climats et sa géographie ont un impact aussi important sur notre génome que celui de nos ancêtres ?

En dépit des croyances religieuses des uns et des autres, la réalité est que nous adorons un seul et même Dieu qui est présent partout dans Sa création. Nous naissons sur terre, nous y passons notre existence et nous y mourons. Nous en provenons et nous y retournons : la terre et les eaux, les océans et les champs, les rivières et les rizières font partie intégrante de ce que nous sommes, au même titre que les aïeux dont nous descendons[146] ...

Dans les petites heures du matin de ce 23 décembre, des séminaristes chantaient les laudes pour rendre gloire au Roi de l'Univers. En reprenant le « *Cantique des Trois Enfants*[147] », un agréable filet de voix remplissait la chapelle du Grand Séminaire et se propageait harmonieusement dans les jardins :

Bénissez le Seigneur, toutes ses œuvres ; [...]
Bénissez le Seigneur, ciel immense.
Que les eaux dans le ciel le bénissent.
Toi, soleil, bénis Dieu avec la lune ; La clarté des étoiles l'acclame.
Bénissez le Seigneur, ô pluie d'orages ;

---

[146] Patty Krawec, *Becoming Kin: An Indigenous Call to Unforgetting the Past and Reimagining Our Future,* Broadleaf Books, Minneapolis, 2022, pages 126, 136–137, 138, 142.
[147] *Livre de Daniel*, 3 :57-88.

Et le vent qui le chante en rafales.

Bénissez le Seigneur.[...]

Que le jour et la nuit le célèbrent. [...]

Figure 12. Frère Soleil, Dessin au crayon de Kassim Oumarou dos Santos.

CHAPITRE 12

Tôt dans la soirée, alors que le soleil venait à peine de disparaître dans la baie de la Gonâve, la veuve Saint-Macary, Hélène et Lou étaient finalement arrivés à Pacot. Le voyage de la Petite-Rivière à Port-au-Prince s'était passé sans incident. Toute la maisonnée les attendait et leur avait réservé un accueil chaleureux. Luciana leur avait servi un léger souper, qu'ils avaient arrosé d'un cocktail à base de rhum et d'un mélange de jus d'orange, de citron et d'ananas, de sirop de grenadine et de clairin.

Quand ils se levèrent de table, Cat servit du café à son père qui, épuisé par une longue journée, le goûta à peine. Il s'assit au salon et s'assoupit devant la télévision. Les trois générations de femmes, quant à elles, se retrouvèrent sur la galerie, où, autour d'un thé à la citronnelle et au *tibòm*[148], elles bavardèrent tard dans la nuit. Elles parlèrent de tout et de rien : de la vie à la Petite-Rivière, de la misère qui, saison après saison, gangrenait un peu plus la paysannerie, de l'absence de M. Saint-Macary, qui pesait lourd sur chacune d'entre elles, et des nombreuses avances amoureuses qu'Amélie recevait sans cesse. Hélène mentionna en passant le transfert d'Oli au Grand Séminaire et se plaignit du comportement de Lou, qui, malgré son âge avancé, continuait de travailler comme s'il avait encore trente ans. Elles ne tarirent pas d'éloges sur la beauté des décorations du Champ-de-Mars.

Le lendemain, dès l'aube, avant même que les premières lueurs du soleil ne commencent à colorer l'horizon, Amélie et Cat étaient déjà dans le jardin, marchant à pas feutrés. Amélie prit sa filleule par la main et lui chuchota :

— Malgré ce que pensent les *savés*[149], ce ne sont pas seulement les plantes qui, par leurs vertus chimiques, guérissent les malades. Ce sont aussi les esprits qui habitent ces plantes et qui savent comment les utiliser pour combattre les maux, quels qu'ils soient. La subtilité est de savoir cueillir une feuille sans que l'esprit qui l'habite ne s'en échappe.

— Il y a une manière de faire et un temps donné pour le faire, Marraine ?

— Oui, ma fille. Nous allons aborder les feuilles alors qu'elles dorment encore. Il est quatre heures du matin, l'heure des rêves et des prémonitions. Les frontières entre le monde des vivants et celui des morts ne sont à ce moment qu'un voile mince et poreux qui permet aux esprits de passer d'un monde à

---

[148] Feuille aromatique entre la menthe et la menthe poivrée (peppermint).
[149] Gens instruits.

l'autre sans détours ni obstacles. Avant de cueillir les feuilles, nous allons nous en approcher sans faire de bruit. Pour les réveiller paisiblement, nous allons doucement prononcer trois fois leur nom et leur murmurer sur un ton respectueux, sans les effaroucher[150] : « Levez-vous, levez-vous, feuilles sacrées. Vous allez guérir des malades, vous allez soulager des douleurs, vous allez purifier une maison, vous allez changer une vie. Je sais que vous dormez encore, mais l'humanité a besoin de vous. »

Après la cueillette, nous allons laisser un cadeau aux plantes, une sorte de tribut légitime pour leur témoigner notre gratitude. Aujourd'hui, nous allons leur verser de l'eau mélangée à un peu d'engrais et leur donner une pièce d'une gourde. Nous allons ensuite nous en éloigner sans regarder derrière nous, car les esprits qui sont dans les feuilles doivent regarder l'avenir sans regret et ne pas se soustraire à leurs responsabilités. Ce matin, grâce à eux, nous allons préparer deux bains : un pour la maison et un autre pour ses occupants.

Au bout d'un enchaînement de pas réglés qui évoquait une chorégraphie gracieuse et planifiée, les deux femmes avaient discrètement rempli de fleurs et de feuilles, une douzaine de petits paniers en osier.

— Pouvons-nous utiliser n'importe quelle eau pour les bains, lui demanda Cat ?
— Non, ma chérie. Chaque bain utilise une eau différente. Mes amis de *Lakou Bovwa*[151] m'ont apporté hier de l'eau de la source de Balan. C'est une eau sulfureuse dont les bienfaits pour la peau, les douleurs musculaires et les rhumatismes sont reconnus de tous. Elle a aussi un effet catalytique qui décuple et accélère l'effet curatif des plantes et des esprits. Elle a certes une odeur nauséabonde, mais je vais la mélanger à des fleurs de jasmin, à du sirop d'orgeat, à des amandes pulvérisées, à de l'Acqua Divina et à du champagne. Avec elle, je vais préparer un « bain de chance » qui, en plus des bénéfices esthétiques et thérapeutiques que je viens de te décrire, va laver toutes les fautes qu'auraient pu commettre ceux qui le prendront et leur permettre de commencer le nouvel an, complètement réconciliés avec le Créateur et Sa création.

---

[150] Alfred Métraux, *Croyances et pratiques* op.cit., page144.
[151] Lieu de pèlerinage et de culte vaudou où officiait l'Ati Max Beauvoir, aujourd'hui décédé. Il est situé à Mariani, en banlieue de Port-au-Prince.

Les deux femmes revinrent à la maison avec leur cueillette. Amélie entra seule dans son *badji*[152] et referma la porte derrière elle. Elle alluma les sept cierges qui étaient au pied de son autel et commença la préparation des bains. Paisiblement, en manipulant les différents ingrédients, elle chantait à mi-voix :

Nan Ginen, jou louvri
Kòk la chante kokoliko
Twa Pater, twa Ave Maria
Wangolo, ki menen Afriken sòti nan Guinen[153]

Le jour se lève en Guinée
Et le coq chante : « Cocorico »
Trois Pater, trois Ave Maria
Wangolo, qui a transplanté les Africains hors de Guinée.

Avant que la maison ne se réveille, la manbo sortit de son sanctuaire et demanda à Luciana et à Cat de l'aider à « baigner » chacune des pièces de la maison en les nettoyant avec une solution qu'elle avait préparée à partir d'un mélange d'eau de pluie dans lequel était dilué du gros sel et où trempaient des pétales de sept roses et de vingt et un œillets rouges, du gingembre, de la cannelle, de l'anis, de l'essence de vétiver, de la verveine, du basilic, de l'armoise et du rhum. Ces dames tamponnèrent et essuyèrent le salon, la salle à manger, la cuisine, l'office, la galerie, les chambres d'Amélie et de Luciana et les salles de bain, en prenant soin d'être aussi silencieuses que possible pour laisser dormir les Laporte qui occupaient la chambre d'amis et Mèmère Saint-Macary qui était dans celle de Cat. Elles astiquèrent les meubles et le parquet qu'elles firent briller comme un miroir, vaporisèrent les rideaux et frottèrent rigoureusement les murs et les plafonds.

Lorsque les nouveaux venus sortirent du lit, ils découvrirent une maison encore plus soignée qu'elle ne l'était la veille. L'arôme d'un café qui venait de monter et les effluves de *l'akasan* de Luciana se mêlaient agréablement au parfum de propreté qui emplissait déjà l'espace. Ce matin-là, Amélie et Cat avaient aussi pris rendez-vous un peu plus tôt avec un fleuriste ambulant qui leur avait livré des poinsettias écarlates qu'elles avaient placées un peu partout sur la galerie et dans la salle à manger. Elles avaient aussi

---

[152] Le badji ou bagui est l'oratoire personnel de la manbo ou du houngan.
[153] Alfred Métraux, *Le Vaudou Haïtien*, op.cit., page 210.

arrangé un magnifique bouquet fait de callas dont les calices blancs se mariaient harmonieusement à des roses orangées, à des lys mauves et à des marguerites jaunes dont les formes naïves et ludiques venaient ajouter une touche d'insouciance et de gaité au salon principal.

Hélène et sa mère ne tarissaient pas d'éloges sur la beauté des fleurs, la propreté de la maison et l'impression de sérénité qui y régnait. Amélie leur expliqua que toutes les pièces avaient été « baignées » tôt ce matin et qu'elle avait aussi préparé un bain de chance pour ceux qui désiraient en prendre un. Mme Saint-Macary regarda sa fille, l'air un peu embarrassée.

— C'est un rituel, Maman chérie, rien qu'un rituel… comme les indulgences que te propose ton église, ou comme les bénédictions de l'Ancien Testament où les fidèles demandaient à Yahweh de leur accorder longue vie et prospérité. Je prie le même Dieu d'Amour que toi. J'observe cependant des rites différents pour communiquer avec Lui. Dans l'Église, l'eau du baptême lave les péchés et représente une mort symbolique qui aboutit à une renaissance dans une nouvelle vie. Dans le vaudou, nous nous baignons en fin d'année pour nous laver des ennuis de l'année écoulée et implorer le Grand Maître de nous faire connaître un avenir meilleur. C'est tout.

— Tu conviendras, Amélie, que ces bains ne viennent pas sans une certaine dose d'ésotérisme, lui répondit Lou. Il ne faut pas jouer avec ces choses-là. Çà revient à fricoter dans le voisinage de l'adversaire, mais fais gaffe : un pas de travers par-ci, un ingrédient mal dosé par-là, et on est tous bon pour une année de pétrin ou pire, ajouta-t-il sans pouvoir s'empêcher de pouffer de rire.

— Lou… un peu plus de respect pour la religion de tes ancêtres lui répondit-elle calmement. Je ne veux forcer quiconque à faire quoi que ce soit. J'offre ce bain de bonne grâce à qui veut le prendre. Je te répèterai que c'est un rituel qui n'a absolument rien de nocif ; au contraire, il te lave de tes péchés et te prépare à une meilleure année. La cerise sur le gâteau est qu'il améliore le teint, guérit les rhumatismes et les douleurs musculaires… et vu ton âge… plus rien à dire !

— Je le prendrai volontiers, dit Hélène.

— Moi aussi, renchérit Cat.

Mémère Saint-Macary, quant à elle, était pensive et après un moment dit à sa fille :

— Je respecte ta religion, ma chérie, et je t'aime de tout mon cœur mais, j'ai été élevée autrement. Permets que je m'abstienne de prendre ce bain.

Hélène et Cat se retournèrent alors simultanément vers Lou qui les regarda, visiblement décontenancé par leur réaction, pour le moins inattendue. Réalisant qu'il était sur le point de perdre une énième bataille, il pouvait deviner dans les yeux de son épouse et de sa fille, qu'elles s'attendaient à ce qu'il les suive et que rester coi n'était plus une option. Tout au fond de lui-même il n'avait aucun doute qu'il s'agissait d'un rite tout à fait superstitieux, mais ne voulant déplaire ni à Hélène, ni à Cat qu'il aimait tant, il dit en souriant :

— Je comprends maintenant pourquoi Adam a mordu à la pomme. Je vais me laisser baigner aussi.

Hélène s'avança vers lui en souriant et le prit affectueusement dans ses bras. En passant près d'eux, Amélie lui dit en souriant :

— Et dire que je n'ai même pas eu à te jeter un sort !

Figure 13. Mapou ou arbre de la vie[154].

---

[154] Louis D. Powles, *The Land of the Pink Pearl, or recollections of life in the Bahamas,* Sampson low, Marston, Searle, & Rivington, London, (1888).

CHAPITRE 13

Pour la veillée de Noël, comme convenu, la famille entière se préparait pour aller à la Villa Manrèse assister à la messe solennelle de minuit que devait célébrer Oli. Bien que six places leur aient été réservées par ce dernier, ils voulaient arriver au moins une demi-heure plus tôt, avant que la petite chapelle ne soit remplie comme un œuf.

Figure 14. Villa Manrèse.

Confortablement installée dans la nouvelle Hyundai Santa Fe que venait de s'offrir Lou, la maisonnée tout endimanchée prit la direction du Haut de Turgeau, un des quartiers les plus beaux et les plus huppés de la capitale. C'est là, au milieu d'un bosquet, au sommet d'une colline avec vue imprenable sur Port-au-Prince, qu'était perchée Manrèse. Pour y parvenir, Lou emprunta l'avenue Jean-Paul II, une magnifique pente rectiligne bordée d'énormes sabliers centenaires jusqu'à la barrière de la villa laissée ouverte pour l'occasion. Les riverains étaient venus à pied et marchaient paisiblement des deux côtés de l'allée principale. Enfants et adultes, toutes classes sociales confondues, étaient simplement mais élégamment vêtus. L'ambiance respectueuse était à la hauteur de la solennité du moment, même si certains enfants turbulents batifolaient encore dans les jardins en attendant que commence la messe.

Lou arriva à stationner à proximité de l'escalier principal. Il descendit le premier et s'empressa galamment d'ouvrir la portière des passagers pour en faire descendre d'abord Mme Saint-Macary puis Amélie ; il replia la banquette du milieu sur elle-même et tendit la main à Luciana d'abord et à Cat ensuite pour leur permettre de sortir aisément du véhicule. Il se dirigea alors vers Hélène qui était déjà dehors et l'attendait. Elle lui fit un léger signe de la tête pour lui suggérer de donner le bras à sa belle-mère et l'aider à monter les marches du grand escalier du perron.

Dans la chapelle, une petite foule se pressait dans la nef et dans les travées pour trouver les meilleurs sièges. Dans les stalles, de jeunes choristes faisaient passer leurs voix du grave à l'aigu avec une aisance déconcertante et chantaient des cantiques de Noël pour égayer l'atmosphère. Les Laporte furent accueillis par le diacre qui les attendait et les conduisit directement aux sièges qui leur avaient été réservés au premier rang. Le premier coup de la messe sonna pour annoncer que minuit approchait. Un sacristain s'empressait d'allumer les cierges sur l'autel. Les retardataires se pressaient car déjà les enfants de chœur et le célébrant s'approchaient du narthex de la chapelle avec l'Enfant-Jésus.

Soudain, sur le coup de minuit, les cloches de Manrèse se mirent à sonner à toute volée. L'assemblée se mit debout, le chœur entonna : « Il est né le Divin Enfant… » et la procession commença. Quatre enfants de chœur s'avancèrent dans l'allée principale. Ils portaient des aubes blanches et tenaient dans leurs mains des cierges plus grands qu'eux. Derrière, suivaient le sacristain et le diacre habillés de dalmatiques blanches. Olivier fermait le cortège. Il portait une chasuble blanche sur laquelle était brodé en fil d'or un agneau dormant sur une Croix. Il avait dans les bras une petite statue de l'Enfant-Dieu.

Arrivé devant la crèche qui avait été érigée devant l'autel, Olivier s'agenouilla et déposa délicatement la statue dans la mangeoire. Il salua le tabernacle d'une génuflexion et monta à l'autel sur lequel il se pencha pour y poser un baiser. Ayant aperçu ses amis, il inclina gracieusement la tête. L'espace d'un cillement, ses yeux croisèrent ceux d'Amélie et, tout au fond de lui-même, il tressaillit.

En faisant le signe de la croix, il commença la messe. Des laïcs de la paroisse se relayèrent pour les lectures et les psaumes. Le diacre lut le passage de l'Évangile selon Saint Matthieu qui décline la généalogie de Jésus de Nazareth et raconte sa naissance. Malgré certains noms dont la périlleuse prononciation pouvait défier les lecteurs les plus avisés, il s'en acquitta remarquablement.

Le moment arriva où Olivier dut prononcer son sermon. Il se leva de son siège et se courba respectueusement devant le crucifix suspendu derrière l'autel avant de se diriger vers le lutrin.

— Prenons donc la généalogie du Christ à partir de Joseph, dit-il. Époux dans la chasteté, il est père de la même manière. Ni lui, ni Marie n'ont engendré Jésus par l'opération de la nature. Eh bien : ce que le Saint-Esprit a opéré, il l'a fait pour les deux ensemble. Car Joseph était, nous dit Saint Matthieu, « *un homme juste* ». Ils étaient justes, mari et femme. L'Esprit Saint a reposé dans leur commune justice, et leur a donné un fils à tous deux[155].

Amélie poussa un énorme soupir. Luciana sursauta, fit le signe de la croix et laissa échapper inopinément un *Bon Dieu, Marie, Joseph !!!* Hélène et sa mère qui étaient assises chacune à côté d'Amélie lui prirent les mains et les serrèrent. Elle se ressaisit et ne dit mot. La messe continua et toucha à sa fin comme elle avait commencé. Olivier bénit l'assistance par le signe de la croix, lui souhaita un joyeux Noël, s'agenouilla devant l'autel qu'il effleura une fois de plus d'un baiser. « Ite missa est », la messe était dite. Un cantique intemporel chanté par des voix angéliques était alors repris en chœur par l'assistance :

Peuple fidèle, le Seigneur t'appelle :
C'est fête sur Terre, le Christ est né.
Viens à la crèche, voir le Roi du monde.
En lui viens reconnaître, en lui viens reconnaître
En lui viens reconnaître ton Dieu, ton Sauveur.

Simultanément, un carillon vif et gai accompagnait la procession des célébrants qui retournait dans la Sacristie. Après la cérémonie, les Laporte restèrent sur le parvis de la chapelle à attendre qu'Oli se change avant de les rejoindre. Quelques minutes plus tard, il était là et embrassait chacun d'entre eux chaleureusement. Arrivé à Cat, il la prit dans ses bras et la fit tournoyer comme lorsqu'elle était enfant. Lorsqu'il aperçut Amélie, il arrêta les cabrioles avec sa filleule, se passa la main sur la chemise pour l'ajuster convenablement, s'avança vers elle et l'embrassa tendrement sur les joues. Elle frissonna.

---

[155] Saint Augustin, Évêque d'Hippone et docteur de l'Église, *Mariage et concupiscence* 1,11 ; Sermon 51.

— Joyeux Noël, Amélie ! Cela va faire un bail que je ne t'ai vue et tu n'as pas changé d'un iota. Tu as surement dû découvrir un élixir de jouvence que tu gardes pour toi toute seule !

— Joyeux Noël à toi aussi, Oli. Tu es trop galant pour être prêtre dit-elle, en souriant. Cat me dit que tu vas nous rejoindre à déjeuner demain après-midi ?

— Je serai là avec grand plaisir !

Après quelques échanges anodins, le groupe se sépara. Dans le bois qui jouxte la villa, le son rapide et saccadé de tambours petro commençait à se faire entendre. Une cérémonie de « *piler feuilles* » était en cours. Des hommes vigoureux, possédés par le *lwa* Grand-Bois, frappaient leurs pilons sur des mortiers de feuilles, de racines et d'écorce. Une mélopée de voix éperdues, cadencée par la percussion se faufilait dans les sinuosités de la ravine Lucien qu'elle remontait pour arriver au Haut de Turgeau :

> *Fèy o, sove la vi mwen*
> *Nan mizè mwen ye, Oooo*
>
> *Ô feuilles, venez me sauver la vie,*
> *Oh ! Je suis dans la misère[156].*

En même temps, le gouvernement faisait sauter une centaine de milliers de dollars en feux d'artifice qui, en mêlant leur panache de feu à celui des étoiles, jetaient un éclat passager, tonitruant et multicolore dans la nuit, comme s'ils voulaient étouffer les gémissements de la ravine affamée.

Le lendemain, les cloches du Grand Séminaire sonnaient les douze coups de midi. Olivier venait de terminer la célébration de la messe solennelle de Noël. Il monta rapidement se changer dans sa chambre. Quelques minutes plus tard, il était dans le hall, où l'attendait le diacre qui lui avait promis une roue libre[157] jusqu'à l'avenue N.

Ce début d'après-midi était tout simplement beau. Les fruits déhiscents des sabliers qui jalonnaient l'avenue Jean-Paul II, volaient spontanément en éclat pour laisser échapper leurs graines qu'une brise fraîche emportait et faisait tomber comme une pluie de confettis dans un poudroiement de lumière. Oli et son diacre montèrent en

---

[156] Traduction de l'auteur.
[157] Expression haïtienne qui signifie accepter de transporter quelqu'un gratuitement.

voiture et restèrent, un instant ébahis devant ce magnifique spectacle qu'ils contemplaient en silence.

— Dieu est bon tout le temps, dit Olivier en souriant.

— Et, tout le temps, Dieu est bon, lui répondit le diacre.

Arrivé à destination, Oli remercia son assistant et pénétra dans la cour dont la barrière avait été laissée entrouverte. Il avait avec lui une bûche de Noël au moka que lui avait offert, la veille, une famille reconnaissante. Il avançait lentement dans l'allée et n'avait fait que quelques pas quand Lou l'aperçut et s'écria avec bonheur : *« Oli est là ! »* Il dévala l'escalier pour accueillir son ami. Il dut faire attention à le saluer sans renverser le dessert que le prêtre apportait avec autant de délicatesse qu'un Saint-Sacrement. Lorsque les deux amis pénétrèrent sur la galerie, Amélie vint à leur rencontre. Oli lui remit le dessert, l'embrassa en lui souhaitant une fois de plus un joyeux Noël et en la remerciant de l'avoir invité.

Cat s'approcha de son parrain, le prit par le bras et l'entraîna au petit salon de la galerie où il rejoignit le reste de la famille. Hélène lui offrit des acras chauds et croustillants et lui servit un rhum-pêche dans un verre rempli de glace pilée.

Amélie et Luciana s'affairaient à l'office où elles mettaient une dernière touche à un menu de rêve. Un lambi gratiné, un jambon à l'ananas et à la cerise, un tassot de dinde, arrosé de pikliz, un riz au *djon-djon*[158] et une salade d'avocats et de crevettes allaient offrir aux invités autant de saveurs qu'un poème de Roumer[159].

Amélie avait fait installer une longue table en bois sur la galerie qu'Hélène et Cat avaient sobrement mais élégamment décorée. Elles avaient opté pour une nappe blanche brodée de dentelles sur laquelle elles avaient déposé des pommes de pins. Cat avait coupé de longues branches de la liane fleurie de l'alamanda rose et les avait placées au milieu de la table. Telles des guirlandes, elles enlaçaient à dessein une succession de boules de Noël dorées et de bougies vertes qui étaient insérées dans des verres de lampe et exhalaient une agréable senteur de cannelle et de sapin. Des assiettes vermeilles sur des sous-plats dorés, la cristallerie et l'argenterie que Yaya avait laissées à Amélie dans son testament complétaient agréablement le décor.

Le repas fut un succès. L'ambiance était conviviale, des mots agréables et des sujets divers papillonnaient d'un bout à l'autre de la table. Pour la première fois depuis

---

[158] Petits champignons noirs, très parfumés, cultivés exclusivement en Haïti.
[159] Émile Roumer, poète, essayiste et romancier haïtien.

longtemps, Amélie passa un moment dans le même espace qu'Oli sans lui lancer de pointes. Pendant que Cat et Luciana desservaient la table, Hélène invita tout le monde à passer au salon de la galerie.

Quelques instants plus tard, la conversation tournait autour de Cat et de ses études. Elle parla de son expérience à Nérette et, tout enjouée, enfreignit ses devoirs de discrétion en racontant l'histoire de Moro.

— Je sais qu'il doit souffrir d'une délusion quelconque, dit-elle mais ce qu'il m'a raconté est si poignant et les détails de son histoire sont si précis que, plus d'une fois, il m'a ébranlée et j'ai été tentée de le croire.

— Au fait Cat, répliqua Amélie, j'allais oublier de te mentionner que mon ami du Musée Numismatique m'a confirmé que le *ceitis* que t'a remis M. Dos Santos est bel et bien authentique. Il a même ajouté que c'était une pièce extrêmement rare.

— De quoi parlez-vous ? Qui est Dos Santos ? Et qu'est-ce qu'un *ceitis*, demanda Lou ?

— Papa, mon patient dit qu'il s'appelle Kassim Oumarou dos Santos, répondit Cat. Il m'a donné en cadeau un *ceitis*, une pièce de monnaie portugaise qui date de plus de cinq-cents ans et qui a été authentifiée par un cadre de la Banque Centrale.

— C'est une histoire à dormir debout ... digne des *Contes des mille et une nuits*. Ton fou a une imagination plutôt fertile, lui dit Lou.

— Attention à ta comparaison Lou, interrompit Oli. Si ce que raconte dos Santos se rapproche, même de loin, des *Contes des mille et une nuits*, nous aurions tous intérêt à l'entendre pour tenter d'apprendre quelque chose de lui.

— Tu te moques de moi ou quoi, Oli ? J'ai l'impression que tu as peut-être trop abusé du rhum-pêche de ma belle-mère.

— Il est vrai que le rhum-pêche de Mme Saint-Macary descend comme du petit lait et que j'en ai dégusté plus d'un verre, mais je pèse quand même mes mots, Frérot. Permets que je t'explique ce que je veux dire. Shéhérazade est, à mon avis, une héroïne de premier rang qui a réussi à guérir un psychopathe, un roi fou qui s'était arrogé un droit de cuissage sur toutes les vierges de son royaume qu'il faisait décapiter au petit matin. Par des stratagèmes habiles et une grande finesse d'esprit, cette jeune femme est arrivée à déjouer un plan diabolique qui pouvait se résumer essentiellement à un viol collectif suivi d'un génocide. En l'amadouant et en lui racontant mille et une histoires, Shéhérazade a réussi non seulement à humaniser un dément, mais surtout à renverser le cours d'une histoire calamiteuse.

Cela dit, si le patient de Cat est disposé à lui raconter son histoire, en y ajoutant bien sûr sa touche d'imaginaire et de fantastique, elle devrait le laisser faire. Dieu seul sait ce dont il souffre, mais à entendre ma filleule, je n'ai aucun doute qu'il a mal et qu'il a besoin d'aide. Si elle a l'empathie, la tempérance, le discernement, la patience et la sagesse de Shéhérazade, elle peut faire ce qu'a fait cette dernière. Mais, cette fois-ci, elle écoutera au lieu de parler. En permettant à cet homme de s'exprimer, en prêtant attention à ce qu'il a à raconter et au malaise qu'il veut confesser, Cat peut arriver, sinon à le guérir complètement, du moins, à lui permettre de retrouver sa dignité d'homme et à commencer à vivre autrement sa vie.

— Mais, Cat n'est qu'en 4e année de médecine, bon sang ! répliqua Hélène. Elle n'a pas la formation requise pour aider cet homme. Et s'il devenait violent ?

— Moro est calme Maman et chaque fois que je le rencontre, je suis accompagnée par un solide infirmier, une vraie armoire à glace, qui est capable de le maîtriser, le cas échéant.

— Tu nous as pourtant raconté que la première fois que tu l'as vu, ses médecins avaient dû l'attacher à un poteau pour le calmer.

— L'asile est mal équipé Maman, et ses médecins recourent à des solutions de facilité qui sont paradoxalement brutales. La première fois que j'ai vu Moro, j'ai lu une sorte de bonté dans ses yeux, mais aussi beaucoup de peur. Je crois qu'il a une bonne âme, Maman. Il a besoin d'aide et il s'est ouvert à moi. Je crois sincèrement que je peux l'aider. En ce qui a trait à mon manque d'expérience, j'en suis pleinement consciente. J'ai demandé à Marraine de m'accompagner lors de la prochaine séance et elle a accepté.

— Oli, tu es docteur en psychologie, pourquoi n'accompagnerais-tu pas ta filleule, toi aussi, lui demanda Lou ?

— J'irai à l'Asile avec elle si elle le désire, répliqua Oli sans hésiter. Cet homme est malade et je suis prêt à l'aider dans les limites de mes compétences. Je vais faire de mon mieux pour réarranger mes engagements et me libérer. Dans deux jours, s'il plaît à Dieu, je serai avec ces dames.

Cat se leva, alla vers son parrain, lui fit un câlin en le remerciant affectueusement. Amélie sourit discrètement. Une pluie fine commençait à tomber sur Pacot. Elle amenait avec elle une délicieuse fraîcheur de jasmin et une odeur de feuilles mortes. Le soleil commençait à se coucher et le ciel de décembre prenait de jolies teintes roses, mauves et orangées qui allaient à merveille avec l'ambiance conviviale du moment. Amélie profita de ce changement dans la météo pour servir la bûche et le café.

CHAPITRE 14

Deux jours après Noël, la rue Mgr Guilloux était relativement calme et moins embouteillée que d'habitude. Le père Olivier avait pris une *laligne*[160] qui l'amena au Centre Mars-Kline. Bien qu'il soit arrivé sur les lieux avec dix minutes d'avance, il put remarquer Amélie et sa filleule qui l'attendaient déjà. Il paya sa *course*[161], et traversa la rue où il retrouva ces dames. Ils passèrent la sécurité sans incident.

Une fois sur la plate-forme d'entrée, ils trouvèrent Gaby, déjà prévenu par Cat, qui les attendait. Elle prit le temps de le présenter à ses parrain et marraine. Il les conduisit sous l'amandier où quatre chaises en plastique avaient été placées autour de la table qui n'avait pas bougé depuis la semaine dernière, nettoyée, quelques instants auparavant par Gaby. Cat le remercia de cette prévenance en le priant de leur amener Moro.

Quelques minutes plus tard, Gaby revenait sous l'amandier accompagné du patient qui s'arrêta un moment pour contempler le trio qui, debout, l'attendait. Il s'avança vers eux. Cat remarqua qu'il était différent. Bien qu'affichant toujours l'air miséreux, il était propre et ses ongles étaient coupés. Quelque chose dans sa démarche et dans son « *look* » avait changé. Il marchait avec assurance et lorsqu'il arriva plus près d'eux, elle lui tendit la main et il sourit en révélant des dents blanches, éclatantes et bien rangées. Elle prit la parole et lui dit :

— Bonjour, Moro. Vous avez bien meilleure mine ce matin. Je veux croire que vous avez eu un joyeux Noël.

— Mademoiselle Laporte, je n'ai jamais vraiment souffert de la mine, dit-il en souriant. Dans un asile, le jour de Noël est un jour comme tous les autres. Nous n'avons eu aucune célébration particulière et très peu de visites. Nul n'a pensé à nous. En réalité, la semaine passée, vous êtes la seule personne -depuis des lustres- à m'avoir offert un cadeau, alors que ce n'était ni mon anniversaire, ni encore Noël et je vous en remercie une fois de plus. Cela dit, je réalise qu'aujourd'hui vous êtes bien chaperonnée. Y aurait-il un problème ?

— Absolument pas. Permettez que je vous présente ma marraine, manbo Amélie et mon parrain, le père Olivier. Ils sont tous les deux psychologues. Ma marraine est en plus historienne. Votre histoire m'a captivée et j'ai pensé

---

[160] Un taxi.
[161] Aller simple, dans les transports publics.

opportun de me faire accompagner par des professionnels pour lesquels j'ai le plus grand respect et qui sont bien plus compétents que moi. Ils sont là pour m'aider à comprendre les faits, éviter les ambiguïtés et vous offrir les meilleurs conseils possibles. Si leur présence vous dérange, ils sont prêts à partir. Ils ne sont là que pour observer et m'assister… avec votre assentiment, bien sûr.

— Dieu ! Ce que j'aurais aimé rencontrer vos parents Mademoiselle Laporte, dit-il en riant. Ils ont vraiment pensé à tout et ont réussi à couvrir tous les angles. Quelle remarquable adresse spirituelle : trouver un prêtre et une manbo pour baptiser un enfant. Qui l'eût cru ? Mais, trêve de plaisanterie : Je n'ai aucune réserve à parler devant eux, si ce n'est que comme vous, ils vont devoir me promettre en échange, qu'avant de s'arrêter à un diagnostic, ils devront être patients et écouter mon histoire, toute mon histoire.

Cat se retourna vers Amélie et Oli qui, d'un mouvement de la tête, acquiescèrent sans discussion. Moro tira alors une des chaises et invita galamment Amélie à s'asseoir. Elle le remercia pour son geste et s'assit. Olivier fit de même avec Cat. Rapidement, ils étaient tous les quatre confortablement installés. Gaby se retira et alla s'asseoir un peu plus loin. Cat posa son sac sur la table d'où elle tira son carnet de note et un morceau de la bûche qu'elle avait enveloppé dans de la cellophane. Avant d'ouvrir son carnet, elle déballa le morceau de pâtisserie qu'elle plaça dans une assiette en papier et à côté de laquelle, elle plaça une fourchette en plastique.

— Je vous ai apporté une portion du dessert que nous avons eu à Noël. J'espère que vous aimez le moka.

— Merci, Mademoiselle Laporte. Si vous le permettez, il est un peu tôt pour un dessert. Je vais le réemballer et je le savourerai plus tard.

— À votre aise.

Cat relut rapidement ses notes et quelques secondes plus tard, elle lui dit :

— Lorsque nous nous sommes quittés samedi dernier, vous me racontiez comment, en Andalousie, vous aviez rencontré Colomb au Monastère de la Rabida.

— En effet Mademoiselle, Colomb était venu y rencontrer le père Juan Pérez qui était le confesseur de la reine Isabelle la Catholique. Les deux hommes sympathisèrent tout de suite et l'amiral arriva à le convaincre de lui arranger une entrevue avec la reine et son mari, le roi Ferdinand d'Aragon. En attendant que les démarches du prieur aboutissent, Colomb se mit à fréquenter la haute société de la ville de Palos où il courtisait les frères Pinzon qui étaient de riches navigateurs, experts dans leur art et respectés de toute la population. Il arriva, au bout de laborieuses discussions, à les convaincre de se joindre à son expédition.

Malheureusement, Colomb était un homme foncièrement suffisant qui, quelques temps plus tard, les froissa et se brouilla avec eux. Lorsqu'il obtint finalement sa rencontre avec leurs Majestés, elles venaient à peine de terrasser les Maures à Grenade pour les expulser définitivement d'Espagne. Les caisses du Royaume, usées par la guerre, étaient alors complètement vides. Lors de leur première rencontre, le roi Ferdinand déclina l'offre de Colomb qu'il jugea onéreuse et hasardeuse.

Ce dernier ne désempara pas : il dépêcha auprès de la reine, une des plus belles brochettes de personnalités du Royaume de Castille pour plaider sa cause : Le père Juan Pérez, confesseur de la reine, Son Éminence, le cardinal d'Espagne, Don Luis de la Cerda (premier duc de Medina Celi, comte de Clermont et de Talmont en France, descendant du roi Alphonse le Savant), la Marquise de Moya, amie intime de la reine et le banquier Luis de Santangel.

Sans hésiter, le cardinal commença par flatter la dévote en elle : « En contribuant à la réussite de cette entreprise, lui dit-il, vous glorifierez Dieu, vous augmenterez l'autorité de l'Église, vous agrandirez votre propre pouvoir et vos États [162]. » La reine fut tout de suite séduite et la délégation obtint des concessions qui allèrent au-delà de ses espérances. Colomb qui était un étranger et qui, au demeurant, n'avait jamais été navigateur, était nommé malgré tout, grand amiral de la Mer Océane, vice-roi et gouverneur général de toutes les îles et terres fermes qu'il découvrirait. Il avait droit à dix pour cent des bénéfices du commerce avec les pays dont il serait en charge et à toute une floppée d'autres privilèges carrément léonins.

Outre les promesses de la reine, il lui fallait cependant de l'argent, beaucoup d'argent pour payer les frais d'une expédition qui étaient alors estimés à deux millions de maravédis. Colomb était sans le sou et la cassette personnelle de la reine avait été complètement épuisée par le siège de

---

[162] Emile Baron Nau, *Histoire des caciques d'Haïti*, op. cit., page 25.

Grenade. Elle n'avait jamais été aussi pauvre. Son collier de perles était mis au clou à Valence, en garantie d'un emprunt. Personne ne savait où était sa couronne, qu'elle avait engagée pour la troisième ou la quatrième fois consécutive[163]. Si près du but, Colomb allait échouer une fois de plus.

— Qu'a-t-il alors fait ?

— La queue sous le ventre, il est retourné vers le père Pérez pour lui demander de tout essayer pour le réconcilier avec les Pinzon. Lorsque le prêtre rencontra Martin Alonso, ce dernier accusa Colomb d'être incapable de diriger un navire et d'être un théoricien sans pratique. Il le traita en plus de menteur doublé d'un imposteur. Il alla jusqu'à menacer d'entreprendre lui-même des démarches pour que la Couronne lui concède les mêmes avantages que Colomb.

Le prêtre l'en dissuada. Pinzon finit par se laisser convaincre et eut une entrevue avec l'amiral qui lui renouvela toutes ses promesses. Malgré ses ressentiments, Martin Alonso fut magnanime et extrêmement généreux avec Colomb. Il mit à sa disposition trois caravelles et accepta en plus de financer les deux millions de maravedis nécessaires à la réalisation du projet.

— En fait, ni la Couronne espagnole ni Colomb n'ont investi un seul centime dans l'organisation de cette expédition ?

— Eh oui ! La reine a joué de son influence et de son prestige, Colomb a investi sa vie et celle de son équipage. Martin Alonso Pinzon et ses cinq frères ont été les principaux bailleurs de fonds de l'affaire. Malgré ce qu'ont écrit certains historiens, les gens qui ont fait le voyage n'étaient ni des mendiants, ni des forçats, encore moins des bougres fuyant un pays pauvre. Ils n'étaient pas non plus des badauds qui allaient, aux frais de l'État, découvrir de nouvelles sources d'or, de pierres précieuses, d'épices ou d'aromates. Bien imbus des risques qu'ils allaient encourir, ils étaient tous des professionnels de l'art qui étaient motivés les uns par l'argent, certains par la renommée et les autres par leur foi.

— La Couronne de Castille n'avait donc fait que parrainer la découverte du Nouveau Monde sans la financer ?

— Elle était pratiquement ruinée et aurait été incapable de la financer[164]. Malgré tout, le 3 août 1492, les trois caravelles des Pinzon quittaient le port de Palos et voguaient vers le soleil couchant : la Santa-Maria qui mesurait 34 mètres de

163 Emile Baron Nau, *Histoire des caciques d'Haïti*, op.cit., page 97.
164 Ibid., page 107.

long, la Pinta et la Niña qui étaient deux fois plus petites, mais deux fois plus rapides. Toutes étaient pontées, avaient trois mâts, une voilure carrée et étaient armées de douze à seize canons. En tout, 90 membres d'équipage s'étaient portés volontaires pour le voyage, dont un chirurgien, un charpentier, un tonnelier, un métallurgiste, un interprète qui parlait l'hébreu, le grec, le latin, l'arabe, le copte et l'arménien, un comptable royal, un notaire, six pilotes, trois capitaines, trois cosmographes, des moines de Palos et une pléiade de marins. Colomb monta à bord de la Santa-Maria dont le navigateur et cosmographe Juan de la Cosa était le capitaine. La Pinta était commandée par Martin Alonso Pinzon et la Niña par son frère Vincente.

— Sur quel navire étiez-vous ?

— Je m'engageai à bord de la Niña comme aide-navigateur.

— Comment fut la traversée ?

— Les neuf premières semaines du voyage furent relativement calmes, bien qu'infructueuses. Au bout de la neuvième semaine, l'équipage de la Santa-Maria entra en mutinerie et somma l'amiral de faire demi-tour en menaçant de le jeter par-dessus bord s'il n'obtempérait pas. Colomb fut sauvé *in extremis* par Martin Pinzon qui ramena les mutins au calme et à l'ordre, en fouettant leur orgueil et en leur rappelant qu'aucune œuvre qui vaille ne pouvait être bâtie sans sacrifice. Colomb leur demanda de lui accorder un délai de trois jours au bout desquels s'il n'avait découvert aucune terre, il s'engageait à regagner Palos. « Trois jours », leur avait-il dit « et je vous donne un monde. »

Comme par enchantement, trois jours plus tard, le 10 octobre dans l'après-midi, des geais et des perroquets survolèrent les caravelles, Martin Alonso conclut qu'ils passaient d'une terre à une autre. Il décida alors de ralentir sa course. Lorsque la nuit fut venue, la lune était au plus haut point du ciel et jouait sur les flots. La vigie de la Pinta, aperçut une langue de sable blanc. Il tira un coup de bombarde en criant : « Terre ! Terre ! ».

Deux heures après minuit, la flotte n'était qu'à deux lieues du but ; elle ferla ses voiles et mit en panne pour attendre le lever du soleil. Aux premières heures du jour, Colomb découvrit une petite île de l'Archipel des Lucayes[165], que les indigènes appelaient Guahani et à laquelle il donna le nom de San-Salvador, Saint-Sauveur, probablement en hommage au Bon Dieu qui trois jours

---

[165] Les Bahamas.

auparavant lui avait épargné le mauvais sort que voulait lui faire son équipage. Il descendit à terre et y planta la bannière royale d'Espagne en prenant possession de ce nouveau territoire au nom du Christ, du roi et de la reine.

Il y trouva des autochtones nus, y contempla de jolis perroquets, y découvrit une flore abondante mais ne trouva aucune trace d'or, de pierres précieuses, d'épices ou d'aromates. Il appareilla le même jour et mit le cap sur le sud-ouest. Il parcourut une mer aux îles innombrables et quasiment inhabitées. Du 15 au 20 octobre, il explora trois de ces îles auxquelles il donna respectivement les noms de Santa-Maria de la Concepción, Fernandine et Isabelle. Leurs habitants ne présentaient guère plus de ressources et étaient tout aussi pauvres que ceux qu'il avait vus le premier jour. Le 28 octobre, il découvrait Cuba. L'île était splendide et l'espace d'un moment il la prit pour Cypango[166]. Il chercha en vain les princes couverts d'or et de pierres précieuses qu'avait décrits Marco Polo. Bien qu'il continuât à s'extasier devant la beauté idyllique des lieux, la fièvre de l'or qui le consumait ne trouva aucun apaisement.

— En fin de compte, Colomb n'avait vraiment aucune idée du lieu où il était ?
— À ce stade, le cerveau de l'amiral était si embrouillé, qu'au fond, il ne savait plus s'il avait atteint le Japon ou Cathay[167]. Pourtant, lors d'un voyage à Porto-Santo, une petite île portugaise en face du Maroc, il avait bien été la dernière personne à parler à Alonso Sanchez, un ami intime du père Antonio de Marchena, qu'il avait trouvé mourant sur une plage de l'île après un naufrage. Ce dernier lui avait révélé qu'il était pilote à bord d'une caravelle portugaise allant en Flandre. En route, il avait été pris dans une violente tempête qui l'avait fait dévier de son cours et l'avait amené loin dans l'Ouest de l'Océane où il avait abordé à Antilia, une île inconnue jusque-là, mais une île merveilleuse et riche. Alonso Sanchez en releva la position avant de lever l'ancre et remit la voile en direction du Portugal, avec l'idée d'y retourner pour la conquérir au profit de la Couronne[168] et du sien – bien entendu. Sur le chemin du retour, il avait fait naufrage au large de Porto-Santo où il mourut, peu de temps après ses révélations.

---

[166] Le Japon.
[167] La Chine.
[168] Marius André, *La Véridique Aventure de Christophe Colomb*, Librairie Plon, Paris, 1927, page 10.

C'était en réalité une des raisons primordiales de la visite de Colomb chez les moines de La Rabida où il avait bien pris soin, tout au début de ses recherches de confirmer l'existence d'Antilia sur une des cartes du père Antonio. Antilia qui, dès lors, était devenue, *in petto*, sa cible ; Antilia dont il avait refusé d'affirmer l'existence probable avec ses interlocuteurs ibériques afin d'éviter, une fois de plus, une fois de trop, la déconvenue de son expérience précédente avec les Portugais.

Pendant qu'il était encore à Cuba et qu'il cherchait désespérément des signes de l'existence de mines d'or, certains indigènes lui parlèrent d'une île voisine, bien plus riche en or qu'ils appelaient Haïti-Bohio. Rapidement, Martin Pinzon et l'équipage de la Pinta laissèrent alors Cuba et partirent seuls explorer les côtes de l'île voisine sans y aborder. Colomb laissa Cuba le jour suivant et perdit toutes traces de la Pinta. Il n'arriva d'ailleurs à la rejoindre que par pur hasard sur le chemin du retour en Espagne.

Colomb débarqua sur l'île d'Haïti-Bohio, le 6 décembre 1492. « Elle paraissait aussi grande que Cuba et lui disputait la palme pour la douceur de son climat, la beauté de son ciel, de ses eaux, de ses montagnes et la splendeur de sa végétation[169] ». L'amiral la baptisa Hispaniola. Or, Haïti-Bohio n'était autre que la fabuleuse Antilia qui, par la configuration de ses côtes, correspondait bien mieux que Cuba à la description qu'en avait faite Alonso Sanchez. Colomb avait atteint son but ; il avait découvert la terre d'abondance et de délices, mais il ne le savait tout simplement pas. Il appela l'archipel « *les Indes* », parce qu'il n'avait aucune notion du lieu où il se trouvait, et ce n'est que plus tard que d'autres navigateurs ont repris le nom d'Antilles qui lui est resté jusqu'à aujourd'hui[170].

Amélie et Oli observaient attentivement le gestuel et le langage de Moro pour tenter d'y déceler la moindre anomalie. Ils n'en trouvèrent point : l'homme était calme, cohérent et étonnamment digne de foi. Il aurait été un professeur d'histoire qu'ils auraient tous les deux conclu qu'il était tout à fait compétent. Là cependant était le hic : ils étaient dans un asile et non dans un amphithéâtre et ils étaient là pour diagnostiquer les troubles mentaux d'un patient. Il était midi passé. Oli pensa opportun de faire une

---

[169] Marius André, *La Véridique Aventure de Christophe Colomb*, Op.cit., page 157.
[170] Ibid., page 158.

pause : il était temps de déjeuner et il avait faim. Il proposa que la séance reprenne 45 minutes plus tard, car au fond, il voulait en profiter pour discuter du cas avant d'aller plus loin. Tout le monde acquiesça à sa demande. Moro se leva sans dire un mot de plus et fit signe à Gaby qui vint le récupérer pour l'accompagner à la cantine.

Figure 15. Navires et embarcations du XVIIème siècle[171].

---

[171] Père Labat, *Nouveau Voyage aux Isles de l'Amérique, Tome Premier*, Chez Husson et al, La Haye MDCCXIV (1714) page 78.

CHAPITRE 15

Pendant le déjeuner, Amélie et Oli discutèrent avec Cat afin d'établir une marche à suivre devant lui permettre de mieux conduire la séance et d'arriver à diagnostiquer Moro correctement.

Jusque-là, Cat avait suivi les conseils de sa marraine à la lettre et, en conséquence, un patient qui avait été complètement refermé sur lui-même s'exprimait maintenant librement et sans contrainte. Pendant toute la matinée, les deux psychologues l'avaient observé attentivement et n'avaient pu relever aucun lapsus, aucun oubli, aucune saute d'humeur, aucune angoisse, aucun désir d'arrêter la séance. Moro avait été jusqu'ici respectueux et étonnamment ouvert à la présence de deux thérapeutes de plus.

S'il est vrai qu'il avait attenté à sa vie, il ne s'en cachait pas et avait volontairement avoué qu'il n'était pas à son premier essai. Il ne leur demandait qu'une chose, une seule : entendre son histoire avant de le diagnostiquer. Pendant leur entretien, il avait été normal, poli, loquace, attentif et désireux de répondre à toutes les questions qui lui étaient posées.

Au fond, Oli le trouvait sympathique et il n'avait jusqu'ici trouvé aucune raison de douter de son intégrité, même en entendant le réalisme merveilleux de son histoire. Il se rappela cette prudence à laquelle l'avaient toujours exhorté ses professeurs de l'Université Pontificale Salésienne : « Primum non nocere », lui avaient-ils dit, « d'abord, ne pas nuire ». Il devait maintenant faire preuve de circonspection, de discernement et de calme. Il avoua alors à Amélie qu'il se demandait s'ils n'étaient pas tous les deux présents, plus pour s'assurer que leur filleule ne perde ses repères, que pour guérir Moro.

Une fois le déjeuner terminé, le petit groupe retourna sous l'amandier et reprit l'entretien.

— Moro, avant d'aller déjeuner, vous vous êtes arrêté au moment où Colomb découvrait Haïti-Bohio, lui dit Cat.

— En effet, lorsque le 6 décembre 1492, la flottille espagnole mouilla dans la baie du Môle Saint-Nicolas (baptisée ainsi pour commémorer la fête du saint du jour), elle n'était plus composée que de deux bateaux : la Santa-Maria et la Niña. L'île sur laquelle nous venions de débarquer était divisée en cinq régions dirigées chacune par un cacique[172].

---

[172] Chef du caciquat.

Ces territoires, dénommés caciquats[173] étaient : Le Marien dans le Nord que dirigeait Guacanagaric et où Colomb venait d'arriver, la Magua dans le Nord-Est que commandait Guarionex, le Higüey à l'extrémité est de l'île que dirigeait Cotubanama, la Maguana au centre où régnait le belliqueux Caonabo et le Xaragua dans le Sud que présidait Bohechio, le frère de la belle Anacaona qui était elle-même, la femme de Caonabo. Les habitants de l'île étaient presque tous des Taïnos, une ethnie amérindienne issue d'une plus grande tribu-mère appelée Arawak.

Figure 16. Carte des Caciquats d'Hispaniola

Lorsque Colomb jeta l'ancre au Môle, il y découvrit un territoire vierge et apparemment inhabité. Il reprit le même rituel qu'à San-Salvador et à Cuba. Il se rendit à terre à bord d'une chaloupe. Il y planta la bannière royale de la Couronne d'Espagne en prenant possession du territoire au nom du Christ, du roi et de la reine. Quelques jours plus tard, il appareilla, car il voulait laisser la baie du Môle pour continuer son exploration de la côte nord de l'île et trouver les fabuleuses réserves d'or dont il avait entendu parler à Cuba.

Lorsqu'il se retira sous le château de la poupe et qu'il fut seul avec son journal, Colomb y écrivit des propos où rarement autant de racisme, d'avidité et d'utilisation abusive du nom de Jésus de Nazareth avaient jamais cohabité : « Qu'on fasse des processions, écrivait-il, qu'on célèbre des fêtes solennelles; que les temples se parent de rameaux et de fleurs ; que Jésus-Christ tressaille de joie sur la terre, comme il se réjouit dans les cieux, en voyant le prochain salut de tant de peuples dévoués, jusqu'à présent, à la perdition ; réjouissons-nous en même temps, tant à cause de l'exaltation de notre foi, qu'à cause de

---

[173] Provinces.

l'augmentation des biens temporels dont non seulement l'Espagne, mais toute la chrétienté recueillera les fruits[174]. »

— Depuis ce matin, je vous entends avec attention, lui dit Oli. Vous semblez penser que Colomb n'aura été qu'un fourbe, un homme qui s'est servi de la religion pour arriver à son but, quelqu'un qui n'était mû que par un objectif, un seul : s'enrichir à tout prix et accroître son pouvoir.

— J'y arrive, Padre, lui répondit Moro. En passant, permettez que je vous dise que Colomb était loin d'être le seul hypocrite dans cette saga. En réalité, ceux qui faisaient partie de cette expédition – la Couronne d'Espagne, l'Église, Colomb et son entourage – ont toutes été motivées, d'abord et avant tout par l'appât du gain et non par un généreux esprit de missionnariat. Mais, c'est là une discussion pour plus tard et je vous promets d'y revenir. Puis-je continuer mon récit ?

— Bien sûr. Excusez-moi de vous avoir interrompu.

— Au fur et à mesure que la flottille avançait vers l'est, l'équipage commençait à remarquer un nombre croissant d'autochtones. Les premiers contacts des hommes de Colomb avec eux furent d'abord timides. Ces derniers prenaient les Espagnols pour des Caraïbes, de féroces anthropophages qui, vivant sur des îles voisines désertiques donc, incapables de les sustenter, s'attaquaient régulièrement aux populations mieux loties, pour les piller, les asservir et les manger.

Lorsqu'ils virent débarquer les marins espagnols, les habitants du Marien abandonnèrent les plages et coururent se réfugier dans les montagnes avoisinantes. Lentement mais sûrement, Colomb arriva à les amadouer. Il arriva qu'une jeune femme tombât par hasard aux mains de ses marins qui la lui amenèrent. Il la traita avec égard et lui rendit la liberté en la parant de verroteries. De retour dans son village, elle raconta son expérience à ses congénères et arriva à les convaincre de revenir sur la plage pour rencontrer les nouveaux venus. Graduellement, les deux groupes se rencontrèrent et arrivèrent plus ou moins à communiquer les uns avec les autres, grâce aux Taïnos de Cuba qui avaient accepté de les suivre à Haïti-Bohio et qui étaient arrivés avec le temps à assimiler des rudiments de langue espagnole. Peu à peu, de menus échanges commencèrent à prendre place. Les locaux apportaient de

---

[174] Emile Baron Nau, op.cit., page 34.

la nourriture, des tissus de coton, des perroquets et de la poudre d'or en échange desquels ils recevaient des bonnets de laine, des écuelles, des billes de verre et des grelots. En écoutant les divers témoignages de ses sujets, Guacanagaric – le chef suprême du Marien – décida que le moment était venu pour lui de rencontrer l'amiral. Il lui envoya une délégation qui lui remit en don, une ceinture qui avait un mufle dont les cornes, la langue et le nez étaient en or battu[175].

Femme Caraïbe des Antisles de l'Amerique.
A. Bracelets. B. Colier de Rasade. C. Camisa
D. Espece de Brodequins.

Figure 17. Femme Caraïbe – Collection privée.

Les délégués l'informèrent que leur souverain l'invitait à le rencontrer et le priait en conséquence d'approcher de sa bourgade avec ses vaisseaux. Colomb s'empressa d'accepter l'invitation d'autant qu'il avait remarqué que plus il avançait vers l'est, plus les autochtones échangeaient des quantités généreuses d'or contre des colifichets et toutes sortes de vétilles espagnoles. Patient, froid et calculateur, il sentait qu'il arrivait de plus en plus près de son but. Faute de vent cependant, il dut mettre sa flottille en panne dans la baie de l'Acul et se rendre à terre dans un canot. Une fois arrivé sur le rivage, il fut personnellement accueilli par Guacanagaric, qui lui offrit ainsi qu'à toute sa suite, un repas somptueux. Au cours des festivités, Colomb fit demander au cacique de lui révéler l'origine de l'or qu'échangeaient ses sujets. Le cacique

---

[175] Emile Baron Nau, op.cit., page 56.

répondit que la région du Cibao en regorgeait. Colomb crut entendre Cypango et se dit qu'il avait enfin atteint le lieu mythique décrit par Marco Polo. Quelques heures plus tard, il prenait congé de son hôte et regagnait le vaisseau-amiral. Seul dans sa cabine, il était dans tous ses états et pouvait à peine contenir son enthousiasme : son objectif était finalement à portée de main. Au petit matin, il ordonna à son équipage de lever l'ancre et de mettre le cap sur l'est en longeant les côtes.

Figure 18. Homme Caraïbe – Collection privée.

C'était le 24 décembre. La mer était calme et le vent presque nul. La flottille progressait à peine. Lorsque la nuit fut venue, la Niña et la Santa-Maria mouillaient dans la baie de Caracol. L'amiral ordonna qu'elles jettent l'ancre. Ne s'étant pas encore remis des festivités de la veille, il laissa le pont pour aller se reposer. Tous les marins s'endormirent et le pilote confia le timon de la Santa-Maria à un mousse qui, lui aussi, s'assoupit.

Sans que nul ne s'en rende compte, les courants avaient doucement entrainé la Santa-Maria sur un banc de sable, où elle échoua. Rapidement le bâtiment pencha d'un côté. L'amiral fit sonner le branle-bas et abattre le grand mât. Ce fut peine perdue. Le navire s'ouvrit par les coutures principales et commença à prendre de l'eau. Il fallut l'abandonner. Le lendemain, Guacanagaric dépêcha une floppée de canots qui permirent aux marins espagnols de sauver les effets personnels du navire en les entreposant sur le rivage. Sans perdre de temps, Colomb fit démonter l'armement de l'épave qu'il fit transporter à terre. Il conclut alors qu'il lui fallait retourner le plus rapidement en Castille. Martin Alonso Pinzon étant déjà parti depuis des semaines avec la Pinta, l'amiral se retrouvait avec le plus petit des trois vaisseaux qui lui avaient été originellement confiés. Il fallait donc lâcher du lest. Il fît alors comprendre à son équipage que certains d'entre eux allaient devoir rester sur place et attendre patiemment qu'il revienne les chercher.

Le lendemain de l'accident, Colomb convia Guacanagaric à assister à un exercice militaire. Il y fit venir quelques-uns de ses marins avec des armes qu'il avait préalablement décrites au cacique. Les Taïnos, curieux de ce spectacle, s'assemblèrent en foule. L'un des Espagnols, en tirant à l'arc et en atteignant sa cible à chaque coup, les émerveilla par son adresse[176]. Les autres, armés d'espingoles[177], s'avancèrent ensuite. Ils chargèrent leurs armes sous les yeux des indigènes qui à la première décharge, tombèrent tous à la renverse. Il fit ensuite tirer une salve d'un des canons qui était sur la plage en direction du reste de l'épave de la Santa-Maria qui vola en éclats.

Profitant du saisissement qu'il venait de causer, Colomb n'eut aucun mal à convaincre son hôte de le laisser construire un établissement où il laisserait une partie de son équipage qui « protégerait » le Marien des attaques des Caraïbes et qui sait, lui permettrait de sortir un jour, du joug de Caonabo (lui-même un Caraïbe), cacique de la Maguana, qui était de loin, mais de très loin, le plus puissant chef de l'île.

Guacanagaric accepta et Colomb construisit une forteresse qui devait servir d'abri aux hommes qu'il allait laisser sur place. Il utilisa le bois des forêts avoisinantes pour construire une fortification où il installa tout l'armement du navire naufragé. Il la nomma La Nativité pour commémorer le jour de l'accident. L'histoire veut qu'il y laissât 39 hommes[178], 36 marins sous le commandement de 3 officiers de confiance auxquels il intima l'ordre de garder de bons rapports avec leurs hôtes en ne s'éloignant pas de leur base. En fait, ce furent 40 hommes qu'il laissa à la Nativité. Le quarantième, c'était moi !

---

[176] Emile Baron Nau, op.cit., page 59.
[177] Gros fusil court, semblable au tromblon, qui avait un canon évasé qu'on chargeait avec des chevrotines.
[178] Fernand Colomb, *Histoire de la vie et des Découvertes de Christophe Colomb*, traduite par Eugène Miller de la Bibliothèque de l'Arsenal, Maurice Dreyfous, Éditeur, Paris, 1879 page 103.

Profitant des cérémonies d'adieu qui se déroulaient entre l'amiral et le cacique et du grand émoi qui régnait sur la plage, je m'éloignai discrètement de l'équipage de la Niña et me faufilai parmi les troupes espagnoles qui devaient rester sur place. Je pénétrai furtivement dans le fort et attendis patiemment que le navire appareille et que ses voiles disparaissent à l'horizon pour sortir et m'intégrer au groupe, comme si de rien n'était.

— Pourquoi être resté en arrière, lui demanda Amélie?

— Simplement Madame, parce que j'étais sous le charme de cette terre, de sa flore féérique et de ses habitants, j'allais dire de ses enfants, qui ne connaissaient ni fossés, ni murs, ni haies pour clôturer des jardins ouverts à tous.

— Que s'est-il passé après le départ de Colomb ?

— L'amiral avait à peine levé l'ancre qu'un désordre généralisé commença à s'installer dans le fort. Aucune hiérarchie dans le commandement n'était respectée et en peu de temps la plus folle anarchie régnait dans les rangs : chacun faisait à sa guise de sorte qu'en peu de temps, l'équipage laissé sur place s'abandonna à ses pires instincts. Sa soif inextinguible pour l'or lui fit commettre les pires abus sur la population locale à laquelle il extorquait le précieux métal sans rien donner en échange. Qui pis est, abusant de l'hospitalité de Guacanagaric, il donna libre cours à ses pulsions sexuelles, et abusa sans scrupule de femmes et de fillettes de la tribu[179].

La population Taïno porta plainte au cacique qui les exhorta à la patience car, pensait-il, Colomb reviendrait bientôt et punirait les écarts de ses troupes. Partout dans l'île cependant, la nouvelle de l'arrivée de ses nouveaux venus et de la violente tyrannie qu'ils avaient installée dans le Marien se propagea et émut les populations avoisinantes.

Jusqu'ici, les Espagnols n'avaient pas réalisé qu'en débarquant dans le Marien, ils avaient trouvé la population la plus calme de l'île. Ils ignoraient alors qu'ils étaient entourés de tribus féroces et accoutumées aux rigueurs d'une guerre permanente contre des anthropophages. De tous les Caciques avoisinants, un parmi tous les autres se distinguait par son intelligence et son intransigeance. Lorsque Caonabo apprit les excès de brutalité que subissaient quotidiennement les habitants du Marien, lorsque ses espions lui révélèrent

---

[179] Emile Baron Nau, op.cit., page 62.

que Guacanagaric avait désigné le Cibao à la cupidité de Colomb, il rallia tous les autres Caciques à sa cause et résolut d'attaquer le Marien en général et la forteresse des nouveaux venus en particulier.

Alors qu'il planifiait son coup, trois marins espagnols quittaient le Marien et s'aventuraient dans la Maguana. Prévenu par ses sentinelles, Caonabo leur tendit un piège, s'en saisit et les fit décapiter séance tenante. Ce fut le début de la fin de la cohabitation pacifique. Sans perdre de temps, le cacique prit la tête d'une centaine de guerriers, marcha toute la journée et pénétra de nuit dans la Nativité où il égorgea ou fit brûler vif, les 36 hommes qui y dormaient. Après avoir réduit le fort en cendres, il se rendit ensuite chez Guacanagaric qui tenta vainement de s'expliquer. Caonabo, qui ne faisait pas dans la dentelle, ordonna d'incendier toutes les maisons du village. Les guerriers du Marien et la garde rapprochée du cacique, réalisant qu'ils allaient se faire tuer eux aussi, prirent la fuite. Dans l'échauffourée, Guacanagaric fut grièvement blessé. Laissé pour mort, il arriva miraculeusement à prendre le maquis avec sa suite. Ses guérisseurs le soignèrent et il survécut. Caonabo resta dans le Marien jusqu'au petit matin, pour s'assurer que le village et le fort avaient été complètement détruits par les flammes. Ce n'est qu'alors qu'il retourna dans son fief avec un sentiment du devoir accompli.

— Où étiez-vous, Moro pendant ce temps-là ? Comment avez-vous survécu, lui demanda Cat?

— Le jour de l'attaque, un des responsables du fort, le capitaine Diego de Arana, sachant que j'avais été un apprenti au Monastère de la Rabida, m'avait confié la mission de faire le relevé cartographique de tous les bancs de sable et de tous les récifs de la baie de Caracol. Le travail m'avait pris plus longtemps que prévu. J'étais seul en chaloupe et je ramais sur le chemin du retour quand j'ai vu les flammes qui consumaient le fort et toutes les maisons du village. Pris de panique, j'ai mis en panne. Protégé par l'obscurité, j'étais à moins d'une demi-lieue marine du rivage. De loin, je pouvais entendre des cris de damnés et je pouvais imaginer l'ampleur du massacre qui était en cours.

Je savais tout le mal que certains de mes compagnons espagnols avaient fait subir aux Taïnos du Marien. Je sentais bien que la situation pourrissait et que tôt ou tard, un ou plusieurs de ces prédateurs allaient être tués. Lorsqu'au loin, je compris que la culpabilité des uns avait complètement effacé l'innocence des autres et que sans jugement, ils avaient probablement tous péri d'une mort horrible… J'ai pleuré … Une fois de plus, je me retrouvais comme Job : il ne me restait que la peau des dents. J'étais seul dans un monde jusqu'ici inconnu, parmi des étrangers dont je ne comprenais encore ni la langue, ni la culture, ni les coutumes. Colomb était parti avec la Niña et j'avais le pressentiment que je ne reverrais aucun Européen avant longtemps.

Sur ces entrefaites, Moro se tut et pleura. En silence, des larmes coulaient sur ses joues. Dans son regard embué, ses interlocuteurs comprirent qu'il souffrait et qu'il venait de revivre (du moins, en esprit) un drame douloureux. Amélie tira un paquet de kleenex qu'elle lui offrit. Il la remercia et s'essuya les yeux et le visage.

— Voudriez-vous vous arrêter, lui demanda Cat?

— Non, Mademoiselle Laporte. Merci. Je vais continuer. Lorsque Colomb arriva en Castille, il fut reçu en héros. Rapidement, il convainquit la Couronne de lui permettre d'organiser un second voyage dont le but serait de coloniser les territoires découverts. À la fin du mois de septembre, il reprenait le chemin des Antilles à la tête d'une flotte de 17 bateaux qui partit cette fois-ci de Cadix. Mille cinq-cents hommes, comprenant des ouvriers, des artisans de tous genres et des gentilhommes qui s'embarquèrent avec des armures, des épées, des boucliers, des arquebuses[180], des bombardes[181] et des couleuvrines[182]. Des artisans montèrent à bord avec leurs outils, des agriculteurs avec des plants d'arbres, des semences de légumes et de céréales, et des couples de tous les animaux domestiques d'Espagne. Quelques missionnaires montèrent avec leurs bibles et leurs chapelets pour l'œuvre d'évangélisation des « sauvages » qui les attendaient. Pour rester dans les bonnes grâces de la reine dévote, en plus d'un butin pharaonique, Colomb lui avait promis une multitude de prosélytes.

En laissant les Canaries, un violent vent du nord, poussait la flotte au sud-ouest, la faisait dévier de son cours et l'amenait à découvrir par hasard la Martinique, la Dominique, Marie-Galante, la Guadeloupe, Montserrat, Saint-Martin, et Puerto Rico. Le 22 novembre 1493, elle arrivait à Hispaniola. Lorsque l'amiral mouilla dans la baie de Caracol, à l'emplacement de la Nativité,

---

[180] Ancienne arme à feu qu'on faisait partir au moyen d'une mèche ou d'un rouet.
[181] Pièce d'artillerie.
[182] Arme à feu portative.

il trouva des ruines calcinées. Ignorant que tous ceux qui avaient été laissés derrière avaient été massacrés, il fit tirer quelques salves de canons pour alerter les survivants éventuels et les appeler à les rejoindre sur le rivage. Lorsque personne ne se présenta, Colomb dépêcha une délégation dans la bourgade de Guacanagaric pour aller le chercher. Le cacique monta à bord du vaisseau-amiral et raconta, tant bien que mal, les abus, la brutalité et les sévices sexuels qu'avaient exercés les Espagnols sur la population du Marien et le sort qu'en conséquence leur avaient réservé Caonabo et sa horde. Colomb le soupçonna d'abord de l'avoir trahi, considéra un moment de le faire tuer, mais décida de le laisser partir.

Il ordonna ensuite à la flotte de mettre la voile vers l'est et entra dans les eaux de la Magua. Lorsque, le soir venu, il arriva en vue du Mont du Christ (Montechristi), il fit jeter l'ancre. Le lendemain, il poussa la flotte un peu plus à l'est. Après avoir dépassé de quelques lieues l'embouchure du fleuve Bajabonico, il décida de mettre sa flotte en panne et ordonna le débarquement général, non seulement de tout le personnel des navires, mais encore des vivres, des armes, des chevaux, du bétail et des outils qu'il fallait pour commencer les travaux d'établissement. Ce faisant, Colomb avait choisi le site de la première ville qu'il allait bâtir dans le Nouveau Monde. Il la baptisa du nom d'Isabela, en l'honneur de la reine de Castille[183].

— Où étiez-vous passé pendant ces onze mois ? Comment avez-vous survécu, lui demanda Cat?

— Le lendemain du massacre, j'ai attendu patiemment que Caonabo laisse la Nativité. J'ai alors ramé jusqu'au rivage et me suis précipité dans les ruines fumantes du fort. Je n'y ai trouvé aucun survivant. J'ai fouillé dans les décombres et rassemblé tout ce que j'ai pu trouver de vêtements, d'ustensiles de cuisine et de nourriture que j'ai emporté avec moi. Je suis remonté dans mon esquif et j'ai ramé alors vers l'Est avec le fol espoir que je rattraperais la Niña. C'était évidemment peine perdue. Lorsque je me remis du drame et que j'acceptai mon sort, je commençai à planifier ma survie. En faisant attention à ne pas me faire repérer par les Taïnos, tous les matins, je me ravitaillais en fruits, en racines et en légumes et je tentais de mon mieux de pêcher lorsque je pensais être seul. En cachant mon canot dans les mangroves, je dormais

---

183 Fernand Colomb, *Histoire de la vie et des Découvertes de Christophe Colomb*, op.cit., page 147.

toute l'après-midi et je recommençais à ramer la nuit. Au bout de quelques semaines, j'arrivai à l'embouchure du Bajabonico que je trouvai complètement déserte et me suis arrêté là. Quelle ne fut ma surprise de constater que par une heureuse coïncidence, c'était aussi là que l'Amiral avait choisi d'installer son second campement, un an plus tard.

— Comment avez-vous pu vous rallier au nouveau contingent espagnol ? lui demanda Cat. N'aviez-vous pas peur que les nouveaux venus ne vous incriminent de haute trahison ou de meurtre ?

— Ne sachant pas comment les Espagnols réagiraient à ma présence et comment ils traiteraient un sang-mêlé qui aura été le seul survivant à un massacre, je pris un temps avant de les rejoindre. De loin, j'étudiais les comportements de chacun des groupes sociaux qui venaient de débarquer sur l'île. En observant les agriculteurs se mettre au travail, un beau matin je décidai de me cacher en plein jour en me ralliant furtivement à eux. Trop occupés à bêcher, à sarcler, à semer, à construire des canaux d'irrigation, ils posaient très peu de questions et étaient naturellement enclins à accepter l'aide de tous ceux qui se portaient volontaires.

Non loin du fleuve, je plantai avec eux toutes sortes de légumes, des radis, des laitues et des choux qui, seize jours après la semence, avaient poussé. Melons, courges et concombres étaient bons à cueillir 36 jours après avoir été semés, et jamais nous n'en avions mangé d'aussi succulents[184]. Ces résultats, bien qu'encourageants, n'émurent nullement Colomb qui ne démordait pas de son obsession de mettre la main sur l'or du Cibao.

Entre-temps, les vivres amenés par l'occupant s'épuisaient. L'île était fertile, mais la nourriture qui y était produite pour le moment convenait plus à une diète pour Taïnos que pour Espagnols. Les semences importées par les agriculteurs espagnols, malgré leur énorme succès initial, allaient prendre un temps avant de satisfaire les besoins de toute la ville d'Isabela. Une disette pointait sa tête hideuse à l'horizon.

Manu militari, l'amiral obligea alors les Taïnos de la Magua à augmenter leurs cultures et leur imposa des taxes à payer en vivres. Par cet acte arbitraire, Colomb instaurait une forme insidieuse d'esclavage dans la nouvelle colonie. Il assujétissait tous les autochtones qui lui tombaient sous la main à des travaux

---

[184] Marius André, op.cit., page 225

forcés bien au-dessus de leurs forces et de leurs aptitudes, soit pour acquitter d'énormes tributs agricoles, soit pour extraire encore plus d'or d'un sol rugueux.

— À ce stade, Colomb avait-il enfin compris où il était ?

— Au contraire, il était de plus en plus confus quant à la localisation d'Haïti-Bohio. Qu'avait-il découvert au fait ? Était-ce le Cypango de Marco Polo ? Était-ce plutôt l'Ophir dont les mines avaient fourni des tonnes d'or au roi Salomon ? Il se rappelait les confidences que lui avait faites Guaganacaric et était de plus en plus obsédé par le Cibao et par les réserves aurifères qu'il contenait.

Il avait le cœur chaud et ne pouvait plus attendre. Il cuisina les éclaireurs que lui avait confiés le cacique du Marien et à partir des indications qu'il put en obtenir, il dessina une carte approximative du Cibao qu'il localisa au beau milieu de la Maguana, le fief de l'indomptable et irascible Caonabo. Il y dépêcha Alonzo de Ojeda, son plus habile adjoint. Celui-ci, trouva l'endroit et en revint quelques semaines plus tard, avec des paillettes patiemment recueillies dans le lit des rivières. Il ne trouva cependant rien de comparable à la quantité à laquelle s'attendait le chef.

Colomb le rabroua et décida de se rendre en personne dans la zone où il fit construire un fort qu'il appela Saint-Thomas (pour consacrer l'incrédulité de ses compagnons). Il y caserna quatre-vingt-dix hommes qu'il arma jusqu'aux dents.

— Colomb arriva à mettre tout cela en œuvre sans que Caonabo ne réagisse et ne l'en empêche ?

— Le cacique compris qu'une mainmise militaire commençait à prendre forme sur l'île. Il se rendit rapidement à l'évidence qu'il n'avait d'autre choix que d'attaquer Saint-Thomas, mais il voulait se préparer en conséquence. Il y donna l'assaut à la tête de 2.000 guerriers, certain qu'il pourrait aisément anéantir le petit nombre d'adversaires qu'il avait en face de lui. Il se voyait déjà debout sur les cendres de Saint-Thomas comme il l'avait déjà fait à la Nativité. Confiant que la victoire lui était acquise, il lança des vagues massives de guerriers enhardis qui se ruèrent avec ardeur sur le fort mais qui à chaque fois devaient rapidement battre en retraite lorsqu'ils étaient taillés en pièces par le feu vif, meurtrier et ininterrompu de l'ennemi. Devant l'impuissance de leur nombre et des armes désuètes qu'ils opposaient à la foudre que l'ennemi lançait contre eux, les guerriers Taïnos furent démoralisées. Caonabo, voyant qu'il ne pourrait pas réduire la forteresse par la force se proposa de l'assiéger et de la prendre par la famine.

Les Espagnols résistèrent vaillamment pendant un mois. La lassitude gagna les assaillants qui se débandèrent. Caonabo fut contraint de lever le siège, mais il ne désempara pas. Il décida alors de frapper l'ennemi, une fois pour toutes, là où il pensait pouvoir le démoraliser. Il se rendit incognito à Isabela qu'il repéra avant de l'attaquer. Lorsque Colomb apprit que son adversaire avait parcouru sa ville toute une nuit sans être inquiété, il comprit que la lutte serait sans merci et qu'il devait à tout prix s'emparer de lui.

Il fit alors appel à son fidèle et audacieux Ojeda, avec lequel il conçut un piège à tendre au cacique. Feignant des intentions pacifiques, Ojeda sélectionna ses cavaliers les plus courageux et prit la direction de Niti, où se trouvait le village de Caonabo. Arrivé sur les lieux, il lui fit annoncer qu'il était porteur d'un message de Guamiquina[185]. Le cacique des Espagnols, lui dit-il, était désireux de signer un accord de paix et, en gage de sa bonne foi et de ses intentions, il lui envoyait des présents.

Le cacique de la Maguana sortit de sa maison avec une forte escorte. Ojeda lui rendit les honneurs militaires, et lui transmit les compliments de Guamiquina qui jurait sur son Dieu, qu'il aimait mieux être en paix qu'en guerre avec lui[186]. Il l'invitait en conséquence à le rejoindre sur le champ à Isabela pour conclure un traité de paix. Caonabo accepta l'invitation. À ces mots, il leva le bras droit et une foule de guerriers armés sortirent de la futaie qui les entouraient. Les cavaliers espagnols furent figés de peur en réalisant que leur vie ne dépendait que d'un signal de Caonabo.

Ojeda, imperturbable, s'avança vers le chef Taïno, s'inclina devant lui et lui dit que s'il était prêt à partir pour Isabela, il fallait le faire à l'instant. Caonabo accepta et ordonna à son imposante armée de s'ébranler. Ojeda et ses hommes prirent la tête du convoi. En chemin, la cavalerie espagnole se mit à exécuter des exercices d'équitation pour le plus grand plaisir des Taïnos. Lorsqu'Ojeda remarqua que Caonabo était, lui aussi, captivé par ce spectacle impromptu, il l'aborda et lui demanda s'il ne lui serait pas agréable d'accepter les présents qu'il était chargé par Guamiquina de lui remettre. Il fit aussitôt étaler à ses yeux

---

[185] Nom que les Taïnos avaient donné à Colomb.
[186] Emile Baron Nau, op.cit., page 88.

des chaînes et des menottes en fer poli comme de l'argent qu'il disait avoir été fabriquées dans le Thurey (le ciel) et qui en étaient tombées, en un jour de bonheur[187].

Il ajouta que les rois en Europe s'en revêtaient dans les grandes solennités pour paraître devant leurs sujets. Il lui proposa de les lui passer. Caonabo accepta ! Il parut même joyeux de se voir tout couvert de ces fers qui reluisaient aux rayons d'un soleil éclatant. Il leva les bras en l'air et les troupes Taïnos poussèrent des cris de joie et d'admiration. Ojeda l'assura que s'il essayait de monter sur un des chevaux de sa troupe, ces ornements produiraient bien plus d'effet encore, et que d'ailleurs c'était pour monter à cheval que les rois s'en paraient[188]. Tout naïvement, Caonabo se laissa faire. Les cabrioles des hommes d'Ojeda recommencèrent, et peu à peu la cavalerie s'éloigna du gros de la troupe de Taïnos, traversa la rivière et partit au grand galop avec le cacique, affermi sur sa monture et tout enchaîné. Caonabo était pris.

Lorsqu'Ojeda rentra à Isabela avec son illustre prisonnier, il fut reçu en héros. Colomb fit mettre son ennemi aux arrêts et décida de le déporter vers l'Espagne. Chose dite, chose faite, Caonabo était mis sur le prochain bateau qui partait de la colonie. Il existe un mythe qui veut qu'en quittant Hispaniola, Caonabo ait prononcé un discours, un peu dans l'esprit de celui de Toussaint Louverture trois siècles plus tard, dans lequel il affirmait qu'il ne mourrait pas loin de son île et qu'un jour il y retournerait, sous une forme ou sous une autre. Pour comble de malheur et par une étrange coïncidence, la prophétie du cacique s'accomplit en partie : non loin des côtes d'Haïti, le navire fut pris dans une violente tempête et disparut en mer avec son illustre prisonnier.

— Comment réagirent les Taïnos lorsqu'ils apprirent que leur chef avait été fait prisonnier, lui demanda Cat ?

— L'enlèvement de Caonabo eut l'effet d'un coup de massue pour tous les Taïnos qui, un instant, furent complètement tétanisés par la nouvelle. L'un d'entre eux les réveilla de leur torpeur lorsqu'il se mit à crier vengeance. C'était Manicatoex, le jeune frère du cacique qui, tout plein de fougue et de colère, les exhorta à un soulèvement général. Il arriva à ameuter des milliers de Taïnos provenant indistinctement des cinq caciquats de l'île qui se mirent à marcher à

---

[187] Emile Baron Nau, op.cit., page 89.
[188] Ibid.

sa suite sur Isabela. Ils étaient tous décidés à demander des comptes à l'amiral et lui faire payer sa fourberie. Lorsque Colomb en fut averti par ses espions, il fit sonner l'alarme, ouvrit les portes de l'arsenal de la ville afin que la population courût aux armes.

Trois-cents hommes, dont deux-cents fantassins, cinquante cavaliers, vingt-cinq artilleurs et autant d'arbalétriers, furent les seules forces qu'il put opposer dans le moment, à l'innombrable multitude qui s'avançait vers lui. Il prit le parti hardi, mais sage autant qu'habile, de marcher à la rencontre de l'ennemi pour tenter la fortune d'un combat loin des remparts de sa ville naissante, et lui épargner l'assaut formidable dont elle était menacée. Quoique confiant en ses forces, il voulut aussi leur ménager un dernier retranchement[189].

Colomb était pressé en allant à leur rencontre, car il voulait les affronter à la Vega Réal, une vaste plaine où Il n'y avait pas le moindre accident de terrain, ni une seule position qui aurait pu tourner à l'avantage de l'une ou de l'autre armée. C'était le site le plus convenable pour une bataille rangée, où tout allait dépendre uniquement de l'armement des uns et des autres.

Si les Taïnos étaient en plus grand nombre que les Espagnols, leur armement, en revanche, était franchement archaïque. Munis de haches de pierre, de frondes, de lances, de flèches et d'arcs, les troupes de Manicatoex allaient au-devant d'un petit groupe inférieur en nombre, certes, mais possédant des armes d'une technologie largement supérieure. Jamais les Taïnos ne s'étaient réunis en nombre si considérable pour livrer bataille. Le jeune cacique jugea du premier coup d'œil l'extrême faiblesse numérique de ses adversaires et contempla avec satisfaction et une grande confiance ses innombrables bandes qui couvraient à perte de vue la plaine où elles venaient de faire halte. Les deux armées étaient finalement en présence et les Taïnos se préparaient à un corps à corps où ils allaient tuer sans merci.

Manicatoex ne fit cependant pas attention aux pierriers[190] ni aux espingoles que les Espagnols avaient montées sur des affûts solides. Il aperçut la vingtaine de cavaliers mais ne se sentit pas forcément inquiété. Il remarqua d'énormes chiens mais ne s'étonna que de leur taille. Comment aurait-il pu

---

[189] Emile Baron Nau, op.cit., page 93.
[190] Bouches à feu primitives destinées à être chargées avec des cailloux comme mitraille.

deviner qu'ils avaient été dressés pour bouffer de la chair humaine ? Ces dogues, quant à eux, grondaient, secouaient leurs chaînes et semblaient avertis par leur instinct qu'on les conduisait à un carnage.

Calme et placide, Colomb divisa son armée en petites colonnes en face des Taïnos qui s'étaient rangés pêle-mêle en demi-cercle. Soudain, les trompettes espagnoles sonnèrent la charge. Les fantassins s'étaient à peine ébranlés, que les Taïnos leur lancèrent une première vague de flèches, puis une seconde et une troisième, sans interruption, mais en pure perte car les Espagnols étaient bien trop éloignés pour être atteints.

Lorsque l'avant-garde Taino arriva en courant à mi-chemin de leur cible, les artilleurs espagnols firent pleuvoir sur eux une grêle de balles et déchargèrent leurs pierriers qui labourèrent en tous sens la multitude imprudemment massée devant des armes si meurtrières[191]. Tandis que l'infanterie les fusillait sans pitié, que la cavalerie les chargeait, la meute des chiens fonçait sur eux avec une avidité carnassière. Un horrible massacre s'en suivit. En quelques heures, le champ de bataille était jonché de cadavres. Les Taïnos, à genou, criaient grâce. *Que nenni !* Il fallait venger l'affront de la Nativité et punir l'impudence de ces « sauvages » qui avaient osé croire qu'ils auraient pu être les dépositaires d'une si belle île. Le carnage continua avec un atroce acharnement. « Le cavalier, las de sabrer, se plaisait à galoper sur son ennemi jusqu'à le faire expirer ; le fusilier ne tirait plus, il tuait à coups de crosse de son arme. Les chiens dévoraient à belles dents[192] ». Ce 27 mars, des dizaines de milliers de Taïnos perdirent la vie.

Soudain Moro s'arrêta de parler. Les derniers mots qui venaient de lui sortir de la bouche semblaient lui avoir écorché la gorge et le cœur. Il ferma les yeux pour retenir des larmes : ce fut peine perdue. Cat et Amélie, elles aussi, devant la douleur de cet homme et du drame qu'il venait de revivre, pleuraient en silence. Oli se leva doucement, alla vers Moro et lui posa la main sur l'épaule.

— Nous allons arrêter notre séance pour aujourd'hui, lui dit-il.

— Non Padre ! Accordez-moi encore un moment, je vous en prie. J'ai trop mal. Si je m'arrête là, je ne sais pas si j'aurai le courage de recommencer samedi

---

[191] Emile Baron Nau, op.cit., page 94.
[192] Ibid., page 95.

prochain. Je dois finir de vous raconter cette partie de l'histoire, avant que vous ne me laissiez aujourd'hui. Je vais vous demander ensuite, de prier pour mon âme. Priez pour moi aussi, Manbo ! J'ai été lâche. J'ai été lâche à la Nativité, je l'ai été plus encore à la Vega Réal. Pardonnez-moi, Padre, au nom de Dieu, au nom de l'humanité, pardonnez-moi si vous en avez vraiment le pouvoir, parce que j'ai péché en abandonnant des êtres humains à leur sort, j'ai péché en restant impassible devant la cruauté des uns et la souffrance des autres.

— Qu'auriez-vous pu faire d'autre, lui demanda Amélie?

— Je n'en sais rien, Manbo, mais un sentiment de culpabilité me taraude l'âme depuis cinq siècles. J'ai beau me dire que même en ayant vécu parmi les Espagnols, je n'ai vraiment jamais été l'un d'entre eux, mais rien n'y fait. Lorsque marchant dans la Vega Réal je réalisai l'ampleur du carnage, je me laissai emporter dans les méandres du plus sombre désespoir. C'est là que pour la première fois j'ai tenté de me suicider. Je me suis assis à l'ombre d'un *acajou*[193] qui, tout seul, avait poussé dans cette vaste plaine. J'ai pris mon poignard et je me suis ouvert les veines. Des heures plus tard, sans que je ne sache pourquoi, j'avais survécu malgré moi et j'étais réveillé par la puanteur de cadavres en décomposition.

— Si vous vous étiez interposé entre Caonabo et vos camarades de la Nativité, vous auriez été assassiné vous aussi. Si vous aviez combattu Colomb à la Vega Réal, il vous serait passé dessus sans même y réfléchir à deux fois.

— Manbo, mes nuits sont régulièrement hantées par le regard désespéré des victimes et par leurs cris épouvantables.

— Moro, lui dit Amélie, je vais prier avec vous, mais avant tout, vous allez devoir faire l'effort de vous pardonner à vous-même. Un traumatisme ne peut être réparé que si l'on s'en souvient. S'il est vrai qu'il n'y a pas d'avenir sans pardon, il est tout aussi vrai qu'il ne peut y avoir de pardon sans vérité. Ce qui est oublié ne peut être pardonné. Or, la caractéristique même du traumatisme dont vous avez été témoin, réside dans le fait que toutes les victimes soient déjà mortes[194]. Votre devoir Moro est de rétablir la vérité et de témoigner au nom des morts, d'une part pour que cette île que vous aimez tant soit exorcisée de

---

[193] Swietenia Mahogani.
[194] José Luis Villacañas Berlanga, *Recordar y olvidar*, Seminario Interdisciplinar, Consello da cultura galego, 2008, page 15.

ses vieux démons et, d'autre part, pour que vous puissiez, vous aussi, vous libérer de tout ce qui vous pèse tant sur le cœur, que sur l'âme et l'esprit.

Amélie lui prit alors les mains dans les siennes, elle leva les yeux au ciel et dit :

Bawon Samedi, Bawon simityè, Bawon lakwa,

Nèg twa wou, nèg twa pens, nèg twa pikwa,

Nèg ki gen pouvwa sou tout nanm ki travèse ale nan Ginen

Ou menm ki kanpe devan tout simityè

Se ou menm ki nan pa pòt kote tout nanm yo gen pou yo travèse

Pòt ki separe limyè ak fè nwa. Tan pri Bawon, Moro gen bezwen

Tout sila yo ki mouri nan la Nativite ak la Vega Reyal

Ba yo yon chans pou yo tande-l. Nap mande w pasaj pou yo travese vinn ede-l

Bawon ou menm ki chaje ak pouvwa

Komande sila yo ki deja travèse

Pou yo vini pote Moro sekou

Nou mande w tou sa, nan non gede Kensoumazakalakwa[195]

Ayibobo !

Baron Samedi, Baron des cimetières, Baron de la Croix

Homme des trois houes, homme des trois pinces, homme des trois pioches,

Homme qui a le pouvoir sur toutes les âmes qui ont déjà fait le grand voyage en Guinée

Toi qui es debout devant les cimetières

Toi qui gardes le seuil où traversent les âmes

Toi qui gardes les portes entre la lumière et l'obscurité. Nous t'en prions Baron, Moro a besoin de

Tous ceux qui sont morts dans la Nativité et à la Vega Réal

Donne-leur la chance de l'entendre.

Nous te demandons de leur permettre de retourner pour l'aider.

Baron, toi qui as tous les pouvoirs

Commande à ceux qui ont déjà fait le grand voyage

De revenir au secours de Moro

Nous te le demandons au nom de gede Kensoumazakalakwa

Ayibobo[196] !

Moro, qui avait les yeux fermés, les ouvrit doucement quand Amélie eut terminé. Il avait l'air rasséréné. Il la remercia. Il parla encore un moment des sévices que subit la population taïno d'Haïti-Bohio ; de la façon dont Colomb l'avait asservie, dont Nicolas Ovando qui lui avait succédé à la tête de la colonie massacra la tribu de la reine

---

[195] Prière inspirée d'un texte de Carl-Henri Desmornes, *Ti limyè sou vaudou*, Port-au-Prince 2013 page 52.
[196] Traduction de l'auteur.

Anacaona pendant qu'elle assistait paisiblement à un spectacle organisé par les Espagnols avec lesquels, au demeurant, elle avait signé un accord de paix :

— La foule des Indiens avait grossi, raconta-t-il. La reine du Xaragua était là, elle avait près d'elle sa fille et sa suite. Il y eut un moment de pause après lequel le spectacle recommença. Ovando avait porté la main à la croix d'Alcantara qui brillait sur sa poitrine. C'était le signal fatal. La trompette sonna : l'infanterie fit feu, et la cavalerie chargea. Le tournoi se changea soudain en une horrible boucherie. Toute cette foule de spectateurs inoffensifs fut en un instant impitoyablement massacrée. Ni le sexe, ni l'âge ne furent épargnés. Anacaona fut prise en vie, c'était la seule prisonnière qu'Ovando consentît à faire. Tout le reste de la tribu fut passé par les armes. Plusieurs caciques et un grand nombre d'Indiens s'étaient enfermés dans une cabane. Ovando ordonna qu'on y mette le feu et ils furent tous dévorés par les flammes. Quelques jours plus tard, Anacaona était amenée liée et garrottée sur la place de Santo-Domingo où elle fut pendue haut et court[197].

Lorsque Colomb et ses prédateurs débarquèrent à Haïti-Bohio en 1492, plus d'un million de Taïnos y vivaient plus ou moins paisiblement. En 1535, il n'en restait que quatre mille[198]. La plupart des survivants avaient fui les villes et s'étaient réfugiés dans les montagnes inaccessibles du centre de l'île. Ils étaient devenus les premiers marrons[199] de l'histoire. C'est d'ailleurs là que, des siècles plus tard, des esclaves africains les rejoignirent dans le maquis et c'est là qu'ils leur confièrent tous les secrets des feuilles d'Haïti-Bohio. Oli, sentant que Moro avait retrouvé une certaine sérénité après avoir prié avec Amélie, s'abstint de lui rappeler sa requête antérieure et se réserva de lui proposer de recevoir le sacrement de la réconciliation.

---

[197] Emile Baron Nau, *Histoire des caciques d'Haïti*, op.cit., page 159.
[198] H. Pauléus Sannon, *Histoire de Toussaint Louverture, Tome Premier*, Imprimerie Auguste Héraux, Haïti 1920, page III.
[199] Altération de l'hispano-américain *cimarrón* désignant un esclave fugitif.

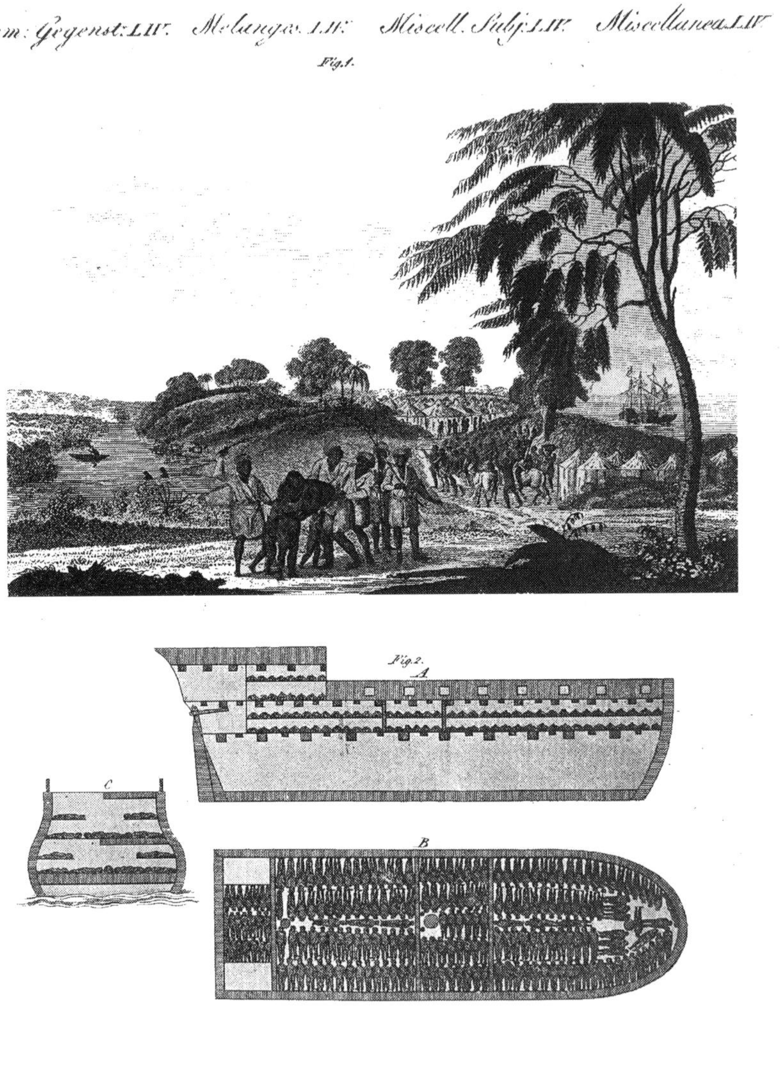

Figure 19. Enlèvement d'hommes et Traite des nègres, gravure 1850 [cat. 87] Musée d'Aquitaine, Bordeaux France[200].

---

[200] *Livre d'Or du Bicentenaire de la République d'Haïti (1804-2004).*

CHAPITRE 16

C'était le dimanche de la Sainte Famille. Lorsqu'Oli se réveilla, il ouvrit les yeux et fixa le plafond. Inexorablement, ses pensées retournèrent à Amélie, à Cat, à Moro et aux Taïnos. Il les éleva tous en prière et recommanda les uns, à la protection de Jésus par Marie et par Joseph dont c'était la fête et les autres à Saint Pierre auquel il demanda de leur ouvrir les portes du paradis.

Une brise délicieuse s'insinuait dans la chambre et lui caressait tendrement les joues pendant que les premières lueurs du matin se faufilaient à travers les persiennes et chassaient la pénombre du petit matin. Il se leva, fit une toilette et s'habilla. Il enfila l'amict et l'aube blanche et descendit dans la chapelle. Il s'agenouilla devant le Tabernacle et s'abîma en prière.

Lorsque, derrière lui, il commença à entendre les pas des premiers fidèles dans la nef, il fit le signe de la Croix. Il se leva lentement et rentra discrètement dans la Sacristie. Lorsqu'à six heures, les cloches de la chapelle commencèrent à sonner pour marquer l'heure, il revint, précédé par le Sacristain, dans l'allée principale. Après s'être incliné devant l'autel, il monta en chaire, bénit la petite assemblée et commença à dire la messe. Pendant qu'il prêchait, il remarqua que Lou était dans l'assistance. Lorsque la cérémonie prit fin, en passant près de lui, Oli le salua et lui demanda de l'attendre sur le parvis de l'église.

Quelques minutes plus tard, les deux amis se retrouvaient et s'embrassaient. Lou lui remit un sachet de pâtés de hareng et de poulet qu'avant la messe, il avait acheté dans une pâtisserie de Turgeau. Oli l'invita à prendre un café qui, lui dit-il, irait très bien avec son cadeau. Les deux compères s'assirent à une table sur la terrasse du Séminaire, où, sur les instructions du curé, une gouvernante avait préalablement déposé une cafetière fumante qui exhalait un délicieux arôme d'arabica fraîchement coulé. Un sucrier, deux tasses et des soucoupes en émail blanc et une assiette dans laquelle ils déposèrent les pâtés complétaient le décor.

— Oli, je retourne ce matin à la Petite-Rivière. Je voulais te voir avant de partir pour te remercier d'avoir accompagné Cat à l'Asile hier. Je t'avouerai que j'ai une peur bleue des fous et que ta présence près d'elle m'a grandement rassuré.

— Pas besoin de me remercier, Frérot. Tu sais toute l'affection que j'ai pour ma filleule. Je suis franchement heureux d'avoir été là pour elle. C'est une jeune fille remarquable. *Se yon bon moun*[201] ! J'ai rarement rencontré quelqu'un avec autant d'empathie. Je l'ai observée pendant toute une journée : ma filleule est franchement spéciale. Elle a cette capacité extraordinaire de se mettre en phase avec son interlocuteur, de l'écouter, de ne pas le juger, d'avoir le souci désintéressé de son bien-être. De s'identifier à lui et de ressentir ce qu'il ressent sans avoir nécessairement vécu la même expérience que lui.

Quant à ta phobie des malades mentaux, sache qu'infiniment plus de psychologues ou de psychiatres sont tués dans des accidents de voiture que par leurs patients. En réalité, si tu veux vraiment savoir, ta peur est plus pernicieuse. Beaucoup de gens ressentent un sentiment de malaise qui ressemble tantôt à un vertige, tantôt à une espèce de somnolence qui les envahit quand ils sont en présence d'un psychotique. Ils éprouvent alors une sorte d'engourdissement, souvent empreint de fascination, telle une proie en face d'un serpent. Ils ont alors tendance à imiter le comportement de leur vis-à-vis et sont terrifiés par l'idée qu'ils pourraient devenir fou à leur tour[202].

— Fais ton respect[203], Oli ! Je ne suis pas là pour que tu me psychanalyses. Tu pourras faire ça une autre fois, lorsque nous aurons bu un coup de rhum et que j'aurai la langue bien déliée. Ce matin, je suis sérieux. Je veux te remercier, mais surtout je veux te demander de ne pas laisser Cat seule avec cet homme.

— Tu peux compter sur moi, Lou. Rappelle-toi que je ne serai pas seul à assister ma filleule. Amélie sera là aussi avec nous.

— Ah Amélie, je lui réserve une surprise à celle-là. Tu t'es finalement réconcilié avec elle ? Est-ce qu'elle t'a dit que ces dames m'ont fait prendre un bain de chance ?

— Non, ce n'est pas vrai. Je ne savais pas, répondit Oli en éclatant de rire.

— Rira bien qui rira le dernier. Fais attention avant qu'elle ne te jette un charme...

Réalisant qu'il était à deux doigts de commettre une gaffe irréparable, Lou se rattrapa à temps et prétexta qu'il devait retourner à l'avenue N, presser ses dames, car il voulait passer le Carrefour Shada avant que les embouteillages de Marin et de Lilavois ne le surprennent. Les deux hommes se levèrent de table. Oli accompagna son ami jusqu'à sa voiture, pria avec lui et prit congé de lui.

---

[201] C'est une bonne personne.
[202] Jacques Hochmann, *La peur du fou*, Érudit, Volume 6, numéro 1, juin 1981 page 5.
[203] Calme tes ardeurs.

Très tôt dans la matinée du 3 janvier, Amélie, Cat et Oli étaient déjà sous l'amandier et attendaient patiemment l'arrivée de Moro. Un calme inhabituel régnait dans l'asile. Les patients vaquaient à leurs occupations coutumières, mais leur démarche était étrangement silencieuse. Personne ne parlait à haute voix, tout le monde murmurait. Lorsque Gaby ouvrit la porte de la cour intérieure, qu'il la franchit et qu'il invita Moro à le suivre, un silence monacal envahit la cour.

Moro était saisissant. Les infirmiers du Centre s'étaient cotisés pour l'habiller. Ils s'étaient rendus au marché Curaçao[204] où ils lui avaient acheté des mocassins gris, un jean noir et une chemise blanche en coton dont il avait remonté les manches. Ils lui avaient soigneusement coupé les cheveux et taillé la barbe. Maintenant qu'il avait recommencé à se baigner régulièrement, ils lui avaient aussi offert un déodorant et une petite bouteille d'eau de Cologne « Bien-Être ». Moro était propre, il sentait bon et n'avait plus l'allure du clochard baigné à l'eau chlorée. Il avait à peine fait trois pas que tout l'asile entra en éruption, avec un flot continu de sifflets, d'applaudissements et d'acclamations. Moro ne put s'empêcher de sourire. Sans se laisser décontenancer par l'ovation chaleureuse de tous ses camarades, il s'avança d'un pas décidé vers ceux qui l'attendaient. Amélie et Cat se regardèrent un moment et se mirent à applaudir elles aussi.

— Quel chic, lui dit Cat !

— Merci, Mademoiselle. Veuillez, je vous prie, excuser l'enthousiasme de mes amis, mais ils ont tous été d'une gentillesse si touchante avec moi que ce n'est qu'une juste rétribution s'ils font tout ce vacarme. Je n'ai vraiment pas de mots pour leur exprimer ma gratitude et si, en échange, je dois m'accommoder de ce menu embarras, je le supporte de bon cœur.

— Vos amis vous aiment beaucoup, lui dit Amélie.

— En effet, Madame, je suis chanceux.

Moro donna la main à chacun de ses interlocuteurs et leur souhaita une heureuse année. Lorsque les vivats se turent, Moro se retourna sur lui-même et baissa lentement la tête en guise de salut théâtral à tous ceux qui étaient dans la cour avec lui. Il tira ensuite galamment une chaise pour inviter Cat à s'asseoir. Oli en fit de même pour Amélie. Rapidement, le quatuor était confortablement assis. Amélie sortit un cahier et des crayons de son sac et les offrit à Moro :

---

[204] Marché de vêtements et autres lingeries importés des zones franches de Curaçao et de Panama.

— Si cela vous dit, je pense que vous pourriez vous en servir pour y noter vos réflexions.

— Merci beaucoup, Manbo. J'aime aussi dessiner et je n'ai malheureusement rien pour le faire. Vous avez fait un heureux, votre cadeau me va droit au cœur.

— C'est un plaisir, Moro lui répondit Amélie en souriant.

— Qui sait ? Peut-être qu'un jour je partagerai mes dessins avec vous...

— J'en serais sincèrement honorée.

Par hasard, Moro tourna légèrement la tête. Du coin de l'œil, il surprit Oli qui regardait Amélie comme un homme épris d'une belle femme. Il sentit, par une sorte d'intuition, que ces deux êtres étaient, ou avaient été un peu plus que de simples amis.

— Il y a quelque chose entre vous deux que je n'arrive pas encore à définir, décocha-t-il en direction d'Amélie.

Elle rougit comme une jeune fille dont on venait de voler le premier baiser. Elle baissa les yeux et ne dit absolument rien. Oli qui pensait devoir protéger l'honneur de la femme indexée lui répondit, visiblement indigné:

— Que voulez-vous insinuer, Moro ?

— Je vous prie de m'excuser, Padre. Je me mêle de ce qui ne me regarde pas. Je sens des vibrations entre vous deux. Vous n'auriez pas été un prêtre que... mais je m'égare.

Cat sortit ses notes de son sac pendant que Gaby déposait quatre bouteilles d'eau traitée sur la table et se retirait dans son coin. Cat regarda en direction de son parrain et, pour la première fois, elle le trouva décontenancé. Elle se retourna vers sa marraine qui regardait droit devant elle, mais ne semblait rien fixer en particulier. Elle paraissait troublée, mais faisait tout ce qu'elle pouvait d'efforts sur elle-même pour ne rien laisser transparaître de ses émotions. Cat comprit, sans trop savoir pourquoi, qu'elle devait intervenir rapidement pour balayer le malaise qu'avait causé Moro.

— Moro, lui dit-elle, nous allons commencer la séance si vous le voulez bien. Comment a été votre semaine ?

— J'ai eu une très bonne semaine, Mademoiselle. Merci de me le demander.

— Nous nous sommes quittés la dernière fois sur un moment fort de votre témoignage. Seriez-vous disposé à continuer dans ce sens ou préférez-vous parler d'autres choses ?

— Votre tact vous honore, mais je voudrais continuer dans le même sens. Cette fois-ci, cependant, j'aimerais vous parler avec plus de détails, de l'asservissement et du génocide des Taïnos d'Haïti-Bohio.

De l'administration de Colomb, en passant par celle de Bobadilla pour arriver à celle d'Ovando, le traitement des Taïnos alla de mal en pis. Dans toute la nouvelle colonie, une anarchie prit graduellement corps et pesa de tout son poids sur ces pauvres créatures. Cautionné par l'Église catholique qui, sous l'influence des couronnes espagnoles et portugaises, édicta la « Doctrine de la Découverte », une tyrannie s'installa dans toutes les nouvelles « possessions européennes » en général et à Haïti-Bohio en particulier. En effet, par une multiplicité de bulles pontificales, l'Église catholique romaine reconnaissait à ces nations le droit de prendre le contrôle d'autres terres, de soumettre les populations qui y vivaient déjà, pour les convertir de gré ou de force au christianisme.

La plus influente et la pire de ces bulles aura été *Inter Cætera*[205], émise par le pape Alexandre VI en 1493. Elle accordait arbitrairement et exclusivement à la Couronne de Castille toutes les terres à l'ouest et au sud des Açores et du Cap-Vert. Déjà, dans une bulle précédente, ce même pape avait eu l'audace d'adjuger au Portugal tous les territoires de l'Afrique et le droit de s'approprier toutes les terres nouvelles que les Portugais découvraient à condition de les évangéliser.

Qui était Alexandre VI, me demanderez-vous ? Neveu de pape, pape lui-même, Rodrigo Borgia était le patriarche de la sinistre famille du même nom. J'ai bien dit patriarche, car dans cette famille ils ont été papes et cardinaux, de père en fils.

Libertin à l'excès, au point d'admettre volontiers avoir eu une multitude d'enfants d'une galerie de maîtresses, il dirigeait avec une main de fer une famille dont les membres avaient été indistinctement accusés de népotisme, de despotisme, d'avidité, de simonie[206], d'inceste, de luxure,

---

[205] Entre autres choses.
[206] Vendre à prix temporel une chose intrinsèquement spirituelle. 2016 *Dictionnaires Le Robert*, op.cit.

d'empoisonnements, voire de fratricides. Cet homme et sa triste famille étaient le symbole de la décadence de l'Église catholique et avaient semé le grain d'une zizanie qui lui vaudra plus tard des schismes et une réforme.

— Il faudrait quand même nuancer vos propos Moro, interrompit Oli (qui aussitôt qu'il avait ouvert la bouche, regretta de l'avoir fait). Ne jetez pas le bébé avec l'eau du bain. S'il est incontestable qu'Alexandre VI a été un pape attaquable à plus d'un titre et qu'il a probablement été coupable de la plupart des comportements qui lui ont été reprochés, il n'en demeure pas moins que son arrière-petit-fils, Saint François Borgia, qui a été bien plus tard supérieur général des Jésuites est reconnu comme un modèle de vertu, de sagesse et de piété.

Figure 20. Pape Alexandre VI[207].

— Padre, vous n'allez tout de même pas vous mettre à faire l'apologie des Borgia ?
— Non, Moro. Je ne vais me faire l'apologiste de personne : ni des Borgia, ni des Colomb, ni des Croisades, ni de l'Inquisition, ni des pédophiles, ni des propriétaires d'esclaves, ni d'aucun des gens malintentionnés qui pendant des siècles ont abusé du Nom Sacré de Jésus pour commettre les pires crimes contre l'humanité. Je serai même le premier à vous concéder que Rodrigo Borgia et certains des membres de sa famille ont été de très vilains personnages. Je me permettrai de vous rappeler que même si Jésus avait promis de bâtir Son Église sur la pierre et que « les portes de l'enfer ne prévaudraient point contre elle[208] », il n'avait jamais dit qu'elle ne subirait pas d'attaques.

L'Église, toutes confessions confondues, a toujours été la cible de nombreux adversaires. Elle n'a jamais cessé d'être un microcosme de la société

---

[207] Portrait du pape Alexandre VI, Cristofano dell'Altissimo (1525–1605), musée national de Florence.
[208] *Évangile selon Saint Matthieu, 16 :18.*

et a toujours été le reflet soit des vertus, soit des vices qui y ont germé, à un moment ou à un autre. Elle est perpétuellement en mal de réforme, c'est vrai ! Ceux qui ont la foi cependant sont « une Race Élue, un Sacerdoce Royal[209] ». Lorsque la tête de leur Église est assaillie par des démons, les chrétiens ont, tous et chacun, le devoir de la défendre et de la redresser. En d'autres termes et pour paraphraser Gandhi, ils doivent chacun devenir le changement qu'ils aimeraient voir dans leur religion. Je vous prie de m'excuser d'avoir interrompu votre témoignage. Continuez, je vous en prie.

Cat et Amélie regardaient Olivier, complètement prises au dépourvu et éberluées par sa sortie impromptue. Moro, quant à lui, semblait plutôt agréablement surpris par la réaction du prêtre qui avait pensé qu'il était, à ce stade, de son devoir de défendre l'honneur « souillé » de l'Église. Au bout de quelques secondes d'un silence pénible, Moro décida de reprendre son témoignage :

— Hmmm ! Intéressant… Merci, Padre. Je comprends votre désarroi, mais l'histoire est malheureusement ce qu'elle est ! Grâce à Alexandre VI et à ses bulles, le pillage systématique des nouvelles découvertes et l'asservissement des peuples autochtones furent autorisés, décrétés, légalisés. En effet, partout à Haïti-Bohio, avec le soutien de l'Église, il était devenu facile d'obtenir un *repartimiento*, une concession de terres et avec elle, un lot d'esclaves taïnos pour les exploiter.

C'était une abomination. Les esclaves étaient assignés à résidence sur les terrains de leur maître. Soumis à des travaux forcés dans des conditions inhumaines, ils succombaient en peu de temps. Il n'existait que très peu de bêtes de somme dans l'île, ni d'ânes, de mulets, de bœufs, de chevaux, de dromadaires ou de chameaux. Les Taïnos les remplaçaient.

Comme si l'asservissement de ces pauvres créatures n'était pas suffisant, leurs maîtres, exerçaient sur eux un droit de vie et de mort. C'était à qui se surpassait en atrocité. Ils les pendaient, les mutilaient, les brûlaient, les battaient de verges jusqu'à les tuer, les écartelaient, les sciaient entre deux planches, et leur infligeaient mille tortures, les unes plus horribles que les autres.

— Qu'avaient donc fait les Taïnos pour mériter un tel sort, lui demanda Cat?

---

[209] *Première lettre de Saint Pierre, 2 : 9.*

— Leur seul tort, lui répondit Moro, aura été de n'avoir pas pu résister aux rigueurs d'un esclavage sans merci et de n'avoir pas su satisfaire les exigences de maîtres impérieux et impitoyables[210].

— Où étiez-vous alors, poursuivit Cat?

Figure 21. Bartolomé de Las Casas[211].

— Après le massacre de la Vega Réal et mon suicide raté, j'avais rejoint des religieux dominicains[212] qui s'étaient établis dans l'île et dénonçaient, avec véhémence, les excès perpétrés sur les Taïnos. C'est d'ailleurs grâce à eux que je rencontrai Bartolomé de Las Casas qui les fréquentait régulièrement. Originaire de Séville, Las Casas avait reçu les ordres mineurs et servait de lecteur lors de nos rencontres. Il était issu d'une famille proche des Colomb. Son père avait fait partie de la seconde expédition de l'amiral. Bartolomé, quant à lui, débarqua à Hispaniola en 1502 en quête de fortune. Il y reçut un *repartimiento* et, pendant une bonne dizaine d'années, il fit partie du système qui exploitait les Taïnos. Il n'eut à cette époque, aucun scrupule à en profiter et ne songea pas alors à le remettre en question.

En 1511, une semaine avant la fête de Noël, il entendit un sermon du Prieur des Dominicains, Fray Antonio de Montesinos qui, en dénonçant la violence perpétrée sur les Taïnos par les Espagnols, s'exprimait ainsi : « La voix qui crie dans le désert de cette île, c'est moi, et je vous dis que vous êtes tous en état de péché mortel à cause de votre cruauté envers une race innocente[213].»

Las Casas fut bouleversé par ce qu'il venait d'entendre. Pris de remords, il entrait, peu après, dans les ordres et devenait lui aussi un fervent défenseur des droits des autochtones haïtiens. Il retourna en Espagne où, devant la Cour

---

[210] Emile Baron Nau, op.cit., page 149.
[211] *Bartolomé de Las Casas*, Portrait, Archives des Indes à Séville.
[212] Ordre des Frères Prêcheurs, fondé au XIIIème siècle par Saint Dominique.
[213] Michael R. Steele, *Christianity, the other, and the Holocaust*, Greenwood Press, 2003 pages 62, 63.

de Charles Quint, il plaida leur cause. Dans une lettre envoyée à Montesinos, il reproduisit son plaidoyer dont je garde en mémoire la conclusion tant elle me parut juste et éloquente. Las Casas s'exprima ainsi :

« Dans quel pays du monde, Sire, les apôtres et les hommes apostoliques ont-ils jamais cru avoir un droit sur la vie, sur les biens et sur la liberté des infidèles ? Quelle étrange manière de prêcher l'Évangile, cette loi de grâce et de sainteté, qui d'esclaves du démon nous a fait passer à la liberté des vrais enfants de Dieu ! [...] Voilà ce qu'on cache à votre Majesté ; voilà ce que j'ai vu, et sur quoi je ne crains pas d'être démenti. Jugez à présent la cause des Indiens, selon votre sagesse, votre équité, votre religion ; et je suis assuré qu'ils souscriront sans peine à votre arrêt[214]. »

Il aurait dû s'arrêter là. Mais il poussa plus loin, trop loin, et proposa au roi l'envoi de quelques Africains, déjà esclaves en Espagne, pour remplacer des autochtones moins résistants à un asservissement aussi pénibles. Charles Quint accepta ce compromis et c'est pourquoi d'aucuns pensent que Las Casas aura ainsi été à l'origine de la Traite des Noirs dans le Nouveau Monde.

— Là encore, Moro, lui dit Oli, vous devez rester cohérents dans vos dates. Le plaidoyer de Las Casas à la cour eut lieu en 1512. Or dès 1502, dix ans à peine après la découverte de l'Amérique, des Noirs avaient déjà été introduits dans l'île d'Haïti pour l'exploitation des mines d'or. S'il est vrai que Las Casas proposa d'importer des esclaves depuis l'Ancien Monde afin de soulager la souffrance des Indiens qui étaient au cœur de son combat, il est tout aussi vrai qu'en écrivant ses mémoires six ans plus tard, il confessait avoir alors péché par imprudence et s'être laissé influencer par les colons qui lui avaient promis « que s'il leur apportait une licence du roi pour qu'ils puissent amener de Castille une douzaine d'esclaves noirs, ils relâcheraient leurs Indiens.» Las Casas avait appuyé cette demande sans suffisamment réfléchir, dit-il : « sans penser à l'injustice avec laquelle les Portugais s'emparaient [des Africains] et les asservissaient ; mais, ajoutait-il, s'il y avait pensé, il ne l'aurait fait pour rien au monde[215]. »

— Padre, sauf le respect que je vous dois, permettez que je vous dise que vous plaidez une très mauvaise cause en soutenant une proposition aussi absurde.

---

[214] M.E. Descourtilz, *Voyages d'un Naturaliste, Tome Second*, Dufart, Père (1809) page 31.
[215] Texte cité par Pierre Ragon, dans Pierre Ragon, *Les lectures françaises de Bartolomé de Las Casas, de Jacques de Miggrode à l'Abbé Grégoire*, Université de Rouen, 2016, page 6.

Que de soi-disant chrétiens aient pu, un instant, croire qu'ils étaient en droit de mettre en captivité des gens qui étaient nés libres est une chose horrible et monstrueuse, une chose qui crie réparation au Ciel !

— Oli, comment peux-tu, en bonne conscience, justifier la mise en liberté d'un être humain si, en échange, tu proposes d'en asservir un autre, demanda Amélie, visiblement outrée ?

— Amélie, calme-toi. Je ne saurais défendre la Traite des Noirs. Je dis seulement que Las Casas a été animé de nobles sentiments. Oui, je reconnais son dévouement à la cause des Taïnos, mais il est tout aussi évident qu'il n'aurait jamais dû suggérer à Charles-Quint de remplacer un esclave indien par un esclave noir. La défense des Taïnos et celle des Africains aurait dû faire partie d'un seul et même plaidoyer au nom des droits de l'homme, une notion qui n'existait pas encore à l'époque, je te le fais remarquer.

Sans prendre le temps d'entendre la réponse d'Oli, Amélie le regarda droit dans les yeux et rebondit sèchement :

— Quelle arrogance ! Comment peux-tu te permettre de me dire de me calmer ? Tu débites des inepties et tu aurais voulu que je reste coite et que je les gobe ?

— Qu'est-ce que j'ai dit de si mal, balbutia Oli ?

Ignorant la question d'Oli, Amélie poussa soudainement sa chaise en arrière et se leva. Elle prit son sac, embrassa Cat, tendit la main à Moro et prit la direction de la sortie. Un silence glacial envahit l'endroit. Oli, qui s'était mis debout par politesse, avait les mains sur les côtés et regardait Amélie qui était partie sans le saluer. Cat, complètement désarçonnée par la réaction de sa marraine, regardait en direction de son parrain en espérant qu'il l'aiderait à comprendre ce qui venait de se passer.

— Notre séance est terminée pour aujourd'hui, lui dit Oli. Va trouver ta marraine, ma chérie. Elle va sûrement avoir besoin de toi.

— Je savais bien qu'il y avait quelque chose entre vous deux… je le savais, dit Moro !

Le prêtre, faisant fi du commentaire de Moro, se tourna vers lui, le dévisagea brièvement et choisit plutôt de lui tendre la main et prit congé. Lorsqu'il sortit de l'Asile, il leva les yeux au Ciel et demanda à tous les Saints d'intercéder auprès du Bon Dieu pour qu'il puisse se remettre l'esprit et le cœur en place. Machinalement, il marcha de l'avenue Mgr Guilloux à la rue de l'Enterrement en passant par la rue Saint-Honoré. Il tourna sur la rue Carbonne et se retrouva sur le parvis de Sainte-Anne. Il entra dans la chapelle et alla s'agenouiller devant la statue de la Grand-Mère de Jésus.

Oli pensa alors à Yaya, la seule personne à laquelle il aurait voulu confesser son dépit, et il pleura. Il pleura de chagrin, car il avait fait mal à Amélie ; il pleura de colère, car il en voulait à Moro d'avoir violé son secret le plus intime; il pleura de honte, car il était à deux doigts d'enfreindre son engagement face à l'Église. Soudain, il sentit une main sur son épaule. Il ouvrit les yeux et aperçut une dame qui, sans mot dire, s'agenouilla à côté de lui. Oli se prit la tête dans les mains et pleura encore un moment en silence. Il prit un mouchoir pour s'essuyer les yeux. Une paix indicible l'envahit graduellement, alors que dans son dos, une brise tiède lui amenait des effluves d'un parfum de rose. Il ouvrit les yeux, tourna la tête pour mieux voir sa compagne et ne trouva personne. Il se retourna et réalisa que la chapelle était vide.

Figure 22. Vèvè Erzulie Fréda, tracé par manbo Amélie, dessiné par Kassim Oumarou dos Santos.

CHAPITRE 17

Un soleil ocre commençait à décliner sur la baie de Port-au-Prince lorsqu'Oli arriva à l'avenue N. Il frappa discrètement à la barrière et Cat, qui était sur la terrasse vint précipitamment à sa rencontre.

— Comment va-t-elle, lui demanda-t-il?

— Elle a beaucoup pleuré, Parrain. Luciana lui a fait prendre un bain tiède et l'a frottée avec un mélange de feuilles d'orange sûre et de corossol pour l'apaiser. Depuis, elle s'est enfermée dans sa chambre et nous a priées de la laisser seule.

— Penses-tu que je pourrais la voir et lui parler ?

— Je ne sais pas si elle est prête. Je ne comprends même pas ce qui s'est passé cet après-midi. Vous avez évidemment des antécédents que j'ignorais.

— Dis-lui que je suis là, que je désirerais la voir pour lui présenter des excuses… si elle le veut bien.

Sans discuter, Cat lui ouvrit la barrière. Ils marchèrent en silence dans l'allée. Cat entra dans la maison et Oli resta sur la terrasse. Il entendit au loin la voix des femmes qui était presqu'insaisissable. Il put quand même comprendre que Cat faisait de son mieux pour convaincre Amélie qui à un moment, excédée, lui répondit :

— Dis à ce mufle qu'il a oublié toutes ses manières, qu'il ne fait pas honneur à la grande Dame qu'a été sa Grand-Mère. Qu'il n'est pas à sa première maladresse avec moi et que j'en ai marre. Qu'il aille se confesser, demander pardon à son « *Bon Dieu* » et qu'il me foute la paix.

— Mais, Marraine, il est là et il a l'air vraiment désolé…

Pressentant que sa démarche avait été vaine, Oli baissa la tête et l'air abattu, il commençait à descendre les pas du perron quand, soudain, il entendit Cat l'appeler.

— J'ai pu convaincre Marraine de te recevoir. Je te préviens cependant qu'elle est furieuse. Je ne sais pas ce que tu lui as fait précédemment et franchement, je ne veux pas le savoir. Tu sais combien je t'aime et tout le respect que j'ai pour toi, mais, qu'est-ce qui a bien pu te passer par la tête pour que tu lui parles avec autant d'insolence ? Pour l'amour de Dieu, parle-lui cette fois-ci avec douceur et tache de te faire pardonner tout ce que tu lui as fait.

— Je te remercie, ma chérie. Le Bon Dieu te le rendra.

Il descendit l'escalier de la terrasse et alla s'asseoir sur le banc en bois qui était sur le gazon. Soudain, il entendit des pas et put apercevoir la silhouette d'Amélie qui venait vers lui. Il se mit debout, s'approcha prestement de l'escalier et dit :

— Bonsoir, Amélie.

Elle resta silencieuse. Elle avait un châle sur les épaules et se passa la main dans les cheveux pour écarter une mèche qui lui tombait sur le front. Elle avait les yeux rouges et cernés qui laissaient deviner qu'elle avait beaucoup pleuré. Elle descendit les marches de l'escalier. Lorsqu'elle fut à sa hauteur, il se racla la gorge et dit :

— J'ai le cœur serré et je suis sincèrement désolé. Je n'aurais jamais dû te rabrouer ainsi. Je me suis laissé emporter par Moro, par ses généralisations, et je n'ai pas su me contrôler. Cependant, ce n'est pas sa faute, c'est la mienne. C'est lorsque tu t'es jointe à lui pour critiquer ce que je disais que j'ai perdu mon sang-froid. Pour être prêtre, je n'en suis pas moins homme et je te prie d'excuser tout ce que mon attitude a eu de blessant, de méprisant ou d'insultant.

Amélie observait ses moindres gestes et, bien qu'elle fût prête à fulminer, la repentance d'Oli la prit par surprise et lui parut authentique. Elle était profondément irritée mais, dès qu'elle l'aperçut, quelque chose en elle fondit et sa colère commença à se dissiper.

— Je réalise que j'ai moi aussi réagi avec colère cet après-midi et, ce faisant, j'ai été impolie envers Cat, envers Moro et envers toi, lui répondit-elle. Je te prie de m'en excuser. Je ne peux cependant plus tenir debout. Asseyons-nous au fond du jardin où nous serons plus au calme.

Ils marchèrent côte à côte jusqu'au banc. La lune, dans son croissant cendré, se levait avec indolence dans un ciel rose. L'air sentait le frangipanier et l'ylang-ylang. Des *mabouyas*[216] sillonnaient le gazon, des cigales grésillaient dans les arbres et une paire de tourterelles roucoulait sur la balustrade de la terrasse. Malgré les meilleurs efforts d'Oli, son cœur battait la chamade et il était revenu trente ans en arrière à la Petite-Rivière, dans le jardin des Saint-Macary. Il tendit la main à Amélie pour l'inviter à s'asseoir et sentit que la main qu'il avait prise tremblait autant que la sienne.

---

[216] Espèce de gros lézards endémiques à l'île d'Haïti (Ameiva Chrysolaema).

— Depuis notre conversation dans le jardin de tes parents, nous n'avons jamais eu l'occasion d'en reparler pour que j'arrive à comprendre ce que j'avais bien pu faire qui t'aura autant blessée. J'ai vécu les trente dernières années avec d'innombrables versions de toi. Certaines, contre lesquelles j'ai pesté, et d'autres, que j'ai pu chérir en les gardant dans mon cœur.

Amélie esquissa, malgré elle, un sourire. Bien qu'elle eût encore mal, les mots d'Oli caressaient son cœur endolori.

— Depuis l'incident du jardin à la Petite-Rivière, lui répondit-elle, j'ignorais si j'allais te revoir un jour, ou si jamais, j'aurais l'occasion de t'expliquer, malgré les apparences, combien tu as compté pour moi… à quel point je tenais à toi et tout ce qui nous a amenés jusqu'ici.

— Je l'ai toujours su, d'une certaine façon, Amélie. Pendant trente ans, je me suis posé mille et une questions, sans jamais vouloir entendre les réponses. Mais au fond de moi, je savais… En réalité, je l'ai toujours su.

— Vraiment ?

— Nul ne peut te ressembler Amélie, nul ne peut te remplacer. Rien, ni le temps, ni l'espace, ni ta sourde inimitié n'ont pu m'empêcher de toujours penser à toi. Sans que tu ne le saches, peut-être sans que tu ne le désires, tu fais et tu feras toujours partie de ma vie, quelle que soit la forme que cela prendra. Pourras-tu un jour me pardonner ? Arriverons-nous ensemble à enterrer le passé ?

Elle le regarda droit dans les yeux pour tenter de deviner, par télépathie, ce que ces mots dissimulaient et ce qu'ils voulaient vraiment dire. Décontenancé par ce regard soutenu et ce silence profond, Olivier, comme un *koyo*[217], perdit de son aplomb et se mit à bégayer.

— J'imagine… je, je… Ce que je veux dire, c'est que… je… que je souhaiterais que nous redevenions amis, tu comprends ?

Amélie baissa alors les yeux et se mit elle aussi à chercher ses mots.
— Je pensais… Je croyais… Oui… Je pense comme toi.

---

[217] Puceau.

Oli était confus et encore plus déçu par son manque d'audace et par tous les sentiments inavouables qui lui bouleversaient le cœur. Il avait devant lui la femme de ses rêves. L'objet de tous ses désirs était là, à sa portée, dans toute sa beauté et il était sans mots. Il continua malgré lui à la regarder en espérant que ses yeux pourraient traduire tout ce qu'au plus profond de lui, il ressentait. Il voulait lui confesser tant de choses, mais « sa langue embarrassée, vingt fois dans sa bouche était demeurée glacée[218] » et rien d'intelligible ne pouvait en sortir. Après quelques secondes où ils étaient l'un à côté de l'autre, immobiles et silencieux, Amélie releva la tête et lui dit :

— Je comprends maintenant que mes ressentiments ont creusé ces fossés entre nous.

— J'espère que tu es heureuse, Amélie, et que tu trouveras l'amour que tu mérites, d'où qu'il vienne. Je te remercie du plus profond de mon cœur de m'offrir ton amitié.

Amélie le regarda et sourit. Si seulement il pouvait lire ce qui se passait dans sa tête et dans son cœur. Elle se contenta simplement de lui dire:

— Tu es un bon prêtre, Oli. Tout le monde parle de toi et de tes dons de prédicateur, de ton empathie pour les pauvres, de ta capacité à t'asseoir avec tout le monde. Tu devrais un jour devenir évêque et diriger l'Église d'Haïti. Elle a tellement dévié de son cours.

— Amélie, les gens ne savent pas réellement qui je suis et ce qui ferait vraiment mon bonheur.

— Moi je le sais ! Je te connais mieux que personne. Je sais que tu veux servir ton Dieu et que tu veux rester fidèle à ton appel.

— Tu veux que je te confie un secret ?

— J'adore les secrets.

— Dans mes pires moments de doute et de détresse, quand je me suis senti perdu et que tout autour de moi était anxiété, confusion et désespérance, une seule chose m'a ramené à Dieu. Toutes les fois que je me suis senti abandonné et isolé, je suis inexorablement revenu à toi et je me suis demandé ce que tu aurais fait à ma place. En pensant à toi, j'ai trouvé une issue à tous mes problèmes. Tu as toujours été une oasis dans mon désert. Tu es calme et réfléchie. Tu es directe et cohérente. Tu dis ce que tu penses et tu fais ce que tu dis.

---

[218] Jean Racine, *Bérénice*, Œuvres complètes de Jean Racine, II, 2, Imprimerie de Crapelet, Paris, 1811, page 32.

Alors qu'Amélie s'apprêtait à lui répondre, il eut un soudain moment d'ubiquité. C'est comme s'il était un spectateur de la scène qu'il était en train de vivre. Tel un anolis vautré sur une des fleurs d'anthurium du jardin et qui aurait déployé tous ses fanons pour séduire celle qui serait en face de lui, il put alors s'entendre lui dire passionnément qu'elle était sa licorne, son fruit défendu. Que son cœur ballottait entre ses désirs et les limites que lui imposaient ses vœux. Si seulement il avait su... Mais : rien ! Aucun mot ne sortait. Amélie interrompit ces pensées impures. Son cœur n'en pouvait plus et elle décida de mettre un terme à cette séance de torture :

— Je te remercie, Oli, d'être venu jusqu'ici pour me présenter des excuses que j'accepte. Il se fait cependant tard et tu devrais rentrer au Grand Séminaire. Fais attention en sortant d'ici. Les rues ne sont pas sûres, les cas de kidnappings ont sérieusement augmenté. Mais je m'oublie. Me voici encore à penser que je devrais m'inquiéter pour toi...

Amélie le regarda droit dans les yeux. Elle l'embrassa tendrement sur la joue, l'invita à se lever du banc et le raccompagna à la barrière qu'elle referma derrière elle. Sans lui parler, sans le regarder, en essuyant les larmes, qui en silence, recommençaient à couler à flots sur ses joues.

LE CODE NOIR

OU

EDIT DU ROY,

SERVANT DE REGLEMENT

POUR le Gouvernement & l'Administration de Justice & la
Police des Isles Françoises de l'Amerique, & pour la
Discipline & le Commerce des Negres & Esclaves
dans ledit Pays.

Donné à Versailles au mois de Mars 1685.

AVEC,

L'EDIT du mois d'Aoust 1685. portant établissement d'un
Conseil Souverain & de quatre Sieges Royaux dans
la Coste de l'Isle de S. Domingue.

A PARIS.

Chez la Veuve SAUGRAIN, à l'entrée du Quay de Gêvres,
du côté du Pont au Change, au Paradis.

M. DCCXVIII.

Figure 23. Première de Couverture du Code Noir, Paris, 1718.

LES AMIS D'HAÏTI | 161

CHAPITRE 18

Le 19 septembre 1994, sous l'égide du Conseil de Sécurité de l'ONU, 25 000 soldats américains débarquaient en Haïti, *chwal papa nan jadin papa*[219], pour rétablir la démocratie après trois années de dictature militaire. Cette première phase de l'opération avait coûté deux milliards et demi de dollars. Une invasion massive avait été organisée pour chasser les militaires haïtiens du pouvoir et tant qu'elle dura, l'armée américaine ne perdit aucun soldat[220], laissant conclure qu'en réalité, les Américains n'avaient vraiment trouvé aucun adversaire en Haïti et qu'une fortune avait été dépensée pour rien. Six mois plus tard, ils laissaient le pays et étaient remplacés par un mélange hétéroclite de militaires provenant de 19 pays différents.

Ce deuxième samedi de janvier 2009, les troupes étrangères bouclaient, bon gré mal gré et à tour de rôle, leur quatorzième année de présence ininterrompue dans le pays. Elles étaient arrivées comme le choléra après la peste, au moment où les Nations-Unies levaient un embargo imposé au pays le plus pauvre de l'hémisphère. Cet embargo dévastateur, qui avait duré trois longues et pénibles années, était responsable de la mort de mille enfants supplémentaires chaque mois[221]. Il avait plongé cent mille personnes de plus dans une malnutrition aiguë[222] et réduit l'espérance de vie moyenne des Haïtiens de 2,4 ans[223]. Cet embargo avait décimé une économie déjà moribonde : de 1991 à 1994, le Produit National Brut par habitant avait chuté de 30 %, tandis que l'agriculture reculait de 20 %.

Les pays dits « amis d'Haïti[224] » avaient finalement réussi à mettre la Première République Noire à genoux, non par un valeureux fait d'armes, mais en asphyxiant une fois de plus ses citoyens les plus vulnérables. Maintenant que le pays de Toussaint, de Dessalines, de Pétion et de Christophe leur était soumis, ces « bonnes gens » avaient jugé opportun, au lieu de réformer les Forces Armées d'Haïti (FADH), de les éliminer une fois pour toutes. À en croire la petite société d'admiration mutuelle qu'est le Conseil de Sécurité de l'ONU, HAÏTI N'AVAIT PLUS BESOIN D'ARMÉE. Peu importe

---

[219] « Sans contrainte, ni gêne. » Dicton créole utilisé par le président Manigat pour décrire cette opération militaire.
[220] Si ce n'est qu'un GI qui avait été tué quatre mois plus tard, lors d'un contrôle de routine.
[221] Howard French, *Study Says Haiti Sanctions Kill Up to 1,000 Children a Month,* New York Times, November 9, 1993.
[222] Ibid.
[223] Richard Garfield, *Effets des Sanctions sur la Santé et le Bien-être des Populations,* Réseau aide d'urgence et de réhabilitation, février 2000 page 14.
[224] Les États-Unis, la France, l'Allemagne, le Canada pour ne citer que ceux-là.

qu'Haïti ait été une armée avant d'être une nation, ces apprentis-sorciers persévérèrent dans l'abus et consommèrent le forfait.

Et, paradoxalement, c'est encore cette même Haïti qui, aux abois et sous la forte pression de ces mêmes « amis », se retrouvait obligée d'importer une armée, avant qu'elle ne se retrouve nue comme un ver et ne soit jetée en pâture aux convoitises les plus sordides. En effet, le 31 juillet 1994, le tour était joué : sur demande officielle du président Jean-Bertrand Aristide, le Conseil de Sécurité des Nations-Unies se réunissait pour adopter la résolution 940 qui permettait à six mille hommes de troupes étrangères de fouler le sol national pour relever les forces américaines obligées de rentrer chez elles. Il appela cette nouvelle armée la Mission des Nations-Unies en Haïti (MINUHA). Dix ans plus tard, sans qu'elle n'ait produit aucun résultat notoire, le Conseil de Sécurité (comme pour en couronner le Succès Ténébreux) votait quand même la Résolution 1542, ajoutait un « S » et un « T » à l'acronyme originel de sa force d'occupation, et la rebaptisait : Mission des Nations-Unies pour la Stabilisation en Haïti (MINUSTAH), feignant d'ignorer qu'il n'y avait plus rien à stabiliser, mais plutôt tout à reconstruire.

Ce deuxième samedi de janvier 2009 avait commencé avec des révélations pour le moins surprenantes pour ne pas dire carrément scandaleuses. Le budget de la MINUSTAH avait finalement été rendu public. 575 millions dollars américains couvraient les frais annuels du déploiement de 11 038 onusiens[225] soit 52 102 dollars américains et 12 centimes par personne. En comparaison, le budget de la République d'Haïti était de deux milliards de dollars pour 11 millions d'habitants soit 181 dollars américains et 82 centimes par habitant.

Dans leur grande « sollicitude », les « amis d'Haïti » avaient décidé de dissoudre, une fois pour toutes, les forces armées haïtiennes et de dépenser 286 fois plus d'argent per capita pour les remplacer, ne serait-ce que TEMPORAIREMENT. Feignaient-ils alors d'ignorer, qu'un jour ou l'autre, ces forces étrangères importées devraient laisser le pays ? S'imaginaient-ils ce vide sécuritaire et ses conséquences inimaginables, que ne saurait combler aucune force de police – aussi bien formée soit-elle ? Franchement, ils s'en fichaient. Ils avaient choisi de manière irréfléchie... ou peut-être par négligence, peu ou prou volontaire, de démobiliser, que dis-je ? d'éradiquer notre armée... malgré

---

[225] Ce chiffre était réparti comme suit : sept mille casques bleus, deux mille policiers onusiens, cinq cent-cinquante fonctionnaires internationaux, mille deux cent quatre-vingt-huit agents nationaux et deux cent-vingt volontaires des Nations Unies in: Le Nouvelliste du 14 mai 2008, *Le prochain budget de la MINUSTAH dépasse les 575 millions de dollars.*

tout ce qu'elle aurait pu rendre de services bénéfiques et durables à tout le pays, si seulement elle avait été réformée.

En entendant l'éditorial du journal matinal d'une des radios locales, Olivier sentit monter en lui une sainte colère. Il ne pouvait plus rien avaler et dut déposer sa tasse de café, car il avait soudain l'estomac houleux. Il ne faisait d'habitude pas dans le complotisme et avait refusé jusqu'ici de croire, comme beaucoup de ses compatriotes, que, depuis l'Indépendance, les grandes puissances mondiales s'étaient liguées et tramaient un plan machiavélique contre l'avenir et la prospérité d'Haïti.

Figure 24. Enterrement de dix militaires haïtiens tués par des US Marines au Cap Haïtien le 24 septembre 1994[226].

Ce matin-là cependant, le rapport du journaliste était cinglant et sans appel. Olivier savait bien que, dans un passé récent, des crimes odieux avaient été commis par certains militaires haïtiens. Néanmoins, il était convaincu que si les Blancs[227] voulaient vraiment venir en aide à Haïti, ils auraient plutôt privilégié d'épurer l'Armée, la professionnaliser et la mettre une fois pour toutes au service du peuple. Si la communauté internationale avait vraiment pris le temps d'essayer de comprendre les aspirations d'Haïti, se disait-il, elle aurait plutôt choisi d'y dépêcher une mission de coopération qui lui aurait donné le temps et les moyens de transformer les FADH.

Malheureusement, les « princes de ce monde » avaient choisi de faire autrement. Ils avaient opté pour le démantèlement pur et simple d'une des seules institutions

---

[226] Crédit photo : Antonio Bruno/C3 Éditions. Une dizaine de militaires haïtiens étaient cantonnés dans la caserne du Cap Haïtien. Deux d'entre eux jouaient aux dominos alors qu'une escouade de soldats américains patrouillaient la zone. Un des soldats haïtiens qui allait gagner la partie frappa son dernier domino sur la table où il jouait. Un des soldats américains sursauta et ouvrit le feu en direction de la caserne. Ses acolytes firent de même. Un instant plus tard, dix soldats haïtiens étaient morts.

[227] C'est ainsi que tous les étrangers sont appelés en Haïti, quelle que soit leur teinte épidermique.

capables de donner aux plus vulnérables enfants du Bon Dieu la possibilité de vivre en paix chez eux. Ces « amis » avaient choisi d'assiéger Haïti et l'avaient affamée pour mieux lui faire avaler une couleuvre.

Sans surprise, la représentante des États-Unis à l'ONU, Madeleine Albright – qui, quelques années plus tard, allait être promue Secrétaire d'État – n'eut aucun scrupule à faire l'éloge des embargos qu'elle qualifia d'«instruments économiques à la fois flexibles et efficaces[228]» en ajoutant avec morgue : « Espérons que ce message sera bien compris par ceux qui font obstruction au Conseil de Sécurité[229]. »

Plus Oli écoutait le reportage, plus son cœur grossissait de colère et lui donnait la nausée. Comme si rien de pire ne pouvait être ajouté au constat du journaliste, Oli eut le souffle littéralement coupé lorsqu'il apprit qu'au terme de la mission de la MINUSTAH, plus de 7,2 milliards de dollars lui auraient été alloués; 7,2 milliards de dollars remis à des étrangers qui en transféreraient la grande majorité dans leur pays d'origine; 7,2 milliards de dollars dont Haïti – comme Lazare à la table du riche – n'hériterait que des miettes ; 7,2 milliards de dollars au bout desquels, depuis près d'un siècle, le pays n'avait jamais connu autant d'insécurité, de vols, de rapts, de viols et de meurtres.

La République était à genoux et soumise aux appétits grotesques de ses « amis ». Depuis l'embargo de 91-94, la population rurale avait été complètement laminée. Pour atténuer les symptômes du désastre qu'ils avaient causé (consciemment ou inconsciemment), les États-Unis et le Canada, sans dépenser un sou dans leur formation, avaient profité de l'occasion pour vider le pays de ses meilleurs cadres en leur offrant « gracieusement » des visas d'immigration. Sans se faire prier, ces derniers avaient mordu à l'hameçon et s'étaient enfuis loin du pays et de ses turpitudes.

Comment fallait-il interpréter les intentions de ces « amis » qui, au vu et au su du monde entier, nous volaient nos meilleurs cadres et qui en même temps vidaient leurs prisons d'une racaille qu'ils déportaient tous les jours vers Haïti ? Pourquoi voulaient-ils contraindre un pays pauvre et dont ils avaient sciemment détruit les systèmes de défense à accepter, sous peine d'autres sanctions, des assassins, des kidnappeurs, des narcotrafiquants, des prédateurs sexuels, des trafiquants d'armes etc... – formés ou déformés – chez eux ? Comment comprendre encore que ces mêmes « amis » n'aient eu aucun scrupule à leur livrer la population haïtienne en pâture en permettant à ces

---

[228] Les Échos, *Haïti et les sanctions*, éditorial en ligne, 31 août 1993.
[229] Ibid.

criminels de s'armer jusqu'aux dents en important d'Amérique du Nord des centaines de milliers d'armes automatiques et des munitions ? Quel était leur plan ? Pourquoi voulaient-ils encore faire payer un tribut de sueur et de sang au pays le plus pauvre de l'hémisphère ? N'avions-nous pas assez souffert à leurs yeux ? Le moment était peut-être venu de leur dire gentiment : *Renmen'm mwens, kite'm viv*[230] !

Pour comble de malheur, le secteur privé haïtien, dans sa grande majorité, continuait d'être sans vision de développement et incapable de concevoir pour le pays un avenir prometteur et équitable. Affairé au maintien d'intérêts aussi inavoués qu'inavouables, il vivait en grande majorité de prévarication et d'expédients à court-terme et s'était acoquiné à des politiciens affairistes et sans la moindre aspiration au bien commun. Le cocktail était détonant.

Complètement défait, Oli éteignit la radio. Ses oreilles bourdonnaient, et il se prit la tête dans les mains, perdu dans une profonde réflexion. Il ne pouvait s'empêcher de penser que, certes, l'étranger avait sa part de responsabilité dans cette déculottée. Mais il savait aussi que, chaque fois que les Blancs en avaient eu besoin, ils avaient toujours trouvé un terrain propice et des Haïtiens complaisants qui leur avaient laissé le champ libre. Oli respira alors profondément, essuya une larme en se rappelant cette phrase tristement célèbre de Jacques Stephen Alexis qui, un demi-siècle plus tôt, se lamentait déjà : «Vous pouvez désormais regarder vos enfants et en toute confiance leur promettre un avenir pire que le vôtre : Nous n'avons été que les larbins de la communauté internationale, ils en seront les esclaves.»

Olivier se leva et retourna dans la chapelle où il alla s'agenouiller devant Saint Michel Archange pour invoquer les neuf chœurs des anges : « Séraphins très ardents, obtenez-moi de brûler d'amour pour le Dieu trois fois saint ! O vous, saints chœurs des armées célestes, obtenez-moi de chanter avec vous par la bouche, par le cœur et par toute ma vie, dès ici-bas et dans toute l'éternité : 'Saint! Saint! Saint est le Seigneur, Dieu des armées ! Le Ciel et la terre sont remplis de la majesté de Votre gloire[231] ! »

Le diacre s'approcha d'Oli pour lui rappeler qu'il avait rendez-vous dans quelques minutes à l'Asile et qu'il était là pour l'y conduire. Oli fit le signe de la Croix, se leva du prie-Dieu, remercia le diacre et prit la direction du parking.

---

[230] Aimez-moi moins et laissez-moi vivre !
[231] Prière d'invocation aux neuf chœurs des anges, hozana.org.

Figure 25. Autoportrait. Dessin au crayon de Kassim Oumarou dos Santos.

CHAPITRE 19

Lorsqu'il pénétra dans la cour intérieure de l'Asile, Oli remarqua qu'Amélie et Cat l'avaient devancé et qu'elles étaient déjà assises sous l'amandier avec Moro. Il s'avança vers eux et, avant de s'asseoir, les pria d'excuser son retard. Sa filleule se leva pour l'embrasser et lui dit :

— Tu arrives à point nommé. Moro vient à peine de nous rejoindre et je me préparais à lui poser ma première question.

— Avant de commencer, interrompit Amélie, je voudrais d'abord dire ceci. Samedi passé, je me suis laissée emporter. Ce genre de comportement n'a pas de place à cette table et je vous prie de m'en excuser. Nous sommes ici pour servir Moro et l'aider à sortir de cet Asile de sorte qu'un jour, il puisse recommencer à mener une vie digne et à la hauteur de ses aspirations.

— Manbo Amélie, nul n'est besoin de vous excuser. Tout est déjà oublié.

— Merci, lui répondit Amélie qui baissa légèrement la tête pour lui témoigner sa gratitude.

Pour couper court aux politesses inutiles et enterrer le désagrément de leur dernière séance, Cat interpella Moro :

— Samedi passé, vous nous expliquiez comment les Espagnols établis en Haïti avaient systématiquement exterminé la presque totalité des Taïnos qu'ils y avaient trouvés. Vous nous avez aussi raconté comment les premiers Africains avaient été importés dans l'île et vous nous avez parlé du rôle de Las Casas dans cette sordide affaire. Êtes-vous disposé à continuer ?

— Certainement, Mademoiselle ! Quand Las Casas comprit les conséquences de son simplisme, il était trop tard. La Traite des Noirs avait bel et bien commencé. Pris de remords, il passa le reste de sa vie à faire tout ce qu'il pouvait pour s'y opposer. Ce fut peine perdue : la boîte de Pandore était ouverte, elle ne se refermera que 400 ans plus tard et constituera un des pires, si ce n'est le pire, des crimes contre l'Humanité.

Avec une férocité inouïe, les Conquistadors finirent par faire disparaître une race d'hommes paisibles pour installer une nouvelle colonie qui, une fois l'or épuisé, sombra dans une misère abjecte. Dans l'indifférence de la métropole, la gestion du territoire devint abominable ; le gros de la population de l'île l'abandonna pour aller chercher fortune en Amérique Centrale. Ceux qui restèrent sur place s'occupèrent d'élevage et d'agriculture, juste pour subsister. Ils se métissèrent aux indiennes et aux africaines et bientôt, une race de sangs-mêlés ne tarda pas à s'affirmer dans l'île. Je me sentais à l'aise parmi eux, car je leur ressemblais. Les préjugés de couleur avaient complètement disparu et cette situation idyllique dura un peu plus d'un siècle.

Dès 1630, des aventuriers anglais et français commencèrent à s'installer sur l'île de La Tortue qui n'était alors fréquentée que par des flibustiers venus y entreposer le produit de leurs rapines. Rapidement, Anglais, Français et Espagnols se mirent à se disputer pour le contrôle exclusif de ce petit territoire. Après plusieurs échauffourées, les Français finirent par expulser d'abord les Espagnols, puis les Anglais qui s'enfuirent, les uns vers la partie orientale d'Hispaniola, les autres vers la Jamaïque.

À partir de La Tortue, les Français se mirent à lancer des expéditions sur l'extrémité Nord-Ouest de la grande île où ils fondèrent successivement Port-de-Paix et le Cap. Ils se battirent contre les Espagnols qui y vivaient et les refoulèrent vers l'Est. Peu de temps après, ils étaient dans la Plaine du Cul de Sac. Ils entrèrent ensuite dans la presqu'île du Sud et s'installèrent, à Saint-Louis, à Tiburon et dans l'ancienne Donna-Maria (Dame Marie) dont ils chassèrent les Espagnols. Il fallut attendre le Traité de Ryswick en 1697, pour que la France et l'Espagne vident leurs contentieux et que la Couronne de France prenne « légalement » possession de la partie occidentale de l'île et la rebaptise Saint-Domingue.

Dépourvue de tout, Saint-Domingue connut d'abord une période de tâtonnements pendant laquelle, des « engagés » blancs travaillaient côte à côte avec des descendants d'esclaves africains importés au XVIe siècle par les Espagnols. Ces « engagés » étaient des aventuriers sans-le-sou qui avaient accepté, en échange du coût de leur passage, de servir dans la colonie pendant trois ans sans aucune forme de rémunération. Ce sont eux, au bout de ces trois ans, qui allaient grossir la piétaille des « petits blancs ».

Cette main d'œuvre blanche, cependant, coûtait relativement cher, car toute pauvre qu'elle put être, elle n'était asservie que pour un temps limité. Plus les récoltes augmentaient, plus il fallait rapidement trouver une solution durable. Les colons se dirent alors qu'un cheptel africain, sur lequel ils pourraient jouir d'un pouvoir absolu, leur rapporterait beaucoup plus qu'un groupe limité d'engagés asservis temporairement. Ils présentèrent leur cas à la Métropole qui ne se fit pas prier et dépêcha des négriers[232] français en Afrique.

Du Sénégal à la Côte d'Or[233], de la Côte des Esclaves[234] à Saint-Paul-de-Luanda en Angola, ces aventuriers écumèrent l'Afrique de l'Ouest et la Traite des Noirs reprit de plus belle. Saint-Domingue devint alors un véritable creuset où se côtoyaient désormais Sénégalais, Bambaras, Tacouas, Haoussas, Arradas, Ibos, Nagos et Congos. Chaque ethnie avait sa langue, sa physionomie, ses traditions, ses danses, ses chants et ses croyances. Les Sénégalais, par exemple, étaient les plus beaux, les plus aguerris, les plus belliqueux, et les plus difficiles à contenir. Les Bambaras, Tacouas, Haoussas et Arradas étaient robustes, vigoureux, et parmi les meilleurs cultivateurs. Durant la Guerre de l'Indépendance, ils devinrent des guerriers fiers et intrépides. Les Nagos, quant à eux, étaient impressionnants avec leurs trois à six petites entailles sur les joues, qui les distinguaient des autres Africains. Les Ibos, d'excellents travailleurs, étaient cependant taciturnes et souriaient rarement. Âmes sensibles et nostalgiques, ils souffraient du mal du pays, et lorsqu'ils ne pouvaient plus le supporter, ils n'hésitaient pas à se suicider. Je me souviens tragiquement du jour où trente d'entre eux s'étaient pendus sur une seule plantation [235]. Les Congos, les joyeux et bruyants Congos, quant à eux, chantaient et dansaient sans cesse ; ils travaillaient peu car, dans leur pays, c'étaient les femmes qui labouraient ; Ils avaient cependant réussi à s'adapter au travail dans les plaines, particulièrement dans les bananeraies[236].

Obnubilés par l'appât du gain, les négriers n'avaient cependant aucune retenue et cherchaient à tout prix à augmenter leurs profits. Ils achetaient alors à bon compte des captifs en gros. C'est ainsi que leurs vis-à-vis Africains leur refilaient, de temps à autres, des Mondongues, des hommes redoutables, irascibles, féroces, réputés cannibales et dits mangeurs de chiens[237].

---

[232] Commerçants qui achetaient, transportaient et vendaient des esclaves africains.
[233] Ghana.
[234] Bénin, Togo et Nigéria.
[235] Colonel Malenfant, *Des Colonies et particulièrement de celle de Saint-Domingue*, Audibert, Paris, Août 1814, page 210.
[236] Ibid.
[237] H. Pauléus Sannon, *Histoire de Toussaint Louverture*, op.cit. page VIII.

— *Mezanmi !* [238] , cannibales et mangeurs de chiens, même, reprit Cat complètement interloquée?

— Oui, Mademoiselle ! C'est d'ailleurs probablement l'origine de l'expression : *Lwa mondong ou monte-w* [239] !

— Dites-moi, Moro, comment avez-vous vécu la Traite et le traitement des esclaves, lui demanda Cat ?

— Mademoiselle, j'ai vécu trois siècles d'enfer. Permettez que je vous parle d'abord de la capture des esclaves en Afrique.

— Mais Moro, je croyais que depuis votre arrivée sur l'île en 1492, vous ne l'aviez jamais laissée. Que pouvez-vous donc savoir de la capture des esclaves ?

— Patience, Mademoiselle ! J'y arrive. Mes connaissances en cartographie m'avaient longtemps permis de servir d'assistant à des arpenteurs. Alors que j'habitais à Saint-Marc, je reçus un jour une lettre de M. de Lugé, qui voulait acheter une habitation et me demandait d'en rafraichir les lisières. Alors que je parcourais la correspondance qui m'était adressée, je surpris le commissionnaire qui semblait la lire, en même temps que moi.

Je vous rappellerai qu'à l'époque, il était formellement interdit aux esclaves d'apprendre à lire et à écrire[240]. Pris en « flagrant délit d'intelligence », apeuré et confus, l'homme qui devait friser la quarantaine m'avoua qu'il était arrivé dans la colonie, il y avait à peine deux ans. Il reconnut ne pas savoir lire le Français ; en revanche, il me dit qu'il savait lire et écrire la langue de son pays et celle d'une espèce de mulâtres à cheveux longs. Lorsque je le cuisinai un peu plus, je réalisai qu'il écrivait de droite à gauche et qu'il parlait Arabe et Igbo[241]. Il s'appelait Bulú Yungu. Il me dit qu'il avait été prêtre dans son pays ; qu'il avait écrit de nombreux livres ; que le roi d'Aro l'avait choisi pour être précepteur d'un de ses fils.

Avec le temps, Bulú et moi étions devenus amis et, avec la permission de M. de Lugé, je le rencontrais certains dimanches au sortir de la messe. Nous passions une partie de la matinée ensemble et plus d'une fois, il m' accompagna

---

[238] Interjection créole qui indique l'extrême surprise et invite l'interlocuteur à expliciter une information.

[239] Se dit d'une personne en colère qui est comme possédée par un esprit Mondongue.

[240] L'article 30 du *Code Noir* dit expressément que l'esclave peut apprendre un savoir-faire utile à la bonne marche d'une habitation (maçon, charpentier, tonnelier...) et donc acquérir un « talent » ; les formations pouvant conduire à des offices (impliquant de savoir lire et écrire) étaient cependant interdites. Si un esclave était témoin d'une affaire portée en justice, il pouvait témoigner, mais uniquement pour la forme car son témoignage n'avait aucune valeur légale et n'était pas retenu.

[241] Langue africaine parlée au Nigéria, au Cameroun et en Guinée Équatoriale.

chez moi où ensemble, nous avions partagé un petit déjeuner. C'est au cours d'un de ces repas qu'il me parla de sa capture. Il était dans un convoi qui ramenait un membre de la famille royale à Arochukwu, la capitale du royaume Aro. Il était avec le jeune prince, lorsqu'ils ont été attaqués et rapidement maîtrisés par des trafiquants d'esclaves Haoussa. Pour les empêcher de s'enfuir, marchant en colonnes, ils étaient liés les uns aux autres par des fourches de bois, lestées de pierres de quarante à cinquante livres, qui étaient rivées autour de leur cou et dont les manches reposaient sur leurs épaules.

Arrivés à la rivière Nun, ils avaient tous été empilés au fond d'un canot, les mains liées avec des branches d'osier. Le voyage dura plusieurs jours et fut pénible, d'autant qu'ils avaient été exposés pendant tout ce temps à une chaleur concentrée, à de longues pluies, et surtout à une humidité continuelle provenant de l'eau dont était rempli le fond du canot où ils étaient couchés[242].

Cela n'était cependant rien en comparaison de ce qui les attendait au comptoir d'Akassa, un des plus grands marchés d'esclaves de la zone. Là, ils furent entassés pêle-mêle dans un lieu d'horreur et de consternation, une véritable salle de putréfaction, où les excréments s'accumulaient. Il s'en dégageait une telle puanteur que, régulièrement, ceux qui y étaient enfermés perdaient connaissance. C'est là que venaient s'approvisionner les capitaines négriers[243]. C'est aussi dans cet enfer qui, en peu de jours, épuisait la santé et la vigueur que Bulú avait été « stocké » avec ses compagnons d'infortune. Le jeune prince, qui avait à peine 15 ans et était resté avec lui avait été blessé au cou par le carcan… Sa blessure s'était infectée et, deux jours plus tard, il avait succombé à une horrible fièvre.

Après un examen médical aussi minutieux que dégradant, Bulú avait été vendu dans un lot composé d'hommes, de femmes, d'enfants, de jeunes et de vieux, de robustes et de malingres. Il comprit alors que c'était ainsi que fonctionnait cet immonde commerce, car il fallait que les courtiers arrivent à faire passer ceux qui présentaient un quelconque « défaut », et ainsi établir une sorte de prix moyen. Peu de temps après avoir été vendu, Bulú était transféré sur un navire pour être empilé dans l'entrepont avec quelques centaines de ses

---

[242] Frossard, *La Cause des nègres esclaves*, Lyon, 1789, tome I, page 244. Cité par Vaissière, op.cit.
[243] *Le More-Lack, ou essai sur les moyens les plus doux et les plus équitables d'abolir la traite de l'esclavage des nègres d'Afrique*, [par Le Gointe- Marsillac]. Paris, 1789, page 34. Cité par Vaissière, op.cit.

camarades d'infortune. Ils avaient tous changé de lieu, sans pour autant changer de douleur.

Entièrement nus, ils avaient été entassés par centaines, chacun ayant droit à l'espace qu'il aurait eu dans un tombeau : un pied et demi de largeur, quelques fois moins, car Bulú m'expliqua qu'il n'avait même pas eu de place pour se coucher sur le dos. Il avait été enchaîné à ses voisins, jambe droite avec main gauche, et jambe gauche avec main droite, de sorte que le moindre mouvement de l'un devait être synchronisé ceux de tous les autres esclaves attachés à la même ligne.

Deux fois par jour, pendant la traversée, le matin à neuf heures et l'après-midi à quatre heures, c'était l'heure de la pitance : du biscuit, du petit mil, du riz, de l'eau, et une ou deux fois par semaine, un petit coup d'eau-de-vie pour les ranimer. Bulú me raconta qu'un jour, il entendit son maître M. de Lugé raconter à son ami M. Renaud que M. d'Arglancey, élève-commissaire de la Marine, passé aux Indes sur un navire négrier, avait vu, de ses yeux vu, un capitaine manquant de vivres prendre la résolution de tuer une partie de ses Noirs, pour nourrir de leur chair les survivants[244] !

— Oh !!! Devant tant de cruauté, les esclaves ne s'étaient-ils jamais révoltés en plein voyage, demanda Cat, sidérée ?

— Les révoltes à bord des négriers étaient en général passives. Les captifs refusaient toute nourriture et se laissaient mourir de faim. Devant l'éventualité d'une perte totale de son chargement, le capitaine du navire augmentait continuellement la violence qu'il exerçait sur son cheptel. On en avait vu qui avaient fait rompre à coups de barres de fer les bras et les jambes des plus récalcitrants. Ils étaient laissés en l'état, exposés aux regards de leurs compagnons d'infortune.

Très souvent, une fois qu'un navire négrier était arrivé à destination et que les esclaves étaient momentanément détachés pour être débarqués, beaucoup d'entre eux se tuaient en se jetant à l'eau, d'autres s'empoisonnaient. D'autres enfin se pendaient une fois arrivés chez le colon qui en avait fait l'acquisition.

— Oh mon Dieu ! Il me semble que la cupidité de ces courtiers de chair humaine n'a eu d'égal que leur barbarie ! Comment, questionna Cat, ces monstres ont-ils alors organisé la vente de leur « produit » ?

---

[244] Archives du ministère des Colonies, série E, personnel, 1, dossier Arglancey cité par de Vaissière.

— À Port-au-Prince par exemple, tout près du port, non loin d'ici, la Croix-des-Bossales était un des plus grands marchés d'esclaves du Nouveau Monde. Chaque jour, les négriers y débarquaient leur marchandise. Séparés de leur famille et de leur tribu respective, ces pauvres gens, hagards, étaient exhibés nus comme des vers, tâtés comme des animaux dont on devait déceler la moindre anomalie pour en estimer la valeur. Dans ce marché bruyant et malodorant, des êtres humains étaient finalement vendus à la criée publique comme du vulgaire bétail. Enchaînés, souvent muselés, ils ne pouvaient ni comprendre, ni accepter ce qui leur arrivait. Désespérés, asociaux, marginalisés, acrimonieux, ils ne parlaient même pas la langue locale. Muets dans un monde sourd qui ne voulait ni ne pouvait entendre leurs pleurs ou leurs cris déchirants, ils subissaient cette terrible réalité. Les acheteurs potentiels allaient jusqu'à contrôler leur virilité et certains leur "sucaient le menton" pour détecter, au goût de leur sueur, la présence d'une quelconque maladie[245].

Une fois achetés, ces malheureux étaient immédiatement étampés au fer chaud des initiales ou de la marque de leur nouveau maître sur les deux côtés de la poitrine[246]. Un interprète leur expliquait ensuite leurs devoirs, tandis qu'un missionnaire leur enseignait les premiers principes de la religion avant de les baptiser sur-le-champ. Ensuite, en fonction de leur âge et de leur condition physique, ils étaient répartis dans l'un des trois ateliers de la plantation : le grand atelier, composé des plus vigoureux ; le deuxième atelier, composé des plus faibles, des jeunes adolescents et des femmes qui allaitaient ; le troisième atelier où étaient réunis les *tchovi*[247] ramassant du fourrage sous la surveillance d'une vieille femme. Dans les deux derniers ateliers, le travail était modéré, tandis que dans le premier, il était franchement excessif.

— Vous dites que les esclaves étaient baptisés une fois arrivés sur l'habitation qui en avait fait l'acquisition, interrompit Cat. Êtes-vous en train d'insinuer que les esclaves acceptaient cette conversion ?

---

[245] Jean Fouchard, *Les Marrons de la Liberté*, Éditions Henri Deschamps, Haïti 1988, page 85.

[246] Le père Labat nous apprend comment on procédait à cette opération : « L'étampe, dit-il, est une lame d'argent mince tournée de façon qu'elle forme un chiffre et qui est jointe à un petit manche. Quand on veut étamper un nègre, on fait chauffer l'étampe sans la laisser rougir, on frotte l'endroit où on la veut appliquer avec un peu de suif ou de graisse, on met dessus un papier huilé ou ciré et on applique l'étampe dessus le plus légèrement qu'il est possible. La chair s'enfle aussitôt et quand l'effet de la brûlure est passé, la marque reste imprimée dans la peau sans qu'il soit possible de la jamais effacer. » (Labat, *Nouveau Voyage aux Iles*, 1742, t. VII, page 260.) cité par de Vaissière.

[247] Petit enfant.

— Non Mademoiselle, certainement pas. Les maîtres qui se disaient chrétiens étaient en réalité de véritables démons, une engeance de vipères qui prétendait être porteuse d'une étiquette dont elle ignorait la signification. Pour la plupart, les esclaves ne se convertissaient pas vraiment. Certains ont pu naïvement croire qu'ils étaient chrétiens. Ils imitaient leurs maîtres en s'imaginant sincèrement retrouver leur vision du monde dans le symbolisme des images des saints. « Qui aurait pu d'ailleurs leur apprendre ce qui faisait d'un être humain, un chrétien authentique ? Des propriétaires d'esclaves ? Allons donc ![248] »

En fait, quel que soit l'atelier où il était affecté, l'esclave entrait vivant dans l'enfer. S'il avait été « baptisé », c'était d'abord pour le dénaturer et ensuite pour le déshumaniser. Légalement, il avait officiellement cessé d'être un être humain. Il avait perdu le droit de posséder, car il était devenu lui-même une propriété, comme du bétail. Le *Code Noir* fixait les conditions dans lesquelles il pouvait être saisi avec le fonds, ainsi que son attribution dans les successions[249] et décrétait en résumé qu'il n'avait aucun droit. Le travail commençait et finissait avec le jour, sauf un bref intervalle pour un maigre repas.

Sans exception, hommes et femmes de tous âges, à demi-nus ou couverts de haillons, travaillaient la terre, la sarclaient, la fouillaient, coupaient la canne, chargeaient les charriots, faisaient bouillir les cuves et tourner les moulins sous un soleil de plomb. Ils suaient et peinaient comme des bêtes. Leurs membres étaient appesantis par la chaleur, alourdis par le poids de leurs pioches ou de leurs houes et par la résistance d'une terre grasse mais durcie au point de faire rompre les outils. Ils étaient exténués par le mouvement répétitif de leurs machettes coupant des tiges de canne dont les feuilles effilées leur entaillaient la peau. Éreintés par la chaleur des cuves, ces pauvres créatures déployaient leurs meilleurs efforts pour vaincre tous les obstacles. La douleur était sur tous les visages. Mais l'œil vigilant du gérant était impitoyable. « Le silence languissant qui régnait parmi eux n'était interrompu que par le claquement de longs fouets que des commandeurs utilisaient pour frapper rudement ceux-là

---

[248] Père Maurice Elder Hyppolyte, *Sermon du premier dimanche de Carême*, 26 février 2023.
[249] Article 44 : Déclarons les esclaves être meubles, et comme tels, entrer dans la communauté ; n'avoir point de fuite par hypothèque ; se partager également entre les cohéritiers, sans préciput et droit d'aînesse ; n'être sujet au douaire coutumier, au retrait féodal et lignager, aux seigneuriaux et féodaux, aux formalités des décrets, ni au retranchement des quatre quints en cas de disposition, à cause de mort, et testamentaire.

même que la lassitude avait forcé à ralentir : hommes ou femmes, jeunes ou vieux, tous y passaient, indistinctement[250] ».

À ce rythme d'enfer, il fallait ajouter les cruautés inouïes et le sadisme inventé chaque jour par la perversité morbide et l'imagination dépravée de beaucoup de maîtres, en dehors des châtiments, déjà inhumains, prescrits par le *Code Noir*, dans lequel figuraient le supplice du fouet ou l'amputation des oreilles. On a vu, par exemple, un Caradeux aîné, un Latoison-Laboule, qui de sang-froid faisaient jeter des esclaves dans des fourneaux, dans des chaudières bouillantes ou qui les faisaient enterrer vifs et debout, ayant seulement la tête dehors couverte de mélasse et les laissant périr de cette manière. Heureux quand, par pitié, leurs amis, leurs camarades abrégeaient leurs tourments en les assommant à coups de pierre[251] !

— Il n'existait donc rien, ni personne pour protéger les esclaves, demanda Cat totalement déconcertée?

— Sur le plan légal, Mademoiselle, le *Code Noir* prévoyait de lourdes amendes, le renvoi en France et même la peine de mort pour les maîtres qui avaient mutilé leurs esclaves ou les auraient fait périr. Ces menaces n'inquiétaient cependant personne et, pas un moment, les maîtres ne se crurent privés du droit de vie ou de mort sur leurs esclaves. À côté des édits et des ordonnances royales, il existait une législation officieuse qui couvrait toutes les infractions des colons et leur assuraient une impunité quasi totale.

Je pourrais par exemple vous parler de Saint-Martin l'Arada, un monstre d'homme, qui assassina impunément 200 esclaves ou de l'immonde Gareshé qui enchaîna un esclave durant 25 ans, sans interruption ! Ces cruautés, jusqu'à présent impensables, n'en demeurent pas moins authentiques, ayant été révélées, non par des victimes qui n'avaient aucun droit, mais par les bourreaux eux-mêmes qui s'en vantaient ouvertement : « Je frémis à l'idée que ces confessions insolites des seuls maîtres blancs aient pu voiler une tragédie encore plus sanglante et plus inhumaine que celle avouée avec un si rare cynisme[252] ».

J'ai personnellement été témoin d'atrocités qui, trois siècles plus tard, me glacent encore le sang... J'ai vu des maîtres ordonner que soient brûlés les

---

[250] Girod Chantrans, *Voyage d'un Suisse dans différentes colonies d'Amérique*, Neuchâtel 1785, page 137.

[251] Thomas Madiou, *Histoire d'Haïti, Années 1492-1799*, Deuxième édition, Imprimerie Chenet, Haïti, 1922, page 40.

[252] Jean Fouchard, *Les Marrons de la Liberté*, op.cit., page 83.

organes sexuels d'hommes et de femmes avec des tisons ardents. Toute la colonie savait que des Négresses avaient été violées devant leur mari, que des esclaves avaient été forcés de manger leurs excréments ou de boire leur urine, que ceux qui apprenaient à leurs compagnons à lire étaient condamnés à se faire couper la langue… tout se savait, tout !… Mais absolument rien n'était fait pour empêcher ces choses !

Moro s'arrêta soudain et ferma les yeux pour contenir des larmes qui coulaient à profusion. Il ne le remarqua pas, mais en face de lui, Amélie, Cat et Oli pleuraient aussi. Après quelques minutes de silence, Moro se calma, s'essuya les yeux et dit à Oli qu'il voulait confesser ses fautes. Amélie et Cat se levèrent. Lorsqu'ils furent seuls, Moro rapprocha sa chaise de celle d'Oli de sorte qu'ils donnèrent dos au reste de la cour intérieure, il fit le signe de la croix et il lui dit : « Pardonnez-moi, mon père, car j'ai péché. » Oli le bénit et l'invita à s'exprimer en toute confiance.

— À quand remonte votre dernière confession, Moro ?

— Elle remonte à plus de cinq-cents ans, Padre. La dernière fois, c'était à Santa-Maria-Maior de Lisbonne. Rassurez-vous cependant, je ne suis pas venu égrener cinq siècles de péchés aujourd'hui.

— J'ai tout le temps qu'il vous faudra, Moro. Je suis là pour vous.

— Merci pour votre disponibilité. J'espère qu'un jour, j'aurai l'opportunité de revoir tous mes péchés avec vous. Aujourd'hui n'est pas encore ce jour-là !

— Prenez le temps qu'il vous faudra. Je vous écoute.

— Alors que la Traite était à son apogée, beaucoup de jeunes femmes en servitude tombaient enceintes soit à la suite de rapports consentants, soit parce qu'elles avaient été violées. Elles étaient, dans les deux cas, désespérées, car elles refusaient de mettre au monde une progéniture qui était condamnée à subir le même sort qu'elles. J'ai été ainsi appelé à accompagner beaucoup d'esclaves qui devaient accoucher chez une sage-femme d'origine Arada qui savait comment empoisonner les nouveau-nés sans trop les faire souffrir. Ce faisant, sur la seule habitation Rossignol-Desdunes, j'ai sciemment contribué à faire mourir plus de 70 bébés[253] pour les soustraire à l'esclavage. C'est là le seul et le plus terrible péché que je veux vous confesser aujourd'hui, mon père.

---

[253] M.E. Descourtilz, *Voyages d'un Naturaliste, Tome Second*, Dufart, Père (1809) page 184-185.

— Moro, permettez d'abord que je vous dise que vous n'êtes ni seul, ni invisible. Je vous vois et je partage votre douleur. Rien ne peut justifier le fait de prendre une vie, encore moins celle d'un enfant, d'un petit être sans défense, même pour le soustraire à l'esclavage. Il faut savoir laisser Dieu être Dieu. Lui seul sait ce que ces soixante-dix enfants seraient devenus s'ils avaient survécu. Cependant, rien non plus ne peut vous séparer de l'amour et de la miséricorde que Dieu vous a montrés dans le Christ Jésus, notre Seigneur. « Ni la mort, ni la vie, ni les anges, ni les esprits, ni le présent, ni l'avenir, ni tous ceux qui ont un pouvoir, ni les forces d'en haut, ni les forces d'en bas, ni toutes les choses créées, rien ne pourra vous séparer de l'amour de Dieu[254] ! »

Vous repentez-vous sincèrement de la faute que vous venez de me confesser ? Regrettez-vous ce que vous avez fait ? Prenez-vous l'engagement de ne plus jamais recommencer ?

Moro acquiesça aux demandes du prêtre et récita l'acte de contrition. Oli lui posa alors les mains sur la tête et lui dit :

— « Que Dieu notre Père vous montre Sa miséricorde ; par la mort et la résurrection de Son Fils, Il a réconcilié le monde avec Lui et Il a envoyé l'Esprit Saint pour la rémission des péchés ; par le ministère de l'Église, qu'Il vous donne le pardon et la paix. Et moi, au nom du Père, du Fils et du Saint-Esprit, je vous pardonne vos péchés. Allez en Paix mon fils[255]. »

— Merci, Padre.

— En guise de pénitence maintenant, j'aimerais vous parler de ce que vous pourriez faire pour vous permettre d'aller de l'avant.

— Je suis prêt. Allez-y, Padre !

— Généralement, les chrétiens d'aujourd'hui ne prêtent que très peu d'attention aux prophètes car, en parlant de prophétie, ils ont souvent tendance à l'assimiler à des prédictions apocalyptiques sur l'avenir. En fait, malgré les apparences, les prophètes disent exactement le contraire. Ils maintiennent que l'avenir dépend entièrement du présent. Ils n'ont, par exemple, jamais cessé d'annoncer au peuple d'Israël qu'il devait prendre des décisions immédiates. Il ne s'agissait pas alors tant de prédire l'avenir que de comprendre le présent et

---

[254] *Épitre de Saint Paul aux Romains*, 8 :38-39.
[255] *Absolution, Liturgie et sacrement,* édité par le Service National de la Pastorale Liturgique et Sacramentelle, Conférence des évêques de France.

de le vivre pleinement et différemment. Les prophètes révélaient ainsi un mystère en affirmant qu'il était possible pour chacun d'entre nous de changer le cours de l'histoire, en nous changeant d'abord nous-mêmes.

Je vais donc vous demander, Moro, de vous atteler à vivre votre vie un moment à la fois et de continuer vos séances avec Anne-Catherine. Vous avez été témoin d'évènements affreux. Ces infanticides, en particulier, vous ont profondément meurtri. Lorsque vous implorez le pardon divin avec un cœur sincère et contrit, votre compteur est littéralement remis à zéro et, dès ce moment, vous êtes appelé à vivre le premier jour du reste de votre vie. Chaque fois que vous confessez un péché, sachez qu'en ce qui concerne ce péché-là, le Bon Dieu vous a déjà pardonné lorsque Son fils Jésus a pris votre place à la croix du calvaire. Il est mort pour vos transgressions et pour celles du monde entier, Il est l'Agneau qui s'est volontairement donné en rançon pour chacun d'entre nous. Au fil du temps, en vous repentant sincèrement de toutes les fautes graves dont vous avez conscience, vous allez progressivement nettoyer votre âme et la clarifier. En vous laissant guider par l'Esprit et en agissant désormais avec amour, courage et compassion, vous allez graduellement recouvrer votre dignité et votre liberté, de sorte qu'au jour prévu par Dieu, et par Lui seul, vous mourrez en paix, c'est-à-dire avec le sentiment d'avoir rempli la mission pour laquelle Il vous avait créé.

Moro se leva, s'essuya les yeux une dernière fois et donna l'accolade à son confesseur. Pendant qu'ils se séparaient, leurs regards se croisèrent et, sans savoir pourquoi, Oli se dit que l'homme qui était devant lui avait changé depuis leur première rencontre. Il avait une autre lueur dans les yeux qui lui rappela étrangement l'histoire de Moïse et du buisson ardent au Mont Horeb. Était-ce une intervention bienveillante de la Providence ? Était-ce un poids qui commençait à lui glisser des épaules ? Il y a toujours quelque chose de cathartique chez celui qui, en rétablissant la vérité, se libère d'un péché. Moro venait de confesser un crime horrible et pourtant paradoxalement, c'est Oli qui, cette fois-ci, se sentit libéré. Il fit signe à Gaby qui s'approcha de Moro et le raccompagna au dortoir.

CHAPITRE 20

Si les conditions de travail des esclaves étaient désastreuses, leur habitat et leur diète n'étaient pas meilleurs. Les cases qui leur étaient allouées étaient sur l'habitation, mais placées hors de vue et implantées de sorte que les mauvaises odeurs n'arrivent pas à la grande case où habitait le colon ou son fondé de pouvoir. Ces masures étaient rarement construites en maçonnerie. Exiguës, elles étaient le plus souvent couvertes d'un toit de chaume supporté par six poteaux en bois qui étaient reliés les uns aux autres par des murs. Ces cloisons étaient faites de roseaux revêtus d'un enduit composé d'argile et de bouse de vaches sur lesquelles on passait une peinture à base de chaux, et dans lesquelles une ou deux fenêtres avaient été percées.

Le mobilier du foyer était misérable : une mince natte faite de feuilles de bananes tressées couvrait deux ou trois planches sur quatre pieux enfoncés dans un plancher en terre battue et tenait lieu de lit, où se couchaient pêle-mêle, père, mère et enfants[256]. Un tonneau découvert était utilisé pour conserver les patates et les bananes ; plusieurs *kwi* [257] et de grosses calebasses permettaient de stocker de maigres provisions. Des jarres et des cruches d'argile conservaient l'eau potable. Un banc ou deux, une table branlante et un coffre complétaient le modeste mobilier[258].

Pour pourvoir à la nourriture des esclaves, le *Code Noir* prévoyait que chaque esclave au-dessus de dix ans devait recevoir hebdomadairement une ration de deux pots et demi de farine de manioc, ou trois cassaves, pesant chacune deux livres et demie ; deux livres de bœuf salé ou trois livres de poisson. Les enfants de moins de dix ans devaient en recevoir la moitié[259]. Même ce strict minimum était à peine respecté et souvent, des esclaves que dévorait la faim, devaient se lever la nuit pour aller marauder des vivres. Chaque fois qu'ils étaient découverts, ils étaient alors fouettés sans merci et taillés jusqu'au sang.

Les colons étaient incapables, ou refusaient tout simplement par cupidité, de s'investir dans l'entretien de leur « cheptel humain ». Réalisant que leurs esclaves séchaient et dépérissaient chaque jour un peu plus, ils résolurent de leur allouer de petits lopins de terre pour leur usage personnel qu'ils cultiveraient à leurs heures de « repos » pour assurer leur propre survie. En permettant la création de ces « jardins-

---

[256] Girod Chantrans, *Voyage d'un Suisse*, op.cit. page 144.
[257] Récipients réalisés à partir de calebasses coupées en deux, évidées puis séchées.
[258] S.J. Ducœurjoly, *Manuel des habitants de Saint-Domingue*, Lenoir, Paris, 1802, Tome 1 page 30.
[259] *Code Noir* article XXII.

Nègres », les riches planteurs pensaient s'être intelligemment déchargés des coûts et de la responsabilité de nourrir leurs esclaves. Cependant, sans en avoir conscience, ils avaient offert à ces derniers un avant-goût de la propriété privée et de tous les sentiments d'indépendance et de liberté qui en étaient les corollaires directs.

Si le jour appartenait au colon, la nuit était toute à l'esclave[260]. Lorsque la lune se levait, la bête de somme redevenait homme et était temporairement à l'abri de la bête de proie qui était rentrée dans son gîte pour se reposer. C'est dans ce moment de calme et de répit que l'esclave pouvait enfin jouir un peu de lui-même et laisser son âme aspirer en paix à un monde meilleur. Le groupe familial se réunissait autour d'un feu où les plus jeunes faisaient brûler des feuilles de citronnelle pour chasser les moustiques. Nus et accroupis, ils bavardaient. Les vieilles dames tiraient des contes[261], d'autres fredonnaient un air de Calinda, d'autres encore dansaient. Les plus vieux, nostalgiques de l'Afrique lointaine, s'agglutinaient un peu plus près du boucan et bavardaient dans leur dialecte natal. Quand elles en avaient, les femmes servaient des patates et des bananes boucanées. Dans un coin, à la lueur de bois-pins, des hommes tressaient des chapeaux de paille, fabriquaient des paniers de jonc, ou pilaient du maïs ou du millet qu'au jour de marché du village le plus proche, ils pourraient vendre en contrebande, c'est-à-dire en violation de l'article 18 du *Code Noir* qui prohibait cette pratique.

« Que la nuit soit transparente de clarté ou noire de ténèbres, amicale et douce, ou traversée d'orages et sillonnée d'éclairs, elle était pour l'esclave une oasis momentanée[262] » où il se détendait et oubliait. C'est durant la nuit qu'il pouvait affirmer son identité et exprimer sa culture. C'est là que, malgré les différents interdits coloniaux et la rigueur des interminables journées de travaux forcés, les membres des différentes nations déportées sur l'île se réunissaient pour danser une Calinda, une Chica ou un Don-Pèdre, se retrouver avec les leurs, pratiquer leur religion et, lorsque nécessaire, faire passer des messages d'un bout à l'autre de l'île. La nuit était leur amie, leur confidente, leur sanctuaire et leur offrait l'occasion de goûter un instant à la liberté. La nature de l'esprit de l'homme ne lui permettant pas d'accepter l'ordre absurde de la société esclavagiste, c'est dans l'obscurité de ces nuits que les grands conciliabules avaient débuté. Que les évasions se planifiaient et que la résistance à la France, à ses fils et à leurs crimes, avait commencé à s'articuler.

---

[260] Sauf en époque de roulaison où les esclaves étaient maintenus au travail très tard dans la nuit.
[261] Raconter des légendes et des histoires féériques.
[262] H. Pauléus Sannon, *Histoire de Toussaint Louverture*, op.cit. page XIII.

Malgré les risques évidents que ces rassemblements nocturnes faisaient courir à la survie du système esclavagiste, les grands propriétaires réalisèrent très tôt qu'ils ne pouvaient tout au plus, qu'en limiter la fréquence et l'étendue. Dès le début du XVIIe siècle, contre toute attente, les colons sans vraiment comprendre la portée de leur geste, introduisaient le Carnaval[263]. C'était une célébration païenne qui précédait le Carême et durant laquelle, dans l'esprit des saturnales romaines, le peuple faisait la fête et commettait autant de « jolis péchés » que possible pour s'en repentir ensuite.

Décrié depuis toujours par l'Église, le carnaval durait du dimanche de l'Épiphanie au mercredi des Cendres. En réalité, depuis l'époque de la colonie, il était déjà ce qu'il est aujourd'hui, une célébration vivante, colorée, pailletée, ludique, débauchée, lubrique, arrosée d'alcools forts et au cours de laquelle l'ordre social et les hiérarchies étaient symboliquement renversés. Il s'agissait pour chacun de paraître autre qu'il n'était dans la vie : des hommes se déguisaient en femmes, la plèbe se prenait pour de grands planteurs, des blanches « respectables » mimaient les danses lascives des jeunes femmes créoles en se déhanchant avec volupté pour charmer leurs admirateurs (célibataires ou non) et leur faire perdre la raison. Tous les défilés carnavalesques culminaient dans des processions où des *méringues*[264] étaient reprises en chœur. Certaines d'entre elles proféraient des grivoiseries frisant l'obscénité, alors que d'autres dénonçaient l'ordre des choses. Le Carnaval était réservé exclusivement aux colons et aux hommes libres, mais au loin, les esclaves observaient et prenaient note. Ainsi avec une légèreté certaine et sans vraiment en comprendre toutes les conséquences, les colons avaient introduit à Saint-Domingue une arme tactique de plus dans l'escarcelle de tous ceux qui, de notre côté de l'île, se battaient pour la liberté.

Après la prière du vendredi soir, Oli alla sur la galerie du Grand Séminaire et s'accouda à la balustrade. Au loin, il pouvait voir la nuit qui embrassait la ville et montait vers lui. Durant ce crépuscule rafraîchissant, des lumières incertaines envahissaient l'espace. Une lune décroissante se levait à l'horizon et apportait avec elle un calme indicible. Oli se rappela Yaya qui pensait que l'astre de la nuit influençait les émotions et qu'une vieille lune comme celle de ce début de soirée était propice à la détente, un temps pour faire le point, se reposer et faire la paix avec la vie. Ses pensées se tournant vers Amélie, il ferma les yeux et sourit. Depuis leur dernière conversation, chaque fois

---

[263] Pierre de Vaissière, *Saint-Domingue : la société* op.cit., page 265.
[264] Musique de carnaval dérivée de la Contre-Danse française.

qu'il entendait le son des tambours de la ravine Lucien, il se l'imaginait tournoyant sur elle-même dans le jardin en fleur de la Petite-Rivière.

Au loin, il pouvait entendre un concert de voix qui se levait du bois attenant au séminaire et qui reprenait à l'unisson la dernière *méringue* carnavalesque de Racine Mapou de Azor[265] :

> *Pa ri mwen*
> *Pa meprize mwen*
> *La sosyete wo*
> *Pa ri mwen*
> *Moun yo move moun*
> *Yo san pitye*
> *Yo san konsyans*
> *Si m te konen m pata monte kay si la sou tè la yo*
> *Racine Mapou yo diw janbe la mè a pye*
> *Anmwe !*

> *Ne riez pas de moi*
> *Ne me méprisez pas*
> *Ô Société,*
> *Ne riez pas de moi*
> *Ces gens-là sont mauvais*
> *Ils sont sans pitié*
> *Ils sont sans conscience*
> *Si j'avais su, je n'aurais pas bâti ma maison sur leur terre*
> *Racines de Mapou, vous qui traversez les mers à pied*
> *À moi[266] !*

Peu à peu, Olivier arriva à déchiffrer les paroles qu'il entendait au loin et lorsqu'il les comprit, il se dit que les élites de ce pays avaient franchement échoué. Qu'elles s'étaient tant éloignées des masses que ces dernières étaient résolues à leur abandonner le pays tout entier. Il comprit que la petite minorité qui dirigeait depuis toujours ignorait la grande majorité et ne s'était jamais identifiée à elle. Entre les lignes, il avait saisi que Racine Mapou faisait référence au bien commun et qu'Azor chantait la langueur du gros peuple qui survivait à peine dans les taudis qui ceinturant les grandes

---

[265] "Racine Mapou de Azor" était un ensemble musical populaire qui a été dirigé par Lénord Fortuné Azor, chanteur et percussionniste, et qui a profondément marqué son temps.
[266] Traduction de l'auteur

villes. De tout un peuple qui trimait dans l'arrière-pays et désespérait d'un lendemain meilleur. Sans se soucier de l'amère ironie des chants qui montaient des bois, la petite minorité, quant à elle, sablait le champagne, mangeait, riait, dansait et continuait à vivre avec indolence sur le volcan en chantant à tue-tête : « *Sa k pa kontan anbake*[267] *!* »

---

[267] Que les mécontents aillent se faire foutre !

Figure 26. Danse des bâtons[268].

[268] Agostino Brunias, 1779, (Bibliothèque Nationale. Estampes) in: Albert Savine, *Saint-Domingue à la veille de la Révolution*, Louis Michaud, Paris, 1905, p. 61.

CHAPITRE 21

La nuit avait été agréable et Oli avait dormi d'un trait. Après avoir chanté les laudes et dit la messe du matin, il avait pris son petit-déjeuner avec les séminaristes et s'était empressé, dès qu'il eut terminé, de monter en voiture avec le diacre qui le déposa à la rue Mgr Guilloux. Il allait frapper à la barrière de l'Asile quand, devant lui, il aperçut un mendiant déguenillé, la main tendue :

— La charité s'il vous plait, mon père, lui dit-il. Je n'ai pas mangé depuis hier.

— Je n'ai malheureusement pas de monnaie, mon fils, lui lança machinalement Oli.

— Mais mon père, je ne vous demande pas de monnaie, retorqua-t-il, non sans sarcasme.

— Vous avez raison, lui répondit Oli, visiblement embarrassé par cette répartie piquante.

Il mit la main à la poche et lui remit le seul billet de cent gourdes qu'il avait sur lui. Il salua le garde de service qui avait suivi la scène et lui ouvrit la barrière en se mordant les lèvres pour ne pas rire.

Oli traversa lentement le bâtiment, salua tous ceux qu'il croisa et pénétra dans la cour intérieure où une demi-douzaine de patients allaient et venaient en faisant les cent pas. Il marcha discrètement vers l'amandier où il s'assit pour attendre l'arrivée de sa filleule et de sa commère. Il tira son chapelet qu'il commença à égrener en disant une prière pour tous ceux qui, comme le clochard qu'il venait de rencontrer, n'avaient rien encore trouvé à se mettre sous la dent ce matin-là.

Une demi-heure plus tard, pendant qu'il avait les yeux clos et qu'il était entre deux *Ave Maria*, il sentit quelqu'un lui toucher délicatement l'épaule et il entendit une voix lui susurrer :

— Bonjour, Oli. Tu es là depuis longtemps ?

Il ouvrit les yeux et fut ébloui par cette vision angélique d'un visage qu'un rayon de soleil à contre-jour faisait briller d'un éclat qui ressemblait à une auréole. Il prit un moment pour sortir de l'engourdissement de sa méditation et se mettre debout. Lorsqu'il put enfin distinguer les traits d'Amélie, il lui posa un baiser si délicat sur le front qu'il la fit tressaillir et éteindre, l'espace d'un moment, le monde autour d'elle.

Cat regardait, ébahie, cette scène inattendue de tendresse partagée. Se sentant importune, elle baissa les yeux et s'assit à sa place sans mot dire. Un instant plus tard, Moro les rejoignait. Après les civilités d'usage, Cat rouvrit ses notes :

— Lors de notre dernière rencontre, vous nous avez parlé de la Traite des esclaves et des traitements inhumains, immoraux et monstrueux que leur infligèrent les colons de Saint-Domingue. Comment avaient réagi les esclaves ?

— Merci, Mademoiselle Laporte. Jusqu'ici, je n'ai fait qu'effleurer l'histoire de la Traite. En réponse à votre question, j'aimerais épiloguer un peu plus sur les esclaves eux-mêmes et sur leurs premiers mouvements de résistance, si vous me le permettez.

— Allez-y, Moro. Nous avons toute la journée devant nous.

— Il est impossible d'apprécier à sa juste valeur la lutte des esclaves de Saint-Domingue sans comprendre le besoin inné de liberté qui les habitaient sans distinction de couleur, d'origine ou de religion. Il est impossible de l'appréhender sans tenir compte de l'altérité des bossales et des créoles et sans saisir le rôle capital qu'aura joué le vaudou dans leur quête commune d'émancipation. S'il est vrai que la nostalgie issue du dépaysement, les dures conditions de travail et la cruauté des maîtres ont toutes poussé l'esclave à s'évader, il est tout aussi indéniable que l'Homme, que tous les hommes sont nés pour être libres et que cette liberté consiste moins à faire sa volonté qu'à ne pas être soumis à celle d'autrui[269]. Devant la négation de ses droits les plus fondamentaux, il ne restait au peuple noir de Saint-Domingue qu'une option, une seule : la révolte avec tout ce qu'elle comptait de sueur, de fiel et de sang.

— Quelle différence, faites-vous entre bossales et créoles, lui demanda Cat ?

— C'est une bonne question, Mademoiselle. Lorsqu'en 1791 débuta l'insurrection générale, plus des deux tiers de la population d'esclaves à Saint-Domingue étaient composés de bossales. C'est ainsi que l'on désignait les esclaves nés en Afrique, ceux qui avaient vécu moins de cinq ans dans la colonie et qui la connaissaient mal. Ceux, en revanche, qui y étaient nés étaient appelés des créoles.

C'est ainsi qu'à l'éclatement de la Guerre de l'Indépendance, il y avait deux fois plus de bossales à Saint-Domingue que de créoles. L'esclavage, auquel ils étaient indistinctement soumis, était si brutal, si sauvage, si malveillant, que la

---

[269] Jean-Jacques Rousseau, *Lettres écrites de la montagne*, Huitième lettre – 1764.

durée de vie d'un esclave moyen déporté à Saint-Domingue dépassait rarement sept ans. En conséquence, leur taux de mortalité et la demande de main d'œuvre additionnelle étaient tels qu'il fallait sans cesse en importer en masse pour renouveler une population qui s'épuisait, dépérissait et n'arrivait plus à survivre aux rigueurs de cet enfer sur terre.

L'esclave créole n'avait jamais vécu libre. Il était venu au monde dans une société esclavagiste, une société dans laquelle ceux qui lui ressemblaient n'avaient jamais connu la liberté ; ce créole-là devenait, par la force des choses, un esclave soumis, un esclave qui acceptait son sort et la situation d'asservissement dans laquelle il avait pris naissance.

Le bossale, quant à lui, avait vécu libre jusqu'à ce qu'il soit capturé en Afrique et déporté vers Saint-Domingue. Il n'avait jamais accepté d'être asservi. Son premier contact avec la colonie avait été d'une brutalité telle que, souvent, son premier réflexe était de tenter de se suicider. Je vous ai déjà mentionné les trente Ibos qui s'étaient pendus un même jour. Ils n'ont pas été les seuls. Loin de là ! L'esclave bossale subissait de tels sévices qu'il était toujours prêt à tenter l'impossible pour s'enfuir, gagner les mornes environnants et devenir un marron.

Avec le temps, l'esclave créole était arrivé à tirer certains avantages liés à un esclavage moins pénible, mais esclavage quand-même : il était initié aux instruments de musique, il était promu palefrenier, cocher ou superviseur d'atelier. Ses maîtres lui confiaient des tâches domestiques et laissaient le travail plus ardu des champs aux bossales fraîchement débarqués. Un créole arrivait même, dans ses moments libres, à mener des activités pécuniaires qui lui permettaient d'accumuler un pécule et, au bout d'un certain temps, de racheter non seulement sa liberté, mais celle des siens.

— Comment alors expliquer, interrompit Amélie, que des créoles, de loin mieux traités que les bossales, aient été le fer de lance de la Guerre de l'Indépendance ?

— Manbo, tous les hommes ont été créés pour vivre libres : la tyrannie les abrutit, la flamme de la liberté fait brûler dans leur cœur un refus permanent – même au péril de leur vie – de rester asservis. L'Histoire a prouvé, à la surprise des colons, que la révolte générale des esclaves et beaucoup d'évasions de bossales ont été planifiées par l'aide des nègres domestiques aux écoutes dans les grandes cases[270].

— Mais, continua Cat, les colons ne sont quand même pas restés les bras croisés devant tous ceux qui menaçaient le système. Qu'ont-ils fait pour limiter les évasions et poursuivre les marrons ?

— Ils ont tout essayé, Mademoiselle. La Maréchaussée puis l'Armée coloniale étaient sans relâche à leurs trousses. Un grand nombre de marrons se cachaient dans les massifs montagneux de l'île où ils retrouvaient de petites poches de Taïnos qui, deux siècles plus tôt, avaient survécu aux massacres espagnols. C'est d'ailleurs dans ce creuset de civilisations, dans cette communion d'opprimés que des alliances immémoriales ont pris naissance et que les secrets des feuilles locales ont été révélés aux Africains. C'est aussi dans ces mornes que se forma un pacte entre Africains et Taïnos, un pacte que Dessalines se remémora lorsqu'il baptisa le nouveau pays du nom d'Hayti qu'avaient toujours utilisé les Taïnos.

D'autres marrons, pour brouiller les pistes, s'établissaient dans des agglomérations très éloignées des habitations dont ils s'étaient échappés et où personne ne pouvait ni les reconnaître, ni les dénoncer. Lorsqu'ils étaient malgré tout découverts et faits prisonniers, ils subissaient des châtiments qui allaient crescendo avec la fréquence de leurs récidives. Des châtiments qui allaient de la torture à l'assassinat pur et simple en passant souvent par l'amputation d'un bras ou d'une jambe.

— Oh, mon Dieu ! Pourquoi l'homme est-il un tel monstre pour son prochain ?! s'exclama Cat. Rien d'étonnant alors, que lorsque le temps de la revanche est venu, nos aïeux aient réagi avec autant de violence !

— En effet, Mademoiselle ! Et s'il est vrai que le recours à la violence contre la violence engendre encore plus de violence, il est tout aussi vrai que c'est malheureusement l'unique moyen de l'arrêter.

— Il y a un instant, vous avez brièvement abordé le rôle du vaudou dans le soulèvement des esclaves ? Pouvez-vous nous en dire plus ?

— Bien sûr, Mademoiselle. Longtemps avant qu'ils ne deviennent des marrons et des chefs de la résistance, Mackandal, Boukman, Biassou, Hyacinthe, Lamour-Dérance, Romaine La Prophétesse, Makaya, étaient tous des initiés, voire des

---

[270] Jean Fouchard, *Les Marrons de la Liberté*, op.cit., page 135.

houngan. Avec le temps, les réunions pour danser la Calinda étaient devenues des lieux de rendez-vous clandestins qui accueillaient en même temps des fêtes culturelles, des cérémonies vaudou et des réunions politiques[271]. C'est ainsi que lorsque les esclaves de différentes nations décidèrent de se soulever et qu'ils eurent besoin d'un véhicule pour fédérer leurs aspirations, ils se servirent tout naturellement de ce qui était déjà à leur disposition : les sociétés vaudou.

Un des avantages considérables du vaudou de Saint-Domingue venait de son pluralisme et de la tolérance qu'il montra dès le début, pour tous les cultes ethniques d'Afrique, qu'ils soient rada, congo ou petro. Il s'était même accommodé, au passage, de certains dogmes catholiques. Ainsi, le vaudou avait été à la fois une religion populaire et une forme de résistance. Il facilitait les réunions nocturnes, ainsi que l'initiation et l'intégration d'hommes et de femmes d'origines différentes. Il fournissait un réseau de communication aux esclaves de différentes habitations qui se rassemblaient clandestinement pour participer aux cérémonies et il astreignait au secret tous ceux et celles qui étaient impliqués dans les complots contre les maîtres, et c'est là que les sociétés secrètes ont eu toute leur importance.

— Êtes-vous en train, s'enquit Cat d'un air visiblement inquiet, de parler des *Champwèl* dont les membres sont réputés être des cannibales qui, à la tombée de la nuit se transforment en de fichues mauvaises bêtes capables de prendre leur envol ?

— Mademoiselle Laporte, je crois qu'il s'agit là de superstitions alliant la légende au mystère et qui ont toujours voulu discréditer, à dessein, les sociétés secrètes. À ce stade, je pense plus sage de laisser manbo Amélie répondre à votre question.

Amélie fut surprise que Moro, qui avait été si volubile jusqu'ici, se réfère à elle. Elle prit le temps de réfléchir avant de parler, car en réalité ces sociétés étaient appelées secrètes pour cause et elle devait choisir ses mots avec prudence.

— À l'époque dont parle Moro, dit-elle, les sociétés secrètes opéraient comme elles fonctionnent encore aujourd'hui dans tout le pays sous diverses appellations : *Bizango, Champwèl, Makanda, Sanmanman, Sendenden,*

---

[271] Michel Rolph Trouillot, *Ti Dife Boule sou Istwa Ayiti*, New York, 1977, page 73-74 cité par Rachel Beauvoir et Didier Dominique in: *Savalou E*, Les éditions du CIDIHCA, Montréal, 2003.

Vlengbendeng, Zobop, etc... Elles eurent au cours des ans des attributions diverses et servirent tantôt de tribunal, tantôt de forces de l'ordre, tantôt de bras armés. Elles avaient chacune des nuances régionales et structurelles, mais en réalité elles étaient toutes extrêmement violentes et fonctionnaient dans la clandestinité et dans le secret le plus absolu[272]. Pour rendre mes explications moins complexes, je ne vais pas entrer dans les détails subtils qui différencient les sociétés secrètes les unes des autres, et je vais me permettre de les appeler toutes des *Zobop*.

Figure 27. Zobop, dessin au crayon de Kassim Oumarou dos Santos.

Les *Zobop* avaient donc diverses responsabilités dont les plus importantes étaient le maintien de l'ordre et la défense de la communauté contre les menaces externes. Les aspirants *Zobop* étaient indistinctement recrutés sur la base de leur sérieux, de leur discrétion et de leur capacité à résister à la torture, au point qu'en cas d'arrestation, aucun tortionnaire ne pourrait leur arracher les secrets de la confrérie.

Lors des cérémonies d'incorporation, le roi[273] de l'Ordre, pour éprouver les postulants, leur enfonçait la pointe de son poignard dans le bras et le gras de la

---

[272] Rachel Beauvoir et Didier Dominique in: *Savalou E*, Les éditions du CIDIHCA, Montréal, 2003, page 150.
[273] Le supérieur.

cuisse, il y appliquait ensuite un tison ardent. « Si un des candidats se plaignait ou faisait une grimace, il était assassiné sur le champ[274]. »

Pour arriver à leurs fins, les Zobop devaient maintenir le contrôle qu'ils exerçaient sur leur communauté avec une main de fer et inspirer la peur à tout un chacun. « Leurs temples, par exemple, contenaient de ces choses qui, dans la vie normale, sont tenues pour viles, répugnantes ou dangereuses... sang, poils, plumes et viscères, issus de sacrifices[275]. » Chaque société s'identifiait à un animal et effrayait son voisinage lorsqu'en chœur et à pleine voix, elle imitait le cri de cet animal pendant ses cérémonies. Les *Zobop* ne fonctionnaient que la nuit. Ils sortaient alors en bande et se déguisaient toujours de manière à faire peur. Ils défendaient et ils agressaient au besoin.

Cependant, à leur début, les Sociétés ne réagissaient jamais sans avoir été provoquées. Si par exemple, un membre d'une communauté était déviant, c'est-à-dire qu'il agissait en dehors des normes sociales admises et était estimé dangereux pour ses pairs, les sages se réunissaient pour le dénoncer et le « vendre[276]» aux *Zobop*. En retour, ces derniers s'assuraient de le juger et de lui offrir la possibilité de se défendre des accusations portées contre lui. Si, au bout du processus, il était reconnu coupable, il était alors puni avec une telle violence et une telle sauvagerie qu'aucun autre membre de la communauté ne s'aviserait de l'imiter. Il faut aussi comprendre que si les sociétés secrètes ont joué un rôle de police, elles ont aussi été un outil de résistance face aux menaces externes. Je m'arrêterai là pour laisser Moro continuer.

— Merci, Manbo, lui répondit Moro. Puis-je vous poser une dernière question ? Les sociétés secrètes sont-elles toujours restées dans les limites qui leur avaient été originellement assignées ? N'ont-elles pas quelques fois outrepassé leurs attributions et agi pour leur propre compte ?

— Les sociétés secrètes ont été depuis toujours sujettes à manipulation et, plus d'une fois, elles ont agi de leur propre chef en se livrant au plus offrant, souvent au détriment des communautés qu'elles avaient pourtant juré de servir impartialement. Dans certains cas, elles se sont carrément alliées au pouvoir en place pour sévir contre des opposants – ça a été le cas, par exemple, sous les

---

[274] Drouin de Bercy, *De Saint-Domingue, de ses guerres, de ses ressources*, Paris 1814, pages 238-239, cité par Rachel Beauvoir et Didier Dominique in: *Savalou E*.

[275] Monteil C. , *Les Bambaras du Ségou et du Kaarta*, G.P. Maisonneuve et Larose, Paris, 1977 page 254, cité par Rachel Beauvoir et Didier Dominique, op.cit.

[276] D'où l'expression « *vann nan zobop* » qui signifie être dénoncé à la société.

différentes présidences de Boisrond Canal ou pendant la dictature des Duvalier, tout au moins. Dans d'autres cas et de manière encore plus pernicieuse, elles se sont immiscées dans des disputes économiques entre vaudouisants, où elles ont souvent pris parti pour des grands dons[277] dans des conflits terriens les opposant à de petits planteurs[278]. En conclusion, je me permettrai d'avancer que les sociétés secrètes, comme la société haïtienne du reste, n'ont jamais été monolithiques et qu'avec le temps, elles ont toujours reflété les travers comme les vertus des communautés dans lesquelles elles évoluaient. Certaines ont répondu à leur mission en se mettant au service du vrai et du juste, alors que d'autres ont tout simplement fait le contraire.

C'est par ce même détournement des traditions, cette même déliquescence des mœurs, cette même corruption de l'appel divin, que certains *houngan* se sont laissés dénaturer et se sont mis à « *travailler seulement de la main gauche* ». Pleins de vices, de cupidité et de lubricité mêlée de cruauté, ils n'ont pas su résister à l'adversaire et sont devenus de fichus mauvais *bòkò*, des sorciers qui ont non seulement abandonné les plus vulnérables à leur sort, mais en ont abusé.

— Plus d'une fois, Manbo, vous avez parlé de ceux qui ne travaillent que de la main gauche. Êtes-vous entrain de rejeter l'utilisation de la main gauche en la décrivant comme celle de la magie, de la sorcellerie et, appelons-la pour ce qu'elle est, du mal ?

— Non, Moro. La réalité est que nul ne peut servir d'une seule main. Pour servir, tout homme fait usage de ses deux mains. Il n'y a pas de bons ou de mauvais esprits. Certains ethnologues ont souvent voulu faire croire que les rada étaient les bons esprits et que les petro étaient les mauvais esprits : c'est faux ! Ils sont comme les hommes, capables du meilleur comme du pire, qu'ils soient rada ou qu'ils soient petro, et ils expriment les fantasmes des hommes qui les invoquent de la même manière. Le bien et le mal que font les esprits dépendent de la manière dont ils sont traités.

Si, par exemple, le père Olivier vous flanque subitement une claque, il y a des chances que vous ripostiez instinctivement avec un coup de poing. Vous

---

[277] Grands propriétaires terriens dans les zones rurales.
[278] Rachel Beauvoir et Didier Dominique in: *Savalou E*, op.cit, pages 190-198.

serez cependant charmant avec lui, s'il est correct avec vous et agit comme il doit agir, c'est-à-dire selon les règles généralement acceptées dans la société.

Un houngan authentique sert de ses deux mains. Il aide ses ouailles à se protéger mais aussi à se défendre et au besoin, à contrattaquer. Bien que le vaudou professe la fraternité, l'amitié et le vivre-ensemble, il est, d'abord et avant tout, une religion d'opprimés-révoltés et de laissés-pour-compte qui doivent constamment se défendre contre les abus d'un système qui ne cherche qu'à les agresser et les asservir. Contrairement au chrétien, il ne s'agit pas pour le vaudouisant de tendre la joue gauche s'il reçoit une gifle à droite... Il a l'obligation de se défendre contre l'assaillant pour l'empêcher de récidiver. Le vaudouisant n'est pas assez vaniteux pour penser qu'il détient tout le bien et que l'autre ne fait que le mal. Il croit cependant que le bien et le mal sont les deux formes d'une même chose, qui doivent chacune être utilisées en leur temps[279] : *Jan ou vini, konsa pou m resevwa ou*[280].

— Merci, Manbo. Je suis édifié. Revenons, si vous le voulez bien, à vos propos sur la main gauche. Nous assistons depuis longtemps à une prolifération de houngan qui n'utilisent que leur main gauche, et se consacrent exclusivement à un commerce au profit d'individus qui ont un désir de sauter les étapes et d'arriver plus vite à des buts inavouables.

— Je vous répondrai, Moro, qu'avant d'apprendre à faire le mal, le vrai houngan doit d'abord apprendre à faire le bien. Celui qui n'utilise que sa main gauche pour s'enrichir, abuse de ses pouvoirs, renonce implicitement à son statut de houngan et, tôt ou tard, en paiera les conséquences.

— Merci pour cet éclairage, Manbo. Permettez que je continue maintenant avec mon témoignage.

— Allez-y, Moro.

— Quand la Traite des Noirs s'accéléra, les évasions devinrent de plus en plus courantes. Il faudra cependant attendre près de 170 ans, pour que les mouvements de rébellion prennent corps, d'abord avec Padréjean, ensuite avec Michel, Colas-Jambes-Coupées, Plymouth, Polydor, Pompée et Médor. Tous ces mouvements marrons de résistance à l'esclavage ont été initiés par des *Zobop* qui n'ont pas hésité à utiliser tout ce qu'ils avaient d'armes à leur

---

[279] Jean L. Dominique : *Interview sur Radio Haïti Inter avec Claude Planson, 31 mars 1976,* Duke University Digital Repository.
[280] Rendre le bien pour le bien et le mal pour le mal.

disposition pour rendre coup pour coup au système qui continuait de les agresser.

Je me permettrai de vous signaler deux chefs marrons, en particulier, qui méritent une attention spéciale, ne serait-ce qu'en raison de leur impact sur l'imaginaire haïtien. Je veux parler de François Mackandal et de Boukman Dutty.

Mackandal était un bossale attaché à l'habitation de M. Le Normand de Mézy au Limbé. Il était manchot, sa main droite ayant été prise dans un moulin à canne et amputée. Après avoir brisé ses chaînes, il sema la terreur pendant plus de 18 ans en empoisonnant une multitude d'esclaves et de colons. Telle la monstrueuse Chimère d'Homère, il terrorisa la colonie : le jour, il se retirait dans les montagnes et disparaissait. Le soir venu, il descendait à pas feutrés dans des habitations où il avait établi un réseau d'assassins recrutés parmi les esclaves domestiques et les esclaves des champs. Son arme de prédilection était le poison et ce sont des centaines de maîtres et d'esclaves qui périrent sous ses ordres après d'horribles convulsions : certains en raison de leur cruauté, d'autres parce qu'ils collaboraient avec les Blancs, ou tout simplement parce que Mackandal voulait faire mal à l'exploitant en décimant son cheptel.

Tous les colons voulaient sa peau, mais personne n'avait réussi à lui mettre la main dessus. Tout le temps de sa cavale, les mythes qui l'entouraient et sa réputation se renforçaient, jusqu'au soir où il choisit imprudemment de participer à une Calenda sur l'habitation Dufresne au Limbé. Dénoncé par un esclave, il fut appréhendé. Conduit au Cap, il fut condamné à être brûlé vif.

Toute une légende s'était construite autour de Mackandal et de son invulnérabilité. Il avait fait croire que s'il était capturé, il prendrait la forme d'un maringouin – d'autres disent d'un papillon – et s'échapperait des mains de ses ravisseurs qu'il viendrait ensuite piquer pour leur inoculer toutes sortes de germes nocifs. Quand le jour de son supplice fut arrivé, le hasard voulut que le poteau auquel il était enchaîné soit pourri. Lorsqu'on alluma le feu, il se mit à gigoter violemment, arracha le piton, culbuta par-dessus le bûcher dans un énorme fracas et disparut dans les flammes. L'assistance s'écria : « *Mackandal sauvé* [281] ! »

---

[281] Mackandal s'est enfui.

La terreur fut extrême et un grabuge s'en suivit. Le détachement de soldats qui gardait la place de l'exécution la fit évacuer. Toutes les portes furent fermées. Le geôlier voulut achever le supplicié d'un coup d'épée. Le procureur-général s'y opposa. Il ordonna qu'il soit cloué entre deux planches et lancé une fois de plus dans les flammes. Quoique le corps ait été complètement carbonisé, beaucoup de gens croient encore que Mackandal n'aurait pas péri dans le supplice[282], qu'il serait revenu plus d'une fois en Haïti et que, par exemple, il était à l'origine de la fièvre jaune qui décima l'armée de Leclerc.

— Cela voudrait-il dire que les vaudouisants croient en la réincarnation, interrompit Cat?

— Là encore, Mademoiselle, vous allez me permettre de vous référer à manbo Amélie. Je peux vous raconter mon histoire, mais pour que vous la compreniez comme il faut, c'est une bonne chose qu'une autorité soit là pour nous aider à comprendre l'influence du spirituel sur les hommes qui ont fait l'Histoire. Manbo, ayez donc l'amabilité de répondre à votre filleule...

Amélie était interloquée. Pour la deuxième fois, Moro l'interpellait pour qu'elle renforce, ou tout au moins, qu'elle joue un rôle dans son témoignage. Elle le regarda d'un œil scrutateur. Elle l'avait écouté attentivement et avait senti, malgré son calme apparent, toute la douleur qui transpirait de son récit. Elle se demandait où et à quel moment, elle devrait commencer à mettre des balises pour limiter les projections transférentielles que pourrait ressentir Moro en reportant sur Cat, sur Oli ou sur elle, soit une affection, soit une hostilité qu'il aurait pu éprouver précédemment, pour quelqu'un d'autre.

Elle était enfermée dans un dilemme. Si elle refusait de répondre, elle risquait de perdre la confiance du patient qui allait une fois de plus se refermer sur lui-même. Si elle acceptait de jouer le jeu, elle risquait de le conforter dans ses délires. Elle devait se rappeler constamment qu'elle parlait à quelqu'un qui était potentiellement psychopathe, donc quelqu'un qui risquait à n'importe quel moment de devenir violent, si cette hypothèse se confirmait. Elle prit donc un moment avant de parler et décida, malgré ses réserves, de continuer à jouer le jeu.

---

[282] Moreau de Saint-Méry, II, 629,630,631. Archives Col. E. 295, cité par Jean Fouchard, *Les Marrons de la liberté*, op.cit., page 386.

— Il faut faire la distinction entre la réincarnation (l'incarnation d'une même âme d'un corps humain à un autre) et la thérianthropie (la métamorphose d'un être humain en animal). Si l'initié croit en la réincarnation, il sait aussi que la thérianthropie est un mythe. La cosmogonie du vaudou, sa conception de la création du monde et de l'univers, considère qu'une personne est composée de cinq parties distinctes[283]:

La première est le corps mortel à proprement parler, qui est cette enveloppe charnelle et matérielle. Elle est de loin la moins importante des quatre.

La seconde est le Gros Bon Ange qu'en langue vaudou nous appelons le Sèmèdo et qui est le corps astral. C'est une enveloppe subtile qui entoure le corps mortel et est composée de l'ombre du corps et du souffle qui l'anime. Lorsque le corps mortel meurt, le Gros Bon Ange part avec lui.

La troisième est l'Âme qui est liée au Gros Bon Ange et qui assure le bon fonctionnement des organes du corps mortel. Elle est présente dans chacune des cellules du corps et dans le sang.

La quatrième est le Petit Bon Ange qu'en langue vaudou nous appelons le Sèlido. C'est l'élément fondamental de la réincarnation. Grâce à lui, lorsqu'une personne meurt, elle ne s'en va pas définitivement. Son Petit Bon Ange enregistre toutes les expériences qu'elle aura faites pendant cette vie, celles qu'elle aura déjà vécues et toutes celles qui lui restent à vivre. Le Petit Bon Ange renferme l'intelligence, la parole et l'esprit. Il est le noyau de toutes les connaissances, de toute la sagesse et de toute l'intelligence que l'individu aura acquises au cours des seize vies qu'il aura à vivre. Le Petit Bon Ange est ce qui explique que certaines personnes naissent avec des qualités, des défauts, des forces et des faiblesses. Au bout de l'expérience acquise au cours de seize incarnations, l'être humain arrive au plus haut grade de sagesse et d'expérience qu'il est possible d'atteindre. La nuit comme le jour, le Petit Bon Ange se déplace dans les rêves. Un chef de société secrète, un houngan ou une manbo peuvent momentanément le contrôler.

Finalement, il y a l'Étoile – qu'en langue vaudou nous appelons le Sèkpoli – et qui est comme un vase qui contient les fondements de la destinée de

---

[283] Rachel Beauvoir et Didier Dominique in: *Savalou E*, op.cit., page 90-91.

chacun. Certaines personnes peuvent l'ouvrir et en manipuler le contenu. Cependant, rien de ce que contient l'Étoile ne peut être détruit et rien ne peut y être ajouté. Tout ce qui peut arriver est que l'ordre des évènements qui constituent une vie soit modifié mais, au bout du compte, tout ce qui doit être, sera réalisé sur l'ensemble des seize vies.

Dans le vaudou, nous considérons que la vie et la mort ne sont qu'un passage d'une étape à une autre, d'un être humain à un autre être humain, une succession ascendante d'expériences, d'épreuves et d'apprentissage qui rapprochent l'homme un peu plus de son Créateur. Après la mort, le Petit Bon Ange continue à vivre à côté des vivants. La transition paisible du Petit Bon Ange à sa prochaine incarnation relève de la responsabilité des héritiers de celui ou de celle qui a trépassé. Au fait, ce n'est qu'en tenant compte de leur croyance en la réincarnation qu'il devient possible de comprendre la révérence et le culte que les vaudouisants vouent aux ancêtres. J'espère avoir répondu à tes questions, dit-elle doucement à sa filleule.

— Merci, Marraine, répondit-elle, sans lever la tête et en continuant à prendre de copieuses notes.

— Merci, Manbo, reprit Moro. Je pense qu'à ce stade, vous êtes tous plus ou moins édifiés sur l'influence du vaudou et sur le rôle prépondérant de ses sociétés secrètes dans la révolte des esclaves. J'aimerais maintenant prendre le temps de vous parler de l'influence de la Révolution française sur les mouvements insurrectionnels de Saint-Domingue.

— Vous nous avez parlé de Mackandal, mais pas de Boukman, lui rappela Cat.

— J'y arrive, Mademoiselle. Soyez patiente. Lorsque les États Généraux de mai 1789 furent organisés en France, la situation était déjà particulièrement tendue à Saint-Domingue. Bien qu'ayant réussi à faire accepter six de leurs députés à l'Assemblée Constituante, les colons refusaient systématiquement d'appliquer la Déclaration des Droits de l'Homme et du Citoyen votée en juin de la même année. Convaincus qu'elle mettrait en péril l'idéologie raciste qui prévalait dans la colonie et qu'elle décimerait son économie, ils s'arrangèrent pour faire voter un décret qui leur permit de créer des assemblées coloniales ouvertes exclusivement aux colons Blancs. En réaction, les affranchis pestaient et commençaient à faire entendre leurs voix. La pression pour le changement s'intensifia et malheureusement, en guise de réponse, les Blancs crurent plus opportun d'augmenter leur cruauté plutôt que de faire la paix en arrivant à des concessions. À l'époque, les revendications n'avaient rien encore à voir avec l'Indépendance ou l'abolition de l'esclavage.

Je pourrais à ce stade vous raconter l'histoire de Vincent Ogé et de Jean-Baptiste Chavannes qui, en février 1791, furent roués pour avoir osé revendiquer leur égalité avec les planteurs blancs. Par roués, veuillez entendre qu'ils furent attachés à une roue et qu'un bourreau leur avait asséné à chacun de violents coups de barres de fer qui leur avaient brisé d'abord les cuisses, puis les tibias, puis les bras et les avant-bras. L'exécuteur, après leur avoir replié les cuisses en arrière, de façon que leurs talons touchent leur nuque[284], les laissa ainsi exposés au public jusqu'à ce que mort s'ensuive.

Je vivais encore Saint-Marc quand des colons, persévérant dans l'arbitraire, élurent illégalement une Assemblée Coloniale qu'ils déclarèrent hiérarchiquement supérieure au gouverneur général. Ils s'opposèrent alors avec véhémence aux décrets proclamant l'égalité des Blancs et des affranchis, sans distinction de couleur. Ces assassins, emplis de haine, étaient enivrés par l'odeur âcre du sang visqueux qui leur dégoulinait des mains et par la souffrance qu'ils causaient autour d'eux. Enhardis par leur impunité, ils cherchèrent à consolider leur position en rompant unilatéralement l'exclusif colonial, qui assurait à la France le monopole des échanges commerciaux avec la Colonie.

Saint-Domingue était alors divisée en autant de factions qu'il y avait d'intérêts à défendre : les mêmes planteurs du Nord qui avaient pris l'initiative de réclamer une représentation en France (sous l'égide de la République) se joignirent aux forces royalistes un an plus tard pour démolir l'Assemblée de Saint-Marc. Les petits-blancs, ceux qui étaient pauvres, avaient abandonné leurs anciens alliés de circonstance – les bureaucrates royalistes – pour se joindre aux planteurs afin de lyncher et de tuer les affranchis, mulâtres et Noirs, dont ils enviaient la fortune.

Pour contrer la sédition, les autorités coloniales réagirent en s'alliant aux affranchis pour renverser l'Assemblée des planteurs. Les graines d'une guerre civile étaient semées. De nombreuses habitations de la Plaine-du-Nord furent incendiées. Affolées, des familles entières de planteurs blancs abandonnèrent

---

[284] Pierre-François Muyart de Vouglans, *Les Loix criminelles de France*, T1, Paris, 1781, page 52.

Saint-Domingue pour les colonies anglaises des Caraïbes et les États-Unis. D'autres campèrent sur leur position, refusèrent de faire la moindre concession et commencèrent à se battre. Ils firent pendre et rompre vifs tous les insurgés qui leur tombèrent sous la main. Deux échafauds pour le supplice de la roue, et cinq potences furent dressés en permanence au Cap. Des prisonniers eurent immédiatement la tête tranchée, d'autres furent brûlés vif. Au Cap, ce sont entre vingt et trente insurgés qui étaient exécutés chaque jour[285]. D'un côté, la cruauté des planteurs blancs n'avait plus de limite. De l'autre, l'égoïsme des affranchis et leur manque de sagacité leur firent trahir leurs frères de sang et commettre des crimes abominables.

Parlons par exemple de l'Affaire des Suisses, ces 220 esclaves[286] – 197 Noirs et 23 mulâtres – qui, en novembre 1791, s'étaient volontairement joints aux affranchis du Sud et leur avaient assuré la victoire sur les Blancs de l'Ouest lors de la bataille de Pernier. En guise de récompense, ces pauvres diables furent lâchement livrés par les affranchis (en majorité mulâtres) à la haine et à la férocité des Blancs qui les transportèrent au Môle Saint-Nicolas où ils furent presque tous massacrés. Les affranchis n'avaient alors pas encore compris que leur sort était intimement lié à celui de leurs frères esclaves. Ils n'avaient pas compris non plus que les Blancs ne les considéreraient jamais en tant qu'égaux et qu'ils étaient dans un combat à mort qui excluait d'entrée de jeu, la survie de l'une des parties.

— Où étiez-vous pendant tous ces évènements, lui demanda Oli ?

— Je prêtais encore mes services à Saint-Marc comme aide-arpenteur en l'Étude de M. Sonis, Arpenteur du roi. C'est à travers la presse coloniale, le Journal et la Gazette de Saint-Domingue[287] en particulier, que j'appris tout ce que je viens de vous rapporter sur la violence qui enflamma les départements du Sud et de l'Ouest. C'est aussi à cette époque que je rencontrai un homme remarquable dont vous connaissez probablement l'histoire. Il s'appelait Pierre Toussaint.

— Ah ! Vous avez connu Pierre Toussaint ? lui demanda Oli, ébahi. Où ? Comment ?

— Qui est Pierre Toussaint, demanda Cat ?

---

[285] Beaubrun Ardouin, *Étude sur l'histoire d'Haïti, Tome 1*, Dezobry et E. Magdeleine, Lib.-éditeurs, Paris, 1853, page 241.
[286] Ibid., page 263.
[287] M. A. Ménier et G. Debien, *Journaux de Saint-Domingue, Outre-Mers*. Revue d'Histoire des Colonies, Paris, 1949, pages 426 et 427.

— Pierre Toussaint, reprit Moro, est un esclave né à Saint-Marc qui a émigré avec son maître aux États-Unis où il a mené une vie exemplaire. Il est aujourd'hui en passe d'être canonisé par l'Église catholique.

— Comment l'avez-vous rencontré, insista Oli?

— Un jour, Jean-Jacques Bérard, riche planteur de coton et d'indigo du Bas-Artibonite, entra dans l'étude où je travaillais. Il se préparait à faire l'acquisition d'une nouvelle habitation qu'il voulait que j'arpente. Il était accompagné d'un jeune esclave qui ne devait pas avoir plus de 17 ans. Il me le présenta. Il s'appelait Pierre Toussaint, me dit-il, et avait toute sa confiance. M. Bérard voulait qu'il m'accompagne lorsque je serais prêt à commencer mes travaux, de sorte qu'il aide à repérer les bornes de la nouvelle propriété et puisse les lui indiquer ultérieurement. C'est ainsi que, pendant toute une semaine, j'ai travaillé avec lui à mes côtés. C'était un beau jeune homme, droit, bien tenu, convivial, généreux et serviable. Profondément catholique, il avait l'ambition de marcher dans les pas du Christ et de vivre pleinement sa vie en serviteur car, malgré son statut d'esclave, m'avait-il confié, « Dieu a décidé de mon sort et là est ma mission[288]. »

Perdu dans ses réflexions Oli était médusé ; les derniers propos de Moro l'avaient frappé comme la foudre et il était incapable d'entendre ceux qui étaient à table avec lui. Il connaissait bien l'histoire de Pierre Toussaint car un prêtre de sa promotion, Salésien comme lui, avait traduit ses Mémoires et les lui avait présentés. Rapidement, il essaya mentalement de refaire la chronologie des faits rapportés par Moro et il se rendit compte que l'âge de Pierre Toussaint tel qu'il le décrivait était vraisemblable, que la phrase qu'il avait prétendument entendu prononcer faisait textuellement partie du texte qu'il avait lu. Oli se demanda si ce n'était qu'une coïncidence ou s'il commençait à sombrer lui aussi dans une lente démence avec son patient. Il proposa alors au groupe de s'arrêter pour le déjeuner. Moro acquiesça à sa demande, se leva, fit signe à Gaby qui le raccompagna à la cantine.

---

[288] Hannah Sawyer Lee, *Memoir of Pierre Toussaint, born a slave*, Crosby, Nichols and Company, Boston, 1854, page 21 (traduit en Français par le père Maurice Elder Hyppolyte du Bureau de Promotion de la cause de Pierre Toussaint, 1997).

CHAPITRE 22

Le petit groupe était resté assis sous l'amandier. Cat sortit de son sac des sandwiches et un bol de salade de fruits que Luciana leur avait préparés. Elle les plaça au milieu de la table avec trois bouteilles d'eau, des couverts en plastique, des serviettes en papier, des assiettes et de petits bols jetables. Elle invita Amélie et Oli à se servir. Oli qui, un peu plus tôt, avait vidé ses poches pour donner tout ce qu'il avait au mendiant rencontré à l'entrée du Centre, remercia le Ciel que sa filleule ait pensé à tout.

Oli déjeuna en silence, ses pensées tirées dans tous les sens, à hue et à dia. Il avait l'impression de perdre la raison. Il questionnait son gros bon sens et se demandait s'il était encore capable d'aider Moro sans parti pris ni passion. Alors que le repas touchait à sa fin, il avoua à ses compagnes les appréhensions qui le rongeaient. Depuis bientôt deux semaines, il s'était retrouvé plus d'une fois à se demander s'il ne commençait pas à croire la fabuleuse histoire du fou. Les commentaires de Moro sur Pierre Toussaint l'avaient ébranlé et la frontière qu'il s'efforçait de maintenir depuis leur premier contact, devenait de plus en plus floue.

Avec délicatesse, Amélie prit sa main dans la sienne et tenta de le rassurer. Elle lui rappela qu'il fallait certes permettre à Moro de s'exprimer mais aussi, qu'ils devaient collectivement faire attention à ni le braquer, ni devenir complices de ses divagations. Ils se mirent d'accord pour se soutenir l'un l'autre et veiller à ne pas succomber au magnétisme qui émanait de leur patient. Du coin de l'œil, Cat observait sa marraine et réalisa qu'elle avait laissé la main d'Oli traîner dans la sienne. Ils avaient tous deux les yeux fermés et esquissaient un sourire à peine perceptible. Ils semblaient perdus dans un rêve qu'ils savouraient profondément. Cat se sentit une fois de plus gênée.

Quelques secondes plus tard, Moro et Gaby revenaient sous l'amandier. Moro s'arrêta un moment et toussa légèrement pour les avertir de sa présence. Amélie ouvrit les yeux et serra une dernière fois la main d'Oli avant d'en enlever tendrement la sienne, sans réserve, ni retenue, comme si ses sentiments avaient endormi sa pudeur. Cat recommença la séance. Elle rouvrit son cahier de notes et s'adressa à Moro :

— Si vos souvenirs sont fidèles, il semblerait que les affranchis aient commencé leur bataille pour l'égalité des droits avant même les esclaves.

— C'est bien ça, Mademoiselle Laporte. Quelques mois après le mouvement d'Ogé et de Chavannes, les affranchis du Sud, en majorité mulâtres, dirigés par Rigaud s'alliaient aux affranchis de l'Ouest et entraient dans la bataille pour réclamer leurs droits. Après avoir vaincu les colons blancs, ils les contraignirent à signer le 7 septembre 1791, le Concordat de Damien qui reconnaissait leurs droits et en faisait des citoyens à part entière.

Les affranchis croyaient avoir atteint leur but, mais le cruel Caradeux et les siens n'avaient fait que céder momentanément à la supériorité militaire de Rigaud. La victoire affranchie fut éphémère. Rigaud ne s'en rendit pas compte. Sous-estimant la haine viscérale des Blancs pour tous les Noirs (purs-sangs ou métis), il se retira de Port-au-Prince avec ses troupes. Le 21 novembre, la veille de la Sainte Cécile, des propos quelque peu virulents étaient échangés entre un charpentier blanc et un tambour noir des forces affranchies. Ce dernier fut saisi par des Blancs, « jugé » séance tenante, reconnu coupable et pendu à un réverbère. Les affranchis gagnèrent les rues pour manifester leur colère.

Les Blancs réagirent violemment et firent battre la générale. Les troupes municipales, au lieu d'intervenir pour maintenir la paix, accoururent au secours des Blancs et commencèrent à maltraiter tous les affranchis qu'ils croisèrent sur leur chemin. Ils défoncèrent leurs magasins et les livrèrent au pillage. Un canonnier italien du nom de Praloto fit placer vingt canons qu'il rangea en bataille devant le Palais du Gouvernement où se réunissaient des hommes de couleur sous la direction de Beauvais. Praloto fit feu et au bout d'un combat qui dura tout l'après-midi, les affranchis durent battre en retraite.

Le lendemain, Praloto et ses troupes incendièrent les quartiers de Port-au-Prince où vivaient les familles affranchies. En réponse, celles-ci décidèrent de frapper les colons dans leurs intérêts immédiats et, pour leur prouver qu'elles pouvaient les égaler dans l'impudence, ils mirent le feu au Bel-Air, le plus somptueux quartier de Port-au-Prince. Sans désemparer, Praloto, Caradeux et d'autres criminels de la même espèce leur damèrent le pion : certains des affranchis qui n'avaient pas pris part au combat et étaient restés chez eux furent pourchassés et massacrés ainsi que leurs femmes. Beaucoup de ces malheureuses furent poursuivies partout dans la ville. Acculées par l'ennemi, elles se précipitèrent dans la rade et atteignirent à la nage les mangliers des îlots qui ferment le port. Praloto les fit mitrailler sans pitié dans le dos[289].

Il avait fallu ce massacre, pour que les affranchis, composés en majorité de mulâtres, comprennent enfin qu'il était illusoire de ne penser qu'à leurs

---

[289] Thomas Madiou, *Histoire d'Haïti, Années 1492-1799*, op.cit. 1922, pages 124-126.

propres intérêts et qu'il fallait à tout prix que leur fer de lance soit l'émancipation de TOUS les Noirs de Saint-Domingue, sans exception. Pour atteindre leur but, ils allaient devoir transcender leur égoïsme et susciter, chez eux comme chez les esclaves, un sentiment nègre, un lien de solidarité raciale, sans lequel ils n'arriveraient jamais à opposer aux colons blancs, un État vibrant, autonome, inclusif. Un pays noir, c'est-à-dire, noir et mulâtre.

Il n'est pas étonnant que le sort ait dévolu un rôle aussi important aux affranchis qui étaient composés en majorité de mulâtres. C'était d'abord et avant tout parce qu'en fonction de leur origine, ils bénéficiaient, dans de nombreux cas, d'une meilleure éducation, d'une excellente condition de fortune et d'une formation militaire appréciable[290].

Il est indéniable que, dès la prise d'armes d'Ogé et de Chavannes, beaucoup d'esclaves étaient venus spontanément offrir leurs bras armés. Déjà en janvier 1791, des rassemblements d'esclaves armés étaient signalés dans le département du Sud en général et particulièrement dans la Plaine des Cayes, à Torbeck et à Port-Salut. Un sentiment de liberté se répandait dans tous les esprits. Les maîtres discutaient ouvertement devant leurs esclaves domestiques des concepts inédits de liberté, d'égalité et de fraternité. Les soldats fraîchement débarqués en parlaient avec exaltation, tant et si bien que la légende « Liberté ou la Mort » avait dû être enlevée des drapeaux de régiment. Les matelots des navires de commerce qui travaillaient avec des esclaves leur parlaient de tous les évènements qui avaient secoué la France. Toutes les nouvelles, tous les propos étaient colportés par les esclaves créoles, cochers et commandeurs, c'est-à-dire les mieux formés et les plus énergiques d'entre eux, ceux qui allaient bientôt figurer à la tête de l'insurrection[291].

— En vous entendant, je réalise que Rigaud était évidemment déjà actif sur le terrain, interrompit Cat. Est-ce alors que Toussaint Louverture émergea pour soulever les esclaves de la Plaine-du-Nord ?

— Mademoiselle Laporte, s'il est vrai que Toussaint a soulevé des esclaves, il vous paraîtra sans doute paradoxal qu'à l'origine, il ne l'ait même pas fait de son propre chef. Au fait, c'est un membre du parti royaliste, un blanc, s'il vous plaît ! qui, en parlant à Bayon Libertat, le maître de Toussaint, annonça en sa

---

290 Marcelin Jocelyn, *La Guerre de l'Indépendance dans le Sud (1935)*, C3 éditions, Haïti, pages 37 et 38.
291 H. Pauléus Sannon, *Histoire de Toussaint Louverture, op.cit.*, page 88.

présence, qu'il avait un plan pour soulever les ateliers du Nord, non dans l'intérêt des esclaves mais plutôt pour paralyser le fonctionnement de l'Assemblée Coloniale qui prônait l'Indépendance de la colonie. Réalisant l'avantage qu'il pouvait en tirer, Toussaint se porta volontaire pour coordonner le mouvement[292].

Après avoir gagné la confiance des colons conspirateurs, il se rendit auprès de certains de ses amis les plus sûrs : Boukman Dutty, Georges Biassou, Jeannot Bullet et Jean-François Papillon. Il leur parla du plan des royalistes et les convainquit qu'ils pouvaient jouer double jeu et arriver adroitement à tourner l'insurrection à leur avantage. Ils se distribuèrent alors les rôles. Jean-François devint le chef du mouvement tandis que Boukman et Biassou acceptaient de le seconder. Avant de s'engager ouvertement, Toussaint, en habile manœuvrier, obtint d'abord un sauf-conduit des autorités coloniales qui le protégeait de toutes poursuites judiciaires ultérieures[293]. Sachant que son heure n'était pas encore arrivée, il accepta de jouer un rôle de liaison entre les différents chefs d'ateliers et les instigateurs du mouvement.

Tous les protagonistes – Noirs et sangs-mêlés – convinrent de se rencontrer dans la soirée du dimanche 14 août sur l'habitation Lenormand de Mézy au Morne-Rouge, où avait longtemps travaillé Mackandal. Il fallait convaincre les commandeurs des plus grandes habitations du Nord de se joindre à la conjuration. En ce début de soirée, 200 délégués de tous les ateliers situés entre Port-Margot et Limbé, l'Acul et la Petite-Anse, Limonade et la Plaine-du-Nord, Quartier-Morin et Morne-Rouge avaient répondu à l'appel pour planifier le soulèvement général.

Lorsque tous ceux qui avaient été conviés furent là, Boukman les conduisit dans un espace un peu plus retiré qui s'appelait le Bois Caïman. Un soleil rouge disparaissait à l'horizon. Des teintes de sang frais et de bois de rose entachaient le ciel et la végétation de l'endroit. Soudain, un brouillard d'une épaisseur grisâtre se mit à dévaler les pentes des mornes avoisinants. Il assaillit la clairière et arriva avec un vent dont la froideur glaça les participants jusqu'aux os. Pendant un moment, l'endroit fut plongé dans une obscurité épaisse.

---

[292] H. Pauléus Sannon, *Histoire de Toussaint Louverture*, op.cit., page 88.
[293] Ibid.

Subitement, le tonnerre gronda, menaçant. Des éclairs bleuâtres strièrent des nuages lourds et déclenchèrent une pluie torrentielle.

Un porc noir, que traînaient deux volontaires, hurla d'effroi et de douleur lorsqu'une vieille manbo aux cheveux ébouriffés et aux yeux rouges et hagards lui enfonça un couteau dans la gorge. Le sang gicla partout avant que l'animal râle et expire dans un dernier gémissement. Le vent continuait à souffler, mais l'eau cessa de tomber. Autour de l'animal sacrifié, les aides de la manbo s'empressaient d'en recueillir le sang fumant dans divers récipients qu'ils passèrent à tous les participants pour une lichée[294]. Tout à coup, le tourbillon se calma. Boukman prit la parole. À la manière d'Aristote et de Jésus de Nazareth, il leur expliqua qu'il était légitime de se mettre en colère quand les droits fondamentaux étaient bafoués et qu'il était juste de se cabrer contre ce qu'il faut, quand il le faut et comme il le faut. Il incanta alors son auditoire avec une prière qui le réveilla de sa léthargie.

« Bon Dye ki fè solèy, ki klere nou an wo;
Ki souleve la mè, ki fè gronde loraj
Bon Dye zòt tande,
Ki kache nan yon nyaj, la li gade nou.
Li wè tout sa blan fè.
Bon Dye blan mande krim.
E pa nou vle fè byen fè.
Mè Bon Dye la ki si bon, li òdone vanjans.
Li va kondui bra nou. Se li kap ba nou asistans.
Jete pòtre dye blan yo ki swaf dlo lan zye.
Koute la libète kap pale lan kè nou tous.

Le Bon Dieu qui a fait le soleil qui nous éclaire là-haut ;
qui soulève la mer et fait gronder le tonnerre,
Écoutez bien, vous autres,
Ce Bon Dieu-là, caché dans un nuage, nous regarde.
Il voit ce que font les Blancs.
Le dieu des Blancs demande le crime,
Le nôtre veut les bienfaits.
Mais ce Dieu qui est si bon, nous ordonne la vengeance !

---

[294] Petite quantité de liquide qu'on avale d'un seul coup.

Il dirigera nos bras, il nous assistera.
Jetez l'image du dieu des Blancs,
Qui a soif de nos larmes
Et écoutez la liberté qui parle à notre cœur[295] ! »

Une semaine plus tard, à la tombée de la nuit du 22 août 1791, le signal fatidique était donné et, pendant quatre jours et quatre nuits, le soulèvement prit des proportions invraisemblables. Des dizaines de milliers d'esclaves étaient debout. Leur colère fut sourde aux prescriptions de la raison et versa dans une vengeance et une violence aveugles. Ayant trop souffert pendant trop longtemps pour être sensibles à un message de pardon, ils saccagèrent tout ce qu'ils trouvèrent sur leur passage. Ils tuèrent, violèrent, écorchèrent et brûlèrent tous ceux et toutes celles qui leur tombaient sous la main.

Boukman était un esclave originaire de la Jamaïque. Cocher sur l'habitation Clément, il était doué d'une force prodigieuse et d'un courage téméraire : nul obstacle ne l'arrêtait. À la tête de ses bandes armées de fourches, de couteaux, de haches et de manchettes, il fit un carnage affreux. Les Blancs étaient impitoyablement massacrés sans distinction d'âge ou de sexe. Seuls certains médecins trouvèrent grâce devant les révoltés[296].

Ces derniers marchèrent sur le Cap et avant qu'ils n'y arrivent, ils réalisèrent que les quartiers de l'Acul et du Limbé étaient en cendres. Les ateliers de la Plaine-du-Nord, Petite-Anse, Quartier-Morin et Limonade avaient déjà disparu dans les flammes. Grande-Rivière, Sainte-Suzanne, Dondon, Marmelade, Plaisance et Port-Margot n'existaient plus. Les cannaies de la Plaine-du-Nord brûlèrent pendant des jours, de sorte que la lueur de l'incendie reflétée par la mer et par les nuages fut aperçue jusqu'aux Îles Turques.

La réactions des autorités coloniales prit du temps à arriver car elles avaient vraiment été prises de court. Quand elles se remobilisèrent enfin, la répression fut terrible. Les Blancs égalèrent et souvent surpassèrent en barbarie leurs esclaves révoltés. Dans beaucoup de cas, au plus fort du carnage, des esclaves

---

[295] H. Pauléus Sannon, *Histoire de Toussaint Louverture*, op.cit., page 89. La version créole a été recopiée en utilisant l'orthographe d'aujourd'hui. La traduction est de Pauléus Sannon. Pour reprendre les propos de Jean Fouchard : « *Les textes en langue Créole que nous avons du temps colonial [...] joints à ceux de la période de l'Indépendance et aux vieilles chansons qui datent des débuts de la communauté haïtienne, laissent deviner une sensible évolution du créole, à ce point qu'un Haïtien d'aujourd'hui entretiendrait peut-être assez difficilement une conversation avec Toussaint Louverture, Dessalines ou Pétion et même avec les compatriotes ayant vécu au temps de Boyer et de Soulouque.* »
[296] Ibid., pages 90 et 91.

domestiques s'étaient fait fort de protéger les membres des familles qu'ils servaient et leur avaient épargné le mauvais sort que voulaient leur faire les insurgés. Ces bienveillances, cette mansuétude ne furent pas offertes en retour. Lorsque le moment de la revanche fut venu, la démesure de la réponse des colons n'eut rien de comparable à la violence démente des esclaves : tout noir trouvé sur leur passage fut regardé comme ennemi et impitoyablement massacré ou pendu. Des mulâtres soupçonnés à tort d'être les instigateurs de l'insurrection étaient pourchassés et assassinés dans les rues du Cap sous les yeux de l'autorité par des petits-blancs en furie[297].

La situation demeura ainsi pendant un peu plus de deux mois. Les insurgés occupaient les quartiers de l'Acul et du Limbé et résistaient encore vaillamment aux assauts de l'Armée coloniale. Depuis la nuit du 22 août, plus de 50 mille esclaves avaient déserté les habitations du Nord et s'étaient joints à la rébellion. Sous pression des colons, l'assemblée coloniale décida de mener une offensive pour se défaire une fois pour toutes de Boukman et de ses acolytes.

Au début du mois de novembre, une escouade du Régiment du Cap dirigée par le colonel de Cambefort chargea au Fond-Bleu des révoltés que dirigeait Boukman et les força à se jeter dans un champ de cannes. Poursuivi par un piquet [298] de dragons, Boukman s'arrêta pour faire face à l'ennemi. Il se retourna et visa le colonel qu'il rata. Entouré par des cavaliers ennemis, il tenta de recharger son arme. Ce fut peine perdue. M. Michel, un officier des Mornets l'ajusta et l'abattit d'un coup de pistolet[299].

Comme Mackandal avant lui, Boukman avait convaincu ses ouailles de son invulnérabilité. Pour dissiper les rumeurs et détruire le mythe, son cadavre fut décapité et sa tête fut transportée au Cap comme un trophée. Juchée au bout d'un pieu fiché en terre, elle fut exposée pendant deux jours sur la place principale de la ville avec l'écriteau : « *Tête de Boukman, chef des révoltés[300] !* », rappelant le geste de Ponce Pilate lorsqu'il plaçait sur la Croix l'écriteau qui désignait Jésus comme Roi des Juifs.

---

[297] H. Pauléus Sannon, *Histoire de Toussaint Louverture*, op.cit., pages 90 et 91.
[298] Détachement, petite troupe de soldats qui doivent se tenir prêts. Groupe de cavaliers désignés pour monter à cheval au premier signal (les chevaux étant tenus au piquet, prêts à être détachés).
[299] Jean Fouchard, *Les Marrons de la Liberté*, op.cit., page 414.
[300] H. Pauléus Sannon, *Histoire de Toussaint Louverture*, op.cit., page 103.

— La cérémonie du Bois Caïman a souvent été décrite comme un pacte conclu avec le diable et que le sang de l'animal égorgé avait servi à sceller. Qu'en pensez-vous, lui demanda Cat?

— Mademoiselle Laporte, rien de ce à quoi j'ai pu assister au Morne-Rouge, ce jour-là, ne me permettrait de le dire. D'entrée de jeu, sachez que les sacrifices d'animaux et leur sang ont toujours fait partie des rites religieux du monde entier. Le père Olivier pourrait peut-être nous en dire un peu plus...

Olivier observait Moro d'un air perplexe : sa comparaison du chef des révoltés au Roi des Juifs était pour le moins osée, mais son récit était plus que jamais captivant. Bien que le prêtre dût mille fois se persuader qu'il était en face d'un fou, mille fois il s'était retrouvé à le suivre avec attention. Non parce qu'il voulait le prendre à défaut mais plutôt parce qu'il était fasciné par l'histoire envoûtante qu'il entendait. Moro avait cette habilité de peindre ses personnages tels qu'ils étaient : vulnérables, imparfaits et capables du meilleur comme du pire. Il était à l'Histoire ce que Philomé Obin[301] était à la peinture : un observateur attentif, capable de dépeindre des scènes inédites que des puits de lumière providentiels éclairent en se posant délicatement sur des personnages ou sur des évènements pour en délimiter les contours. Il reste alors à l'auditoire ou au spectateur de les interpréter à sa guise. Olivier se rappela les conseils d'Amélie et comprit que son tour était venu d'alimenter l'échange pour permettre à Moro de continuer.

— Il est grand le mystère de la foi, dit-il avec un sourire au coin des lèvres. Quoique la violence ne soit immanente dans aucune religion, il arrive des moments où toutes les religions justifient l'utilisation de la violence pour faire face à une agression. De tout ce que j'ai lu sur la cérémonie du Bois Caïman, de tout ce que j'ai entendu ce matin, répondit Oli, rien ne me laisse croire que Boukman et ses acolytes aient conclu un pacte quelconque avec le diable.

Quand je considère les sévices auxquels étaient quotidiennement exposés les esclaves et la réaction des colons aux revendications des affranchis, d'une part, et des esclaves, d'autre part, je n'ai aucun doute que l'appel à la révolution lancé par Boukman était juste et justifiable. J'ai cependant mes réserves sur la violence qu'il aura choisie d'exercer sur des femmes et des enfants ou sur le

---

[301] Peintre naïf haïtien.

fait qu'ayant maîtrisé ses adversaires, il ait choisi de les massacrer au lieu de les mettre aux arrêts.

Quant au sang versé pendant la cérémonie elle-même, il ne m'étonne, ni ne me dérange. Dans la Bible, lorsque le sang coule lors d'une cérémonie, c'est pour couvrir ou purifier les péchés du peuple ou pour établir une alliance ou sceller un pacte. Dans le livre du Lévitique, il est clairement dit que « le sang est la vie de toute créature. Et que [Dieu nous l'a] donné afin qu'il serve à accomplir sur l'autel le rite d'expiation pour notre vie. En effet, c'est parce qu'il représente la vie que le sang sert d'expiation[302]. »

Dans l'Islam, l'Aïd al Adha est célébrée pour commémorer le sacrifice avorté du fils d'Abraham à Dieu[303]. En effet, lorsqu'Abraham résolut de tuer Isaac, Il fut retenu par un ange et Dieu lui envoya un mouton pour être égorgé et offert en sacrifice à sa place. En souvenir de cette soumission totale d'Abraham à son Dieu, des sectes musulmanes célèbrent cette fête chaque année en sacrifiant un animal.

Dans le Judaïsme, le Yom Kippour – le jour du grand pardon – a traditionnellement été la fête juive la plus solennelle. Elle était célébrée tous les ans, le dixième jour du septième mois du calendrier hébraïque. À l'occasion, le souverain sacrificateur accomplissait un rituel complexe[304] pour expier les péchés du peuple. Avant d'entrer dans le Tabernacle, Aaron devait se baigner et mettre des vêtements spéciaux, puis sacrifier un taureau dont le sang était répandu sur l'Arche de l'Alliance. Ensuite, il apportait deux boucs. Le premier était sacrifié « à cause des impuretés des Israélites et de toutes les transgressions par lesquelles ils avaient péché » et son sang était répandu lui aussi sur l'Arche de l'Alliance. Le deuxième animal était le proverbial bouc émissaire : Aaron lui imposait les mains et confessait sur lui tous les péchés d'Israël. Il était ensuite conduit au désert où, portant toutes les offenses du peuple, il était abandonné pour qu'il y meure avec son fardeau.

Pour les chrétiens, Jésus-Christ est l'agneau sacrifié qui, en montant sur la Croix, a versé jusqu'à la dernière goutte de son sang pour l'humanité tout entière. Tous les jours, à la célébration de l'Eucharistie ou de la Sainte Cène, les chrétiens mangent et boivent symboliquement le Corps et le Sang de Jésus pour

---

[302] *Livre du Lévitique* 17 :11.
[303] *Surah As-Saaffat* 37:100–112.
[304] *Livre du Lévitique* 16.1-34.

s'unir à Lui. C'est ainsi qu'ils s'allient à Dieu et s'inscrivent dans son plan de rédemption pour l'humanité.

Si l'appel de Boukman à la révolte avait été lancé sur les parvis d'une église et non dans une obscure clairière, qui aurait trouvé quelque chose à lui reprocher ? À tous ceux qui s'avisent encore de le critiquer parce qu'il aurait utilisé sa religion pour appeler ses ouailles à la révolte, je répondrai simplement « qu'une spiritualité qui enseigne la résignation face à la violence de l'ordre établi, la condescendance servile face à la frustration et à la stérilité et enfin la soumission totale face à l'injustice structurelle, est une spiritualité qui a cessé de s'intéresser aux hommes et qui ne se préoccupe que d'une fallacieuse notion d'ordre[305]. »

— Je suis heureuse de t'entendre parler comme ça, lui dit Amélie. Où était cependant l'Église pendant le soulèvement ? Avait-elle abandonné les esclaves à leur sort ?

— Absolument pas, rebondit tout de suite, Olivier. Seize des vingt-quatre prêtres du diocèse du Nord ont eu une participation active et même décisive pendant et après l'insurrection[306]. Certains l'ont payé de leur vie : le père Philémon, curé du Limbé, sera pendu sur la place d'armes du Cap et sa tête exposée sur un pieu à côté de celle de Boukman. Le père Delahaye, curé du Dondon, sera noyé par Rochambeau lorsque celui-ci viendra rétablir l'esclavage en 1802. Le père Sulpice, proche de Jean-François et de Biassou, a fait chanter pendant une année entière des messes pour le repos de l'âme de Boukman dans toutes les paroisses en révolte. Le père Cachetan, curé de Petite-Anse, qui préféra rester auprès de ses ouailles marrons où il se sentait plus en sécurité que parmi les Blancs, fut fait prisonnier, puis exilé en France.

En revanche et malgré l'attitude héroïque des prêtres du Nord, force est de constater qu'il en était des curés de la colonie comme des affranchis. Si le sort des esclaves les émouvait, leur empathie ne s'exprima qu'en exemples individuels et non par une position systématique du clergé. Des prêtres et des congrégations ont malheureusement été dirigeants d'habitation, grands planteurs, fabricants de sucre, propriétaires de guildives et de caféteries. Ils vendaient des esclaves et en achetaient. Les Capucins comme les Jacobins, les

---

[305] Thomas Merton, cité par Kenneth Leech in: *The Social God*, Wipf and Stock Publishers, Eugene, Oregon 1981, page 49.
[306] Laënnec Hurbon, *l'Insurrection des esclaves de Saint-Domingue*, Les Éditions Karthala, Paris, 2000, page 42.

Dominicains comme les Jésuites, malgré leurs charges pastorales, ont exercé « le métier de colon et se sont englués dans la mentalité coloniale et le libertinage des villes, la cupidité et la débauche[307]. On a vu par exemple l'Abbé Enos offrir à la vente une esclave enceinte de sept à huit mois ; l'Abbé Castellane jugé au Cap pour un nègre tué sur les terres de son presbytère, un Curé de Cayes-Jacmel souffrant de « maladies honteuses, fruit d'autres débauches [...] et nombre de curés élevant des petits bâtards, nés de leur concubinage[308]. »

Je dois enfin admettre, à mon grand regret, que l'église catholique, en tant qu'institution, n'a jamais vraiment été à l'avant-garde de l'abolitionnisme. Son implication active a été plutôt tardive. Il aura fallu attendre la fin du XIXe siècle, alors que l'esclavage avait déjà perdu sa justification idéologique, pour que le pape Grégoire XVI positionne l'église catholique. Et même là, une lecture attentive de sa lettre apostolique intitulée « Pour détourner du commerce des Nègres » montre que son message n'était pas aussi clairement abolitionniste qu'il aurait fallu[309]. En effet, il n'exprimait pas l'incompatibilité radicale qui a toujours existé entre le message d'amour du Christ et le système esclavagiste. Au fait, une condamnation solennelle et univoque par l'église catholique n'est intervenue qu'en 1965 dans la constitution pastorale *Gaudium et Spes*[310] promulguée par le pape Paul VI lors du concile Vatican II. Elle était suivie le 22 février 1992 par la repentance formelle du pape Jean-Paul II à l'île de Gorée – 500 longues et pénibles années après que les premiers Taïnos eurent été mis en esclavage par Colomb. « Il convient, dit-il à l'occasion, que soit confessé en toute vérité et humilité ce péché de l'homme contre l'homme, ce péché de l'homme contre Dieu[311]. »

Plus Olivier parlait, plus son ton baissait en intensité. Soudain, il s'arrêta comme s'il avait perdu ses mots. Ses aveux sur l'Église l'avaient anéanti. Il se tut, ferma les yeux et le cœur déchiré, il poussa un gémissement douloureux. Tout le monde autour de la

---

[307] Jean Fouchard, *Les Marrons de la Liberté*, op.cit., page 393.
[308] Ibid.
[309] Claude Prudhomme, *La papauté face à l'esclavage : quelle condamnation ?* Mémoire Spiritaine, 9, Duquesne Scholarship Collection.
[310] Joie et espoir.
[311] Jean-Paul II, *Discours à la communauté catholique de l'île de Gorée dans l'Église de Saint-Charles-Borromée*, le 22 février 1992.

table – réalisant qu'il souffrait – resta coi. Au bout de quelques minutes, par un signe discret de la main, Cat mit fin à la séance. Gaby et Moro retournèrent en silence au bâtiment principal. Cat se leva et se dirigea vers son parrain qui, les mains jointes sur la bouche, était encore assis et avait les yeux clos. Elle se positionna derrière lui, se baissa, lui mit affectueusement les bras autour des épaules et l'enlaça. Les yeux noyés de larmes, Amélie les observait.

CHAPITRE 23

La semaine passa rapidement. Cat était absorbée par ses études, Amélie avait un horaire chargé à l'université et Olivier donnait tout son temps au Grand Séminaire. Lorsqu'enfin le samedi arriva, ils rencontrèrent Moro sous l'amandier. Il reprit son témoignage là où il l'avait laissé sept jours plus tôt.

— Le soulèvement général des esclaves avait mis la colonie à feu et à sang, dit-il. Pour calmer les esprits, la France dépêcha en novembre 1791 une commission civile pour tenter de réconcilier les protagonistes, réprimer le soulèvement des esclaves et remettre la colonie au travail. Celle-ci échoua lamentablement et l'ambiance générale se détériora de plusieurs crans.

Figure 28. Léger Félicité Sonthonax[312].

En septembre 1792, une deuxième commission débarqua dans l'île pour tenter une fois de plus de la pacifier. Ses efforts furent vains. Pour calmer les appréhensions des colons, Léger-Félicité Sonthonax et Étienne Polvérel, les deux jacobins à la tête de la commission, réaffirmèrent qu'ils n'étaient pas là pour abolir l'esclavage mais plutôt pour s'assurer que tous les hommes libres – quelle que fût leur couleur – soient traités comme étant égaux entre eux. Cet éclaircissement tomba dans des oreilles sourdes et n'ébranla pas les colons blancs. Dans l'Ouest, se sentant menacés dans leurs privilèges, ils refusèrent de déposer les armes et continuèrent leur mouvement de sédition.

En réaction, les commissaires renvoyèrent toutes les assemblées qui refusaient d'accepter des affranchis en leur sein. Les colons se raidirent et le conflit redoubla d'ardeur. Ils tramèrent alors un complot qui visait à arrêter les commissaires et à les déporter en France. Pour les contrecarrer, Sonthonax

---

[312] Portrait de Léger-Félicité Sonthonax (1763-1813), Collection inconnue.

créa la Légion de l'Égalité du Nord composée exclusivement d'affranchis. Il attaqua d'abord Port-au-Prince, puis Jacmel qu'il soumit rapidement. De son côté, Polvérel rétablit peu à peu l'ordre, d'abord aux Cayes, et ensuite dans toute la péninsule Sud. La bataille pour reprendre le Cap cependant fut plus longue et plus brutale. Retranchés autour du gouverneur général Galbaud, les colons qui avaient pris le parti des royalistes contrôlaient la ville et avaient repoussé la première attaque des forces républicaines menées par Sonthonax.

François Thomas Galbaud du Fort avait été nommé à son poste pour ramener la paix dans la colonie. Il était un colon absentéiste[313]. Dès son arrivée, il avait choisi de prendre le parti des colons blancs, des petits blancs et des royalistes contre les affranchis. Prétextant qu'il avait des intérêts qui l'empêchaient de remplir son rôle avec impartialité, Sonthonax le démit de ses fonctions et le mit aux arrêts sur un bateau en partance pour la France.

Galbaud fomenta une mutinerie parmi l'équipage. Il descendit à terre avec une dizaine d'hommes et s'empara de l'arsenal où étaient entreposées des quantités importantes d'armes et de munitions. Se voyant perdu, Sonthonax rameuta tous les libres, affranchit les esclaves du voisinage, libéra des prisonniers et, en moins de temps qu'il ne faut pour le dire, jeta dix mille hommes en contre-offensive. Les scènes de pillage et d'incendie auxquelles ils se livrèrent effrayèrent Galbaud et les plus réactionnaires des planteurs qui l'avaient suivi dans sa folle équipée. Il rembarqua rapidement à bord d'un bateau qui faisait voile vers les États-Unis[314].

Pour venir à bout du Cap, Sonthonax recruta des esclaves armés auxquels il promit la liberté. C'était un 20 juin 1792. Au bout de trois jours de combats aussi sanglants qu'intenses, la ville tomba aux mains des Républicains. Elle fut systématiquement pillée, puis incendiée. Plus d'une dizaine de milliers de colons prirent l'exil, certains en direction de Cuba, d'autres vers les États-Unis.

Deux mois plus tard, pendant que la colonie brûlait encore, les bouleversements politiques en France s'exacerbaient et prenaient l'allure d'un véritable séisme quand, le 20 septembre 1792, les révolutionnaires se radicalisèrent : l'Assemblée Législative fut dissoute pour faire place à la Convention où siégeaient de violents révolutionnaires. La royauté fut

---

[313] Il possédait une habitation à Saint-Domingue, mais avait choisi de vivre en France et de la gérer à distance.
[314] Jean-Claude Fignolé, *Moi, Toussaint Louverture*, Éditions Plume et Encre, Montréal 2004, page 166.

immédiatement abolie et, le 21 janvier de l'année suivante, le roi Louis XVI montait à l'échafaud.

En décapitant un roi, la France déclarait la guerre à tous les royaumes du continent qui entrèrent immédiatement en coalition contre la jeune république. En plus de tous les conflits existant déjà à Saint-Domingue, les plantations du Nord étaient pour la plupart détruites, le Sud et l'Ouest étaient en ébullition. En même temps, un exode massif de planteurs avait laissé un nombre considérable de plantations en friche. Ceux qui choisirent de rester sur place décidèrent alors de trahir le nouveau régime au pouvoir en France. Sur une braise où brûlait déjà un feu violent, ils décidèrent de jeter encore plus d'huile. Résolus à maintenir à tout prix leurs avantages de caste, ils offrirent la colonie, les uns à l'Espagne, les autres à l'Angleterre.

Toussaint, Jean-François et Biassou se rangèrent d'abord du côté de l'Espagne qui leur promit ainsi qu'à leurs troupes, libertés, exemptions, jouissances et prérogatives[315]. Ils les aidèrent immédiatement à prendre possession de Vallière, du Trou-du-Nord, du Fort-Dauphin, de la Grande-Rivière-du-Nord, de Ouanaminthe, de Marmelade, d'Ennery, de Plaisance, des Gonaïves, du Limbé et du Borgne. Les Anglais, quant à eux, se lièrent aux colons blancs et profitèrent de leur avantage naval pour contrôler certains des meilleurs ports de la colonie. Ils conquirent successivement Jérémie, le Môle Saint-Nicolas, Saint-Marc et l'Arcahaie. Saint-Domingue semblait à tout jamais perdue pour la France qui n'était présente que dans certains quartiers du Cap, à Port-de-Paix, à Port-au-Prince, à Léogâne, à Jacmel, à Aquin, aux Cayes et dans les Nippes[316].

Réalisant qu'il était à deux doigts de perdre la colonie la plus prospère que la France n'ait jamais eue, Sonthonax joua le tout pour le tout et le 29 août 1793, il proclamait la liberté générale de tous les esclaves dans le département du Nord. Un mois plus tard, son collègue Polvérel en faisait autant dans l'Ouest et dans le Sud. Les deux commissaires furent arrêtés le 8 juin 1794 et déportés en France, où ils débarquaient le 12 thermidor, c'est-à-dire, deux jours après l'exécution de Robespierre. L'heure de Toussaint Louverture avait sonné !

— N'avez-vous jamais rencontré Toussaint Louverture, lui demanda Cat ?

---

[315] H. Pauléus Sannon, *Histoire de Toussaint Louverture*, op.cit., page 127.
[316] Justin-Chrysostome Dorsainvil, *Manuel d'Histoire d'Haïti*, Procure des Frères de l'Instruction Chrétienne, Port-au-Prince, 1934, page 92.

— J'ai servi aux côtés du général, répondit Moro, avec un air presqu'offusqué. Dès qu'il s'était rallié aux Espagnols et avait décidé de prendre rapidement ses distances avec Jean-François et Biassou, il dut mettre en place un état-major indépendant. Il lui fallait aussi recruter ce dont il avait le plus besoin à ce stade : un cartographe qui connaissait bien le terrain, car il devait désormais sillonner la colonie.

Avant que les Anglais ne prennent le contrôle de Saint-Marc, j'avais pu m'enfuir de la ville avec les meilleures cartes de l'étude de M. Solis et je les avais confiées à Cécile Fatiman, une jeune manbo qui habitait Milot. C'était une très jolie métis, fille d'un marin corse et d'une esclave. Elle avait des yeux verts et une abondante chevelure noire. Un soir, je m'étais rendu à une cérémonie qu'elle avait organisée pour incanter les lwa et leur demander de sévir contre les bourreaux de leurs enfants. C'est là qu'elle me présenta au général.

— Êtes-vous en train d'insinuer, enchaîna Olivier ébahi, que ce Toussaint Louverture formé par les Jésuites fréquentait un *hounfort* ? Ce même prosélyte qui avait converti tant d'esclaves au catholicisme ? Celui qui s'était plaint à l'Abbé Grégoire de l'anticléricalisme des commissaires civils ? Celui qui insistait pour que tout son état-major assiste régulièrement à la messe avec lui ? Celui qui instaura la célébration de la Fête-Dieu dans toute la colonie ? Celui, enfin, qui était connu pour être un des plus fervents catholiques de la colonie ?

— C'est bien ça, Padre. Je comprends votre étonnement. Toussaint était en effet un fervent catholique, mais il était aussi un homme curieux. Manbo Cécile l'avait invité plusieurs fois à assister à des cérémonies vaudoues et il n'y avait jamais mis les pieds. Ce soir-là cependant, la séance touchait à sa fin quand le général entra dans l'espace. L'assemblée se tût comme si elle avait été tétanisée. Cécile fit taire les tambours. Elle s'avança vers Toussaint et s'agenouilla devant lui avec la plus grande déférence. Elle se releva, le prit gracieusement par la main et l'entraîna au milieu du péristyle.

Levant son bras, elle le fit lentement tournoyer sur lui-même de sorte que tout le monde le regarda. Tout d'un coup, elle s'écria : « Ça fait longtemps que nous l'attendions. Le voici notre sauveur. Les lwa m'autorisent à lui conférer tous leurs pouvoirs. Petit-fils de roi, il recouvre ce soir ses droits, non pour lui-même mais pour son peuple. Il ne conservera ce pouvoir qu'autant qu'il s'oublie lui-même et se sacrifie pour ses frères. »

Ayant dit cela, elle leva une cruche d'eau qu'elle versa sur la tête du général et qu'elle laissa ensuite tomber sur le sol où elle se brisa. Elle le prit ensuite par la taille et avec une force qu'on ne lui soupçonnerait pas, elle le souleva. Apostrophant l'assemblée, elle proclama : « Regardez-le bien et fixez ses traits dans vos mémoires. Pour lui désormais, il n'y a plus ni retour, ni recours. Il est notre maître, il est Houngan ! [317]»

Figure 29. *Toussaint Louverture*[318].

Lorsque la cérémonie fut terminée, Cécile, qui était en aparté avec Toussaint, me fit appeler et nous présenta l'un à l'autre. Elle lui dit qu'il pouvait me faire confiance et l'assura que personne mieux que moi ne connaissait la topographie de l'île. Le soir même, je repartais avec lui vers Marmelade où il cantonnait son armée.

— Toussaint Louverture, que tous ses contemporains ont décrit comme un rat d'église, était aussi un *houngan* ! Je n'en crois pas mes oreilles, reprit Olivier.

— C'est pourtant bien le titre que lui a conféré manbo Cécile en ma présence. Je tiens cependant à ajouter que même si le général en était reconnaissant, je ne crois pas qu'il ne s'en soit jamais publiquement prévalu. Je crois plutôt qu'il avait d'abord accepté cette désignation comme un titre honorifique et il lui aura fallu un peu plus de temps pour comprendre que, ce soir-là, il avait été investi de pouvoirs extraordinaires, ne serait-ce que dans l'imaginaire de son peuple et dans l'influence qu'il pouvait, à partir de ce moment-là, exercer sur lui.

Ainsi, Toussaint laissa Cécile, convaincu plus que jamais qu'il était prédestiné à libérer son peuple. Une fois que la Convention Nationale fit de la liberté générale une loi, Toussaint décida de se rallier à la cause de la

---

[317] Jean-Claude Fignolé, *Moi, Toussaint Louverture*, op.cit., page 105.
[318] Gravure, Collection privée.

République, car, au fond de lui-même, il savait qu'une victoire des Royalistes Espagnols sur les Républicains Français amènerait inévitablement un retour à l'ordre ancien et ainsi au rétablissement de l'esclavage.

C'est ainsi que, le 18 mai 1794, à la tête d'un état-major, un véritable « *dream team* », composé de Dessalines, de Christophe, de Vernet, de Clervaux, de Moyse, de Maurepas, de Desrouleaux, de Pierre Michel et de Gabart, le général se rallia à la France en lui assurant la possession de tous les territoires qu'il avait précédemment conquis pour l'Espagne. Il se retourna rapidement contre Jean-François et Biassou qu'il refoula sur la partie orientale de l'île. Il attaqua ensuite l'armée Espagnole qu'il délogea des Gonaïves. Là, tombé sur des réserves importantes de nourriture et de munitions, il en fit parvenir une partie substantielle, d'abord à Laveaux qui avait été désigné gouverneur par intérim et qui défendait tant bien que mal Port-de-Paix, et ensuite à Villate qui manquait de tout au Cap.

Ce n'est qu'après le succès complet de ces opérations que Toussaint se rendit auprès de Laveaux qui l'avait officiellement sollicité, une dizaine de jours plus tôt. Dès son arrivée, le gouverneur le nomma commandant du Cordon de l'Ouest. À ce titre, il attaqua alors les troupes anglo-espagnoles qui défendaient Saint-Marc. Rapidement, il s'empara du fort Bel-Air, mais il eut tous les doigts de la main droite écrasés par la roue d'un canon alors qu'il tentait de le replacer sur son affût. Souffrant le martyr, manquant de munitions, il dut se replier sur Dondon et Saint-Raphael qu'il rafla aux Espagnols au bout d'un combat sanglant.

Entre-temps, le général Rigaud qui, après la reddition de Tiburon contrôlait la péninsule Sud, se dirigea vers l'Ouest pour en déloger les Anglais. Il campa son armée au Fort Ça-Ira à proximité de Léogâne, dont il confia le commandement au jeune lieutenant-colonel Alexandre Pétion, son plus habile artilleur. Il voulait attaquer Port-au-Prince et l'assiéger. Les Anglais firent alors sortir des frégates et, en 6 heures, plus de 3 000 boulets tombaient sur Ça-Ira. La riposte de Pétion ne fut pas moins vigoureuse et les navires durent abandonner la lutte après avoir été sérieusement endommagés[319].

Deux mois de violents affrontements s'étaient écoulés sans que ni Saint-Marc, ni Port-au-Prince ne soient enlevés des mains anglaises. Il aurait fallu

---

[319] H. Pauléus Sannon, op.cit, page 177.

investir la place de tous les côtés, mais la chose était impossible tant que l'ennemi contrôlait l'Arcahaie, Mirebalais et la Croix-des-Bouquets. Le Gouverneur Laveaux décida alors, avec l'accord de ses généraux, de lever le siège des deux villes.

Toussaint et son armée se battaient sans répit depuis plus de deux ans, quand soudain, il y eut une éclaircie. Le 14 octobre 1795, une corvette de la république accostait au Cap et apportait la nouvelle de la signature de la Paix de Bâle entre l'Espagne et la France. Le Traité stipulait entre autres que l'Espagne cédait à la France la partie orientale de l'île. Pour récompenser ceux qui s'étaient battus corps et âme pour la France, la Convention Nationale nommait Laveaux général de division tandis que Toussaint, Rigaud, Villate et Caradeux était élevés au grade de général de brigade. Laveaux laissa alors Port-de-Paix pour le Cap où il installa le siège du gouvernement. Villate qui, jusque-là, contrôlait la ville, vit d'un mauvais œil le rétablissement d'une administration dans son fief. Il entra en rébellion et fit Laveaux prisonnier. Toussaint investit alors la ville avec son armée et confirma son attachement à Laveaux. Villate tenta vainement de résister. Il fut arrêté à son tour et expédié en France où, à son arrivée, il fut écroué à la prison de Rochefort.

Figure 30. Une manbo, dessin au crayon de Kassim Oumarou dos Santos.

CHAPITRE 24

La matinée s'était passée sans que le groupe ne s'en aperçoive. Ce ne fut que lorsque les cloches de Sainte-Anne appelèrent à l'Angélus de midi que Cat mit fin à la séance du matin. Ils déjeunèrent à la volée, tant ils étaient désireux d'écouter le récit de plus en plus saisissant de Moro. C'est comme s'ils étaient à l'entracte d'une pièce de théâtre dont ils avaient hâte de connaître le dénouement. Moro, lui aussi, était pressé de continuer. Pendant que Cat, Amélie et Oli terminaient leur repas, il était déjà là, debout près d'eux.

— Cet après-midi leur dit-il, j'aimerais arriver à l'unification de l'île par le vainqueur de la Guerre du Sud et peut-être, pousser jusqu'à sa déportation en France. Nous avons donc beaucoup d'évènements à couvrir ensemble. Pourrions-nous recommencer la séance ?

— À votre aise, lui répondit Cat. Nous sommes tout ouïe.

— Merci, Mademoiselle. Le 1er avril 1796, le Gouverneur Laveaux lisait une proclamation solennelle sur la place d'armes du Cap où il présentait Toussaint comme le sauveur des autorités constituées, « ce Spartacus, le Noir prédit par Raynal [pour] venger les outrages faits à sa race ». Par cette proclamation, il le nommait également lieutenant au gouvernement de Saint-Domingue[320]. Ce dernier s'agenouilla devant le gouverneur, lui baisa les mains et s'écria : « Après Bon Dieu, c'est Papa Laveaux ! »[321] En droite lignée de la prophétie de manbo Cécile, voilà maintenant que la plus haute autorité de la colonie confirmait son merveilleux ascendant. L'aura de Toussaint allait en crescendo.

Tout de suite après la cérémonie, Cécile s'approcha de moi et insista pour voir le nouveau lieutenant-gouverneur. Je m'arrangeai pour qu'ils se rencontrent le soir même dans une maison du Haut-du-Cap qui appartenait à Mésidor, un ami sûr. Lorsqu'en début de soirée la manbo arriva sur place, j'allai à sa rencontre et l'amenai à Toussaint. Pendant que je me retirais pour les laisser en aparté, le général me retint par la main et me pria de rester auprès de lui. Un peu gêné, je regardai en direction de Cécile qui, par un léger signe de la tête, me laissa comprendre qu'elle pouvait parler en ma présence.

— Bonsoir, Fatras-Bâton, lui lança-t-elle.

---

[320] Thomas Madiou, *Histoire d'Haïti, Années 1492-1799*, op.cit., page 347.
[321] Jean-Claude Fignolé, *Moi, Toussaint Louverture*, op.cit., page 172.

— Pourquoi m'appelles-tu ainsi, Cécile ? Je m'appelle Toussaint Bréda maintenant.

— Pour les lwa, tu seras toujours Fatras-Bâton. Ils te donneront bientôt un autre nom. Mais jusqu'ici, tu es encore celui que tu as toujours été. Aujourd'hui, un blanc a confirmé ma prophétie. Il t'a cependant appelé Spartacus. Connais-tu son histoire ?

— Mon parrain Pierre Baptiste m'en avait parlé. Spartacus était un gladiateur, si je me rappelle bien…

— Il était bien plus que ça. Il était un esclave comme toi ; un esclave qui s'était révolté contre l'Empire Romain. Pendant six ans d'une guerre sans merci, il avait gagné toutes les batailles qu'il avait menées contre les oppresseurs. Il a finalement été trahi par les siens et est mort les armes à la main. Pourquoi penses-tu que Laveaux t'a appelé ainsi ?

— Je n'en sais rien.

— Il t'a appelé Spartacus parce que c'est le destin qu'il te voue. Or, personne n'a le droit de traficoter dans ton Étoile, encore moins lui. Spartacus venait de Thrace. Ça te dit quelque chose ?

— … Non.

— Sache que la Thrace était un petit pays des Balkans qui aujourd'hui a complètement disparu et a été absorbé par l'Empire Ottoman. En réalité, personne ne sait plus où commençaient ni où finissaient ses frontières. Elles se sont évaporées avec les siècles. Et puis d'ailleurs, plus personne ne parle le Thrace, cette langue a disparu. Morte, comme Spartacus et comme son peuple ! Contrairement à ce que tu pourrais penser, Fatras-Bâton, les pays disparaissent oui, tu m'entends ? Oui, Monsieur ! Ils disparaissent quand ils faillissent, quand leurs fils ne savent plus comment les gérer ou qu'ils se laissent jouer par le premier blanc-manant venu. Malgré tout ce que t'a dit Laveaux, tu n'as pas à venger ta race. La vengeance et la rétribution n'appartiennent qu'au Grand Maître. Tu as été désigné pour guider ton peuple et lui ôter ses chaînes. Tu as été appelé pour lui créer un pays où il pourra vivre et élever ses enfants dans la dignité : ni plus, ni moins. Comprends-tu ça ?

Pourquoi as-tu appelé cet homme Papa ? Pourquoi t'es-tu agenouillé devant lui ? Pourquoi lui as-tu baisé la main ? Pourquoi ? Pourquoi ? D'où viennent ces simagrées ? Cet homme ne t'arrive même pas à la cheville et pourtant tu t'abaisses devant lui. Tu n'as donc rien compris de ce que je t'ai dit à Milot ? Tu es le sauveur d'un peuple. Réveille-toi, non ! Tu ne peux plus penser comme un esclave. Tu n'en as plus le droit. Tu n'es pas un laquais. Tu n'es plus un simple cocher. Tu es le maître de cette terre, Bon Dieu de Bon Dieu ! *Leve tèt ou*[322]. De graves évènements sont devant toi. Ton ennemi ne s'est pas encore déclaré, non. C'est un ogre et il est redoutable. *Veye zo-w*[323] ! De grâce, débarrasse-toi vite de tous les sentiments de servilité - physique ou mentale - qui t'habitent encore.

Sur ces mots, Cécile se met debout. Elle fixe Toussaint avec des yeux verts de rage et l'apostrophe une dernière fois : « Prends ton sang[324] ! » lui dit-elle « tu étais dans la nuit, mais ton jour est là ! C'est toi le soleil qui se lève à l'horizon. Savalou e ! Fatras-Bâton... m ale[325] ! ». Le général n'osait même pas la regarder et ne se leva pas pour la raccompagner. C'était le plus beau jour de sa vie, mais il avait soudain honte d'avoir déçu Cécile. La tête entre les mains, il s'abîmait dans de profondes réflexions.

Une trentaine de jours plus tard, une nouvelle Commission Civile arrivait à Saint-Domingue. Elle était composée de Sonthonax (fraîchement blanchi des crimes qui lui avaient été reprochés par la Convention), de Raimond (un mulâtre), de Roume, de Giraud et de Leblanc. Elle était investie de tous les pouvoirs et était là, entre autres, pour démettre Laveaux de ses fonctions de gouverneur par intérim. Avec l'accord et le support de Toussaint, Laveaux était alors élu député de Saint-Domingue aux assemblées métropolitaines. Il s'embarqua pour la France avec pour mission d'aller y défendre la liberté générale.

À la fin du mois de mars 1797, Toussaint écrasait l'Armée anglaise à Mirebalais. En récompense, la Commission l'éleva au grade de général en chef

---

[322] Relève la tête !
[323] Prends garde !
[324] Ressaisis-toi !
[325] À bon entendeur, salut ! Fatras-Bâton, je me tire.

de l'Armée de Saint-Domingue. Le destin plaçait maintenant Sonthonax carrément en face de Toussaint.

Plus les jours avançaient cependant, plus il était évident que le soulèvement général des esclaves, l'exode massif des planteurs vers Cuba et les États-Unis et la guerre mortifère contre les Espagnols et les Anglais avaient décimé l'économie de la Perle des Antilles. L'abolition de l'esclavage étant accomplie, il fallait maintenant à tout prix remettre la population au travail.

Dès son arrivée au Cap cependant, Sonthonax avait envoyé des signaux mitigés. D'une part, il avait ouvert des écoles pour former les nouveaux libres. D'autre part, il les avait armés en leur distribuant vingt mille fusils. Dans un geste qui semblait donner plus d'importance à son image de chef qu'aux intérêts réels de la collectivité, chaque fois qu'un homme recevait une arme, il l'acceptait à ces mots : « Voici la liberté que te donne Sonthonax ! »

Plus d'une fois, le commissaire tenta d'approcher Toussaint pour lui parler d'un projet d'indépendance de la colonie qui – venant d'un blanc – passait paradoxalement par l'assassinat des colons. Flairant un piège, Toussaint le dénonça au Commissaire Raimond. Sonthonax fut alors arrêté et expulsé de la colonie. Sa fulgurante carrière politique s'achevait dans le déshonneur. Bonaparte et la France ne lui pardonnèrent jamais d'avoir proclamé la liberté générale à Saint-Domingue. Sans cesse harcelé par la police secrète de l'Empire, Il mourut en 1813. Il n'avait que 50 ans.

— Quel dommage ! s'exclama Olivier. Sonthonax avait été un acteur clé de la première abolition de l'esclavage. Pourquoi cependant avait-il été si mal-aimé par Toussaint et par Rigaud ? Pourquoi n'ont-ils rien fait pour le sauver ?

— Peut-être parce que tout simplement, comme Toussaint et Rigaud, Sonthonax avait d'énormes ambitions politiques. Il s'était toujours aligné aux côtés du plus fort pour préserver ses avantages et préserver ses positions. N'oubliez pas qu'il était Girondin, c'est-à-dire modéré par vocation, mais Jacobin, c'est-à-dire radical par opportunisme[326]. Laveaux, Toussaint et Rigaud l'avaient toujours soupçonné de vouloir déclarer l'Indépendance de Saint-Domingue et d'en devenir le chef suprême.

Les rivaux de Sonthonax le savaient froid et calculateur. Il était celui qui n'avait pas hésité à s'allier seulement aux affranchis lorsqu'il venait de

---

[326] Le mot est de Jean-Claude Fignolé.

débarquer sur l'île en leur déclarant qu'il n'était là que pour garantir leurs droits et non ceux des esclaves. Cependant, chaque fois qu'il se sentira en difficulté, comme lors de l'affaire Galbaud, il sera aussi celui qui n'hésitera pas à affranchir des esclaves, pas parce qu'il les aimait, mais seulement parce qu'il était en difficulté et qu'il devait défendre ses intérêts. En voulant manger à plusieurs râteliers, il s'était créé des inimitiés de tout bord et lorsqu'en présence de tous les acteurs locaux -Blancs, mulâtres ou Noirs- il sera coincé comme un rat, personne ne s'empressera de lui aménager une sortie de secours.

— En l'absence de Sonthonax, qu'est-ce qui a pu envenimer autant les relations entre Toussaint et Rigaud ? lui demanda Cat.

Figure 31. Benoît Joseph André Rigaud[327].

— Toussaint et Rigaud portaient chacun dans son cœur des ambitions foncièrement personnelles. Tous les deux aspiraient au poste de gouverneur général. Tous les deux voulaient l'abolition de l'esclavage. Tous les deux pensaient avoir LA solution pour y arriver. Aveuglés par des égos surdimensionnés, ils n'avaient pas compris qu'ensemble ils auraient été invincibles, mais que seuls, ils étaient voués à l'échec.

Toussaint était fondamentalement un royaliste qui rêvait d'un pays indépendant. Rigaud, quant à lui, était un citoyen français loyal à la République. Toussaint avait fait partir Laveaux en douce et, en habile marionnettiste, il s'était arrangé pour lâcher assez de mou à Sonthonax pour qu'il se pende tout seul. Lorsqu'après sept ans de combat acharné, il arriva à bout des Anglais, il s'empressa de conclure un accord secret avec eux. Contre toute attente, il

---

[327] Brochet, Lucette, *Arbre généalogique des familles Rigaud, Brochet, Cohadon, Siard, Chosse, Josse, Cabon, Doret, Criou, Price, etc.,* in: gw.geneanet.org (N.B. Cette gravure est sensiblement différente de toutes celles généralement utilisées par d'autres historiens comme portrait d'André Rigaud.)

donna un sauf-conduit à la Légion d'York et au Régiment de la reine et leur permit de laisser la place avec leurs armes et leurs munitions. Il pardonna aussi étonnamment à tous les colons blancs qui avaient trahi la France et s'étaient joints à l'ennemi.

— Que pouvait-il bien avoir en tête, lui demanda Oli?

— Le général était de plus en plus confiant en son étoile. La vérité est qu'en quittant Port-au-Prince, le général Maitland lui avait proposé de le faire reconnaître roi de Saint-Domingue s'il était prêt à accorder un exclusif commercial aux Anglais. En échange, une flotte anglaise croiserait sans cesse dans les eaux territoriales du nouveau royaume pour le protéger des agressions de la France[328].

Toussaint fut quand même prudent et ne prit aucun engagement à ce stade. Il avait de justes raisons de douter de la viabilité de cette nouvelle alliance, car tout le monde savait que Bonaparte était entré en Égypte et que les Anglais n'avaient rien pu faire pour l'en empêcher. Il laissa alors Maitland partir sans l'inquiéter en sachant que l'officier anglais lui était désormais redevable et qu'un jour ou l'autre, il ferait appel à lui.

Toussaint avait maintenant d'autres chats à fouetter, des affaires plus urgentes à régler. Il était désormais en face de Rigaud qui était, de loin, mais de très loin, le plus farouche adversaire qu'il ait eu à affronter jusqu'ici. C'était un dur à cuir ! Adulé par les Républicains, il contrôlait le département du Sud dont les infrastructures n'avaient pas autant été affectées par l'insurrection générale et la guerre contre les Anglais. Il avait bien géré sa province qui était florissante.

— Hmmm ! Que les temps ont changé ! interrompit Amélie. Donc, à l'époque, les mérites des chefs reposaient sur leur performance ? *Adye Manman*[329] ! Quel maire, quel député, quel sénateur, quel délégué départemental peut se targuer, de nos jours, d'avoir pour seule et grande prétention d'avoir créé de la richesse pour sa ville, sa circonscription, son département ou tout bonnement, son territoire ? Enfin… pauvre pays !

Honnêtement Moro, je ne comprends pas que deux hommes de cette envergure et ayant les mêmes aspirations aient été incapables de gérer leurs désaccords. Je digère mal que Toussaint et Rigaud, qui avaient pourtant la

---

[328] Thomas Madiou, *Histoire d'Haïti, Années 1492-1799*, op.cit., page 456.
[329] Interjection créole exprimant un dépit.

même ambition pour le bien commun et le même amour pour leur terre natale, se soient laissés prendre au piège de leurs antagonismes au point que l'Histoire n'a finalement retenu que ce qui les avait divisés plutôt que tout ce qui aurait pu les réunir.

— Justement Manbo ! Contrairement à Toussaint qui se préparait à créer un nouveau pays, Rigaud était un patriote français qui avait été intraitable avec ceux qui avaient trahi son pays et s'étaient rangés du côté des Anglais. Chaque fois qu'il mettait la main sur un de ces traitres, il le faisait fusiller sans jugement, confisquait ses terres et les redistribuait à ses officiers en récompense de leurs mérites. Mais il était radin comme lui seul... et ce trait de caractère, plus que tout autre, le perdit. Nous le verrons un peu plus tard.

— Plus je vous écoute, moins je comprends, intervint alors Oli. Toussaint complotait ouvertement contre la Métropole sans que cela ne se sache ?

— Tout se savait Padre ! Le réseau d'espionnage du Directoire avait des yeux et des oreilles partout dans la colonie. Avant même que Maitland et Toussaint ne se rencontrent, les penchants indépendantistes du général en chef étaient connus des autorités. Le Directoire dépêcha alors un nouveau gouverneur qui devait reprendre contrôle de la colonie.

Lorsque le comte d'Hédouville débarqua sur l'île, il avait les idées faites. Dès son arrivée, il prit parti pour Rigaud et le nomma commandant en chef du département du Sud, bien que Toussaint fût déjà commandant en chef de toute la colonie. Avec cette décision, le destin venait de placer les deux hommes face à face et la guerre civile était devenue inévitable ; ce n'était plus qu'une question de temps. Des frères allaient s'entretuer. Les enjeux ne pouvaient être plus clairs : Si Toussaint gagnait, Saint-Domingue allait devenir indépendante. Si Rigaud l'emportait, la colonie resterait française. Avant de passer aux actes, Toussaint s'assura de se défaire de son premier adversaire. Il s'attela à discréditer Hédouville aux yeux du Directoire et, quelques mois plus tard, il le renvoyait en France.

Au mois de juin 1799 les dés étaient jetés. Toussaint tira le premier coup ! Pour effacer la frontière imaginaire qui, dans l'esprit de Rigaud, délimitait le département du Sud, il campa un détachement de dix mille hommes à Léogâne. Il en confia le commandement à son neveu, le général de brigade Hyacinthe Moyse, auquel il avait adjoint Dessalines. En réponse à la posture louverturienne, des affranchis, sympathiques à la cause du département du Sud se soulevèrent au Môle, mais Rigaud, bien qu'il en eût les moyens, ne leur envoya aucun soutien. Toussaint les mata rapidement et les hostilités commencèrent dans le Sud.

Rigaud résista d'abord vaillamment, mais son armée de trois mille hommes était de loin inférieure à celle de Toussaint qui en comptait dix fois plus. Lorsque Rigaud s'en rendit compte, il était trop tard et il n'arriva pas à mobiliser et à armer à temps les masses d'esclaves qui auraient pu lui permettre de rétablir l'équilibre des forces.

Entre-temps, Toussaint avait fait appel à Maitland et, grâce à ses bons offices, il était arrivé à conclure un accord tripartite avec l'Angleterre et les États-Unis. En leur offrant un accès exclusif au marché de Saint-Domingue, il avait obtenu que leur marine respective bloque tous les ports du Sud et empêche l'approvisionnement en nourriture, en armes et en munitions des troupes de Rigaud. Cet arrangement fut déterminant lors du siège de Jacmel qui dura cinq longs mois et qui marqua le début de la fin du mouvement de résistance des affranchis du Sud.

— Ce n'est donc pas d'aujourd'hui que date cette foutue mauvaise manie des dirigeants haïtiens d'appeler au secours des étrangers pour combattre leurs frères ? interrompit Cat. Toussaint ne jouait-il pas avec le feu en s'alliant à deux puissances esclavagistes pour consolider la liberté générale des esclaves de Saint-Domingue ?

— C'était un jeu de dupes, Mademoiselle. Toussaint se croyait plus intelligent que tout le monde. Cependant, les Américains et les Britanniques avaient été bien plus astucieux que lui dans ces négociations. En plus d'avantages commerciaux évidents, en garantissant une victoire de Toussaint sur Rigaud, les Anglo-Américains poursuivaient aussi la séparation de Saint-Domingue d'avec la France. Ainsi, en sevrant la colonie de la métropole, puis en l'isolant du monde extérieur – grâce au monopole que leur avait garanti Toussaint – ils arriveraient à contenir la menace de l'émancipation générale et l'influence pernicieuse d'un nouvel État noir dans l'Amérique[330].

---

[330] Carolyn E. Fick, *Haïti, Naissance d'une nation*, Éditions de l'Université d'État d'Haïti, 2017, page 383.

— *Apalipapa*[331] ! C'est encore ce qu'on nous fait payer aujourd'hui ! Mais, revenons à nos moutons : que se passa-t-il après le siège de Jacmel ?

— Je ne vous parlerai pas des atrocités que le général Christophe commit sur la population civile de la ville – particulièrement sur les femmes – et qui aujourd'hui lui aurait probablement valu d'être jugé pour crimes contre l'humanité. À ce stade, l'armée de Rigaud était en déconfiture. Elle reculait désespérément face à des troupes mieux équipées et plus motivées qu'elle. Un noyau dur de Rigaudins décida cependant de continuer à se battre vaillamment.

Acculé au Vieux Bourg d'Aquin, Rigaud tenta une dernière fois de freiner l'avance de l'ennemi. Il rangea ses soldats à l'entrée de la ville. Il avait deux canons qui, à chaque bordée, enlevaient des lignes entières à l'ennemi. Gabart, sous les ordres de Dessalines, se précipita avec les chasseurs de la huitième division sur les deux pièces d'artillerie, s'en empara et fit passer les artilleurs à la baïonnette. L'infanterie du Sud, écrasée sous le feu de six mille hommes, prit la fuite. Rigaud dont le cheval était blessé et dont le chapeau et les habits avaient été percés de balles, se mit à la tête de sa cavalerie qui ne comptait plus que cinquante dragons et chargea l'adversaire. Sans cesse arrêté par le feu nourri de la mousqueterie, il retourna dans la ville et tenta de gagner le fort du rivage.

Dessalines voulut en finir et lança contre lui toute sa cavalerie forte de mille cinq-cents hommes. Rigaud faillit plusieurs fois être pris, mais arriva à chaque fois à s'échapper. Finalement, un capitaine des dragons de l'Artibonite le cerna et allait lui donner le coup de grâce quand il le reconnut. Il baissa alors son sabre et le laissa partir. Ce capitaine s'appelait Charlotin Marcadieux[332].

— Ce même Charlotin Marcadieux qui vola au secours de Dessalines au Pont Rouge, lui demanda Ca ?

— C'est bien lui, Mademoiselle ! Cet homme a été la personnification même de l'héroïsme. Courageux à l'excès sur les champs de bataille, Charlotin a aussi été profondément humain en épargnant la vie de Rigaud d'abord et en se sacrifiant six ans plus tard pour sauver l'Empereur. Permettez cependant que je continue

---

[331] Interjection créole exprimant une évidence !

[332] Thomas Madiou, *Histoire d'Haïti, Tome deuxième,* imprimerie de Jh. Courtois, 1847, page 51.

mon témoignage avant de perdre le fil de mes idées et que j'embrouille l'histoire.

— Excusez-moi de vous avoir interrompu, Moro. Continuez, s'il vous plait.

— Merci, Mademoiselle. Rigaud réussit à atteindre son quartier général aux Cayes, où, au bout de multiples tergiversations, il signa finalement sa reddition, abandonna son quartier général et s'embarqua pour la France à partir de Tiburon. Toussaint proclama une amnistie générale mais en exclut quatre individus : Bellegarde, Millet, Dupons et Pétion. Pétion auquel il ne pardonna jamais de s'être joint à la cause de Rigaud.

La plupart des officiers de l'armée du Sud dont l'existence était menacée, les Faubert, les Geffrard, les Delva, les Bonnet, les Birot s'embarquèrent aux Cayes avant l'arrivée de Dessalines. Ils furent accompagnés jusqu'au rivage par la population. Ils se dispersèrent les uns dans les Antilles, les autres sur le continent Américain. Ils vécurent tous dans une grande misère. Rigaud en partant des Cayes avait refusé de partager avec eux une somme pourtant importante qu'il avait en sa possession. Il paiera cher son égoïsme et sa cupidité lorsqu'il revint dans la colonie avec l'expédition Leclerc.

Quelques temps plus tard, Toussaint proclamait la fin de la guerre civile et ordonnait alors à tous les cultivateurs de se remettre au travail. Malgré sa promesse d'amnistie cependant, il donna des ordres formels à Dessalines de trouver tout ce qui restait de sympathisants à la cause de Rigaud et de les exécuter. Dessalines les massacra.

— Mon Dieu ! s'écria Amélie. Comment comprendre sa clémence avec les Anglais et les colons blancs et sa cruauté envers ses frères affranchis ? Était-il à ce point obsédé par une lutte de classes ?

— Je me suis souvent posé la question, Manbo. Aurait-il pu exister une lutte de classe ou de caste entre les deux hommes ? « Entre Fatras-Bâton et Rigaud, bien sûr. Entre Toussaint et lui, non[333] ! » En réalité, Rigaud et Toussaint avaient d'énormes intérêts économiques en commun. Avec le temps, Toussaint était devenu, de loin, le plus riche et le plus grand propriétaire terrien de la colonie. Il s'était retrouvé, comme Rigaud, dans une même obligation, celle d'édicter des règlements qui, de facto, rétablissaient l'esclavage dans toute la colonie. Là encore, Toussaint qui voulait à tout prix rétablir la prospérité de la colonie a été

---

[333] Jean-Claude Fignolé, *Moi, Toussaint Louverture*, op.cit., page 210.

d'une sévérité, que dis-je, d'une cruauté avec ses frères noirs que je n'ai jamais comprise.

— Ce que vous avancez est fort, lui dit Amélie. Toussaint n'a quand même pas rétabli l'esclavage à Saint-Domingue !

— Manbo, nous pouvons débattre – sans fin – de sémantique, mais je veux et ne peux vous raconter que ce dont j'ai été le témoin. La réalité est qu'en 1801, le gouverneur général avait même fait inscrire ce projet dans sa Constitution.

— Ah non ! Vous allez trop loin, interrompit Amélie. Toussaint n'a jamais parlé de traite dans sa constitution.

— Je vous concéderai, Manbo, que le gouverneur général n'avait mentionné ni Noirs, ni esclaves dans sa constitution, mais plutôt de « l'introduction de cultivateurs indispensables au rétablissement et à l'accroissement des cultures[334]. » Mais, soyons sérieux : où pensez-vous qu'il allait trouver cette main-d'œuvre ? Et comme de fait, d'où provenaient ceux qui, toutes les semaines, étaient débarqués dans les grandes villes du pays, vendus et amenés d'office sur les grandes plantations ? D'Afrique ! Manbo, uniquement d'Afrique !

— Ouh ! Moro, vous me donnez la migraine. Cat, verse-moi un peu d'eau, s'il te plaît. Je respire mal.

Cat se leva rapidement de table, alla trouver sa marraine et lui apporta un gobelet d'eau. Elle lui toucha ensuite le front. Elle était pâle mais n'avait pas de fièvre. En lui prenant le pouls, Cat déduisit qu'elle avait un rythme cardiaque élevé et qu'elle respirait fort.

— Je crois que tu fais une petite crise d'anxiété, Marraine. Prends un peu d'eau. Tiens ce petit sachet en plastique. Place-le autour de ton nez et de ta bouche et respire profondément pendant quelques minutes. Tu devrais bientôt aller mieux.

Chose dite, chose faite. Un instant plus tard, Amélie avait retrouvé son calme et respirait normalement.

— Je vais mieux. Merci, ma chérie.

— Voudrais-tu ajourner la séance, lui demanda sa filleule ?

---

[334] *Constitution de 1801*, article 17.

— Non. Je me sens vraiment mieux. Nous pouvons recommencer. Moro, je suis désolée d'avoir interrompu votre témoignage. Vous nous parliez de Toussaint Louverture et de l'état de la colonie après la Guerre du Sud.

— Vous êtes sûre, Manbo ?

— Absolument... Allez-y.

— De 1792 à 1800, Toussaint s'était battu sans arrêt. Il était sorti vainqueur de toutes les guerres qu'il avait menées. Maintenant qu'il avait réalisé ses objectifs et qu'il était le chef incontesté de la colonie, il lui fallait l'organiser, l'unifier, la repenser, la sécuriser, la pacifier et la mettre sur les rails de la prospérité.

Dans les tout premiers jours de 1801, déterminé à appliquer le traité de Bâle qui cédait toute l'île à la France et désireux de créer un territoire qui soit uni de la mer à la mer, il envahissait la partie espagnole. Après une campagne militaire qui ne dura qu'une vingtaine de jours, il entrait en triomphateur à Santo-Domingo. Enivré par ses succès, il retourna au Cap où dès le mois de mai, fit voter une nouvelle Constitution qui faisait de lui un gouverneur général à vie et qu'il promulgua avant même d'avoir obtenu l'autorisation de la Métropole.

Toussaint et ses officiers avaient accumulé des richesses considérables en prenant le contrôle des plantations que les royalistes avaient abandonnées. Malgré le pouvoir et l'opulence dont ils jouissaient, Toussaint comprit rapidement que son œuvre était en péril. Le rendement des plantations avait diminué, l'économie de Saint-Domingue était en déclin et ses aspirations indépendantistes l'avaient mis carrément en face de Napoléon.

Toute sa force s'appuyait alors sur une armée créole qui était extrêmement bien formée et plus disciplinée que n'importe quelle armée européenne. Elle était composée exclusivement de Noirs créoles et de mulâtres. Bien qu'il eût tout fait pour soumettre les bossales, le gouverneur général ne les avait jamais intégrés dans son armée car, il ne leur avait jamais vraiment fait confiance.

Son obsession était de rétablir le fonctionnement normal de l'économie de plantation. Aussi lui fallait-il faire comprendre aux nouveaux libres que la fin de l'esclavage ne signifiait nullement la fin du travail de la terre. Ce fut à l'armée – dite alors Armée coloniale – parce que composée de natifs de la colonie que revint, entre autres, le rôle de traquer les marrons et de les ramener, de gré ou de force, sur les plantations.

— Finalement, devrais-je conclure que Toussaint n'était qu'un politicien opportuniste qui utilisait les uns et les autres au gré de ses intérêts, lança vivement Cat ?

— Mademoiselle, je dirais plutôt que Toussaint ne connaissait que le système économique des plantations et qu'il voulait le préserver à tout prix. Et c'est pourquoi, je disais, il y a un moment, qu'il voulait rétablir une forme d'esclavage sous un autre nom. Ce faisant, il avait cependant surestimé ses forces. S'il était le chef incontesté et incontestable de la colonie, en s'attaquant aux marrons, sans qu'il ne le réalise, il avait miné les fondations mêmes de son pouvoir. Oubliant les sages conseils de Cécile Fatiman et voulant plaire aux colons français, gage de prospérité de l'État indépendant auquel il aspirait, Toussaint empêcha que les cultivateurs aient des lieux où ils pouvaient se rencontrer, se concerter et revendiquer leurs droits. Il prohiba alors toutes les pratiques du vaudou et fit de la religion catholique, apostolique et romaine la seule publiquement professée[335].

Qui pis est, une fois sorti vainqueur de la Guerre du Sud, Toussaint avait proscrit toutes les danses et toutes les assemblées nocturnes dans les villes, les bourgs et les habitations. Il était allé jusqu'à décréter que les contrevenants à ces mesures recevraient des punitions corporelles consistant à les faire courir entre deux haies de soldats armés de verges jusqu'à ce qu'ils s'affaissent sous les coups. Les condamnés sanguinolents étaient ensuite jetés en prison[336].

— Bon de Dieu de Bon Dieu, pourquoi avait-il été si cruel envers les vaudouisants, lui demanda Cat ?

— Qui sait, Mademoiselle ? Tous ces sévices étaient insensés et ne pouvaient rien augurer de positif. Dans sa toute puissante arrogance, Toussaint s'était graduellement aliéné le support des *houngan*, des mambos, des *hounsis*[337] et des chanterelles[338]. Le travail corrosif des termites avait commencé et une des poutres centrales de l'édifice louverturien (les vaudouisants) était à deux doigts de s'effondrer.

— Par quelle magie est-ce qu'un homme apparemment normal peut-il oublier les engagements qu'il avait pris avant d'arriver au pouvoir ?

---

[335] *Constitution de 1801*, article 6.
[336] Thomas Madiou, *Histoire d'Haïti, Tome deuxième*, op.cit., page 28.
[337] Initiés du vaudou.
[338] Chefs de Chœur dans le vaudou.

— Mademoiselle, il n'y a que l'arrogance de l'Homme qui puisse l'expliquer. Trop préoccupé par son pouvoir et par l'avenir qu'il lui permettait d'imaginer, Toussaint avait oublié tout ce que lui avait prédit Cécile. Il avait oublié qui étaient ses vrais frères et sœurs. Il avait oublié de qui il tenait son pouvoir. Il avait oublié Spartacus. Il s'oubliait lui-même.

Malgré tout, la colonie entra dans une ère de prospérité : l'agriculture redevint florissante, la stabilité politique était revenue et des maîtresses blanches se succédaient dans le lit du gouverneur général. Depuis l'annexion de la partie Est de l'île et la fin de la guerre du Sud, les propriétaires terriens vivaient leurs premiers moments de paix depuis dix ans et avaient rapidement réhabilité les plantations. Toussaint était aux anges. Les mirages de la gloire lui avaient fait voir et croire toutes sortes de chimères. Il avait droit de vie et de mort sur tous ses sujets et n'avait de redevances ni de comptes à rendre à personne. Au moins… c'est ce qu'il croyait.

— Que s'est-il alors passé, poursuivit Cat ?

— Il nomma le général Moyse administrateur de l'agriculture pour le département du Nord et se rendit rapidement compte que son neveu, qui avait été jusque-là un foudre de guerre, n'en était pas moins un piètre administrateur. Pressé par son oncle de lui fournir des explications, Moyse s'était alors prononcé pour les marrons et expliqua à son oncle qu'il s'était trompé de cible, que l'ennemi ne se trouvait pas parmi les marrons, mais plutôt parmi les colons blancs et que c'est eux qu'il fallait pourchasser et exterminer. Toussaint le rabroua.

Quelques jours plus tard, Moyse entrait ouvertement en sédition et soulevait les cultivateurs de Marmelade et du Dondon. Toussaint chargea Dessalines de mater l'insurrection. Rapidement, Moyse fut fait prisonnier et incarcéré à Port-de-Paix. Toussaint forma une commission militaire au Cap qui jugea son neveu *in absentia* et le condamna à mort. Le 20 novembre 1801, Moyse fut amené au pied du Grand Fort de la ville où il fut fusillé.

Rigide et autoritaire à l'excès, Toussaint était allé trop loin. En faisant tuer son neveu, un de ses plus vaillants généraux, il venait de perdre la confiance de son état-major qui commença à douter – non sans raison – de sa propre sécurité.

En attendant, les nuages sombres d'un autre orage commençaient à s'amonceler sur la colonie. Résolu d'en finir avec celui qui, sans son autorisation, s'était autoproclamé gouverneur général à vie et qui de surcroit avait osé lui écrire « du Premier des Noirs au Premier des Blancs », Bonaparte faisait embarquer une vingtaine de milliers de soldats des plus belles troupes de France sur 40 vaisseaux, 27 frégates et 17 corvettes[339] dont il confia le commandement à son beau-frère, le général Leclerc. Il le chargea secrètement d'une mission ambitieuse qui comprenait : la destitution du gouverneur général, l'arrestation et la déportation des principaux officiers indigènes, la dissolution de l'Armée coloniale, le désarmement des cultivateurs et le rétablissement de l'esclavage.

L'imposante flotte arriva dans la baie de Samana le 29 janvier 1802. Toussaint, qui était à Santo-Domingo, s'empressa de se rendre sur les lieux pour évaluer le formidable rassemblement de forces dirigées contre lui. J'étais à ses côtés, lorsqu'il s'écria non sans dépit : « La France entière vient à Saint-Domingue pour se venger. » Devant un tel déploiement, le gouverneur comprit rapidement qu'il était en difficulté.

Il se mit alors en route pour le Cap. En chemin, il trouva Christophe qui l'informa de la présence d'une escadre dans la baie de la ville. Elle était dirigée par le général Leclerc en personne qui somma Christophe de lui livrer les lieux. Christophe lui demanda un délai de 24 heures pour consulter Toussaint. Leclerc refusa et força le débarquement. Lorsqu'il entra au Cap, il trouva un amas de cendres. Christophe l'avait incendiée en mettant le feu, pour donner l'exemple, à sa propre résidence. Toussaint le félicite pour ce geste de courage et d'abnégation. C'était le commencement de la fin pour la colonie la plus prospère de la France.

Toussaint alerta toute de suite Dessalines et ses principaux généraux en leur demandant de monter une défense rigoureuse contre l'envahisseur et de tout brûler plutôt que de céder un pouce de terrain. La plupart de ces correspondances étaient interceptées par l'ennemi et plus de la moitié de l'Armée coloniale s'était déjà rendue à l'envahisseur combattant aux côtés de la France.

Le seul espoir de Toussaint était de résister jusqu'à la saison des pluies, avec les troupes qui lui restaient. Il savait que les pluies amèneraient avec elles

---

[339] Jacques Salès, *Haïti, naissance tragique*, Éditions France-Empire Monde, Paris 2012, Page 313.

toutes les maladies endémiques de l'île et l'aideraient à décimer les forces napoléoniennes.

Dessalines de son côté, avait organisé la défense de l'Ouest et de l'Artibonite en s'établissant avec ses troupes à la Crête-à-Pierrot. Les troupes indigènes soutinrent deux attaques successives, mais ne purent résister contre des forces écrasantes. Elles durent abandonner la place. Cela dit, je vous ferai remarquer que la retraite du Fort, où les troupes de Dessalines s'ouvrirent un passage à la baïonnette au milieu d'ennemis dix fois plus nombreux, est un des plus beaux faits d'armes de l'histoire d'Haïti[340].

Figure 32. Charles Victor Emmanuel Leclerc[341].

Pour maximiser ses chances de réussite, Bonaparte avait aussi pensé mettre à contribution les rancunes et le désir naturel de vengeance de ceux qui venaient à peine de perdre la Guerre du Sud. Sur la frégate *La Vertu*, il avait fait embarquer Rigaud, Villatte, Pétion, Boyer, Dupuche et tous ceux qu'il avait pu rassembler d'officiers mulâtres réfugiés en France. Leur sort dépendait toutefois de la tournure des évènements. Ils ne devaient participer aux hostilités que si les indigènes opposaient une résistance coriace. Dans le cas contraire, ils devaient tous être déportés vers Madagascar.

— Quel cynisme ! s'écria Cat. La Guerre du Sud ne leur avait donc pas suffi... Sans scrupules, voilà qu'une fois de plus, une fois de trop, les Blancs, utilisent nos antagonismes de frères ennemis ! Comme des zombis, ils nous mystifient, nous manipulent et nous-voilà à nous entretuer pour défendre une cause tout à fait contraire à nos intérêts.

---

[340] Anténor Firmin, *M. Roosevelt président des États-Unis et la République d'Haïti*, F. Pichon et Durand-Audias, Paris, 1905, page 276.
[341] Justin-Chrisostome Dorsainvil, *Manuel d'Histoire d'Haïti, op.cit..*, page 129.

— En effet, Mademoiselle. Leclerc arriva à investir le Cap, au prix d'énormes pertes dans ses rangs. Il comprit rapidement que la reconquête de la colonie allait être bien plus périlleuse qu'il ne l'avait initialement estimée. Il décida alors de débarquer les hommes du Sud à Saint-Marc et les intégra immédiatement dans l'armée Française. Une fois à terre, il les sépara adroitement d'André Rigaud qui avait bien joué son rôle d'épouvantail. À ce stade, Leclerc n'en avait plus besoin. Sous prétexte de le faire transporter par bateau aux Cayes dont il avait été supposément nommé commandant, une fois à bord, il fut arrêté et déporté immédiatement en France. Arrivé à destination, il fut incarcéré au Fort de Joux, quelques mois avant son illustre rival.

La première tentative de négociation avec Toussaint ayant échoué, le capitaine-général l'avait déclaré hors-la-loi. Les forces en présence avaient chacune subi de lourdes pertes et Toussaint préparait une nouvelle offensive. Avant de la lancer, il tenta de nouvelles négociations avec Leclerc et lui dépêcha Christophe pour mieux comprendre ses intentions. Sans même prendre le soin de revenir à Toussaint pour lui rendre compte des résultats de la mission qui lui avait été confiée, Christophe le trahissait séance tenante et désertait en se rendant à Leclerc avec 1 200 soldats, son artillerie et ses munitions.

Le gouverneur général se retrouva alors dans une position intenable. Déconfit, il capitula sans consulter Dessalines. Le 6 mai 1802, entouré de sa garde rapprochée, il signait sa reddition et se retirait pacifiquement sur son habitation à Ennery. Dessalines, esseulé, n'eut alors d'autre choix que de se soumettre lui aussi à l'envahisseur.

Toussaint s'était cependant rendu à l'ennemi avant qu'il ne réalise que sa situation, bien que critique, était de loin meilleure que celle de son adversaire. En effet, deux semaines après le débarquement, 2 000 soldats français étaient déjà à l'hôpital, les trois quarts malades, le reste blessé au combat. À la fin du mois d'avril, 3 petits mois après les premières escarmouches entre les troupes de Leclerc et celles de Toussaint, juste avant que ne commencent les pluies de mai, environ un tiers des hommes de l'armée de débarquement n'était plus en état de servir, sans compter ceux qui étaient déjà morts.

Dans cette partie de poker, où chacun devait savoir cacher son jeu et intimider son adversaire, Leclerc avait été le plus audacieux. Son bluff avait réussi. Toussaint s'était rendu prématurément. Il fallait maintenant le faire prisonnier et l'expulser en France, sans que la colonie ne s'enflamme spontanément.

Dessalines fulminait contre Toussaint. Il n'arrivait tout simplement pas à comprendre que le gouverneur se soit rendu sans lui demander son avis. Il avait certes perdu la Crête-à-Pierrot, mais son armée était encore motivée et prête à se battre. Il conclut alors que le gouverneur général s'était laissé avoir comme un minable et qu'il fallait qu'il s'en débarrasse à tout prix.

— Voulez-vous insinuer, lui demanda Cat, que Dessalines ait trahi Toussaint ? Qu'a-t-il bien pu se passer entre les deux hommes pour jeter de l'huile sur le feu d'une relation qui, d'emblée, n'aurait pas dû être aussi difficile ?

— En réponse à votre première question, il est évident qu'en signant sa reddition sans prévenir Dessalines, Toussaint avait commis un impair grave. Pour avoir longtemps été proche du gouverneur, je peux affirmer qu'il avait de l'estime pour son général, mais qu'il en avait peur et le jalousait en même temps. Dessalines avait gagné la plupart des grandes batailles de Toussaint et lui était resté fidèle. En échange, Toussaint avait été inexplicablement et constamment maladroit avec son général. J'ai été personnellement témoin d'au moins trois incidents – l'un plus grave que l'autre – qui, en plus de la capitulation prématurée de Toussaint, avaient exaspéré les relations entre les deux hommes.

Le premier eut lieu à Port-au-Prince. Toussaint avait obligé Dessalines à faire antichambre plus que de raison, pendant qu'il recevait une de ses nombreuses maitresses blanches. Le général pouvait alors entendre, à travers la cloison en bois de la salle d'attente, les ébats et les rires frivoles des amants alors qu'il était là à poireauter comme un vulgaire sous-fifre. Il ne digéra pas cette humiliation.

Le second eut lieu au quartier général de l'Armée aux Gonaïves. Toussaint avait convoqué Dessalines pour lui reprocher de ne pas avoir suffisamment soutenu l'officier Christophe Morney. Dessalines l'avait pourtant prévenu que Morney était nul et ne méritait pas son grade. Toussaint n'avait rien voulu entendre et l'avait malgré tout promu général. Contre les Anglais à l'Arcahaie, Morney avait été en dessous de tout et avait perdu 800 hommes. Dessalines aurait pu l'aider mais l'avait abandonné à son sort. Le gouverneur vitupérait contre son général. Séance tenante, il le dégrada et le mit aux arrêts au Fort du

Morne-Blanc aux Gonaïves[342]. Qui pis est, lorsqu'il le fit sortir de prison, il le renvoya à son commandement et eut le mauvais goût de lui conseiller de regagner ses épaulettes sur le champ de bataille. Dessalines n'avala jamais l'outrage.

Le troisième incident eut lieu après la Guerre du Sud. Comme je vous l'ai déjà raconté, c'est par centaines que d'anciens rigaudins, malgré la proclamation d'une amnistie générale, avaient été assassinés par Dessalines sous l'ordre exprès de Toussaint. Cependant, chaque fois qu'il rencontrait des notables du Sud qui lui reprochaient ces exécutions sommaires, le gouverneur général en rejetait toute la responsabilité sur Dessalines. « Je n'avais pas commandé de faire tant de mal », répondait-il. « J'avais demandé d'émonder l'arbre, Dessalines l'a déraciné. » Le général avait vécu ce désaveu comme une preuve de l'hypocrisie du gouverneur général et de son opportunisme démesuré. « Cet homme vendrait sa mère pour arriver à ses fins politiques », disait-il. Il lui fallait, plus que jamais, être sur ses gardes.

— Il a donc trahi Toussaint, insista Cat?

— J'y arrive, Mademoiselle. Patience ! Une ou deux semaines après la démission du gouverneur général, Dessalines était solennellement invité par Leclerc à le rencontrer au Cap. Quand il entra dans la ville, il reçut l'accueil le plus flatteur de la population créole. Les Blancs quant à eux vécurent cette visite dans la douleur et ne comprirent pas qu'un homme, couvert de tant de sang blanc, soit reçu avec autant de déférence.

Arrivé au Palais National, Dessalines y fut accueilli par le capitaine-général avec une extrême affabilité. Leclerc lui fit don d'une magnifique paire de pistolets, d'un sabre d'honneur et d'une prime de cent pièces d'argent valant huit-cents piastres[343]. Il en profita pour lui confier qu'il comptait sur son énergie pour l'extermination des brigands et le rétablissement de l'ordre. Sans ciller, Dessalines lui répondit : « Le tonnerre les pulvérisera !»

Alors que l'entretien touchait à sa fin, le capitaine-général changea brusquement de ton et lui demanda si Toussaint ne l'avait pas engagé à ne pas se soumettre à la France. Cette question surprit Dessalines qui répondit néanmoins calmement : « L'éloignement de Toussaint de la colonie ne peut que

---

[342] Thomas Madiou, *Histoire d'Haïti, Années 1492-1799, Deuxième édition*, op.cit., page 435.
[343] Thomas Madiou, *Histoire d'Haïti, Tome deuxième*, imprimerie de Jh. Courtois, 1847, page 261.

m'être agréable[344]. » Par cette réponse, Dessalines aura été coupable d'une chose : avoir abandonné Toussaint à son sort, comme Saint Pierre avait renié Jésus dans la cour du grand prêtre du Temple de Jérusalem. Ou d'une autre : de l'avoir vendu, comme Judas, pour quelques pièces d'argent.

Il y a peut-être une troisième option. Malgré les ruses du capitaine-général, Dessalines n'avait pas mordu à l'hameçon. S'il s'était manifesté en faveur de Toussaint, il aurait probablement été arrêté sur-le-champ. Leclerc, à ce stade, ne voulait qu'une seule chose : l'arrestation de l'ancien gouverneur et sa déportation en France. Il voulait s'assurer à tout prix que Dessalines n'allait pas s'y opposer. Une fois l'entrevue terminée, Leclerc était rassuré : Le général était non seulement disposé à ne pas contrarier l'arrestation de l'ancien gouverneur, mais il était aussi déterminé à combattre ceux qui prendraient les armes pour le venger. Pour prouver sa « bonne foi », Dessalines par la suite n'hésitera pas à poursuivre Charles et Sanite Bèlair qui s'étaient soulevés dans les Matheux pour venger Toussaint Louverture[345]. Il les arrêtera et les livrera au capitaine-général qui les fusillera.

Comme prévu, les pluies de mai étaient arrivées et avaient amené avec elles leur armée de maladies tropicales. La fièvre jaune commença à ravager les troupes européennes et, pour comble de malheur, la peste pointait son hideuse tête. Les hôpitaux du Cap et du Port Républicain[346] ne désemplissaient pas.

Comme si tout cela n'était pas assez, les dragons de l'ancienne garde d'honneur de Toussaint commençaient à s'agiter, faisant savoir imprudemment à la population que leur soumission n'était que temporaire et qu'ils attendaient patiemment que les pluies et les épidémies continuent à faire des victimes. Les espions du capitaine-général l'en informèrent et il se rendit à l'évidence qu'il ne pouvait plus attendre : Toussaint devait être mis sous les verrous.

Leclerc décida alors de le provoquer en lui tendant un piège pour le forcer à se déplacer d'Ennery où il jouissait encore de solides assises. Le général Brunet s'arrangea pour organiser dans la zone d'importantes manœuvres militaires au cours desquelles, de temps à autres, les cultivateurs de Toussaint étaient malmenés. Des soldats français, feignant d'être ivres, étaient même

---

[344] Thomas Madiou, *Histoire d'Haïti, Tome deuxième*, op.cit., page 261.
[345] Ibid.
[346] Port-au-Prince fut rebaptisée Port Républicain pendant la Révolution française.

allés jusqu'à insulter l'ancien gouverneur à qui la garnison d'Ennery avait cessé de rendre les honneurs militaires.

Au lieu de contenir sa colère, Toussaint tomba dans le traquenard. Il écrivit à Brunet pour se plaindre. Celui-ci s'empressa de lui répondre avec la plus grande déférence pour se faire pardonner les maladresses de ses hommes et l'inviter à le rejoindre aux Gonaïves pour assister à un banquet en son honneur. Il l'invitait, au passage, à participer à une séance de réflexion stratégique sur le déploiement optimal des troupes françaises dans la colonie[347].

Incroyablement naïf, Toussaint tomba dans le panneau et crut que les Français étaient incapables de gouverner sans lui. Lorsque, pour répondre à l'invitation, il arriva à l'habitation Georges, il y trouva Brunet qui le reçut avec distinction dans la grande case du lieu. Soudain, le général français se retira et l'espace fut envahi par une vingtaine de soldats qui désarmèrent Toussaint et sa suite et les firent prisonniers. C'était le 7 juin, quatre mois à peine après l'arrivée des forces expéditionnaires dans la colonie.

Rapidement, Toussaint fut amené aux Gonaïves où il fut ligoté et embarqué de force sur la frégate *La Créole.* Pendant qu'on le conduisait vers le rivage, le commandant du port alluma un cigare et se mit à fumer. Toussaint s'écria : « Quel est celui qui fume ici ? L'odeur du tabac m'incommode. » L'officier, qui la veille aurait encore fait des courbettes devant lui, lui répondit alors avec insolence : « Bien d'autres choses t'incommoderont encore plus tout à l'heure ! ». Une vieille mulâtresse qui tenait un débit de *trempés* à proximité venait d'allumer une pipe qu'elle s'empressa d'éteindre. Soudain, elle se mit à fredonner doucement une complainte :

Lafimen di m lan ki zòrèy ou tande
Lafimen se mètrès kay ki komande
Lafimen pa kite lapèsonn fache
Pou l ouvè pòt la
Pou li fout fòse w ale[348].

Fumée, dis-moi par quelle oreille tu entends.
Fumée, c'est la maîtresse de maison qui commande ici.

---

[347] Thomas Madiou, *Histoire d'Haïti, Tome deuxième,* op.cit., page 333.
[348] Manno Charlemagne, *La Fimen,* 2006.

Fumée ne laisse pas que quelqu'un se fâche
Qu'il ouvre la porte
Qu'il te foute violemment dehors.

Pendant que Toussaint montait dans le canot, il reconnut cette voix. Il tourna alors la tête et regarda en direction de la vieille femme. Soudain, ses yeux se décillèrent et il aperçut Cécile Fatiman qui s'était déguisée et l'avait accompagné jusqu'à ce qu'il embarque. Ils avaient, tous les deux, les yeux mouillés de larmes.

Entre-temps à Ennery, l'armée française livrait sa maison et ses habitations au pillage. Sa femme Suzanne, ses fils Placide et Isaac étaient faits prisonniers et conduits aux Gonaïves. Trois jours plus tard, Toussaint était transbordé sur le vaisseau *Le Héros* où sa famille le retrouvait. En y montant, il fut salué par le Commandant Savary et c'est alors que, nourri de réminiscences et pétri de regrets, il prononçait des mots prophétiques :

« En m'arrachant à mon pays, on n'a abattu à Saint-Domingue que le tronc de l'arbre de la liberté des Noirs ; cet arbre repoussera vite, car ses racines sont profondes et vigoureuses[349]. »

Ainsi s'achevait la fulgurante carrière du Précurseur de l'Indépendance d'Haïti. Arrivé en France, Toussaint fut incarcéré au Fort de Joux, où deux mois plus tôt, Rigaud l'avait devancé. Les deux hommes s'étaient mené une guerre sans merci. Cependant, ils auraient chacun pu se dépasser et faire autrement. Si seulement Rigaud avait compris que son attachement à la France n'était pas réciproque et qu'il n'avait d'avenir que dans un pays indépendant. Si, seulement Toussaint avait eu l'humilité, l'abnégation, la disposition du cœur et de l'esprit nécessaires pour offrir à son rival un partage du pouvoir et un plan de succession. Si enfin les deux chefs avaient conclu une alliance leur auraient permettant de s'unir contre l'ennemi commun, le battre et construire, sans exclusion et sans exclusive, un havre de paix, de dignité et de prospérité pour le premier peuple noir d'Amérique, les choses se seraient déroulées autrement.

Hélas, rien de cela ! Mus par leur égoïsme respectif, les deux rivaux préférèrent incendier l'héritage commun plutôt que de se céder un pouce de terrain. Rigaud tenta en vain de revoir Toussaint au Fort de Joux, mais leur geôlier l'en empêcha. Le 7 avril 1803, le jeudi Saint, le gouverneur général était

---

[349] Thomas Madiou, *Histoire d'Haïti, Tome deuxième*, op.cit., page 266.

retrouvé assis sur son lit de paille, appuyé contre un des murs de sa cellule, la tête penchée du côté droit et les mains sur les cuisses. Ses traits exprimaient les tourments de la plus affreuse douleur : Le commandant de la prison l'avait laissé mourir de faim[350]. Il avait 68 ans.

Aucun des protagonistes de ces dix années d'histoire n'eut de fin heureuse : Rigaud fut relâché quelques mois plus tard. Il retourna en Haïti après l'Indépendance où il tenta de créer l'état méridional du Sud. Il mourut empoisonné… Il avait cinquante ans. Cinq mois avant la mort de Toussaint au Fort de Joux, Leclerc avait attrapé la fièvre jaune et mourut dans des souffrances atroces au Cap. Il avait à peine 30 ans.

Par un tour ironique de l'histoire, Bonaparte quant à lui trouvera la mort qu'il méritait : honteusement battu à Waterloo, il sera fait prisonnier par les Anglais qui l'exileront sur le rocher de Sainte-Hélène. Là, on lui diagnostiqua un cancer de l'estomac qu'il traîna pendant sept longues années. Celui qui avait affamé Toussaint Louverture, mourut à son tour d'inanition. Il avait 51 ans. Assoiffé d'argent et aveuglé par son inhumanité, il avait cru légitime de rétablir l'esclavage à Saint-Domingue.

Pour financer son plan inique et ses ambitions diaboliques, Bonaparte ruina le trésor français. Sans le sou, celui qui avait eu la prétention de créer un empire, dut céder le territoire français de Louisiane aux États-Unis pour une bouchée de pain : Il vendit un peu moins de quinze millions d'hectares[351] pour quinze millions de dollars soit environ un dollar par hectare. *Jistis Bon Dye se kabwèt bèf, lale dousman men lap rive sou ou kan mèm*[352] !

— Attendez, attendez, attendez ! interrompit Cat. Si je comprends bien, en battant Napoléon, notre petite Haïti aura été à l'origine de la grandeur des États-Unis et lui aura permis d'acquérir 22 % de son territoire à vil prix ?

— Oui Mademoiselle, c'est bien ce que je dis.

---

[350] Thomas Madiou, *Histoire d'Haïti, Tome deuxième*, op.cit., page 273.
[351] Cette acquisition représente 22% de la superficie actuelle des États-Unis. Les territoires vendus incluent des terres situées à l'ouest du fleuve Mississippi dans l'Arkansas, le Missouri, l'Iowa, et le Minnesota actuels, des terres du Dakota du Nord, le Dakota du Sud, le Nebraska, des parties du Nouveau-Mexique, du Nord du Texas, l'Oklahoma, le Kansas, une partie du Montana, du Wyoming et du Colorado située à l'est des montagnes Rocheuses, des terres au sud des provinces canadiennes du Manitoba, du Saskatchewan et de l'Alberta situées dans le bassin fluvial de la rivière Missouri, et la Louisiane actuelle de part et d'autre du Mississippi, incluant la ville de La Nouvelle-Orléans.
[352] La justice divine est comme un chariot à bœufs. Elle va doucement, mais elle arrive sûrement.

Au loin, les cloches de Sainte-Anne sonnaient les Vêpres. Moro respira profondément et cessa de parler. Il leva les yeux en l'air et les ferma comme s'il se sentait subitement épuisé. Son auditoire le regardait, pendu à ses lèvres. Après un long moment de silence, Cat mit fin à la séance. Ils se saluèrent sans effusion. Après le départ de Moro, ils ramassèrent leurs effets et se dirigèrent vers la sortie.

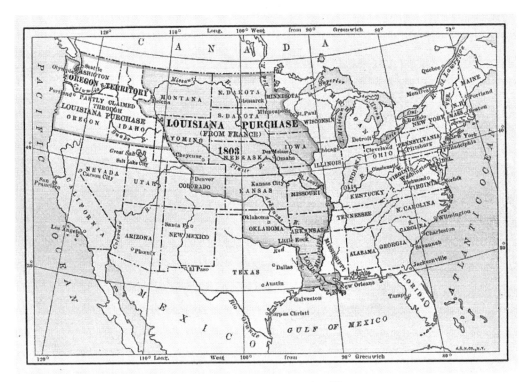

Figure 33. The Louisiana Purchase[353].

---

[353] James Alexander Robertson, Louisiana under the rule of Spain, France, and the United States, 1785-1807; social, economic, and political conditions of the territory represented in the Louisiana Purchase, The Arthur H. Clark Company, Cleveland, Ohio, 1911. Pages 376 à 391.

CHAPITRE 25

Ángel Botello était un peintre et un sculpteur de renom né en Galice en 1913. Coïncidence ou simple manifestation d'un certain déterminisme, sa province de naissance était le lieu de sépulture de Saint Jacques de Compostelle, saint patron de Jean-Jacques Dessalines. Son travail, avec ses aplats de couleurs vives et ses lignes audacieuses, était séduisant. Il a eu beaucoup d'émules, mais personne n'arriva à l'égaler. Il a été comparé tantôt à Gauguin, tantôt à ses compatriotes Picasso et Miró. Comme Ernest Hemingway et comme André Malraux, il s'enrôla dans l'armée républicaine du front populaire pour combattre l'insurrection militaire et nationaliste durant la Guerre civile espagnole. À la victoire de Franco cependant, il craignait pour sa vie comme beaucoup de ses compatriotes, et dut partir en exil.

Il a roulé sa bosse, d'abord en France, puis en République Dominicaine et à Cuba. Par un hasard providentiel, il atterrissait en Haïti où il rencontrait Christiane Auguste. Ils tombaient follement amoureux l'un de l'autre et se mariaient. Le jeune couple restait dans le pays pendant près de dix ans au cours desquels il contribuait à ce que plus d'un considère comme l'âge d'or de la culture haïtienne. Haïti était alors un vaste creuset où s'agitaient en ébullition des talents de toutes tendances.

C'est l'époque où fusionnaient contre-danse haïtienne, jazz américain, guaganco cubain, meringué dominicaine et rythmes vaudou. C'était l'époque où l'orchestre d'Issa El Saieh et le Super Jazz des Jeunes faisaient danser Port-au-Prince, l'époque où sur une même scène se produisaient Guy Durosier, Herby Widmaïer, Chucho Valdès et Benny Moré. C'était l'époque où Jacques Stephen Alexis, Jean-Price Mars, Jean Brierre, Émile Roumer, Léon Laleau, Carl Brouard, Roussan Camille et d'autres animaient les meilleurs salons littéraires haïtiens. L'époque aussi où des bateaux de croisière faisaient régulièrement escale à Port-au-Prince et où nos peintres, -Hector Hyppolite, Philomé Obin, Wilson Bigaud, pour ne citer que ceux-là, pouvaient vivre dignement de leur art.

C'était aussi l'époque où Joseph Edouard Gaetjens, un de nos meilleurs joueurs de football, bénéficiait d'une bourse d'études de l'État haïtien. Admis à Columbia University, il fut sélectionné par l'équipe nationale des États-Unis qu'il aidait à se qualifier pour la coupe du monde de football de 1950 en Uruguay. Grâce à un but d'anthologie, il scella la victoire historique des États-Unis face à l'Angleterre. Cette Haïti d'après-guerre, riche de sa culture, de son histoire, de ses traditions et des multiples aptitudes de ses enfants, brillait de mille feux et comme un aimant, exerçait une irrésistible attraction sur tous les esprits curieux.

En plus de ses talents de plasticien, Botello était un excellent architecte. Il dessinait et se faisait construire une très jolie maison dans un écrin de verdure, au coin des rues Faubert et Pinchinat à Pétionville. Il faut avouer cependant que cette bâtisse était une bizarrerie dans le quartier, tant elle était sobre et austère. Elle était érigée à l'époque où la ville était encore un lieu de villégiature pour les grandes familles de Port-au-Prince. Les villas de la zone rivalisaient alors d'élégance et avaient chacune de vastes terrasses entourées de jardins luxuriants avec de longues allées bordées de haies bien taillées et des murs d'enceinte juste assez hauts (ou plutôt assez bas) pour que la propriété des uns fasse envie à celle des autres.

Dans son esprit rebelle, Angel optait pour un look qui oscillait entre l'ermitage et le fortin. Sur la façade de la rue Faubert, une barrière opaque en bois et en acier était encastrée dans le mur de clôture qui était en roches brutes et donnait accès à un garage pour une seule voiture. Sur la rue Pinchinat, une lourde porte de bois cloutée, arrondie vers le haut et surmontée par un auvent en tuiles, était insérée dans un mur dont l'épaisseur et la lourdeur donnaient à l'endroit un aspect franchement inhospitalier.

Ce n'est qu'une fois « la chevillette tirée et la bobinette chue » qu'un spectacle saisissant séduisait le visiteur. Un acajou centenaire était planté au milieu d'une cour intérieure qu'entourait une maison en forme de U. L'arbre avait les pieds recouverts de broméliades jaunes, rouges ou mauves et un tronc massif qui disparaissait sous l'enlacement de fougères, les unes plus plantureuses que les autres. Des branches massives s'étendaient sur l'ensemble de la maison et diffusaient délicatement les rayons du soleil. Sur la gauche, l'artiste construisait son atelier qui était couvert de tuiles et complètement ouvert sur le jardin intérieur. Une petite allée pavée de roches plates menait à un large escalier de trois marches qui donnait accès à la salle à manger, au salon et à la cuisine. Contre le mur de droite, au-dessus du garage, Angel aménageait les chambres à coucher qui étaient accessibles par un escalier qui montait à partir du salon.

Lorsque les Botello quittaient Haïti, la maison était louée à un de leurs amis français qui l'embourgeoisait en perçant des fenêtres sur les façades et en y ajoutant un balcon surplombant la rue Pinchinat. C'était là que, pendant plus de quarante ans, se trouvait un des meilleurs restaurants de la place. L'atelier d'Angel avait été transformé en bar et le gazon de la cour intérieure était remplacé par un pavage en briques. À l'ombre de l'acajou, des tables aux nappes blanches étaient agréablement disposées pour respecter l'intimité des clients. Tout le temps qu'il fût ouvert, cet établissement tenait le haut du pavé. La grande société mondaine de Port-au-Prince – c'est-à-dire, pour reprendre le mot de Byron, le demi-millier de personnes qui sont debout quand tout le monde est couché – le fréquente régulièrement.

À la mort du restaurateur français, Cito Savé, un poète originaire de Jérémie, avait repris l'endroit et en avait fait un restaurant dansant, où au gré de son humeur, il recevait de jeunes écrivains qu'il invitait à déclamer leurs textes ou programmait certains des meilleurs musiciens de la place. Alors, tout l'espace autour de l'acajou était vidé de ses tables pour que dansent ceux et celles qui en avaient envie. C'est donc là, qu'en ce vendredi 13 février, Lou et Hélène qui, la veille, étaient arrivés de la Petite-Rivière, avaient décidé de réserver une grande table pour y célébrer l'anniversaire de naissance d'Amélie. Ils avaient bien choisi car, ce soir-là, le Magnum Band, l'orchestre préféré de la fêtée, était à l'affiche.

Les Laporte arrivèrent sur place à la tombée de la nuit. Le soleil se retirait graduellement derrière le morne de Boutilliers et une lueur rose avait envahi l'espace. Une dizaine de papillons monarques achevaient indolemment de butiner les orchidées sauvages qui fleurissaient le mur de clôture. Devant la beauté de ce spectacle féérique, Lou et Oli se regardèrent et, en souriant, se mirent à déclamer d'un seul chœur, *Le papillon de* Lamartine :

> *Naître avec le printemps, mourir avec les roses,*
> *Sur l'aile du zéphyr nager dans un ciel pur,*
> *Balancé sur le sein des fleurs à peine écloses,*
> *S'enivrer de parfums, de lumière et d'azur,*
> *Secouant, jeune encor, la poudre de ses ailes,*
> *S'envoler comme un souffle aux voûtes éternelles,*
> *Voilà du papillon le destin enchanté !*
> *Il ressemble au désir, qui jamais ne se pose,*
> *Et sans se satisfaire, effleurant toute chose,*
> *Retourne enfin au ciel chercher la volupté !*

Lorsqu'ils eurent terminé, Mme Saint-Macary, Hélène, Amélie et Cat applaudirent avec toute leur spontanéité. Ces messieurs s'inclinèrent en une légère révérence. La petite ovation interpella Cito qui vint les accueillir et les accompagner à la table qui leur était réservée. Lou et Oli tirèrent galamment les chaises de ces dames et les invitèrent à s'asseoir. Cat regardait en direction de son père et de son parrain et leur demanda avec un air dubitatif s'il existait encore des hommes galants et cultivés dans le pays. Lou lui répondit, non sans finesse : « Ma chérie, il y a tout plein d'hommes galants dans le pays. Il n'y a tout simplement plus assez de papillons. » Le petit groupe rit de bon cœur.

Un serveur s'approcha d'eux et leur offrit un cocktail de bienvenue. Peu de temps après, sur instruction de Lou, il leur apportait un assortiment alléchant de tapas composé d'*akra*, de bananes pesées, de *lamveritab*, de *griyo* de porc, et d'un *tasso* de dinde ; le tout bien entendu copieusement arrosé de *pikliz*.

À huit heures, l'orchestre jouait. Lou avait dansé avec Hélène et Mme Saint-Macary. Oli venait d'inviter sa filleule à faire un rond[354]. Lorsque la chanson prit fin et que Dadou Pasquet entonna *Ou pila*, Amélie se leva, prit Oli par la main et lui dit : « À mon tour maintenant, fais-moi danser Oli ! ». Mme Saint-Macary ferma les yeux et dit une courte prière : « Mon Dieu, protégez-les d'eux-mêmes ! ».

C'était un boléro, une musique à quatre temps, dictant une danse lente à pas glissés qui pouvait facilement devenir lascive. Arrivés au centre de la piste, immobiles, à quelques centimètres l'un de l'autre, ils se regardèrent droit dans les yeux. Oli était figé. Une sainte pudeur l'avait subitement pétrifié. Amélie lui prit la main droite et la posa délicatement sur sa hanche. Olivier se réveilla alors de sa torpeur et commença lentement à rattraper le rythme de la chanson. Graduellement, il devenait plus entreprenant. Il lui lâcha une main, la fit tourner sur elle-même, la courba et la releva. Amélie, les yeux fermés, tout à son bonheur, souriait du plus joli sourire. Avant longtemps, ils étaient corps contre corps et Dadou chantait :

Nou chak fè yon chimen
Pou soufrans nou pa retounen
Santi kè m vin febli
E lanmou pa frape piti

Nous avons fait route à part
Pour oublier notre souffrance
Je sens mon cœur faiblir
Et l'amour frappe fort

---

[354] Danser

Oli avait des pensées les unes plus inappropriées que les autres et faisait tout pour s'en débarrasser. Subitement, il décida de les accueillir et de vivre l'expérience en demandant à Dieu d'être présent à ses côtés pour l'aider à jouir du moment tout en restant fidèle à ses engagements. Il retrouva peu à peu son calme. Plus il dansait, plus il se sentait flotter, monter aux cieux et en redescendre. Il avait les yeux fermés et était devenu le papillon de Lamartine. Lorsque le morceau prit fin, Oli et Amélie ne s'en rendirent même pas compte et continuèrent à danser. Il fallut qu'un couple sortant de la piste les bouscule légèrement pour les ramener sur terre.

Oli ouvrit les yeux et vit Amélie qui le regardait, attendrie. Il lui fleurit alors le front d'un baiser et lui dit simplement : Merci. Il la prit par la main et la raccompagna à son siège. Il s'assit en face d'elle et ferma encore les paupières avec un sourire béat. Mme Saint-Macary, visiblement préoccupée, ne les avait jamais quittés des yeux. La vieille dame continuait à les observer, comme un spectateur d'un match de tennis. Elle tournait rapidement la tête de droite à gauche pour ne manquer aucune des réactions de l'un ou de l'autre.

Amélie leva finalement la tête. Elle était visiblement aux anges. Elle regarda sa mère droit dans les yeux, sans effronterie mais avec une tendre expression de simple bonheur et ne lui dit rien. Elle poussa gracieusement sa chaise en arrière et se leva en demandant à sa filleule de l'accompagner aux toilettes. Oli et Lou se mirent eux aussi debout par galanterie et se rassirent, une fois ces dames à une certaine distance. La soirée se termina sans autre incident. La conversation avait été agréable et la musique envoûtante. Un peu avant minuit, le petit groupe s'en alla. Lou déposa son ami à Turgeau et retourna à l'avenue N avec la maisonnée.

Figure 34. Un prêtre, dessin au crayon de Kassim Oumarou dos Santos.

CHAPITRE 26

Cinq heures sonnaient au Grand Séminaire. La cour était silencieuse. Les rayons du soleil commençaient à peine à percer la brume du matin qui, de bas en haut, devenait graduellement plus transparente. Elle s'amincissait aux pieds des sabliers et s'épaississait dans le feuillage qu'elle enveloppait comme un linceul. Peu à peu, des oiseaux cachés au fond des branches commençaient à faire entendre leur ramage.

Dans la pénombre du jour naissant, Olivier et le bon vieil Évêque de Port-de-Paix déambulaient lentement dans les allées du jardin. Les graviers crissaient sous leur pas. Mgr Colimon, la tête baissée, les bras croisés derrière le dos écoutait attentivement Oli qui lui confessait son état d'âme après la soirée d'hier. Avec la tendresse d'un père, sous l'écorce d'un professeur, il lui dit soudain :

— Mon fils, il n'appartient qu'à toi de décider si la tentation à laquelle tu es confronté est à la hauteur de ta capacité à y résister. Aimes-tu cette jeune femme ?

— Honnêtement, Monseigneur, je l'ai toujours aimée, d'un amour chaste bien entendu, mais d'un amour qui, en raison de cette chasteté, n'en a été que plus intense. Elle est ma meilleure amie... Elle l'a toujours été.

— Cette jeune femme t'aime-t-elle autant ? Rappelle-toi mon fils que toute passion, quelle que soit l'apparence éthérée qu'elle se donne, a sa racine dans un instinct sexuel[355]. Sans en être conscient, tu risques de te mettre dans une situation où tu seras tenté de faillir à tes engagements. Si tu désires encore rester fidèle aux vœux auxquels tu t'es librement consacré, je te conseille de t'extirper le plus rapidement de cette relation et de fréquenter cette jeune personne le moins possible.

— Mes engagements face à l'Église et à Dieu sont de loin plus intenses que n'importe quel autre sentiment que je pourrais éprouver pour elle. M'éloigner d'elle à ce stade me sera cependant difficile. Nous avons promis de soigner ensemble un homme qui a des troubles mentaux. Je peux difficilement me défaire de cet engagement à ce stade avancé de la thérapie.

— Tu joues avec le feu, Olivier. Ne prends surtout pas ce malade comme prétexte. Ce serait un terrible abus de confiance, envers lui et envers cette jeune femme. Cependant, c'est affaire entre Dieu et toi ! Sois prudent mon fils. Si j'étais à ta

---

[355] https://www.schopenhauer.fr/fragments/lamour.html.

place, je tenterais d'abord d'éteindre petit à petit cette passion amoureuse. Pour commencer, j'éviterais d'alimenter ce feu en y ajoutant de nouvelles bûches. Chaque conversation, chaque danse, chaque repas, chaque seconde partagés avec cette femme sont autant d'occasions de chute auxquelles tu t'exposes.

Les cloches sonnaient l'Angélus. Les deux hommes arrêtèrent leur conversation. Le vieil Évêque lui mit les mains sur la tête et pria pour lui. Ils se dirigèrent ensuite en silence vers la chapelle. La messe dite et les prières terminées, Olivier s'abstint d'aller manger avec les séminaristes et décida plutôt de jeûner pour se ressaisir, reprendre le contrôle de ses sentiments et redevenir maître de lui-même. Au lieu de se rendre au réfectoire, il retourna s'agenouiller en adoration devant le Saint-Sacrement. Quelques heures plus tard, le diacre le déposait à l'Asile.

Arrivé sous l'amandier, il retrouva Amélie, Cat et Moro. Cat lui épingla un œillet rose à la boutonnière de la chemise. Il put remarquer qu'Amélie et Cat en avaient déjà un dans les cheveux. Moro en avait un lui aussi qu'il avait choisi de se glisser derrière l'oreille. Au beau milieu de la table, Cat avait aussi placé un petit bol rempli de chocolats.

— Joyeuse fête de la Saint-Valentin à vous tous, dit Cat. Parrain, pourrais-tu dire une prière avant que nous ne commencions à travailler ?

— Avec plaisir, ma chérie, lui répondit Olivier. Recueillons-nous. Dieu Miséricordieux, nous Te louons et nous T'aimons. Toi qui as dit que c'est à l'amour que nous aurons les uns pour les autres que le monde reconnaîtra que nous sommes Tes disciples, nous Te demandons de nous faire à chacun, quelles que soient nos croyances, la grâce de proclamer cet amour par le témoignage de nos actes. Amen.

— *Ayibobo*, répondit doucement Amélie.

Olivier et Cat firent le signe de la croix. Moro tira la chaise d'Amélie pour l'inviter à s'asseoir. Olivier fit de même avec Cat et la séance commença. Cat s'adressa directement à Moro :

— Samedi dernier, notre séance s'est close sur la mort tragique de Toussaint Louverture au Fort de Joux et sur la disparition presque simultanée de Leclerc, suivie de celle de Rigaud et de Bonaparte. Que s'est-il passé à ce moment-là et dans quel camp vous êtes-vous retrouvé ?

— Longtemps avant la reddition de Toussaint, et parce que je connaissais bien la vallée de l'Artibonite, le gouverneur m'avait dépêché auprès de Dessalines pour que je l'aide à repérer la zone. J'étais déjà à ses côtés lorsqu'il fit parvenir l'ordre à Lamartinière et à Magny d'évacuer la Crête-à-Pierrot.

— Comment la population a-t-elle vécu l'arrestation puis le départ de Toussaint pour l'exil, lui demanda Cat ?

— Peu de temps après, des insurrections éclatèrent un peu partout dans l'île.

— Elles avaient pour but de venger l'ancien gouverneur général ?

— Qui sait ? Toujours est-il que des chefs marrons qui avaient été calmes jusque-là levèrent leurs bandes et se mirent soudain à harceler l'ordre établi, pillant des bourgs et incendiant des plantations. Il faut aussi avouer que les tentatives de désarmement des cultivateurs par les forces de Leclerc n'avaient pas aidé non plus. Dans un passé encore récent, Sonthonax les avait bien mis en garde contre ceux qui voudraient un jour leur enlever leurs fusils et probablement rétablir l'esclavage.

L'insurrection redoubla d'ardeur. Les marrons étaient constamment traqués par l'Armée coloniale qui voulait les forcer à retourner sur les habitations. Déchaînés et intrépides, « ils continuaient à se battre comme s'ils étaient en Afrique, divisés par tribus, précédés de leurs sorciers et des emblèmes de leurs superstitions. Leurs principaux chefs après Sans-Souci, Petit Noël Prieur, Jacques Tellier, Cagnet, Jasmin, Mavougou, Va-Malheureux, Labruni, Cacapoule étaient tous les ennemis [jurés] de Christophe et même de Dessalines qui, dans un passé encore récent, leur avaient livré une guerre sans répit et sans pitié et auxquels ils reprochaient d'exécrables cruautés exercées sur eux au nom des Français[356] ». Le plan marron était clair et facile à résumer : chasser les Blancs, assassiner les officiers créoles des troupes coloniales et établir le premier territoire africain dans les Amériques. En même temps, comme pour confirmer les pires appréhensions des insurgés, vers la fin du mois de juillet, la nouvelle du rétablissement de l'esclavage en Guadeloupe se propagea dans toute la colonie.

---

[356] Madiou Thomas, *Histoire d'Haïti, Tome Deuxième*, op.cit., page 322.

Leclerc se trouva alors en face d'options mutuellement exclusives: d'une part, il avait pour mission d'arrêter les officiers de l'armée coloniale et les déporter en France, mais d'autre part, il s'était rapidement rendu à l'évidence qu'il en avait de plus en plus besoin pour contrecarrer les marrons. Dessalines, en fin stratège, flairant qu'il était devenu un mal nécessaire et qu'il avait peut-être encore une très mince fenêtre d'opportunité, joua le tout pour le tout. Il se rendit au Cap et sollicita une entrevue avec le capitaine-général. Feignant d'être dégoûté de vivre dans la colonie, il demanda que Leclerc lui permette de se retirer en France avec sa famille. « Nous sommes entourés de scélérats, qui ne rêvent que de l'expulsion des Français lui dit-il, et ces monstres sont auprès de vous, jouissant de vos bienfaits. J'aime trop la France, ma patrie, pour demeurer plus longtemps dans la colonie et être témoin de cette perfidie[357]. »

La conversation entre les deux hommes fut animée et soudain Dessalines présenta sa démission. Leclerc s'empressa de la refuser et lui proposa en échange de se joindre à lui pour exterminer l'ennemi commun. « N'y aurait-il pas un moyen de rétablir la paix ? Ne conviendrait-il pas d'exterminer tous les hommes de couleur qui sont les auteurs non avoués des calamités qui affligent la colonie ? » lui demanda Leclerc. Sans hésiter, Dessalines lui répondit oui. Le capitaine-général le prit alors dans ses bras et le serra contre sa poitrine. Il lui confia la mission de lever une force de six mille hommes de son choix. Il lui permit aussi de recevoir immédiatement deux mille fusils de l'arsenal de la ville et mit à sa disposition de sérieux moyens financiers. Naturellement emporté, Leclerc lui avoua imprudemment ensuite que les troupes françaises étaient extrêmement affaiblies, à peine capables de garder les côtes et qu'il fallait les relever au plus vite.

Prétextant devoir retourner immédiatement sur le terrain pour se préparer, Dessalines le remercia et laissa précipitamment le Cap. Son coup était magistral : il venait de recevoir de l'argent, des munitions, des armes et un ordre écrit du capitaine-général pour lever des troupes et mater une insurrection dont, en fin de compte, il allait être l'auteur. Il se rendit alors à la Petite-Anse pour y rencontrer – seul à seul – l'adjudant-général Pétion, et le mettre en garde contre les plans de Leclerc. « Je pars pour l'Artibonite lui dit-il, et bientôt vous entendrez parler de moi ; j'y ferai mon devoir, faîtes le vôtre ! »

---

[357] Madiou Thomas, *Histoire d'Haïti, Tome Deuxième*, op. cit., page.334.

Dans la nuit du 14 octobre 1802, Pétion et Clervaux soulevèrent les soldats des 10ᵉ et 13ᵉ demi-brigade qu'ils avaient sous leurs ordres. Ils désarmèrent et dépouillèrent toutes les troupes blanches qui les entouraient et, sans les maltraiter, les renvoyèrent au Cap. Ils enclouèrent ensuite les canons du Haut-du-Cap et marchèrent vers l'Artibonite pour y rejoindre Dessalines. Arrivés à l'habitation d'Héricourt, dans la Commune du Morne-Rouge ils se retrouvèrent face aux bandes de Petit Noël Prieur qui hurlaient des cris de guerre et se préparaient au combat. Pétion comprit toute de suite qu'il était en présence d'un ennemi qu'il avait vigoureusement combattu pour la France. Avant que les deux armées n'en viennent aux armes, puis aux mains, les deux chefs s'avancèrent l'un vers l'autre pour parlementer.

Miraculeusement, la raison prévalut ce matin-là et Pétion arriva à convaincre son vis-à-vis qu'ils avaient un ennemi commun bien plus dangereux à combattre et qu'il valait mieux qu'ils joignent leurs forces. En gage de bonne foi, Pétion lui abandonna son obusier et ses pièces d'artillerie. Lorsqu'il pria Petit Noël de prévenir le général Christophe de sa défection, le chef marron entra dans une colère noire, brandit son sabre et déclara que Christophe était un brigand qu'il se proposait de tuer à la première occasion[358].

Dans l'intervalle, après avoir, malgré tout, appris la désertion de Pétion, Christophe abandonnait son poste à Saint-Michel pour se rallier aux insurgés du Morne-Rouge. Dès que Petit Noël l'aperçut, il se précipita vers lui en le traitant d'assassin et de traître. Ses troupes encerclèrent Christophe et se préparaient à le passer par les armes. Le chef marron, le sabre à la main, fendit ses troupes et s'adressa à Christophe qui était encore à cheval et le provoqua en duel en lui disant que ses maîtres français n'étaient plus là pour le protéger. « *À nous deux !* » lui lança-t-il. Le désordre était à son comble : les baïonnettes se croisaient, les mousquets étaient chargés et les épées étaient tirées.

La confusion la plus totale avait envahi l'espace. C'était à qui vociférait le plus fort. Christophe était à deux doigts de se faire lyncher quand Pétion intervint et arriva à convaincre Petit Noël Prieur et les siens de taire leur inimitié pour ne pas nuire à l'unité de tous les descendants d'esclaves ; une unité sans laquelle ils n'arriveraient jamais à bout de leur ennemi commun. Fulminant, le

---

[358] Madiou Thomas, *Histoire d'Haïti, Tome Deuxième*, op. cit., page. 345.

chef marron se retira à la tête de ses troupes en promettant à Christophe de boire ultérieurement une tasse de café amer avec lui[359].

— Comment les officiers de l'Armée coloniale ont-ils pu tant maltraiter les marrons ? N'ont-ils jamais vu en eux – sinon des frères – mais au moins des alliés naturels, lui demanda Olivier ?

— Padre, l'Armée coloniale avait depuis longtemps franchi les bornes de l'indécence dans sa poursuite des marrons. Dès le début des opérations des forces de Leclerc, ces derniers leur livrèrent une guerre sans merci, non parce qu'ils se sentaient liés à Toussaint, mais parce qu'ils avaient le pressentiment, d'une part, que Leclerc venait rétablir l'esclavage et, d'autre part, que les Jacobins noirs, les fameux officiers créoles de Leclerc ne les aimaient tout simplement pas et qu'à la première occasion, ils les ramèneraient de gré ou de force sur les habitations pour les contraindre à travailler.

En conséquence, leur résistance – qu'elle soit face aux Français ou face aux créoles – ne devint, avec le temps, que plus farouche. En réalité, Petit Noël Prieur, Sylla, Sans-Souci et Makaya dans le Nord, Lamour-Dérance dans l'Ouest avaient conclu qu'ils n'avaient aucune place dans la société que Toussaint, Dessalines ou Christophe, tous des aristocrates de la terre, avaient l'ambition de créer, d'abord et avant tout, parce que ces derniers ne prévoyaient tout simplement pas de leur donner – eux aussi – droit à la terre.

— Que s'est-il alors passé, lui demanda Amélie ?

— Eh bien, Manbo, lorsque les marrons ont réalisé que l'édifice colonial commençait à s'effondrer, certains d'entre eux, par pragmatisme politique, se sont alliés temporairement aux officiers insurgés, alors que d'autres, qui avaient leur propre agenda et ne contribuaient qu'accessoirement au plan commun, ont continué à se battre contre la France. Ce fut le cas de Lamour Dérance dans les Montagnes de la Selle, de Goman dans la région de Plymouth, de Petit Noël Prieur au Dondon, de Sans-Souci à Vallière, de Sylla dans les montagnes de Plaisance, de Janvier dans la presqu'île des Baradères, de Sydney Smith à Torbeck ou de Jean Panier dans le Massif de la Hotte. Pendant ce temps, la fièvre jaune et la guerre faisaient des ravages dans les rangs des Blancs : en 9 mois, Leclerc avait déjà perdu 24 000 hommes de troupe et 14 généraux

---

[359] Lui régler ses comptes.

tant par le fer que par la maladie. Rapidement, le capitaine-général lui-même attrapait la fichue mauvaise fièvre et dans la nuit du 31 octobre au 1er novembre 1802, il s'éteignait.

Déjà mourant, Leclerc désigna le général Rochambeau, le plus ancien divisionnaire de l'armée expéditionnaire, pour le remplacer. De tous les hommes qu'il aurait pu choisir, il choisit le pire. Cet homme était un dégénéré[360], un corrompu, un dépravé, un individu dont la cruauté n'avait d'égale que la cupidité. Cet être pervers, ce grand sadique ne semblait trouver de satisfaction que dans la souffrance du prochain et s'affairait constamment à inventer des supplices les uns plus inhumains que les autres.

Figure 35. Donatien-Marie-Joseph de Vimeur, vicomte de Rochambeau[361].

Jugez plutôt. Alors qu'il était commandant du Port-Républicain, Rochambeau organisa un bal en l'honneur des femmes de couleur de la ville. Il leur promit une soirée inoubliable. Lorsque ses invitées arrivèrent à l'hôtel qu'il avait retenu à l'occasion et qu'elles furent admises dans l'endroit, ces jeunes femmes découvrirent un monde exotique. Les salons étaient admirablement décorés dans un style asiatique, inconnu jusqu'ici dans la colonie. Les murs étaient peints de rouge et de noir et étaient incrustées de motifs chinois. De jolis bouquets composés de tiges de bambous et d'orchidées multicolores ornaient des tables laquées sur lesquelles des hors-d'œuvre aux saveurs inédites flattaient leurs palais. Le champagne coulait à flots et un sextuor exécutait des contredanses bien enlevées.

---

[360] H. Pauléus Sannon, *Histoire de Toussaint Louverture, Tome III*, op.cit., page 149.
[361] Donatien-Marie-Joseph de Rochambeau (1755-1813) en uniforme du régiment d'Auvergne, Collection du Château de Rochambeau.

À minuit, l'orchestre se tût et les musiciens se retirèrent subrepticement. La lueur des lampadaires fut atténuée, les serveurs s'éclipsèrent et firent place à des hommes revêtus de soutanes. Soudain, des cloches sonnèrent le glas pendant que les prêtres travestis se mirent à entonner le « *Dies Irae*, » une des séquences catholiques de la liturgie des funérailles. Une porte s'ouvrit en grinçant au fond de la salle, Rochambeau invita l'assistance à y entrer.

Les jeunes femmes, frappées de stupeur, hésitèrent d'abord, se regardèrent l'une l'autre et, se tenant par la main, avancèrent à pas mesurés dans l'autre pièce qui était noyée dans la pénombre.

Lorsque les convives pénétrèrent dans le nouvel espace, le chant lugubre cessa, les lampadaires furent rallumés pour révéler une rangée de cercueils recouverts chacun d'un drap noir. Rochambeau prit la parole et, en ricanant, annonça à ces jeunes femmes qu'elles venaient d'assister aux funérailles les unes, de leurs époux et les autres, de leurs frères[362].

— Cet homme était un monstre ! s'écria Cat.

— Rochambeau était inique, violent et se plaisait à terroriser les bonnes gens, lui répondit Moro. C'était un sanguinaire qui pensait sans doute qu'en terrifiant les anciens esclaves, il les forcerait à se soumettre. Son esprit tordu imagina tant de supplices que ses acolytes durent inventer tout un nouveau lexique pour les décrire.

Par exemple, un coup de filet national : c'était noyer conjointement deux-cents individus (préférablement des officiers et des soldats qui auraient pu être tentés de rejoindre les rangs des insurgés) ; monter en grade ou manger une salade de chanvre : c'était être pendu ; laver la figure avec du plomb : c'était fusiller ; opérer chaudement : c'était brûler vif[363].

Là où Rochambeau se surpassa en barbarie, c'est lorsqu'il sombra dans les mêmes crimes, dans la même sauvagerie et dans la même inhumanité que Christophe Colomb et décida d'importer de Cuba des mastiffs qu'il entraîna à dévorer des Noirs.

Pour effrayants que furent ces chiens, lorsqu'ils débarquèrent à Saint-Domingue, Rochambeau fut déçu de constater qu'ils étaient apparemment inoffensifs et ne s'attaquaient pas naturellement aux êtres humains. Il décida

---

[362] H. Pauléus Sannon, *Histoire de Toussaint Louverture, Tome III*, op.cit., page 150.
[363] Thomas Madiou, *Histoire d'Haïti, Tome deuxième*, op.cit., page 408.

alors de les soumettre à un jeûne strict et de les essayer à nouveau. Pour l'occasion, il fit aménager un cirque avec des gradins dans l'ancien couvent des Jésuites, qui avaient été préalablement expulsés de la colonie en raison de leur sympathie pour la cause des esclaves. Il assista au spectacle entouré de son état-major et de la haute société blanche du Cap. Au moment fixé, un jeune noir fut amené et ligoté à un pieu planté au milieu de l'enceinte. Peu de temps après, les chiens affamés furent lâchés dans l'arène. Ils s'approchèrent de leur victime, la reniflèrent et s'en éloignèrent sans la mordre. Le spectacle tournait rapidement au fiasco quand, soudain, le Chef d'état-major de Rochambeau, le général Boyé – à ne pas confondre avec Jean-Pierre Boyer qui deviendra plus tard président de la République d'Haïti – descendit dans l'arène et d'un violent coup de sabre, ouvrit les entrailles de la victime qui hurla de douleur. Les molosses se ruèrent alors sur elle et la dévorèrent. Certains membres de l'assistance tournèrent la tête, se cachèrent les yeux et se bouchèrent les oreilles, alors que d'autres, dont les penchants sadiques venaient d'être excités, applaudirent[364].

Quelques minutes plus tard, les restes sanguinolents et méconnaissables de la jeune victime étaient ramassés à la pelle. Le groupe rapproché du nouveau capitaine-général se leva de ses sièges, et continua à applaudir, visiblement satisfait du spectacle auquel il venait d'assister.

Rochambeau était comblé et souriait. Sa démonstration semblait avoir eu l'effet escompté. Lentement, les spectateurs vidèrent les lieux et se dispersèrent en discutant de futilités. Le récit du massacre avait rapidement fait le tour de la ville et mis tous les affranchis de la ville en émoi. Un parmi tous les autres, Darius Vaudreuil, un jeune et bel officier mulâtre, descendant bâtard du marquis de Vaudreuil, avait assisté au spectacle. Nous nous connaissions pour avoir tous les deux fait partie du cabinet rapproché de Toussaint Louverture.

Il était entré dans l'ancien local des Jésuites sans savoir ce qui était au programme. Il avait vaguement entendu parler des chiens que le nouveau capitaine-général avait fait importer dans la colonie et s'était attendu à assister à un défilé canin ou à un concours d'élégance. En réalité, il n'avait que faire des frivolités de la grande société coloniale. Il n'était là que pour y retrouver la fille

---

[364] Pauléus Sannon, *Histoire de Toussaint Louverture*, op.cit., Vol. 3 page 153.

d'une des nombreuses maîtresses quarteronnes[365] de Rochambeau qui lui avait fixé un rendez-vous galant.

Il avait cependant reconnu la victime et une sourde colère commençait à lui monter à la tête et au cœur de sorte que, malgré ses meilleurs efforts, il respirait de plus en plus fort. La jeune personne immolée était un loyal serviteur du vil Boyé ; un adolescent d'un commerce agréable qu'il avait croisé mille fois dans les rues du Cap. Quelle ne fut sa surprise de constater que la jeune femme qui était l'objet de son attraction avait applaudi au supplice. Il se mordit alors les lèvres pour feindre l'insensibilité, participa au spectacle jusqu'au bout et arriva à retenir ses larmes sans mot dire.

Le spectacle macabre terminé, Vaudreuil offrit à son amie de la raccompagner chez elle. Elle accepta. En passant près de moi, il me la présenta et lui proposa en raison de l'insécurité qui régnait dans la ville, que je les accompagne. Séduite par tant de prévenance, elle accepta.

Vaudreuil lui tendit galamment le bras et ils longèrent ensemble le terrain du presbytère, alors que je marchais loin derrière eux pour leur laisser une certaine intimité. Ils se dirigeaient vers la Place d'armes quand, soudain, il lui proposa, avant de la conduire chez elle, de longer le bord de mer pour respirer l'air frais. Pour son malheur, elle accepta. Un moment plus tard, le couple se tenait par la main et marchait sur le sable du Carénage, cette plage où la mer des Caraïbes, au gré de son humeur, caresse ou agresse la ville du Cap.

Vaudreuil regarda plusieurs fois autour de lui pour s'assurer que personne ne les observait. Soudain, il se retourna vers elle et l'entraîna derrière un énorme rocher. Il la prit alors dans ses bras dans un geste qui n'avait rien d'affectueux mais tout de haineux. Réalisant peut-être ce qui allait se passer, cette malheureuse le supplia : « Non Darius, pas là ! ». Sans l'entendre, il lui déchira la robe, lui arracha les sous-vêtements et culbuta sa nudité sur le sable. Elle tenta de se défendre. Lâchement, il la frappa et lui fendit la lèvre inférieure.

Du sang gicla. Pour résister, elle serra les cuisses. Il la frappa plusieurs fois et de plus en plus violemment, et elle céda. Il l'enfonça alors brutalement et elle gémit. Les yeux fermés, elle pleurait. Impénitent, comme en transe, Darius la labourait. Remémorant le sabre du général éventrant celui qui aurait pu être son frère, il se saisit soudain de son poignard et l'égorgea. Le sang qu'elle avalait

---

[365] Fille d'un Blanc et d'une mulâtresse.

de travers commençait à l'étrangler et la jeune femme râlait. Les yeux révulsés, elle semblait vouloir lui demander pourquoi… et avant qu'elle ne trouve de réponse, elle poussa son dernier soupir.

Vaudreuil se releva calmement et se rhabilla. Il essuya la lame de son poignard sur la robe blanche et immaculée de cette malheureuse et laissa son corps inanimé comme il était : nu, violenté, déshumanisé, désacralisé. En remontant sur le boulevard, il passa à côté de moi sans me regarder. En réalité, je compris longtemps plus tard qu'il avait eu seulement besoin que je sois témoin de son acte, de sa revanche. Je descendis alors rapidement sur la plage pour tenter de porter secours à cette pauvre jeune fille.

Arrivée près d'elle, je la pris par la main et coulai mes doigts le long de son poignet pour prendre son pouls. Il était trop tard, elle était déjà vidée de son sang. Je lui passai tendrement la main sur les paupières pour lui fermer les yeux. J'enlevai alors ma veste et m'en servis pour la recouvrir et lui redonner une certaine dignité. Je m'assis à côté d'elle. Elle devait avoir à peine 17 ans. Je ne la connaissais même pas, mais je pleurai sa mort comme si elle avait été ma propre fille.

J'aurais dû deviner les intentions de Vaudreuil et m'interposer, mais paralysé par ce dont je venais d'être témoin au cirque, je n'avais rien fait pour la protéger et j'en avais honte. Soudain, poussé par je ne sais quel instinct, je la pris dans mes bras et je rentrai avec elle dans la mer. Des vagues de plus en plus hautes et de plus en plus fortes m'empêchaient d'aller plus loin et s'écrasaient avec violence sur la plage derrière nous. Soudain, le ressac forma un courant d'arrachement qui nous entraîna dans un tumulte rageur au large. Je tentais vainement de résister au mouvement impétueux de l'eau sans lâcher le corps que j'avais dans les bras, mais ce fut en vain. Je n'avais plus pied. La force du courant dépassait les miennes et il me l'arracha. Je m'abandonnai alors à mon sort et me laissai emporter en espérant que le Bon Dieu allait enfin me prendre. Au petit matin cependant, je me réveillais abasourdi sur la plage de Labadie, à une dizaine de kilomètres du Cap.

Moro cessa soudain de parler. Il regardait droit devant lui et des larmes coulaient de ses yeux. En face, Amélie et Cat pleuraient elles aussi en silence. Oli avait les yeux fermés, les mains jointes, il priait. Au bout de quelques minutes, le prêtre proposa que la séance s'arrête pour le déjeuner. Moro acquiesça. Cat lui versa un verre d'eau, dont il prit une gorgée et la remercia. Il fit alors un signe à Gaby qui vint le récupérer pour l'emmener au réfectoire.

Longtemps après le départ de Moro, Cat, Amélie et Olivier restèrent comme hébétés. Il leur avait déjà raconté pire, mais l'image de ces deux meurtres ne les quittait plus. Ces dames déjeunèrent en silence. Olivier, quant à lui, avait déjà décidé de jeûner après sa confession à l'Évêque. Mille pensées, les unes plus violentes que les autres, leur passaient par la tête, mais aucun d'eux ne pouvait ni ne voulait les partager. Engourdis, ils étaient tous comme dans une ankylose tant physique que morale et spirituelle. Soudain, l'après-midi était, elle aussi, devenue immobile : aucune brise ne soufflait. L'air était lourd et une chaleur suffocante envahissait lentement l'espace. Ils devinaient... mieux, ils savaient plus ou moins ce qui allait leur être raconté dans l'après-midi, et ils le redoutaient. Ils étaient tous les trois abasourdis, hébétés et ne savaient plus comment réagir. Étaient-ils vraiment en face d'un fou ? Étaient-ils pris au piège d'un habile manipulateur ? Étaient-ils eux-mêmes encore sains d'esprit ?

CHAPITRE 27

Lorsque Moro retourna sous l'amandier, il était différent. Il souriait et avait dans les mains un petit panier en osier qui devait contenir une demi-douzaine de mandarines. On lui en avait servi au dessert et il les avait trouvées succulentes. Il était revenu à la cuisine où le personnel lui avait permis d'en prendre quelques-unes pour les offrir à ses visiteurs. Réalisant que le groupe était quelque peu abattu, il tenta de les sortir de leur morosité.

— En déjeunant il y a un instant, leur dit-il avec un sourire narquois, j'ai entendu une conversation surprenante entre le docteur Fénelon et trois patients. Elle a commencé par une question tout à fait banale. Doc leur a demandé:

— Combien font trois fois trois ?

Le premier a tout de suite répondu :

— Voyons donc, trois fois trois égalent huit-cent vingt-sept.

Visiblement surpris, le médecin s'est retourné vers le second qui lui a répondu sans hésiter :

— Trois fois trois font jeudi, docteur !

Fénelon s'était à peine remis de son *saisissement* [366] que le troisième s'exclamait :

— Ces fous ne savent pas ce qu'ils disent, Docteur. Trois fois trois égalent neuf !

En poussant un ouf de soulagement, le bon docteur lui a serré la main avec effusion en lui disant :

— Bravo. Vous avez raison. Comment avez-vous fait ?

— Élémentaire, docteur, lui répondit l'homme, j'ai tout simplement soustrait huit-cent vingt-sept de jeudi !

Ils rirent tous de bon cœur. Moro leur tendit le panier en les invitant à se servir. Amélie et Cat prirent chacune un fruit qu'elles pelèrent et commencèrent à déguster. Olivier le remercia, mais s'excusa en raison de son abstinence. Le comportement bon enfant de Moro était venu à point nommé et avait complètement changé l'humeur du groupe. Comme par enchantement, son arrivée avait coïncidé avec celle d'une brise qui avait envahi l'endroit en chassant la canicule et rafraîchissant tous ceux qui étaient sous

---

[366] Traduction créole de stupeur.

l'amandier. Le petit groupe se rassit et se mit à discuter de tout et de rien. Au bout d'un moment, Moro leur demanda s'ils étaient encore disposés à tenir la séance de l'après-midi. Après un moment d'hésitation et sachant qu'elle devait tout faire pour permettre à son patient de continuer à s'exprimer toutes les fois qu'il le souhaitait, Cat acquiesça et sortit son cahier de notes.

— Nous nous sommes laissés, il y a un moment sur les multiples malfaisances de Rochambeau et de ses acolytes, lui dit-elle. Comment ont réagi les chefs indigènes ?

— Depuis l'arrivée de Rochambeau sur l'île, trois forces étaient clairement opposées les unes aux autres. D'abord, il y avait Rochambeau qui représentait les intérêts de l'Empire et qui par tous les moyens voulait rétablir l'esclavage et éliminer les chefs insurgés et leurs bandes de brigands. En face de lui, il avait deux factions : d'une part, l'Armée indigène composée principalement de créoles et dirigée par Dessalines ; d'autre part, des hordes de marrons – bossales pour la plupart – sans commandement central, mais tout aussi déterminées que Dessalines à se battre contre le rétablissement de l'esclavage.

En réalité, les créoles dirigés par Dessalines et les bossales – toutes factions confondues – avaient des visions diamétralement opposées sur l'avenir de Saint-Domingue. Ils ne s'accordaient que sur un point : se débarrasser des colons, coûte que coûte. C'était là la seule base d'une conspiration qui, en réalité, n'avait rien de véritablement concerté.

Comme nous l'avons évoqué précédemment, Dessalines, à l'image de Toussaint Louverture avant lui, aspirait à maintenir une économie de type latifundiaire. Son projet reposait sur de grandes plantations et des économies d'échelle, garantes, selon lui, de la création de la richesse nécessaire pour restaurer la prospérité passée du pays qu'il ambitionnait de bâtir. Les marrons, en revanche, souhaitaient reproduire un modèle économique inspiré des structures africaines, basé sur une production individuelle à petite échelle. Leur réflexion n'avait jamais véritablement intégré l'idée de l'indépendance et ses implications à long terme.

Qu'à cela ne tienne, d'un côté comme de l'autre, marrons et créoles répondirent à la cruauté de Rochambeau en soumettant tous les colons qui leur tombaient sous la main à des actes d'une férocité inouïe. Aucun Blanc ne pouvait s'aventurer hors des villes sans risquer de se faire égorger ou de subir les tortures les plus cruelles.

Figure 36. Jean-Jacques Dessalines[367].

En attendant, avant de se mesurer aux forces françaises, Dessalines s'attela à unifier son commandement, de gré ou de force. Il avait été le premier à se prononcer contre les Français et l'avait confessé uniquement à celui qu'il appelait déjà son « Compère Pétion ». Avant de se lier d'amitié, les deux hommes avaient été de farouches adversaires. Ils s'étaient mesurés au combat, d'abord à Léogâne puis à Jacmel où, lors de la Guerre du Sud, Dessalines avait terrassé les forces de Pétion. Ils s'étaient mesurés ensuite à la Crête-à-Pierrot où Pétion pilonna le fort avec une telle opiniâtreté qu'il en avait délogé Dessalines et tous ceux qui s'y étaient retranchés. Les deux hommes s'admiraient, se complétaient et se faisaient confiance. Dessalines était un ouragan impétueux qui emportait tout sur son passage. Pétion, plus calme et calculateur, était un coureur de fond qui savait donner du temps au temps.

Dessalines connaissait ses limites et avait confié à son compère la délicate mission de convaincre les chefs marrons de se joindre à lui et de rentrer, bien entendu, sous son commandement ! Larose, qui occupait l'Arcahaie, fut un des premiers marrons que Pétion aborda. Larose le reçut avec courtoisie et prit le temps d'écouter ses propositions. Alors que la réunion touchait à sa fin, il affirma sèchement et sans équivoque qu'il ne pardonnerait jamais à Dessalines d'avoir livré Sanite et Charles Bèlair aux Français et qu'en conséquence, il ne reconnaîtrait jamais son autorité. Lorsque Pétion en informa Dessalines, ce dernier reçut la balle au front et prit son mal en patience. Il arrêta temporairement sa marche vers l'Ouest et campa avec son armée à la

---

[367] Louise Voigt, *Jean-Jacques Dessalines,* Oil on canvas, Permanent Collection of MUPANAH. *Les Trésors de la République, musée du Panthéon National Haïtien, musée de la Banque de la République D'Haïti,* 2017, page 157.

Petite-Rivière de l'Artibonite. Là, il se fit ovationner par ses troupes qui le nommèrent général en chef des Indigènes. C'est là qu'il donna alors à toutes les populations soumises à son autorité le nom d'Incas ou d'Enfants du Soleil[368].

Il ordonna à Pétion de retourner sur-le-champ au Haut-du-Cap pour continuer à harceler l'armée française. Après des semaines d'incessantes escarmouches qui dégénérèrent en bataille rangée, les forces de Pétion vinrent à manquer de munitions et de nourriture et durent se replier. Il fit alors appel à Petit Noël Prieur et à Sans-Souci, les principaux chefs marrons de la zone, qui refusèrent de lui venir en aide. Lorsque Dessalines en fut informé, il grinça des dents et prit note.

Le général en chef laissa alors promptement la Petite-Rivière et se rendit à Port-de-Paix, dans le Nord-Ouest, pour y rencontrer François Capoix, un ancien chef d'escadron de l'état-major de Leclerc, qui venait de rallier l'insurrection. Capoix accepta sans réserve de se soumettre au commandement du chef suprême qui, séance tenante, le nomma général de brigade, commandant la ligne qui s'étend de Saint-Louis du Nord au Môle Saint-Nicolas. Dessalines laissa alors Port-de-Paix et rentra dans le Nord. Arrivé au Haut-du-Cap, il remarqua avec satisfaction que, lentement mais sûrement, Pétion et ses émissaires avaient fini par rallier la majorité de la population civile de la zone à son autorité. Il confia alors au général Yayou (rappelez-vous ce nom) le commandement de la Grande-Rivière, à Christophe celui du Dondon et à Clervaux celui de Marmelade. Sentant que les efforts de médiation de Pétion avec Sans-Souci et Petit Noël Prieur piétinaient, il ordonna à Christophe de les éliminer tout simplement[369].

Pendant que Dessalines regagnait la Petite-Rivière, Christophe invita Sans-Souci sur l'habitation Grand-Pré à une rencontre de travail, sous prétexte d'y préparer la résistance dans le Nord. Sans-Souci s'y rendit avec sa garde rapprochée. Une fois qu'ils pénétrèrent dans la grande case du lieu, Christophe les fit assassiner. La nouvelle du meurtre se répandit comme un feu de forêt et les cultivateurs de Dondon, de Plaisance et de Vallière, sous l'influence de Petit Noël Prieur, se levèrent contre Christophe et contre Dessalines. Christophe

---

[368] Thomas Madiou, *Histoire d'Haïti, Tome deuxième*, op.cit., page 367.
[369] Ibid., page 399.

voulut réagir, mais il dut battre en retraite tant l'amertume, la hargne et la haine des habitants de l'endroit étaient palpables.

Un proche parent de l'ancien gouverneur général, le général Paul Louverture, essaya vainement de parlementer avec Petit Noël pour le ramener au calme. Ses efforts furent vains et pour toute réponse, il eut la tête tranchée. Une fois informé, Dessalines laissa la Petite-Rivière et marcha sur Dondon. L'attaque qu'il lança sur la ville fut si impétueuse que Petit Noël dut prendre le maquis et n'en sortit qu'à la reddition de Rochambeau.

Le général en chef revint à Marchand où il fut rejoint par Pétion qui lui amena Geffrard, un de ses anciens frères d'armes, un haut cadre de l'armée de Rigaud, qui venait de rentrer de Cuba. Sans perdre de temps, les trois hommes s'accordèrent sur la nécessité de prendre le contrôle absolu de la Péninsule du Sud et d'en empêcher l'accès à l'armée française qui ne devait pas pouvoir l'utiliser comme dernier rempart lorsqu'elle aurait été chassée du Nord et de l'Ouest. Ils confièrent à Geffrard la mission de s'en saisir et de la garder, à tout prix, sous le commandement univoque de l'Armée des Incas.

Le général en chef, à la tête de 8 000 hommes, se dirigea ensuite vers l'Arcahaie pour y affronter Larose. Ce dernier, ignorant que les émissaires de Pétion avaient déjà gagné ses soldats, leur ordonna de marcher contre l'ennemi, mais aucun d'eux ne s'ébranla. Il prit la fuite et s'embarqua *in extremis* dans un canot avec sa famille. Dessalines prit possession de la ville. Il nomma alors Pétion général de division et lui confia le commandement du département de l'Ouest.

Nous étions alors en mai 1803 et l'autorité de Dessalines n'était pas encore acceptée dans l'Ouest où la majorité des insurgés se réclamaient encore de Lamour Dérance. Le 14 mai, le général en chef convia les principaux officiers de l'Ouest à l'Arcahaie où Cangé et Lamarre (deux lieutenants de Lamour Dérance), Marion, les frères Borde, Sanglaou lui jurèrent allégeance. Ils lui promirent tous de soutenir ses projets contre Dérance auquel ils feindraient de se soumettre jusqu'à ce qu'il soit abattu[370].

C'est aussi à cette réunion que Dessalines décida qu'il était temps que son armée adopte un nouveau drapeau. « Il déchira alors la bande blanche du drapeau français, fit coudre la bande bleue à la rouge et y inscrivit la légende :

---

[370] Thomas Madiou, *Histoire d'Haïti, Tome troisième*, Imprimerie de Jh. Courtois, Port-au-Prince, 1848, page 31.

Liberté ou la Mort. Par ce geste, Dessalines entendait non seulement écarter l'oppresseur blanc, mais symboliser, par la conservation du bleu et du rouge, l'union indéfectible du Noir et du mulâtre[371] ».

Le général en chef se rendit ensuite plus près du Port-Républicain et établit son quartier général à Frères. Il invita Lamour Dérance à venir inspecter les troupes qui lui écrivit-il, l'attendaient avec impatience pour le saluer. Ce dernier descendit dans la plaine avec sa garde rapprochée. Arrivé à Frères, il adressa une sévère admonestation à Dessalines en lui reprochant, en présence de son état-major, d'être entré dans l'Ouest sans son autorisation.

Dessalines resta calme et le pria d'accepter ses excuses. Lorsqu'il eut fini de parler, le général l'invita à passer ses troupes en revue. L'armée présenta les armes et pendant que Lamour Dérance en parcourait les rangs, les soldats selon les ordres qu'ils avaient reçus, crièrent : « Vive le général en chef ! » Le chef marron, convaincu qu'ils s'adressaient à lui, fut satisfait des honneurs qui lui avaient été rendus et remonta dans les mornes, rassuré.

— Comment avait-il pu être si naïf, lui demanda Cat? Les marrons connaissaient pourtant bien Dessalines. Sa réputation chez eux n'était plus à faire. Lamour Dérance aurait dû être informé du sort qui avait été réservé à Sans-Souci et à Petit Noël Prieur.

— Lamour Dérance était probablement grisé par l'illusion de son pouvoir, lui répondit Moro. Il avait été ovationné et son égo surdimensionné l'avait placé au flanc d'un précipice. Dessalines avait préparé un appât et attendait avec une patience, pour le moins surprenante, que sa victime morde à l'hameçon.

Malgré les remontrances dont il venait d'être l'objet, Dessalines confia à Cangé et à Gabart la mission d'attaquer et d'incendier toutes les habitations de la Plaine du Cul-de-Sac, sans en informer Lamour Dérance. En treize ans de guerre civile, cette région agricole avait été épargnée. Après le passage de Dessalines et de ses hommes, elle avait été complètement détruite. Du haut de sa montagne, Lamour Dérance regarda les flammes et commença à s'inquiéter.

Coup sur coup, l'Armée des Incas écrasa l'Armée Française et occupa successivement Sarthe, Truitier, Frère, le Canapé-Vert, le chemin de la Coupe, Turgeau, le morne de Bizoton et la Rivière Froide. Le Port-Républicain était encerclé. La plaine du Cul-de-Sac était en ébullition et l'armée française arrivait

---

[371] H. Pauléus Sannon, *Histoire de Toussaint Louverture, Tome III*, op.cit., page 175.

à peine à maintenir sa main mise sur la Croix des Bouquets, Léogâne et le Port Républicain. Dessalines réorganisa les 11ᵉ et 12ᵉ demi-brigades en y incorporant des cultivateurs insurgés. C'est alors qu'il abandonna le nom d'Armée des Incas pour ses forces armées et les rebaptisa Armée indigène.

Figure 37. Nicolas Geffrard[372].

Vers la fin du mois de juin, l'étau de Dessalines se resserrait sur le Port-Républicain. Flairant le danger, Rochambeau transféra le siège du gouvernement au Cap. Dessalines décida alors qu'il était temps de faire amende honorable dans le Sud où il savait qu'il ne jouissait pas de la meilleure réputation. Au début du mois de juillet, il se rendit au Camp-Gérard dans la plaine des Cayes pour y rencontrer Geffrard qui y avait installé son quartier général et lui avait aménagé une rencontre avec les principaux officiers du département [373]. C'est d'ailleurs là qu'il fit connaissance de Louis-Félix-Mathurin Boisrond, dit Boisrond-Tonnerre. Impressionné par la fougue du jeune homme, la vulgarité incongrue de son langage et sa haine viscérale des Français, le général en chef en fit son secrétaire particulier.

En laissant le Camp-Gérard, Dessalines prononçait un discours mémorable où, pour la première fois et sans nuance, il désavouait publiquement Toussaint Louverture. Il jeta alors sur son ancien chef, sur lui et sur lui seul, la responsabilité des massacres perpétrés pendant et après la Guerre du Sud et en avouant ouvertement ses doutes quant à la sincérité des intentions de ce dernier : « Oublions le passé, dit-il. Oublions ces temps affreux... Je suis soldat, ajouta-t-il, j'ai toujours combattu pour la liberté et si j'ai été pendant la guerre civile aveuglément dévoué à Toussaint Louverture, c'est que j'ai cru que sa

---

[372] *Diffusion Haïtienne 1804-1954,* page 117.
[373] Alin Louis Hall, *La Péninsule Républicaine*, Collection Estafette, Haïti 2014, page 366.

cause était celle de la liberté[374]. » Le verdict était cinglant. À en croire le général en chef, Toussaint ne se battait vraiment ni pour la liberté générale, ni pour l'Indépendance. Une fois son discours terminé, Dessalines fut ovationné aux cris de « Mort aux Blancs ! Vive la liberté ! »

Pendant que le vrai général en chef était acclamé dans le Sud, Lamour Dérance redescendait imprudemment dans la plaine du Cul-de-Sac. Arrivé sur l'habitation Roche Blanche, que commandait le colonel Guerrier, ce dernier feignant de reconnaître en lui le général en chef de l'Armée indigène, lui offrit, une fois encore, de passer les troupes en revue. Dérance tomba dans le panneau. Arrivé au centre de la 3e demi-brigade, il fut arrêté et garrotté, pieds et mains. Conduit à Marchand, il fut jeté en prison où il mourut « de chagrin et de privations[375]. »

Le tour était joué. Dessalines avait réussi à unifier les officiers créoles sous son commandement et s'était défait des principaux chefs marrons. Il prenait cependant soin, cette fois-ci, d'intégrer dans ses rangs une majorité de bandes de marrons nouvellement soumises. La bataille pour la conquête du Sud et de l'Ouest entrait dans sa phase définitive. Après des semaines de combats ardus, le 10 octobre, Dessalines fut reçu triomphalement à Port-au-Prince. Le 17 du même mois, Geffrard occupait les Cayes et prenait Jérémie. Magloire Ambroise investissait Jacmel. L'une après l'autre, le Petit-Trou, l'Anse-à-Veau, Aquin, Petit-Goâve, Léogâne, Saint-Marc, Gonaïves et Fort-Liberté tombaient aux mains de l'Armée indigène. Capoix contrôlait déjà Port-de-Paix.

Un mois plus tôt, la plupart des colons français avait déjà été chassés du Cul-de-Sac et les intentions du général en chef commençaient à se préciser. En reprenant le contrôle de la Plaine, il avait fait 300 prisonniers. Après leur avoir donné sa parole d'honneur qu'il allait leur laisser la vie, il leur annonça qu'ils allaient être transférés à l'Arcahaie où ils seraient plus en sécurité. Avant qu'ils ne quittent l'endroit, « il fit appeler l'officier en charge de les accompagner et lui ordonna de les tuer tous :

— Quoi ! s'écria l'adjudant-général Bonnet qui était à ses côtés ; vous oubliez donc, général en chef, votre parole d'honneur ?

---

[374] Thomas Madiou, *Histoire d'Haïti, Tome troisième*, op.cit., page 48.
[375] Ibid., page 50.

— Taisez-vous, Bonnet, répondit Dessalines ; ne savez-vous pas que depuis la Révolution, il n'y a plus de parole d'honneur !
Les 300 prisonniers furent tous assassinés en chemin[376] ».

À la fin du mois d'octobre, le drapeau français ne flottait plus qu'au Môle Saint-Nicolas et au Cap. Qui pis est, depuis le mois de mai, le traité d'Amiens était devenu caduc et les hostilités entre la France et l'Angleterre avaient repris.

Figure 38. Frégate Anglaise à deux ponts[377].

Les navires anglais avaient recommencé à sillonner les eaux territoriales de Saint-Domingue dont, dès le mois de septembre, ils avaient bloqué tous les accès aux principaux ports. Les efforts de ravitaillement des forces françaises se retrouvaient dès lors sérieusement entravés et, au Cap, et une disette risquait de dégénérer rapidement en famine.

Dans l'Ouest, après onze jours de repos, Dessalines recommença à haranguer ses troupes. Il leur annonça sa décision d'en finir, une fois pour toute, avec l'ennemi et de l'attaquer dans son dernier bastion. Il ébranla son armée et marcha sur le Nord. Le 13 novembre, il arrivait sur l'habitation

---

[376] Thomas Madiou, *Histoire d'Haïti, Tome troisième*, op.cit., page 70.
[377] *Livre d'Or du Bicentenaire de la République d'Haïti (1804-2004).*

Lenormand où il installa son quartier-général. Il était à la tête de 27 000 hommes aguerris et prêts à tous les sacrifices.

Il avait laissé Geffrard en charge du Sud et confié l'Ouest à Pétion. Autour de lui cependant, se rassemblait encore toute une pléthore de valeureux stratèges militaires : Christophe, Capoix, Gabart, Clervaux, Jean-Philippe Daut, Cangé, Vernet et Charlotin Marcadieux, pour ne citer que ceux-là. Les dés étaient jetés, la bataille finale allait bientôt commencer : cette fois-ci, c'est l'Afrique entière qui était devant le Cap pour se venger !

Le 17 novembre au matin, un long roulement de tambour retentit dans le camp de l'Armée indigène. Il fut suivi d'un profond silence. Le général en chef, monté sur son cheval, passait ses troupes en revue. Avant de prendre le Cap, il fallait s'emparer des forts Bréda, Pierre-Michel et Vertières qui jalonnaient la route que devrait emprunter son infanterie. Il devait occuper la Vigie Saint-Martin qui dominait la ville, les batteries des Mornets et du fort Picolet qui la protégeaient au nord et au nord-ouest. Lorsque midi sonna, Dessalines se fit accompagner d'un ingénieur pour inspecter personnellement les défenses de Bréda. Les Français lui lancèrent une grêle de balles qui miraculeusement ne l'atteignirent pas.

À la tombée de la nuit, ses secrétaires lui avaient lu tous les rapports du service de renseignement et il en avait discuté avec son état-major. Ses plans étaient désormais arrêtés. Il allait attaquer sur quatre colonnes : La première commandée par Clervaux, auquel il avait adjoint Capoix, devait arracher la Barrière Bouteille – quel qu'en soit le prix. La deuxième, sous les ordres de Christophe, devait prendre les hauteurs d'Estaing, la gorge de la Providence, la Vigie Saint-Martin et la batterie des Mornets d'où elle pourrait canonner la ville. La troisième, sous les ordres de Romain, encerclerait le fort Picolet. La quatrième contiendrait la Petite-Anse. La réserve resterait avec lui au Haut-du-Cap, prête à être engagée au besoin.

À la pointe du jour, le général Clervaux ouvrit le feu sur Bréda et signala le début des opérations. Les Français battirent la diane [378] dans le fort et réveillèrent les troupes d'un sommeil déjà inquiet. Un boulet fit éclater une partie des remparts. Rapidement, tous les forts du Cap se mirent à tonner et à

---

[378] Batterie de tambour qui se fait à la pointe du jour pour réveiller les soldats. 2016 *Dictionnaires Le Robert - Le Grand Robert de la langue française*.

cracher leur feu sur les artilleurs de l'Armée indigène. Rochambeau, à la tête de sa garde d'honneur, sortit du Cap et alla s'établir au blockhaus de Vertières. Dans l'intervalle, les batteries de Christophe étaient actives et bombardaient la ville.

Dessalines concentrait un feu d'artillerie sur Bréda pour couvrir l'avance de la colonne de Clervaux. Les troupes d'infanterie étaient déjà engagées sur la grand-route, en direction de la Barrière Bouteille : Capoix était à l'avant-garde avec ses troupes. Le feu des forts se fit alors plus intense. La colonne marchant sur la Barrière Bouteille était en danger, car elle recevait en même temps le feu de Breda, de Pierre-Michel et de Vertières[379]. Très tôt, l'Armée indigène se trouva en difficulté. Dessalines changea alors ses plans et décida de neutraliser Vertières, le plus dangereux des trois forts. Le général en chef me confia alors une double mission : je devais transmettre à Capoix l'ordre de s'emparer de la butte de l'habitation Charrier qui dominait Vertières et lui en indiquer ensuite le meilleur accès.

Pour ma sécurité, il me fit accompagner par Darius Vaudreuil. Arrivé près du jeune général, je lui remis le billet de son chef. Il le lut rapidement et me demanda de lui montrer un relevé de l'endroit. Je dépliai mes cartes devant lui. En les parcourant, il comprit que pour arriver à Charrier, il devait passer sous le feu croisé de l'artillerie et de la mousqueterie des divers postes ennemis, particulièrement celui de Vertières où se tenaient Rochambeau et sa garde d'honneur[380].

Capoix contempla longuement les documents que j'avais étalés devant lui pour les mémoriser. Au bout d'un moment, il me remercia. Tout à coup, il enfourcha son cheval et cria à ses troupes : « En avant ! En avant ! ». L'armée française riposta vigoureusement pour freiner l'avancée de l'ennemi. Capoix avait à peine parcouru une centaine de mètres quand un boulet atteint son cheval et le renversa. Le fougueux officier se releva, quelque peu désarçonné, se tâta le corps un peu partout pour s'assurer qu'il n'était pas blessé. En boîtant légèrement, alors que des balles sifflaient autour de lui, il se remit graduellement à courir en enjoignant à ses troupes de persévérer dans leur progression vers la Butte. « En avant ! En avant ! » leur cria-t-il de nouveau. Par

---

[379] Major Paul Corvington, *Exposé de la bataille de Vertières*, Armée d'Haïti 1954, page 11.
[380] H. Pauléus Sannon, *Histoire de Toussaint Louverture, Tome Troisième*, op.cit., page 195.

cet acte de bravoure inouïe, le jeune général venait de s'immortaliser dans l'imaginaire de ses hommes qui, en ce lieu et dès ce moment, l'appelèrent désormais Capoix-La-Mort !

Un autre boulet de canon enleva trois soldats qui se trouvaient à proximité de Darius Vaudreuil. Le vent du boulet lui passa près de l'oreille gauche. Darius s'arrêta net dans sa course, glacé jusqu'au fond de l'âme. Il vit toute sa vie se dérouler devant lui : il revit le jeune esclave dans le cirque, il revit le regard désespéré de la jeune femme qu'il avait égorgée et, comme Caïn avant lui, il aperçut un œil grand ouvert qui le fixait dans la fumée soufrée de la mitraille. Il tressaillit. Figé par la peur, il ne vit pas venir le prochain boulet qui transperça la pupille géante qui l'hypnotisait et lui défonça la poitrine.

Figure 39. François Capoix[381], dit Capoix-La-Mort.

L'armée indigène soudain redoubla d'ardeur quand, au milieu des fracas de la bataille retentit son chant favori : *Grenadiers à l'assaut ! Sa ki mouri zafè a yo ! Nan pwen Manman ! Nan pwen Papa ! Sa ki mouri zafè a yo ![382]* Quelques heures plus tard, la Butte Charrier était prise. Une nouvelle base de feu était enfin établie. Dessalines y fit transporter une pièce de canon et Charrier, sous le commandement de Clervaux, commença à tirer sur Vertières.

Pour y faire face, Rochambeau installa une pièce d'artillerie dans la savane Champin et ouvrit le feu sur Charrier : Un vrai duel était entamé que Charrier remporta haut la main. Se rendant compte que cette position risquait de faire pencher la balance en faveur des Indigènes, l'armée française y concentra un feu nourri. La bâtisse de Charrier sauta.

---

[381] *Diffusion Haïtienne 1804-1954 page 117.*
[382] Grenadiers à l'assaut ! Tant pis pour ceux qui meurent ! Il n'y a plus ni maman, ni papa ! Tant pis pour ceux qui meurent !

Clervaux continua à bombarder Vertières qui, soudain, explosa lorsqu'un boulet tomba directement dans la poudrière du fort. Réalisant que la situation était désespérée, Rochambeau tenta une dernière offensive. Il lança sa garde d'honneur en lui intimant l'ordre de contourner la Butte du côté ouest pour s'en emparer. La colonne s'ébranla, mais le service du renseignement de Dessalines était, ce jour-là, impeccable. Clervaux fut immédiatement prévenu et dissimula une compagnie dans un bois, attenant au Fort. À peine arrivé, l'ennemi fut pris dans un guet-apens. Les Français qui survécurent à la fusillade croisée s'enfuirent en désordre.

C'était la fin. La position française était devenue intenable et allait tomber quand brusquement une pluie torrentielle fit cesser le combat[383]. Il était cinq heures de l'après-midi. Les échauffourées avaient duré un plus de dix heures sans répit. Bréda était encerclé. « Pierre-Michel ne tirait plus depuis plusieurs heures. Christophe ne cessait de pilonner le Cap : d'un moment à l'autre, il allait foncer sur la ville. Romain était à Picolet. La Petite-Anse n'avait rien donné. Vertières n'en pouvait plus. Il fallait évacuer la place et rentrer dans la ville[384] ».

Les pertes de l'armée française étaient lourdes. Au terme d'un conseil de guerre réuni le soir même, Rochambeau décida de capituler et d'évacuer le territoire. Il signa une convention de reddition le lendemain. Dessalines lui accorda dix jours pour vider les lieux avec ses troupes. Le 27 novembre, un jour avant l'expiration du délai, il n'y avait plus un seul soldat français au Cap, sinon les centaines de malades et de blessés impossibles à transporter et recommandés à l'humanité du général en chef. Ce dernier s'engagea, au moment opportun, à les renvoyer en France sur des navires neutres.

Rochambeau avait embarqué ce qui lui restait d'armée sur les frégates françaises mouillant dans la baie du Cap. Avant d'appareiller, il voulut négocier un sauf-conduit avec le commodore anglais Loring qui bloquait le Port. L'officier anglais ne voulut rien entendre et refusa toutes les avances des émissaires français. Le capitaine-général menaça alors de mettre le feu aux frégates, de débarquer à Caracol et de se frayer un passage à pied vers Santo-Domingo. Le même jour, un aide de camp de Christophe montait à bord de *La Surveillante* et sommait les Français de sortir immédiatement du port sous peine de se faire

---

[383] Pauléus Sannon, op.cit., page 196.
[384] Major Paul Corvington, op.cit., pages 13 et 14.

tirer dessus à boulets rouges. Cette sommation semblait d'autant plus sérieuse que, depuis le matin, les fourneaux du Fort Picolet étaient allumés[385].

Désespéré, Rochambeau envoya des émissaires à Dessalines pour lui rappeler que le délai de la capitulation n'était pas encore expiré. Christophe les interrompit en s'adressant au général en chef : « Général, c'en est trop ; dites un mot et, dans une demi-heure, il n'y aura plus un Français en rade. Donnez vos ordres et ce sera bientôt fini. » Dessalines accorda aux envoyés de Rochambeau un délai de deux heures pour appareiller. Chose dite, chose faite, les navires français sortirent de la baie et se rendirent au commodore Loring qui les conduisit en Jamaïque où équipages et garnisons furent faits prisonniers. Quelques jours plus tard, les Français évacuaient le Môle. Accompagné de Clervaux et de Christophe, Dessalines se rendit alors au Fort Dauphin où, le 29 novembre, ils signèrent une Déclaration Préliminaire d'Indépendance[386].

Les Français partis, Dessalines entreprit de transférer, du Cap à l'île de la Tortue, tous les malades et les blessés qui avaient été confiés à son humanité et qu'il s'était engagé à rapatrier en France à leur guérison. Une fois au large, il décida de venger les milliers d'hommes noirs et de couleur, de prêtres et de soldats, de femmes et d'enfants, d'innocents qu'en quelques mois, Rochambeau avait fait périr dans la baie du Cap. Il ordonna de les noyer tous. *Sa ki mouri zafè a yo !*

À ces mots, Moro respira profondément, baissa la tête et se tût. Cat, Amélie et Oli étaient exténués. Ils se regardèrent l'un l'autre et décidèrent discrètement de mettre fin à la séance du jour. Moro releva doucement la tête et demanda à Amélie, avant de partir, de dire une prière. Elle accepta et demanda au petit groupe de se lever et de se tenir par la main. Tous les malades qui étaient dans la cour, comme par enchantement, se pressèrent pour rejoindre le cercle. Sans en demander la permission, ils le brisèrent en offrant leurs mains ouvertes que Cat, Amélie, Moro et Oli prirent dans les leurs. Amélie, levant les yeux au Ciel, dit :

Nan nanchon Nago a,
Nan non Obatala,
Se pou 401 lwa yo, a travè 21 nanchon yo,

---

[385] Pauléus Sannon, op.cit., pages 198 et 199.
[386] Pauléus Sannon, op.cit., pages 198 et 199.

Kreye amoni nan mitan nou
Pou nou rete soude youn ak lòt,
Menm jan ak lwa yo
Pou nou fè lagè kont divizyon ki fè feblès nou,
Nan non Jeneral Osan Ebakoule,
Mèt Osan Emedji, Osan Ekwekimalò,
Ogou Balandjo, Ogou Badagri, Ogou Feray,
Nèg Fè, Nèg Jipitè.
Ago, ago si, ago la !
Ayabombe[387] pou tout lwa ki nan tèt nou[388] !

Dans la nation Nago,
Au nom d'Obatala,
Que les 401 lwa des 21 nations
créent l'harmonie parmi nous,
de sorte que, comme les lwa,
nous restions soudés les uns aux autres
pour faire la guerre à cette division qui nous affaiblit,
Aux noms du général Osan Ébakoulé,
de maître Osan Émédji, d'Osan Ékwékimalò,
d'Ogou Balandjo, d'Ogou Badagri, d'Ogou Feray,
du Nègre en fer,
du Nègre de Jupiter.
Ago, ago si, ago la!
Ayabombé pour tous les lwa qui nous habitent[389] !

À l'unisson, le cercle répondit : « Ayibobo ! »

---

[387] Expression Taino qui signifie qu'il vaut mieux mourir qu'être en esclavage.
[388] Prière anonyme.
[389] Traduction de l'auteur.

Figure 40. Ogé reçu par son frère Chavannes au Cap le 12 octobre 1790[390].

---

[390] Traitement au crayon d'une lithographie de Villain. « Paris, rue de Sèvres n°11 », F. Grenier 1822.

CHAPITRE 28

Dans le *devant jour* de ce matin d'avril, les premiers rayons du soleil scintillaient dans la rosée qui recouvrait les mille et une fleurs du jardin du Grand Séminaire. Le diacre agita la clochette pour annoncer le début de la messe. Lentement, les séminaristes s'avançaient dans la nef et entraient dans les travées pour s'asseoir aux premières rangées. Olivier marchait derrière eux. Arrivé dans le chœur de la chapelle, il s'inclina et fit le signe de la croix. Il monta ensuite à l'autel qu'il effleura d'un baiser et invita ensuite la petite assemblée à se recueillir au Nom du Père, et du Fils, et du Saint-Esprit.

Les textes du jour comprenaient un passage du livre du Deutéronome qu'un séminariste se chargea de lire. Il se plaça derrière le lutrin et commença :

— Moïse disait au peuple : « Voyez ! Je mets aujourd'hui devant vous ou bien la vie et le bonheur, ou bien la mort et le malheur. Ce que je vous commande aujourd'hui, c'est d'aimer le Seigneur votre Dieu, de marcher dans ses chemins, de garder ses commandements, ses décrets et ses ordonnances. Alors, vous vivrez et vous vous multiplierez; le Seigneur votre Dieu vous bénira dans le pays dont vous allez prendre possession. Mais si vous détournez votre cœur, si vous n'obéissez pas, si vous vous laissez entraîner à vous prosterner devant d'autres dieux et à les servir, je vous le déclare aujourd'hui : certainement vous périrez, vous ne vivrez pas de longs jours sur la terre dont vous allez prendre possession[391]... »

Un autre séminariste, lui succéda et lut les psaumes. Le diacre lut enfin un passage de l'Évangile selon Saint Luc qui enjoignait les fidèles à la compassion :

— « Soyez miséricordieux comme votre Père est miséricordieux. Ne jugez pas, et vous ne serez pas jugés ; ne condamnez pas, et vous ne serez pas condamnés. Pardonnez, et vous serez pardonnés. Donnez, et l'on vous donnera : c'est une mesure bien pleine, tassée, secouée, débordante, qui sera versée dans le pan de votre vêtement ; car la mesure dont vous vous servez pour les autres servira de mesure aussi pour vous[392]. »

Olivier monta en chaire, fit une courte prière à l'Esprit Saint et dit ceci :

---

[391] *Livre du Deutéronome* 30 : 15-17.
[392] *Évangile selon Saint Luc* 6 : 36-38.

— Il n'y a qu'un seul Dieu. Que nous l'appelions Yahweh, Allah ou Gran Mèt[393], il n'y en a qu'Un Seul. Que Son Nom soit sanctifié ! « Nul ne vient au Père que par moi » disait Jésus. Malgré cette admonition péremptoire et apparemment sans appel qui semble exclure tous les non-chrétiens de la promesse de la vie éternelle, Jésus lui-même indiquait, un peu plus loin, une autre manière d'accéder au Père lorsqu'un jour, un docteur de la Loi l'interrogea et lui demanda lequel des commandements était le plus grand et qu'il lui répondit : « Tu aimeras le Seigneur, ton Dieu, de tout ton cœur, de toute ton âme, et de toute ta pensée. C'est le premier et le plus grand commandement. Et voici le second, qui lui est semblable : Tu aimeras ton prochain comme toi-même. De ces deux commandements dépendent toute la Loi et les prophètes[394]. »

Par conséquent, que nous soyons vaudouisants, musulmans, sikhs, juifs ou chrétiens, en aimant un seul Dieu et en aimant nos prochains comme nous-mêmes, Jésus, l'incarnation de l'Amour, entre en nous. Grâce à Lui, sans le savoir et peut-être même sans le vouloir, nous Le suivons, Lui, Le Chemin, La Vérité, La Vie.

Jésus-Christ disait que c'est à l'Amour que nous avons les uns pour les autres qu'il reconnaitrait que nous sommes Ses disciples. Si certains de nos compatriotes continuent à agir avec égoïsme, indifférence et méchanceté, c'est peut-être parce que les chrétiens haïtiens ne leur donnent pas encore le bon exemple.

Est-il encore nécessaire de rappeler que la loi de la récolte, comme celle de la gravité, est une loi de la nature et que, par conséquent, nous ne pouvons récolter que ce que nous avons semé ? Qu'il est utopique, par exemple, de semer du petit-mil et de s'attendre à récolter du maïs ? Dès ses débuts, Haïti a semé l'exclusion, la discorde, les rivalités, les assassinats et la corruption. Pour toutes ces raisons, elle récolte aujourd'hui la violence, la misère et un chaos sans précédent.

Tout n'est cependant pas perdu. Ce pays peut encore changer de destin si, et seulement si, nous commençons à semer autre chose. Sans verser dans l'angélisme ou la bondieuserie, nous pourrions commencer à semer des grains d'amour, par exemple ! Mais de quel amour, me demanderez-vous?

---

[393] Grand Maître.
[394] *Évangile selon Saint Matthieu*, 22: 37-40.

Serait-ce celui prôné par Jésus ? Avant de répondre à cette question, il serait peut-être sage de nous demander à quel Jésus nous nous référons ? Serait-ce Celui dont certains membres des classes dominantes ont toujours usurpé les enseignements pour justifier leurs plus sales besognes ? Ou bien, serait-ce plutôt Celui qui s'est toujours retrouvé du côté des plus faibles ? La réalité est que, depuis que le Charpentier de Nazareth a été introduit sur l'île, beaucoup de démagogues ont tenté de l'utiliser de manière malhonnête et intéressée, c'est-à-dire comme bon leur semblait pour défendre leurs intérêts mesquins. Et c'est fort de cette appropriation indécente et inappropriée qu'est née l'opposition entre ceux qui ont tout et ceux qui n'ont rien. Avec d'un côté, un Jésus qui a été et est encore utilisé pour justifier les origines et les conséquences d'une société coloniale inique et, de l'autre, des dominés-révoltés qui n'ont cessé de revendiquer leur droit d'exister, eux aussi, en tant qu'enfants légitimes du Créateur.

Le vrai Jésus, quant à lui, sonde les profondeurs de nos cœurs, de nos âmes et de nos pensées. Il sait toute la difficulté que nous avons, malgré nos meilleurs efforts, à être aussi compassionnels qu'Il nous le demande. Il le sait et commence par se donner lui-même en exemple avec le lépreux qu'Il touche et guérit (Saint Matthieu 8 :1-4) ; avec la femme adultère pour laquelle Il intervient en expliquant aux Pharisiens pourquoi et comment ne pas la condamner (Saint Jean 8 :3-11) ; avec Zachée lorsqu'Il s'invite à sa table (Saint Luc 19 :1-10) ; enfin sur la croix lorsqu'il implore le pardon du Père pour ceux qui l'y ont cloué (Saint Luc 23 :34). Jésus est vraiment l'incarnation de l'Amour, de cet Amour dont notre pays a terriblement besoin et qui, lorsqu'il envahit nos manières d'être, de penser et d'agir, nous amène à comprendre que nous n'acclamons qu'un Seul Dieu, que nous ne sommes qu'un seul Peuple et que nous ne formons qu'une seule Nation.

Lorsque certains Haïtiens décrivent l'objet de leur dévotion comme « Le Chemin, La Vérité et La Vie », ils sont sans nuance et excluent d'office tous ceux qui ne sont pas comme eux, ne pensent pas comme eux et ne prient pas comme eux. Lorsqu'au contraire, d'autres parlent de la Vraie Lumière, de la Sagesse Éternelle et de la Bonté Infinie et les présentent comme « Le Chemin, La Vérité et La Vie », là, ils s'approchent inévitablement de l'Amour Universel tel qu'Il existe indistinctement dans toutes les créatures, dans toutes les religions et partout dans la Création. Suivons donc ce Chemin de Vérité qui mène à la Vie !

Je suis né en Haïti et j'y ai passé le plus clair de ma vie. Au bout du compte, je dois avouer que, trop souvent, les comportements de ceux qui se disent « *chrétiens* » sur notre île, n'ont absolument rien à voir avec le Christ qu'ils prétendent suivre. Faisant tout et n'importe quoi, ils se contentent simplement de cacher le mal qu'ils font et crient sur tous les toits qu'ils ne font de tort à personne ! *Sa je pa wè, kè pa tounen*[395] !

Vous me concéderez que rien de tout cela n'est vraiment catholique! Pour marcher vraiment dans les pas de l'Agneau, il faut aller beaucoup plus loin dans l'ordre de l'amour en pensant à deux mots que naturellement nous n'associons peut-être pas l'un à l'autre : commandement et amour. « Tu aimeras ton Dieu et tu aimeras ton prochain... » Généralement, nous mettons l'amour du côté du sentiment spontané, de l'élan du cœur... Or, le Vrai Dieu ne met pas l'amour du côté du sentiment, mais du côté du commandement. Il nous ordonne d'aimer ! Et lorsqu'Il ordonne, il faut comprendre qu'Il veut mettre de l'ordre, de la priorité dans nos réactions. Non pas le sentiment d'abord mais, l'amour qui relève du don inconditionnel de soi. L'amour qui devient alors une décision qui engage une volonté d'aimer pour le bien de l'être aimé.

Pour aimer vraiment, il convient d'abord de s'aimer soi-même, c'est-à-dire d'avoir une juste estime de soi. C'est peut-être une grâce que le peuple haïtien devrait demander à Dieu, celle d'avoir une juste estime de soi-même pour pouvoir aller jusqu'au bout de l'amour. C'est en mettant en pratique le commandement de l'Amour « tu aimeras Dieu de tout ton cœur, tu aimeras ton prochain comme toi-même » que nous pourrons changer Haïti ; la refonder en plantant nos pieux dans l'Amour Universel et dans la Lumière pour l'édifier et la reconstruire.

Ce n'est qu'à ce prix que notre Haïti-Kiskeya-Bohio, *défigurée* par la tyrannie de la médiocrité, de la corruption, de la violence, de la haine et de l'anarchie, sera *transfigurée* par le règne de l'Amour, Amour de Dieu, Amour de soi, Amour des autres et deviendra un pays où les notions d'inclusion, de solidarité, de dignité, de justice, de reddition de compte, de transparence,

---

[395] Ce qui ne se laisse pas voir, ne blesse pas.

d'ordre et de discipline ne seront plus de simples vues de l'esprit mais un réflexe quotidienne chez tous les Haïtiens.

C'est là un message aussi exigeant qu'exaltant car il nous demande d'aimer l'autre sans condition et de le respecter intégralement. Dans un de ses derniers écrits, le pape Jean-Paul II affirmait que la religion catholique ne rejetait rien de ce qui était vrai et saint dans les autres religions, car, disait-il, nous devons être guidés par la croyance que Dieu, le Créateur veut racheter l'humanité tout entière et qu'Il a Ses propres moyens d'atteindre chacun de Ses enfants en particulier[396].

Pour reprendre les propos de Moïse dans la première lecture, les choix devant nous sont clairs : la vie et le bonheur, ou la mort et le malheur. Le sauvetage individuel est un leurre, une utopie. Pour atteindre le niveau d'excellence auquel nous aspirons tous, notre pays aura besoin du dépassement de ses enfants, de tous ses enfants qui devront enfin comprendre qu'ils n'ont d'avenir que dans l'union : une union qui ne sera cependant pas une négation de leur individualité et de leur identité, mais au contraire, une union qui sera le fruit d'un dialogue franc et transparent. Un dialogue solidement ancré sur des concessions faites par les uns et les autres sur leurs idées mais jamais sur leurs convictions.

Pour mériter de la Patrie, nous allons devoir apprendre à vivre pour la Patrie et non aux dépens de cette Patrie, avec tous les hommes et non en asservissant certains hommes ! Faisons, par conséquent, preuve de sagesse dans nos réflexions, d'intelligence dans nos décisions et d'une piété filiale et fraternelle dans tous nos comportements. Allons-nous choisir la vie ou la mort ? Saurons-nous choisir l'avenir ou la mort ?

Olivier fit le signe de la Croix et arrêta là son homélie. Les séminaristes se regardèrent l'un l'autre, sans dire mot ! Une trentaine de minutes plus tard, la messe était dite et l'assistance se dirigea vers le réfectoire. Olivier resta seul dans la chapelle et alla se mettre à genoux devant le Saint Sacrement.

---

[396] Jean Paul II, *Crossing the Threshold of Hope*, Alfred A. Knopf, Inc, New York, p 80-83.

Figure 41. Arbre de la Vie, dessin au crayon de Kassim Oumarou dos Santos.

CHAPITRE 29

Un peu plus tard ce matin-là, pendant que le diacre conduisait Olivier à l'Asile, ils écoutaient une émission spéciale sur le pape Jean-Paul II, le premier pape non-italien depuis le XVIe siècle. Quatre ans plus tôt, plus d'un million de fidèles avaient assisté à ses funérailles. Au début de la cérémonie, ils avaient dérogé au protocole du Vatican en applaudissant avec émotion et en reprenant en chœur « Santo subito ! », en italien, « Saint, tout de suite ! ».

Figure 42. Vierge Noire[397].

Celui qui avait été indéniablement un « troubadour de l'Évangile » pour prêcher la Bonne Nouvelle aux quatre coins du monde, celui qui avait incarné l'espérance et la persévérance des enfants les plus vulnérables du Christ, celui qui dans la souffrance et la maladie avait décidé d'achever la course en donnant à l'humanité un exemple de dignité dans l'adversité, c'est cet homme-là qui, à sa mort, avait été littéralement plébiscité par des fidèles du monde entier. En réponse à ces attentes, l'Église se préparait à commémorer le quatrième anniversaire de sa mort et l'ouverture presque simultanée de la cause de sa béatification par le pape Benoit XVI.

Jean-Paul II jouissait déjà d'une place spéciale dans le cœur des catholiques haïtiens. Olivier lui vouait une affection toute filiale. Jean-Paul II était non seulement le seul pape à avoir visité le pays, mais il était en plus polonais. En 1803, une légion polonaise forte de 3 000 hommes avait débarqué dans la colonie avec Leclerc. Mais beaucoup d'entre eux, sympathisant avec la cause des esclaves, désertèrent et se battirent à leurs côtés. Une centaine d'entre eux avait survécu à la guerre et, lorsque le

---

[397] Philippe Dodard, *Vierge Noire, 2006*, Collection privée. Image utilisée avec l'autorisation de l'artiste.

pays fut indépendant, ils choisirent de s'installer les uns à Cazale, les autres à Fond des Blancs. Ils se sont harmonieusement intégrés à la population et ont conservé beaucoup des traditions catholiques de leur pays natal. Entre autres, ils ont construit de nombreuses petites chapelles avec des images reproduisant la Vierge Noire de Czestochowa que, comme ses ancêtres, Jean-Paul II vénérait.

Ce matin-là, avec une nostalgie certaine, Olivier écoutait Radio Soleil qui rediffusait l'homélie prononcée 26 ans plus tôt à Port-au-Prince par le pape : « Ce pays a été le premier en Amérique latine à se proclamer indépendant », disait-il. « Il est donc appelé, d'une façon spéciale, à développer chez lui, dans un climat de liberté, à la mesure de ses moyens et des efforts de tous, une œuvre de véritable promotion humaine et sociale telle que tous ses fils et filles puissent y travailler à l'aise sans se sentir contraints d'aller chercher ailleurs, et souvent dans des conditions pénibles, ce qu'ils devraient trouver chez eux[398]. »

Vingt-six ans plus tard, les Haïtiens n'étaient toujours pas arrivés à concrétiser ce que le pape en attendait. « Pauvre Haïti ! » dit Olivier. « Pauvres Haïtiens ! » lui répondit le diacre. Olivier avait le visage défait... presque honteux ! Peu de temps après, ils étaient devant l'Asile. Le prêtre remercia son diacre et descendit du véhicule. Cat et Amélie étaient à la barrière. Il les embrassa et se dirigea avec elles sous l'amandier où, peu de temps après, Moro les retrouvait. Après quelques échanges anodins, la séance du jour commençait :

— Samedi dernier, lorsque nous nous sommes laissés, l'armée française en lambeaux venait d'embarquer ses restes, rappela Cat.

— C'est peu dire Mademoiselle, lui répondit Moro. Parlons un peu des chiffres, si vous le voulez bien. En février 1802, 21 000 hommes de troupes débarquaient avec Leclerc pour rétablir l'esclavage à Saint-Domingue. De juin 1802 à juin 1803, 35 000 autres étaient arrivés en renfort. C'est donc une armée expéditionnaire forte de 56 000 hommes qui s'était battue pour conserver à la France la plus belle et la plus riche colonie du monde. Après avoir capitulé, Rochambeau ne laissa Saint-Domingue qu'avec 4 000 militaires rescapés de la bataille de Vertières. Ce sont par conséquent plus de 50 000 soldats qui, en moins de deux ans, ont péri[399] pour soutenir une exécration, une abomination, un crime contre l'humanité. Dans le camp des futurs Haïtiens, en 10 ans de

---

[398] *Homélie du pape Jean-Paul II*, Port-au-Prince, Haïti, mercredi 9 mars 1983, in: www.vatican.va.
[399] Arnaud de Lesclin cité par Jacques Salès, Haïti : *Naissance tragique*, op.cit., pages 437 et 438.

guerre civile, je me suis laissé dire que plus de 200 000 autres personnes, noires et mulâtres, soit un tiers de la population de la colonie, avaient perdu la vie.

— Donc si je comprends bien, quatre fois plus d'*opprimés-révoltés*[400] que de suppôts de l'ignominie sont morts dans cette guerre contre une aberration ? Jésus, Marie, Joseph !!! Dans tout ça, qu'est-il advenu de l'ignoble Rochambeau, lui demanda Cat?

— Rochambeau a eu le sort qu'il méritait, Mademoiselle. Peu après avoir évacué Saint-Domingue, il fut fait prisonnier par les Anglais et écroué à Norman Cross dans le Sud de l'Angleterre où il est resté pendant huit ans derrière les barreaux. Relaxé en décembre 1811, il se réengagea immédiatement dans l'armée de Napoléon. Il participa à la Campagne de Russie en 1812, puis à celle d'Allemagne en 1813. Blessé à Leipzig, cet être abominable, ce monstre tenant et de l'ogre et du chien, succomba quelques jours plus tard à l'hôpital. Il avait 58 ans.

— Cela dit, laissons les mânes de cet homme reposer bien au chaud là où elles sont et retournons plutôt au lendemain du départ des Français, proposa Oli. Dessalines se retrouvait donc à la tête d'un pays libéré de l'esclavage mais qui à la suite d'une guerre – on ne peut plus violente – venait de perdre une partie substantielle de sa population et de son économie. Qu'a-t-il fait ?

— Initialement Padre, le général en chef voulait continuer à se battre. Sans souffler, ses plans étaient de marcher sur la partie espagnole pour en chasser les Français qui s'y étaient réfugiés. Il avait d'ailleurs positionné le général Geffrard à Port-au-Prince dans ce but. Son État-Major l'en dissuada, fort heureusement. La réalité était que l'état social qui venait de s'écrouler avait duré deux siècles. C'est par conséquent sur des ruines encore fumantes qu'il fallait fonder un nouveau pays et lui donner des structures qui lui permettraient non seulement de se défendre contre ses agresseurs, mais aussi et surtout d'y édifier une société plus juste, c'est-à-dire capable de permettre à tous ses enfants d'y vivre dans la dignité.

À qui cependant devait revenir ce rôle déterminant ? « À d'anciens esclaves dépourvus la plupart de formation académique, braves, intrépides sans doute, mais n'ayant d'autres vertus que celles du soldat : fougueux, irascibles, endurcis par la fatigue et les travaux forcés, soumis à l'autorité, prompts à

---

[400] Le mot est de l'Ati Max Beauvoir.

frapper du bâton et du sabre. Jamais dirigeants ne se trouvèrent plus impropres à comprendre les besoins multiples et complexes d'un État [...] fondé sur la justice et la liberté, sur le respect et la dignité de la personne[401]. »

Dessalines para au plus pressé et fixa au 1er janvier 1804 la date à laquelle il voulait que soit solennellement proclamée l'Indépendance d'Haïti. Pour l'occasion, il choisit les Gonaïves, car de toutes les grandes villes de l'ancienne colonie, elle était celle qui avait été la moins affectée par les dégâts de la guerre. Le général en chef confia alors la rédaction de l'Acte de l'Indépendance à Jean-Jacques Charéron, le plus âgé de ses secrétaires et aux dires de tous, un homme intègre, sage et modéré, un vrai patriote, un « Nègre total ». Le 31 décembre au matin, Charéron annonça que son travail était terminé et Dessalines l'invita à le lui présenter en présence de l'état-major.

Lorsque l'assistance fut confortablement installée, Charéron se leva. Avec la solennité et l'éloquence d'un tribun romain, il lut un texte qui s'inspirait d'un harmonieux mélange de la constitution américaine et du Bill of Rights[402]. Document qui garantissait entre autres, l'alternance démocratique, la liberté d'expression, la liberté de la presse, l'égalité des hommes devant la loi et un système de poids et de contrepoids pour solidifier la séparation et l'équilibre des pouvoirs législatif, exécutif et judiciaire.

Lorsque le vieil homme eut terminé son exposé, l'assistance abasourdie, ne dit absolument rien ; pas un applaudissement, encore moins de manifestation d'approbation ou de protestation. Sans en être conscient, certains étaient bouche bée. Tous, l'œil démesurément ouvert, la paupière et le sourcil surélevés, se retournèrent comme un seul homme pour regarder en direction du Chef et observer sa réaction. Un silence grave et inquiétant pesait sur la salle. Dessalines, qui venait évidemment d'être pris au dépourvu, dévisagea Charéron et avant qu'il ne dise quoi que ce soit, Boisrond-Tonnerre se leva de son siège et prononça ces paroles scabreuses : « Pour dresser l'Acte de notre Indépendance, il faut la peau d'un Blanc pour parchemin, son crâne pour écritoire, son sang pour encre, et une baïonnette pour plume[403]. »

Cette violente envolée réveilla le général en chef de sa stupeur. Il s'avança vers le fougueux jeune homme, le prit dans ses bras et lui dit : « C'est

---

[401] Horace Pauléus Sannon, *Boisrond-Tonnerre et son temps, 1904*, C3 éditions, Port-au-Prince, Haïti, 2013, page 47.
[402] Déclaration des droits de l'individu.
[403] Beaubrun Ardouin, *Études sur l'Histoire d'Haïti, Tome Sixième*, Dalencour, 1958, Haïti, page 7.

exactement ce qu'il me faut. Nous n'avons certainement pas encore livré nos derniers combats. Demain, il nous faudra frapper fort, car nous n'avons aucune idée de ce que nous réservent les Français. Hier encore, ces démons nous faisaient dévorer par des dogues enragés. Qui sait ? S'ils reviennent à la charge, ils n'hésiteront pas cette fois-ci à nous jeter en pâture à des lions comme jadis les premiers chrétiens et les gladiateurs. »

Figure 43. Boisrond-Tonnerre[404].

Charéron venait d'être publiquement désavoué. Sans la moindre discussion, le texte qu'il avait mûrement réfléchi et sur lequel il avait travaillé sans répit pendant un mois était flanqué à la poubelle de l'Histoire. Il ramassa sagement ses papiers et se rassit à sa place sans demander son reste. Séance tenante, Dessalines désigna alors Boisrond-Tonnerre et lui donna vingt-quatre heures pour rédiger non seulement l'Acte, mais aussi la Proclamation Solennelle de l'Indépendance. Le jeune et impétueux secrétaire laissa promptement la salle et alla s'enfermer dans un bureau. Il raconta plus tard au général Bonnet qu'après avoir bu deux tasses de café et trois coups de rhum, l'œuvre coula de source.

Le lendemain, aux premières heures du jour, la générale était battue dans toute la contrée. Les cloches des églises sonnaient à toute volée. Des cocardes bleues et rouges étaient épinglées à tous les chapeaux et à tous les madras. Les balcons rivalisaient d'élégance et étaient parés des plus jolies fleurs du pays. En même temps, des bannières bicolores portant l'inscription *Liberté ou la Mort* étaient déployées au-dessus de toutes les artères principales de la ville. Une foule immense commençait déjà à se presser sur la Place d'Armes où, au pied de l'Arbre de la Liberté, un somptueux autel avait été élevé.

---

[404] *Diffusion Haïtienne 1804-1954*, page 116.

La cérémonie allait bientôt commencer et Boisrond-Tonnerre était introuvable. Inginac, Diaquoi et moi l'avions cherché partout. Nous avions parcouru la ville dans tous les sens, fouillé tous les lupanars et les buvettes de la ville, mais il n'était nulle part. Désespérés, nous sommes retournés en courant au Palais du gouvernement et en dernier recours nous avons défoncé la porte de la pièce où il s'était enfermé la veille. Il était là … affaissé dans un fauteuil, ronflant comme un tuyau d'orgues et profondément endormi. Je me saisis alors d'un seau d'eau glacée que je lui lançai au visage. Il se réveilla en sursaut. Tenant à peine sur ses pieds, il reprit peu à peu ses sens. Il s'habilla à la hâte, ramassa les documents qu'il avait rédigés pendant la nuit, les mit sous son bras et courut avec nous, jusqu'à la Grande Salle où l'attendait Dessalines.

Quelques instants plus tard, les cloches recommencèrent à carillonner et 21 coups de canon étaient tirés pour annoncer l'arrivée du cortège des généraux qui accompagnait Dessalines. La foule était en liesse, la cité triomphante poussait des cris de liberté, d'indépendance et entonnait des chants patriotiques. Le général en chef, majestueux dans son uniforme couvert de dorures, tenait dans une main, dont chacun des doigts portait une bague enchâssée de pierres précieuses, l'Acte de l'Indépendance qu'il venait de signer avec ses officiers.

Arrivé devant l'Autel de la Patrie, Dessalines se retourna pour saluer la foule qui éclata en vivats frénétiques. Il gravit les marches de l'estrade et se dirigea vers le pupitre. Il invita la foule au silence et commença par faire, en créole, l'historique des cruautés que les Français avaient exercées sur les indigènes. Il s'écria à la fin: « Jurons de combattre jusqu'au dernier soupir pour l'Indépendance de notre pays ! » La foule, les troupes et les généraux reprirent ce serment avec délire et enthousiasme. Il céda alors la place à Boisrond-Tonnerre qui lut la proclamation adressée à la Nation[405]. C'était un discours virulent qui, en cinq pages, voulait répondre, œil pour œil et dent pour dent, à deux-cents ans d'abus, de sévices, de cruautés et de déshumanisation systématique.

« Sachez, disait-il, que vous n'auriez rien fait, si vous ne donniez aux nations un exemple terrible, mais juste de la vengeance que doit exercer un peuple fier d'avoir recouvré sa liberté et jaloux de la maintenir ; effrayons tous ceux qui

---

[405] Thomas Madiou, *Histoire d'Haïti, Tome troisième*, op.cit., page 115.

oseraient tenter de nous la ravir encore ; commençons par les Français... Qu'ils frémissent en abordant nos côtes, sinon par le souvenir des cruautés qu'ils y ont exercées, au moins par la résolution terrible que nous allons prendre de vouer à la mort quiconque né Français souillerait de son pied sacrilège le territoire de la liberté. [...] Paix à nos voisins ; mais anathème au nom français, haine éternelle à la France : voilà notre cri[406] ! »

Ce serment vola de bouche en bouche. Des applaudissements et des bravos bourdonnaient partout dans la foule alors que des salves d'artillerie et le crépitement de la mousqueterie remplissaient l'espace. Peu après, Dessalines entouré de ses généraux était proclamé gouverneur général à vie de l'île d'Haïti. Certains Français, malgré l'exode massif de leurs compatriotes, avaient décidé de rester dans le nouveau pays pour le bâtir à côté des nouveaux Libres. Lorsque Boisrond-Tonnerre eut terminé son discours, ils commencèrent à comprendre qu'ils s'étaient trompés sur les intentions de Dessalines et que leurs jours sur l'île étaient malheureusement comptés.

Le reste de la journée s'écoula en réjouissances populaires. Sans aucune retenue, les officiers supérieurs réunis au palais du gouvernement commençaient ouvertement à discuter du massacre général des Français. Rapidement, les échanges devinrent houleux. Les plus hargneux voulaient les égorger *illico*, d'autres pensaient qu'assez de sang avait coulé et qu'il fallait plutôt les expulser... Qu'importe, lorsque les festivités prirent fin, les généraux retournèrent dans leur arrondissement respectif, disposés les uns à commencer l'hécatombe, les autres à n'agir que sur des ordres précis du nouveau gouverneur général. Pendant les jours qui suivirent, le gouvernement ordonna la séquestration de tous les biens français et en retour, afferma les plus belles habitations aux officiers indigènes qui s'étaient distingués pendant la guerre. À la fin du mois de janvier, Dessalines partit de Marchand pour une tournée dans l'Ouest et le Sud. Il était accompagné de son état-major et d'un escadron des dragons de l'Artibonite. Dans chaque ville qu'il traversait, il était ovationné comme un seigneur. Ce n'est qu'arrivé aux Cayes, chef-lieu du département du Sud, qu'il résolut de commencer le massacre général des Blancs.

---

[406] Thomas Madiou, *Histoire d'Haïti, Tome troisième*, op.cit., pages 116 et 117.

En laissant les Cayes pour Jérémie, il intima à Geffrard l'ordre de faire égorger tous les Blancs et de confisquer leurs biens au profit de l'État[407]. Il prit le soin cependant d'épargner les médecins, les pharmaciens et les prêtres. À Jérémie, il décida de laisser la vie sauve aux Polonais qui avaient combattu dans les rangs français et leur offrit la nationalité haïtienne. Boisrond-Tonnerre lui avait expliqué que c'était de braves gens que le despotisme avait armés contre la liberté. Que dans leur pays, ils avaient toujours combattu la tyrannie[408].

C'est inexplicablement ce même Dessalines qui n'hésita pas à ordonner de massacrer même les Blancs nés à Saint-Domingue et qui avaient choisi de prendre du service dans les troupes indigènes pour se battre contre Napoléon[409]. Obéissant aveuglement au Chef, Louis-Laurent Bazelais, qui commandait la ville, s'empara de tous ces héros qui avaient pourtant tout sacrifié pour la cause de la liberté générale. Il les fit conduire à l'hôpital hors de la ville pour les assassiner.

Décidés à défendre chèrement leur peau, ces braves hommes livrèrent à leurs anciens frères d'armes un combat qu'ils savaient perdu d'avance, mais dans lequel ils s'engagèrent avec la force du désespoir. De violents duels à l'arme blanche s'en suivirent. Débordés par des adversaires en surnombre, les soldats blancs épuisés furent finalement tous égorgés.

Les instructions du gouverneur général étaient claires et précises : il fallait que les massacres perpétrés dans une ville ne soient pas connus des zones avoisinantes. Par conséquent, on ne devait entendre ni le son du canon, ni celui de la mousqueterie ; il était défendu de tirer pour éviter que les prochaines victimes soient alertées et s'enfuient. Tous les Blancs devaient être tués à coups de hache, de poignard, de sabre ou de baïonnette.

Dans tous les villages, dans tous les bourgs et dans toutes les villes, des patrouilles parcouraient les rues et massacraient tous les Français qu'elles rencontraient. Des bébés mâles étaient arrachés des bras de leurs mères et impitoyablement tués. À Corail, à Dame-Marie, à Torbeck, à Aquin, à Léogâne, à Port-au-Prince ce fut la même chose, un monstrueux carnage de l'aube au crépuscule. Il s'arrêtait la nuit pour que les assassins couverts de sang et dont les poches étaient remplies de doublons d'or dont ils avaient dépouillé leurs

---

[407] Thomas Madiou, *Histoire d'Haïti, Tome troisième*, op.cit., page 129.
[408] Ibid.
[409] Ibid.

victimes, se reposent, boivent, ripaillent, dansent et se vantent, hélas, de leurs crimes inexpiables ! Le lendemain, ils recommençaient encore. Qui pis est, des enfants indigènes armés de sabres tuaient des enfants français désarmés et qui, terrifiés, se laissaient faire sans opposer la moindre résistance[410].

Dans tout le pays, de nombreuses familles indigènes, Mme Dessalines elle-même, et des officiers tels que Capoix, Pétion, Christophe, Geffrard et autres cachaient des Français chez eux pour les soustraire à la vindicte et aux excès de la soldatesque. Ils utilisaient toutes les ruses imaginables pour tromper la vigilance des assassins et permettre à tous ceux qui étaient traqués de partir clandestinement du pays en pleine nuit. Dans la plupart des cas cependant, ce fut peine perdue. Le gouverneur général laissa l'Ouest et se rendit à Marchand.

Dans toutes les villes où Dessalines passait, les Français étaient exterminés. Il quitta Marchand pour les Gonaïves et les massacres y continuèrent. Il arriva au Cap accompagné de six compagnies d'élite. En passant par les mornes de Dondon, il reçut enfin la soumission de Petit Noël Prieur et d'autres chefs marrons qui, pendant la Guerre de l'Indépendance, s'étaient ralliés aux Français et avaient combattu l'Armée indigène. Dessalines, feignant de pardonner à Petit Noël sa trahison, le nomma général de brigade et le pria de l'accompagner au Cap.

Dès l'arrivée du gouverneur général dans la ville, les massacres commencèrent automatiquement. Les Blancs étaient égorgés en pleine rue ou chez eux. Leurs maisons étaient ensuite livrées au pillage. Pour prouver leur zèle à la cause de l'Indépendance, Petit Noël Prieur et ses lieutenants crurent opportun de se faire remarquer par leur cruauté et se couvrirent de sang. Alors qu'ils s'apprêtaient à s'en aller du Cap, Dessalines les fit arrêter, conduire à Marchand où ils furent tous fusillés. De février à avril, du lever au coucher du soleil, Haïti ne cessa de pleurer, de tuer, de violer, de maudire et de souffrir. Le sang français coulait encore sans arrêt quand, soudain, Dessalines estima qu'il en avait fait assez : « Si je meurs actuellement, dit-il, je descendrai heureux dans la tombe ; nous avons vengé nos frères et toutes les populations éteintes dans la servitude ; Haïti est devenue un point rouge sur la surface du globe que le Français n'abordera jamais[411]. »

---

[410] Thomas Madiou, *Histoire d'Haïti, Tome troisième*, op.cit., page 129.
[411] Ibid., page 136.

Tout le monde crut alors l'hécatombe terminée. C'était compter sans la cupidité de certains qui, avides de s'approprier les biens de leurs victimes, voulaient s'en prendre maintenant aux femmes, aux filles et aux fillettes, dont les pères, les maris, les fils et les frères venaient d'être exterminés. Dessalines n'était pas particulièrement intéressé à pousser plus loin son désir de vengeance, mais ces crapules arrivèrent à flatter ses bas instincts et il y consentit. Au Cap, beaucoup de ces malheureuses furent traînées hors de la ville. Des canailles promirent la vie à toutes celles qui se livreraient à eux. Celles qui eurent le malheur d'accepter et de sacrifier leur honneur à cet innommable marché n'en furent pas moins égorgées après avoir assouvi les infâmes appétits de leurs bourreaux. Le général Christophe décida alors d'en finir une fois pour toutes. Il fit arrêter toutes les Françaises de la ville qu'il fit marcher en rang, au milieu de la 4e demi-brigade, jusqu'au quartier de la Fossette où elles devaient être exécutées.

Arrivés à destination, un silence de mort régnait sur le lieu. Les soldats avaient tous la tête baissée et n'osaient même pas regarder leurs victimes, tant ils avaient honte de l'ordre qu'ils allaient devoir exécuter. Plusieurs de ces femmes se jetèrent à la merci des soldats en baisant leurs pieds et en implorant leur pitié pour les fillettes qui les accompagnaient. Les grenadiers reculèrent et regardèrent en direction des officiers supérieurs qui, émus jusqu'aux larmes, avaient la tête baissée. Plusieurs cris se faisaient entendre dans les rangs : « *Pitié, pitié pour elles !* » Certains soldats s'approchaient des victimes mais reculaient à chaque fois, n'ayant pas le courage de plonger leurs baïonnettes dans le sein de ces malheureuses. Attiré par ces appels à la clémence, le général Clervaux accourut à cheval au milieu des troupes. « Quoi ! dit-il aux soldats. Vous reculez devant ce dernier sacrifice ! [Ces femmes] portent dans leurs seins d'autres Français qui respirent encore au milieu de nous. » Aussitôt, il arracha un nourrisson des bras de sa mère et lui fracassa le crâne, en le projetant violemment contre un tas de pierre. À contre-cœur, les soldats foncèrent sur ces malheureuses et les massacrèrent toutes. Clervaux venait de ternir à tout jamais la gloire dont il s'était couvert quelques mois plus tôt à Vertières[412].

---

[412] Thomas Madiou, *Histoire d'Haïti, Tome troisième*, op.cit., page 137.

Soudain, Cat laissa échapper un cri qui se mut involontairement en sanglots. Désespérée, elle se retourna vers sa Marraine et lui demanda les larmes aux yeux :

— Comment expliquer une telle inhumanité venant de gens qui avaient pourtant tant souffert ?

— La réponse est dans ta question lui répondit calmement Amélie. À quelle école, les esclaves auraient-ils pu apprendre la modération et le pardon ? À celle des colons français ? J'en doute ! Après deux siècles de la plus monstrueuse injustice humaine, après les noyades de Rochambeau, les tortures de Caradeux, les supplices de Latoison-Laboule, ou le cynisme de Boyé, qui donc, à l'heure suprême où la guerre contre l'abominable était gagnée, pouvait parler de retenue à Dessalines et à Boisrond-Tonnerre ? *« Est-ce que la haine du blanc autant que l'amour de la Liberté n'avait pas armé leur bras[413] ? »*

— Si tu me le permets, interrompit Oli, je pense que la dernière partie de ta réponse devrait être un peu plus nuancée. Dessalines n'avait pas de haine pour les Blancs, mais plutôt pour les Français. Je te ferai remarquer qu'il a, non seulement, été clément avec les Polonais et les Allemands qui faisaient partie de l'expédition Leclerc, mais qu'il leur a aussi spontanément offert la nationalité haïtienne[414]. De plus, dès le début de son gouvernement, il n'a eu aucune retenue à ouvrir le commerce du pays aux Anglais et aux Américains.

Cela dit, pour éviter ce massacre, il aurait fallu qu'un surhomme émerge et qu'il ait la grandeur d'âme et l'humilité de laisser le jugement dernier à Dieu, à Celui qui « fait lever son soleil sur les méchants et sur les bons, et fait pleuvoir sur les justes et sur les injustes[415] »… Déjà, il faut admettre qu'après le massacre des Suisses, la Guerre du Sud et la bataille de la Crête-à-Pierrot, la réconciliation de Dessalines et de Pétion tenait du miracle… Il aurait fallu un second miracle pour que les indigènes pardonnent aux Blancs et ne cherchent à tirer vengeance.

— Padre, interrompit Moro, est-il raisonnable de penser que d'anciens esclaves qui pendant deux siècles avaient subi les pires sévices, puissent pardonner à leurs bourreaux, en absence de justice ?

— Je crois aux miracles, lui répondit Oli. Je crois surtout en un Dieu d'Amour et en Sa capacité à toucher le cœur des hommes, de tous les hommes. Je sais, je crois

---

[413] Horace Pauléus Sannon, *Boisrond-Tonnerre et son temps,* op.cit., page 45.
[414] *Constitution de 1805,* article 13.
[415] *Évangile selon Saint Matthieu* 5 : 45.

que la rédemption et le salut éternel sont accessibles à tous. J'espère encore et toujours en un pardon qui abandonne toute justice à Dieu. Je réalise qu'il m'est facile de parler ainsi alors que je ne sais rien, ou presque, de la douleur de celui ou de celle qui aura vécu en esclavage. Malgré tout, je vous concède que le monde est loin d'être sans défaut et qu'un pardon sans justice n'est envisageable que dans une société parfaite. C'est-à-dire, une société où la confiance règne et où les victimes n'ont aucune raison de douter que ceux qui ont commis des fautes, en éprouvent un sincère repentir et s'engagent à vivre désormais différemment... Comment cependant donner foi au repentir d'un tortionnaire d'une société esclavagiste ?... Je ne peux m'empêcher, malgré tout, de condamner ce massacre. Pourquoi ne pas avoir jugé les Blancs, les avoir emprisonnés ou tout simplement déportés ?

— Au lendemain de l'Indépendance, lui répondit Moro, aucun tribunal ne fonctionnait et même en admettant qu'un juge – blanc, noir ou mulâtre – puisse siéger, même assisté d'un jury, aurait-il pu être impartial ? Rares étaient les victimes qui pouvaient encore concevoir, à ce stade, un pardon sans une certaine forme de justice. Et cette justice impliquait, au bas mot, un châtiment ou une punition qui pût rétablir la réciprocité dans les rapports et dans le tort que leur avaient causé leurs bourreaux. Pour les victimes, il s'agissait par conséquent de trouver la juste mesure d'une violence assez fulgurante pour réparer la violence subie, dissuader toute récidive et remettre tous les compteurs à zéro. Et c'est peut-être en ce sens qu'il faudrait analyser la vengeance de Dessalines, aussi horrible qu'elle ait été.

À ces mots, le petit groupe se tut. Après quelques minutes de silence, Cat invita les uns et les autres à prendre une pause pour le repas du midi. Moro se leva sans faire de bruit et se dirigea avec Gaby vers la cafétéria.

CHAPITRE 30

Après le repas, Moro revint indolemment au fond de la cour. Un peu plus tôt, Cat avait récupéré une crème au café ramenée de chez elle et mise au frais dans le réfrigérateur de l'Asile. Elle la partagea en parties égales, servit d'abord Amélie, puis Gaby, Moro et Oli. Gaby remercia sa charmante hôtesse, prit le bol qu'elle lui avait offert et alla s'installer sous son arbre. Les quatre autres compères prirent place autour de la table et dégustèrent le dessert en silence. Au bout d'un moment, la séance recommençait :

— La session de ce matin a été plutôt douloureuse, dit Cat avec, dans la voix, une inflexion timide. Au moins, cet après-midi, pourriez-vous adoucir votre témoignage et le rendre un peu moins… pénible, dirais-je ?

— Mademoiselle, les débuts de ce pays ont été aussi poignants que la guerre qui lui a permis de naître. Il ne serait pas sage d'édulcorer l'Histoire. Je vais quand même essayer de mon mieux, mais je ne peux rien vous promettre.

— Merci, lui répondit Cat, en se mordant la lèvre inférieure, car elle regrettait déjà ce qu'elle venait de demander.

— Allez, je vais tenter de vous faire sourire. Tenez ! Saviez-vous que, dans leur ardeur nationaliste, nos ancêtres ont souvent posé des actes qui ont frisé le ridicule ? Prenons par exemple la Constitution de 1805. L'article 12 interdisait à tout blanc, quelle que soit sa nationalité, de mettre le pied sur ce territoire, à titre de maître ou de propriétaire et de n'y acquérir aucune propriété ! L'article 13 cependant s'empressait de préciser que l'article précédent ne s'appliquait surtout pas aux femmes blanches…

— Ah ! Il fallait venger la race ! répondit Amélie en souriant…

— En effet Manbo. Avant d'aller plus loin, pourrais-je partager avec vous un dessin que j'ai fait ce week-end ?

Il tendit son cahier ouvert à Cat, qui le prit et fut carrément ébahie :

— Vous avez un talent fou, Moro. Je ne savais pas. Et cette femme est superbe. Quelle classe ! Qui est-elle ?

— Je vous le donne en mille…

Figure 44. La Dame de cœur. Dessin au crayon de Kassim Oumarou dos Santos.

— Serait-ce une patiente ou une infirmière de l'asile, lui demanda Cat?

— Non, Mademoiselle. Cela aurait été trop beau pour être vrai. Si c'était le cas, au lieu de tenter de vous convaincre de mon bon sens pour sortir de l'Asile, je me serais battu pour vous prouver le contraire, répondit Moro en souriant.

— Cette dame est gracieuse et porte une couronne, dit Amélie. Elle est donc noble… Elle est cependant trop âgée pour être une princesse. Sous l'Empire, Dessalines avait décrété qu'il était le seul noble, elle ne pourrait donc être de noblesse impériale. Aurait-elle par hasard appartenu au Royaume du Nord ? Ce visage m'est cependant inconnu… Je donne ma langue au chat.

— Allez-vous essayer de deviner, Padre ?

— Je rejoins ces dames en vous disant d'abord que vous avez énormément de talent, et en ajoutant ensuite que cette personne est très belle, et qu'elle a probablement été la femme d'un grand dignitaire de l'Empire ou du Royaume. Elle a des yeux tendres. Je ne sais vraiment pas qui elle est, mais elle a aussi l'air d'être une bonne personne. Elle semble avoir un sceptre en main. Serait-ce la reine Marie-Louise, la femme d'Henry 1er ? Non ! Je l'ai vue, plus d'une fois, en photo et ce n'est pas elle. Ce n'est pas non plus l'Impératrice Adélina, l'épouse de Faustin Soulouque… Non… Je ne vois pas. Dites-nous, Moro, qui est-ce ?

— Eh bien, c'est l'Impératrice Claire-Heureuse Félicité Bonheur Dessalines, répondit-il.

— Et vous la connaissiez, demanda Cat?

— Je pense pouvoir affirmer mieux que ça : Claire-Heureuse était une amie que j'ai aimée comme on peut aimer une sœur et elle me l'a bien rendu. J'ai eu le bonheur de la fréquenter et de travailler avec elle. Je l'ai rencontrée pour la première fois au siège de Jacmel, pendant la Guerre du Sud. Elle était infirmière dans l'Armée coloniale et j'étais alors cartographe du gouverneur général, dépêché auprès de celui qui allait devenir son mari. Dessalines m'avait donné l'ordre de localiser, non loin de la ville assiégée, un site protégé où il pourrait implanter un hôpital de campagne à l'abri des combats.

À l'époque et depuis quelques jours déjà, Jacmel était cernée de tous côtés : la marine anglaise bloquait le port. Les batteries de l'Armée coloniale pilonnaient la ville à l'Est où était Christophe et à l'Ouest où Dessalines avait cantonné son armée. En face d'eux, à l'intérieur de la ville, des Rigaudins dirigés par Pétion ripostaient hardiment.

Dessalines était déterminé à l'emporter sur l'ennemi et à le réduire par tous les moyens... C'était, bien entendu, sans compter sur la bienveillance de Claire-Heureuse qui joua le tout pour le tout et s'arrangea pour ouvrir des brèches dans les lignes de l'Armée de Toussaint par où elle arriva à évacuer des blessés du camp adverse pour les soigner. Après avoir tiré son dernier boulet, Pétion décida de vider les lieux... de survivre pour se mesurer une autre fois à ses adversaires. La nuit venue, il arriva à se frayer un passage en se faufilant habilement parmi les lignes ennemies sans se faire repérer

À l'aube, le calme revenu, Claire-Heureuse pénétra dans la ville en ruines et s'installa sur la place principale pour nourrir et soigner des centaines de familles qui avaient tout perdu et étaient désormais laissées-pour-compte. Les assiégés qui, désarmés et affamés, avaient choisi de sortir de la ville du côté contrôlé par Christophe avaient malheureusement été accueillis par les boulets et la mitraille. Pas de quartier !

Christophe avait passé des ordres formels : tous les survivants faits prisonniers devaient être jetés, pêle-mêle, dans un puits sec de l'habitation Ogé où il mit le feu[416]. J'étais avec la future Impératrice, lorsqu'elle apprit l'ampleur du massacre perpétré à l'autre bout de la ville sur la population civile. Complètement défaite, elle avait fondu alors en larmes dans mes bras.

Vous connaissez le reste de l'histoire : Toussaint gagna la guerre, mais perdit le pouvoir. Dessalines lui succéda et amena glorieusement le pays à l'Indépendance. Il installa sa capitale à Marchand où tout était à construire. L'Impératrice, avec laquelle je m'étais désormais lié d'amitié, avait fait appel à mes services pour que je l'aide à aménager les jardins publics de la ville. C'était la triste époque où l'Empereur s'était rendu dans la presqu'île du Sud pour lancer le massacre des Français. Lorsque Claire-Heureuse fut informée de l'ampleur des atrocités qui endeuillaient le Sud et l'Ouest du pays, elle fit discrètement rassembler tous les hommes, femmes, enfants et vieillards français qu'elle connaissait. Elle voulait les évacuer avant que son mari ne revienne à Marchand pour continuer le carnage.

Un après-midi, elle me convoqua au Palais impérial. Arrivé sur place, elle me reçut directement dans son bureau en me priant de fermer les portes derrière moi. Elle était visiblement troublée et ne pouvait pas tenir en place.

---

[416] Thomas Madiou, *Histoire d'Haïti, Tome deuxième*, op.cit., page 23.

Elle s'approcha finalement de moi et, les larmes aux yeux, me chuchota que le massacre des Français avait bel et bien commencé et que les premiers rapports faisaient état d'atrocités indicibles. Mille fois avant qu'il ne laisse Marchand, elle avait imploré Dessalines d'expulser les Français du pays au lieu de les tuer. Mille fois, il l'avait rabrouée et sans état d'âme, il s'était rendu dans le Sud où il avait commencé l'hécatombe.

À ce stade, la pauvre femme était affolée. Un peu plus tôt, Juste Chanlate l'avait informée que l'Empereur avait laissé le Sud et était déjà à l'Arcahaie. Encore quelques heures et il serait là et, avec lui, l'assassinat des Français allait commencer dans la zone. Elle m'expliqua alors qu'elle avait planifié l'évacuation de tous ceux qui étaient encore à la Petite-Rivière, Liancourt, Drouet, Boc d'Aquin, Desdunes, l'Estère et Marchand. Elle m'invita à laisser prestement le Palais et à l'accompagner en calèche à La Croix. Une heure plus tard, nous étions apparemment arrivés à destination.

Le cocher imita un hululement de hibou et, quelques secondes plus tard, une centaine de Français de tout âge et des deux sexes émergèrent d'un bosquet. Redoutant d'avoir été découverts, ils avançaient timidement, probablement effrayés par toutes les rumeurs qui pesaient sur eux.

L'impératrice me remit alors les clés d'une maison qu'elle possédait aux Gonaïves et me confia une enveloppe cachetée que je devais remettre à un capitaine de brick américain avec lequel elle s'était préalablement entendue. Le plan était simple et allait être exécuté en deux phases : primo, avant que ne se lève le jour, les fugitifs devaient être cachés dans la maison ; secundo, ils devaient être évacués clandestinement à la tombée de la nuit. Des canots les attendaient déjà pour les amener à un bateau qui mouillait au large et les amènerait en sécurité loin du pays.

Claire-Heureuse m'expliqua que nous n'avions pas de temps à perdre. Il fallait qu'elle revienne à Marchand pour ne pas éveiller les soupçons de l'Empereur et de son entourage. Elle me demandait de partir, séance tenante, à la tête des Français et de parcourir, d'un trait, en pleine nuit et sans escorte militaire les seize kilomètres qui nous séparaient des Gonaïves. Sans hésiter, j'acceptai. Claire-Heureuse me prit dans ses bras et me remercia. Elle était reconnaissante, mais inconsolable. Elle n'arrivait plus à contenir ses larmes.

Au bout d'une nuit terrible et d'une marche encore plus pénible, j'arrivais finalement aux Gonaïves par le chemin de la Quinte. Je dirigeais un convoi qui, malgré la pénombre, brillait plus qu'une incisive en or dans un râtelier. Nous étions pressés, car il nous fallait traverser toute la ville pour atteindre la maison de Claire-Heureuse, avant que ne se réveille le marché public qui était à proximité. Nous avons alors longé le mur du cimetière, puis celui de l'Église Saint-Charles-Borromée et nous nous sommes engagés sous les galeries de la rue Laveaux jusqu'à parvenir à notre destination finale, non loin du port municipal.

Probablement effrayé par cette procession de visages pâles qui, en silence, la tête baissée, d'un pas pressé et à une heure « indigne[417] », rasait les murs, un chien se mit subitement à aboyer. Instinctivement, une bonne douzaine d'autres cabots lui répondirent d'un bout à l'autre du quartier comme pour signaler à qui voulait les entendre, qu'il y avait des inconnus dans la zone. Quelle poisse ! Je pouvais maintenant percevoir du coin de l'œil que des persiennes s'entrouvraient furtivement et que des lampes étaient allumées. Je n'avais plus aucun doute : notre groupe avait été remarqué, nous devions donc presser le pas.

Quelques instants plus tard, nous arrivions à destination. Haletant d'anxiété, je m'empêtrais en tentant maladroitement de déverrouiller la serrure de la porte. Soudain, quelqu'un l'ouvrit de l'intérieur, et je reculai, glacé de frayeur, en pensant que j'étais tombé dans un traquenard. Une voix d'un autre temps mais que je reconnus tout de suite, calma mes appréhensions : « Dépêche-toi, Moro ! me dit-elle, rentre vite ». C'était manbo Cécile Fatiman. Claire-Heureuse l'avait prévenue et, avec une dizaine de hounsis[418], elle s'était jointe au « complot ». Cécile m'expliqua que nous n'avions pas de temps à perdre. En quelques heures, la situation s'était considérablement dégradée : la ville était en ébullition, car des sbires de l'Empereur l'avaient précédé et excitaient la population à la vengeance. « Il faut absolument, me dit-elle, que pendant la nuit, nous arrivions à faire partir tous ceux qui sont arrivés avec toi ».

Plus prévenante que jamais, Cécile et ses acolytes avaient préparé à manger pour tous ceux qui étaient là, « à bout de souffle, à bout d'espoir, à

---

[417] Indue.
[418] Fidèles féminines qui aident dans le service des cérémonies vaudou.

bout de courage, tiraillés, épuisés, affamés, énervés... » La maison était à peine assez grande pour accueillir tout ce monde, mais ces dames s'étaient pliées en quatre pour les satisfaire. Cécile n'arrêtait pas de bouger et était visiblement inquiète. Les enfants pleuraient, leurs mères aussi. Au dehors, de nombreux groupes commençaient déjà à sillonner les rues de la ville à la recherche de Français. Il fallait les évacuer au plus vite ! Soudain, une des hounsis s'écria :

— Il y a quelqu'un à l'entrée !

— Silence ! ordonna Cécile.

Comme un seul homme, la maisonnée se tut. La jeune manbo regarda dans le judas et ouvrit tout de suite la porte. Steve Rodgers, un jeune officier américain, entra dans la salle. Lorsqu'il remarqua le nombre de gens qui le regardaient, il recula et dit à Cécile :

— Vous ne m'aviez pas dit qu'ils étaient aussi nombreux. Cette opération est impossible !

— Et pourtant lui répondit Cécile, ils doivent tous partir ce soir. Oubliez par conséquent vos pensées négatives et planifions leur départ.

— Madame, je ne m'attendais tout au plus qu'à une vingtaine de personnes. Ils sont plus d'une centaine ! Les gens sont déchaînés dans les rues. Pour éviter de nous faire arrêter, nous ne pouvons évacuer que quatre ou cinq personnes à la fois. De la maison au quai, du quai au bateau, et vice-versa, il nous faut compter au moins trente minutes par voyage. Pour convoyer la centaine de personnes qui est ici avec vous, il nous faudra un peu plus de vingt voyages... même sans ennui, cela devrait durer dix heures au bas mot. Nous n'avons pas dix heures d'obscurité devant nous et le bateau doit appareiller avant le lever du jour. Nous sommes vraiment mal barrés !

— Quadruplons alors le nombre de canots que vous allez mettre à l'eau, lui suggéra Cécile, sans hésiter.

— C'est plus facile à dire qu'à faire, Madame. Si nous utilisons un plus grand nombre de canots pendant la soirée, nous allons éveiller les soupçons de la maréchaussée.

— Mettez-les dès maintenant à l'eau et utilisez-les pendant toute la journée. Chargez-les moins, mais faites-leur faire la navette, du port au navire et du navire au port, de sorte qu'une augmentation de trafic paraisse tout à fait normale à tous ceux qui l'observent, et nous mette à l'abri d'un questionnement quelconque des autorités. Nous n'avons, de toute manière, pas d'autre choix et le temps joue contre nous. Tous ces gens doivent être évacués le plus tôt possible, autrement, ils sont perdus. L'Empereur est attendu incessamment dans la ville et Dieu seul sait ce qu'il va leur réserver s'il leur met la main dessus.

— Je comprends, répondit le capitaine. Ce ne sera pas facile, mais nous allons quand même essayer. Les mouvements de personnes vont commencer à la tombée de la nuit. Je serai avec vous à 18 h. 30 précises. Soyez prêts.

Alors que le soleil disparaissait derrière l'horizon, le jeune officier américain frappait à la porte. Cécile le reçut et lui confia une vingtaine de personnes. Quarante-cinq minutes plus tard, il était de retour et en prenait vingt autres. À vingt heures, il rentrait dans la maison, cette fois-ci, avec une hampe sur l'épaule où était attaché un drapeau américain.

— Les rues deviennent de plus en plus dangereuses, dit-il et je voulais m'assurer que personne ne me prenne pour un Français. À la rue des Sans Culottes, je viens de croiser un groupe d'hommes armés de machettes et de flambeaux qui chantaient à tue-tête : *Dessalines pa vle wè blan franse*[419] !

Après un court moment de réflexion, nous décidâmes d'arrêter temporairement les déplacements, car la ville était chauffée à blanc. Plus de la moitié des fugitifs français étaient encore avec nous et un effroi certain pouvait se lire sur tous les visages. Le temps nous filait entre les doigts... Une heure plus tard, je me hasardai avec Rodgers à une courte visite de reconnaissance dans le quartier et j'arrivai à convaincre l'Américain de prendre vingt autres personnes avec lui. Deux heures plus tard, il était de retour dans la maison, visiblement ébranlé. Il nous expliqua qu'au retour, il avait été retenu à la capitainerie du port par un certain Bayard qui l'avait soumis à un interrogatoire en règle.

---

[419] Dessalines exècre les Français.

Ses mouvements inhabituels en pleine nuit avaient fait peser sur lui des soupçons de contrebande de marchandises. L'officier haïtien l'avertit que s'il n'arrêtait pas immédiatement ses pérégrinations entre le quai et son navire, il était passible d'arrestation par la maréchaussée. Rodgers, garda son calme et rassura son interlocuteur en lui expliquant que son travail était terminé, que toute sa marchandise était à bord et que son navire devait appareiller avant le lever du jour. S'il était encore à terre, ce n'était que pour récupérer une partie de son équipage qui faisait encore la fête dans les bordels et les bars de la ville. Bayard le laissa partir en lui disant qu'il l'avait à l'œil.

Il ne nous restait à ce stade qu'une dernière chance pour faire passer quelques Français par le port sans provoquer la méfiance de la capitainerie. Cécile proposa alors à Rodgers de ne prendre que les hommes du groupe qui pouvaient se faire passer pour des matelots éméchés qu'il ramenait à bord. Avec ce dernier voyage qui allait passer par le port, il nous restait quand même, une trentaine de femmes, d'enfants, et de vieillards à évacuer. Il nous fallait vite trouver un autre plan. Rodgers avait encore quatre canots au port. Je lui proposai d'en utiliser deux pour regagner le brick et de m'en envoyer deux autres à Raboteau, un petit village de pêcheurs à environ six-cents mètres au Sud du port. C'est là que nous avions choisi de transporter le reste des Français. Il était déjà trois heures du matin et nous étions tous rompus de fatigue.

Il faisait une nuit d'encre. Alors que Rodgers partait avec une quinzaine d'hommes en direction du port, je laissais la maison avec manbo Cécile, ses douze hounsis et le reste du groupe. Nous avions placé les Français en six rangées de cinq et les avions recouverts chacun d'un drap blanc qu'ils portaient comme une cape munie d'un capuchon. Aux bouts de chaque rangée, il y avait une hounsi qui tenait un flambeau. Cécile était en tête du groupe et je fermais la marche. Avant de laisser l'endroit, la manbo fit des incantations aux lwa et se mit à secouer son *asson*[420] au-dessus de nos têtes. Elle s'adressa aux enfants avec la douceur d'une mère et leur dit d'une voix rassurante : « N'ayez pas peur. Les lwa nous aiment, nous protègent et nous gardent, tous sans exception ! Bientôt, nous serons en sécurité !»

Elle fit un signe de la main et le groupe s'ébranla. Nous sommes sortis de la maison en silence et nous avons longé la rue de l'Égalité. Au prochain coin, nous

---

[420] L'*Asson* est un hochet rituel qui sert à appeler les lwa.

allions tourner sur la rue Vernet en direction de Raboteau quand les chiens du quartier se remirent à aboyer. Des jeunes gens attirés par la lueur des flambeaux et le vacarme des chiens se dirigèrent vers nous. Ils étaient tous armés de machettes. Cécile se retourna vers moi et me fit signe de continuer ma route avec les Français. Elle enjoignit ensuite aux hounsis d'avancer avec elle en direction du groupe armé. Soudain, elles se mirent à chanter et à tourner sur elles-mêmes en dansant :

Kote moun yo? Ooo

M'pa wè moun yo, ooo

Kote moun kap pale moun mal?

Mwen pa we moun kap pale moun mal

Woy woy woy, woy woy woy

Pa devan byen, dèyè mal o.

Où sont les gens ?
Où sont-ils ?
Où sont ceux qui disent du mal des autres ?
Je ne les vois pas
Woy woy woy, woy woy woy
En votre présence, ils vous flattent. En votre absence, ils médisent de vous.

La lueur des flambeaux avait ébloui les jeunes gens. Les hounsis avaient sorti des fioles de trempés qu'elles offrirent aux nouveaux venus, qui ne demandaient pas mieux. Ils avaient déjà succombé à leur charme et s'étaient mis à danser avec elles. Sans qu'ils ne s'en rendent compte, leurs paupières commençaient à s'appesantir, leurs membres devenaient progressivement engourdis jusqu'à ce que la chanson des hounsis, comme une berceuse, les ait complètement endormis. Dans le noir, j'avais pris les enfants et leurs parents par la main et les avais conduits en silence sur la plage de Raboteau où les attendaient déjà les matelots du capitaine Rodgers. Rapidement, les Français montèrent dans les barques vers le navire américain et quelques instants plus tard, ils appareillaient pour la Louisiane. Les premières lueurs de l'aube commençaient à blanchir l'horizon quand la ville des Gonaïves fut réveillée par des cris épouvantables. L'Empereur était sur place et le massacre des Français avait commencé.

CHAPITRE 31

Moro s'était réveillé de bonne heure. Il s'était baigné et s'était fait beau, car aujourd'hui, sans ostentation, sans autre prétention, il voulait redevenir simplement l'homme plaisant qu'il avait toujours été, celui dont le charme et la présence avaient été généralement agréables. Assis au bord de son lit ce matin-là, il n'avait qu'un seul désir : cesser d'être pris pour un fou !

Pendant la nuit, il avait rêvé de Claire-Heureuse et se rappelait en souriant tout ce qu'en songe, ils avaient fait ensemble… Il se rendit compte qu'il n'avait encore jamais avoué à qui que ce soit, encore moins à l'intéressée, qu'il en avait été terriblement amoureux. Il pensa alors à toutes les questions qu'il aurait voulu lui poser : pourquoi avait-t-il donc fallu qu'elle tombe amoureuse de cet homme hargneux, lubrique et infidèle ? Pourquoi avait-elle choisi de se livrer, corps et âme, à cette brute qui l'avait tant fait pleurer ? Pourquoi n'avait-elle pas plutôt regardé en direction de celui qui était là et avait été prêt à tout sacrifier pour elle, TOUT ! Et, qui en retour, ne demandait qu'à la rendre heureuse…

Avant de sortir du bâtiment, il était passé par le réfectoire où une vieille cuisinière de service venait de faire monter un café dont le délicieux arôme avait envahi l'espace. Elle le lui avait servi dans une jolie tasse en métal émaillée blanc avec une bordure bleue. Elle revenait de ses vacances annuelles à Jérémie et lui avait rapporté un *konparèt*[421]. Profondément touché, Moro l'avait embrassée sur les deux joues pour la remercier. Sans qu'il ne s'en rende compte, alors qu'il regagnait la sortie, elle avait fermé les yeux et, en remuant à peine les lèvres, elle avait chuchoté : « Fou ou pas fou, si seulement j'avais vingt ans de moins… ». Moro, quant à lui, était reparti avec sa langueur, sa tasse de café, son *konparèt*, son carnet de notes, ses crayons et alla s'asseoir seul sous l'amandier… il voulait jouir encore du calme qui précède le réveil du quartier. Il feuilleta son cahier et tomba sur le portrait de Claire-Heureuse. Il la contempla une dernière fois, les yeux mouillés de larmes. Au bout d'un moment, sous le dessin, il écrivait ceci :

> « *Mais l'amour a bien des mystères […]*
> *On voit des biches qui remplacent*
> *Leurs beaux cerfs par des sangliers*[422]. »

---

[421] Galette fabriquée uniquement à Jérémie. Elle est faite de farine de blé, de noix de coco râpée, de gingembre, d'anis étoilé, de cannelle, de clou de girofle, d'extrait de vanille, de sirop de canne et de beurre local.
[422] Victor Hugo, *La légende de la nonne, Odes et Ballades*, Paris, Avril 1828.

Les premiers bruits discordants de la rue Mgr Guilloux commençaient à se faire entendre, d'abord timidement puis, sans transition, avec une intensité qui ne laissait plus aucune trêve aux oreilles. Les marchandes de café, d'œufs bouillis, d'*akasan*, de spaghetti, de pains chauds et de pâtés vantaient leurs produits dans un tapage épouvantable. Le boucan des klaxons de *bois fouillé*[423] se mêlait déjà aux pétarades des taxis motos qui se mettaient en branle. Les cireurs de chaussures faisaient sonner leurs clochettes et les témoins de Jéhovah hurlaient à se casser la poitrine, annonçant la fin du monde et invitant la population au repentir. Bref, le quartier était bel et bien réveillé. Moro sourit et se demanda si ceux qui avaient choisi de placer l'Asile au beau milieu de ce tohu-bohu ou de le laisser là après l'explosion démographique du début du siècle étaient vraiment préoccupés de la santé mentale de leurs patients.

Se rappelant que, dans quelques heures, Cat, Amélie et Olivier seraient là, il se mit à écrire furieusement, à transcrire des noms, à dessiner des diagrammes pour tenter d'expliquer de manière intelligible les relations amoureuses, les alliances stratégiques, les liens de parenté et les associations idéologiques qui existaient au lendemain de l'Indépendance et qui avaient influencé les fondements de la jeune nation. Plongé dans ses notes et inconscient des mouvements des gens qui s'affairaient autour de lui, Moro s'était pris la tête entre les mains et s'abîmait dans de profondes réflexions.

Soudain, il sentit une main sur son épaule. C'était Oli qui venait à peine d'arriver avec Cat et Amélie et qui voulait lui signaler leur présence. Moro se frotta les yeux pour se réveiller de sa concentration. Il se mit debout, tendit la main au prêtre, salua les deux dames d'un geste de la main et les invita à s'asseoir :

— Je me suis réveillé tôt ce matin, leur dit-il, car je voulais me préparer pour la séance d'aujourd'hui. Je ne doute pas qu'elle devrait vous intéresser mais, je vous préviens : elle risque d'être longue.

— Parons au plus pressé cependant, répondit Cat en souriant. Avant d'arriver ici, nous sommes passés à la Boulangerie Peters qui a rouvert ses portes. Ils ont recommencé à faire des pâtés et nous vous avons apporté quelques-uns. J'ai aussi un thermos rempli de chocolat chaud que j'ai préparé ce matin et qui, je l'espère, vous plaira.

— Merci Mademoiselle Laporte. J'adore les pâtés Peters et encore plus le chocolat : vous allez faire un heureux.

---

[423] Petit autobus assurant le trajet Centre-Ville – Carrefour-Feuilles décoré de portraits naïfs de superstars allant de Black Alex (un rappeur local décédé) à Leonel Messi, en passant par Notre Dame du Perpétuel Secours et l'intégralité des saints patrons des différentes villes et bourgades du pays.

Cat, déposa une boîte pleine de pâtisseries croustillantes et dorées. Elle remplit ensuite cinq gobelets en carton d'un chocolat fumant. Gaby, sachant que Cat avait pensé aussi à lui, attendit patiemment qu'il soit servi, avant de bouger :

— La semaine dernière, reprit Cat, vous nous avez parlé du massacre des Français et de votre expérience avec Claire-Heureuse. Je vous avouerai Moro, que Marraine et moi sommes rentrées chez nous complètement déboussolées. En toute franchise, nous avons dû prendre un *thé saisi*[424] pour nous remettre de nos émotions.

— Je comprends, Mademoiselle. Ce que je vous ai raconté samedi passé est vraiment horrible. Mais aussi pénible qu'aura été l'expérience, c'est la vérité ! Je ne sais pourquoi, ni comment, j'ai été créé pour vivre aussi longtemps. Lorsque je considère la somme d'abominations dont toute ma vie a été jalonnée, Haïti n'a franchement pas assez de verveine pour calmer mon cœur et mon esprit meurtris.

— Je ne vous blâme pas, Moro. J'ai seulement voulu partager ma douleur sans nier la vôtre. Le père Olivier, manbo Amélie et moi sommes reconnaissants de votre témoignage et compatissons à la douleur qui, sans doute, doit venir avec. Cela dit, revenons à nos moutons, si vous le voulez bien. Que fit Dessalines lorsqu'il décida enfin d'arrêter l'hécatombe ?

— Bien ! Au lendemain de l'Indépendance, Dessalines avait bizarrement choisi le titre de gouverneur-général. Le 2 septembre 1804 cependant, il corrigeait cette maladresse et s'autoproclamait empereur en se faisant ovationner par les troupes cantonnées à Marchand. Il voulait par cet acte signifier au monde entier qu'il n'y avait plus aucun lien de suzeraineté entre le nouveau pays et la France.

Le nouveau souverain prenait son titre très au sérieux et tenait absolument à ce que tout le pays lui manifeste la déférence due à son rang. Le 1er janvier 1805, il réunit toutes les autorités civiles et militaires à Marchand pour célébrer le premier anniversaire de l'Indépendance. À l'aube, 5 000 soldats s'étaient rassemblés sur la place de la ville. Comme l'année précédente aux Gonaïves, un Autel de la Patrie fut dressé, mais cette fois-ci, un trône y avait été installé pour l'Empereur.

---

[424] Thé fait de verveine et de sel.

Vers 8 heures du matin, Dessalines sortit de son palais, entouré de son état-major et de tous les généraux de l'armée haïtienne. Il portait une veste rouge brodée d'or, des épaulettes couvertes de sept étoiles de diamant, un pantalon en velours blanc, des bottes à la hussarde noires et un bicorne bordé d'or et surmonté d'aigrettes bleues et rouges. À sa ceinture, il avait un cimeterre et dans la main gauche, une canne à pommeau d'or. À quelques mètres derrière lui, l'Impératrice Claire-Heureuse avançait gracieusement. Elle était somptueuse dans une robe de satin bleu ciel, bordée d'or et d'argent et parsemée d'abeilles. Elle était entourée de douze dames d'honneur et des quatre aides-de-camp de l'Empereur[425].

Pendant que la procession approchait de l'autel, le général Christophe s'avança au milieu de la place et commanda : « Présentez les armes, genou à terre ! ». Aussitôt, les troupes obtempérèrent et s'agenouillèrent. La foule des spectateurs, ne sachant que faire, fut prise par la solennité du moment et se prosterna elle aussi. Soudain, 200 pièces de canons tirèrent en salve. Quand l'artillerie cessa de tonner, l'Empereur était seul sur l'autel avec Boisrond-Tonnerre, qui prononça une fois de plus, un discours sulfureux. Lorsque son secrétaire eut terminé son allocution, Dessalines fit le serment de vivre libre, indépendant ou de mourir[426]. En signe de soumission à la volonté du Père de la Nation, l'Impératrice et ses dames d'honneur s'agenouillèrent elles-aussi.

Plus tard, dans l'après-midi, Dessalines convoqua ses généraux et leur fit visiter les sept forts qu'il venait de faire construire à Marchand : *La Source, Culbuté, Débuté, Décidé, Écrasé, Innocent* et *La Fin du Monde*. Huit mois auparavant, en avril 1804, il ne s'était fait aucune illusion sur le caractère tout à fait éphémère de sa victoire à Vertières. Victoire, qu'au demeurant, il apparentait à un armistice. Il avait alors ordonné que soient construites des fortifications devant permettre à la jeune nation de se défendre au cas où les Français reviendraient à la charge. En obéissant à ses ordres, Christophe avait jeté les fondations de la Citadelle. Dans l'Ouest, Pétion avait déjà terminé les forts Jacques et Alexandre alors que les fortifications de Léogâne, d'Aquin, de Jacmel, de Port-de-Paix, de Jérémie et des Platons dans la commune des Cayes avaient toutes été renforcées. Tous ces ouvrages stratégiques étaient

---

[425] Thomas Madiou, *Histoire d'Haïti, Tome troisième*, op.cit., page 187.
[426] Ibid.

nécessaires à la protection du nouvel État, mais tous avaient été réalisés en forçant le gros peuple à travailler gratuitement à leur édification.

— Autant que je sache, protesta Cat, cette crainte d'une nouvelle invasion française était pourtant largement exagérée... Non ?

— Vous vous trompez, Mademoiselle. Un ou deux jours après la célébration du premier anniversaire de l'Indépendance, pendant que les généraux de Dessalines avaient regagné leurs postes respectifs, les Français qui s'étaient réfugiés dans l'Est de l'île décidèrent de provoquer le jeune État en plébiscitant le général français Jean-Louis Ferrand qu'ils nommèrent capitaine-général par intérim. À peine installé, le nouveau chef de l'Est décida de pousser l'affront encore plus loin. Dans un élan incompréhensible d'imprudence voire d'impudence, il rétablit l'esclavage dans l'Est de l'île et déclara que tous les Noirs ou gens de couleur capturés en Haïti seraient considérés comme propriété de leurs capteurs [427]. Alerté par ses services de renseignement, Dessalines lança immédiatement un appel à la sédition aux hispano-indigènes, un appel qui tomba largement dans de sourdes oreilles.

Se rendant compte que la guerre contre les Français n'était pas encore terminée, l'Empereur remobilisa son armée et partit à la conquête de l'Est. C'était le 16 février 1805. Une semaine plus tard, venant du Nord, Christophe prenait la ville de Santiago. Au début du mois de mars, le drapeau haïtien flottait sur la ville de Bany et trois jours plus tard, 25 000 hommes sous les ordres de Christophe, de Clervaux, de Pétion et de Gabart assiégeaient la ville de Santo-Domingo. Ferrand ne pouvait leur opposer que quatre mille huit-cents hommes. Pendant ce temps, toujours respectueuse des engagements pris face à Dessalines, la marine anglaise louvoyait à l'entrée du port de la ville et capturait tous les navires français qui tentaient de percer le blocus[428]. Pendant une dizaine de jours de combats acharnés, toutes les tentatives françaises pour ouvrir une brèche dans les lignes haïtiennes échouèrent. Dessalines tint alors un conseil de guerre et fixa au 27 mars l'assaut final et décisif. Tout semblait perdu pour Ferrand et les siens.

Tout à coup, aux petites heures du matin de l'attaque, une imposante flotte de guerre battant pavillon français était aperçue au large de Santo-Domingo.

---

[427] Thomas Madiou, *Histoire d'Haïti, Tome troisième*, op.cit., page 189.
[428] Ibid., page 201.

Inquiets pour leur sort, les navires anglais qui bloquaient le port prirent la poudre d'escampette. En réalité, les marins français ignoraient tout du siège de Santo-Domingo et de la détresse de ses habitants. Ils n'étaient là que par hasard. Ils rentraient en France après une mission à Marie-Galante et n'avaient à bord que très peu d'armes et encore moins de munitions. Apprenant les difficultés de Ferrand, ils débarquèrent cinq-cents hommes pour lui porter secours. Les services de renseignement haïtiens crurent que 4 000 hommes avaient rejoint Ferrand et lorsque la flotte française appareilla vers l'Ouest, Dessalines déduisit, à tort, que des troupes additionnelles allaient être débarquées sur d'autres points de l'Empire. Il leva alors promptement le siège et se pressa de retourner à Marchand avant l'arrivée des troupes françaises. Il intima aussi l'ordre à tous ses généraux d'évacuer leurs positions pour se hâter d'aller défendre le territoire national.

La peur étant cruelle, l'armée haïtienne fut impitoyable dans sa retraite. Elle livra à feu et à sang tout ce qui était sur son passage. Comme lors du siège de Jacmel pendant la Guerre du Sud, Christophe commit des actes horribles contre la population civile. Les colonnes haïtiennes de la division du Nord incendièrent Monte-Plata, San-Pedro, Cotuy, Macoris et la Vega. Des centaines de laboureurs espagnols furent égorgés. La ville de Puerto-Plata fut pillée puis incendiée. Le 6 avril, Christophe entra dans Santiago et y mit le feu personnellement : en quelques heures, de nombreux bâtiments, dont la cathédrale, qui dataient du XVIe siècle disparaissaient dans les flammes. Tous ceux qui avaient été faits prisonniers furent systématiquement massacrés. Une vingtaine de prêtres cernés dans le cimetière de la ville furent eux-aussi exécutés[429].

Dans une campagne qui avait duré moins de vingt jours, les forces haïtiennes avaient détruit les villes les plus anciennes du Nouveau Monde avec tout ce qu'elles contenaient de monuments, d'objets d'art et de livres irremplaçables, et elles avaient fait un carnage sur une population rurale qui était composée en grande majorité de Noirs et de mulâtres[430].

---

[429] Thomas Madiou, *Histoire d'Haïti, Tome troisième,* op.cit., page 208
[430] Ibid., page 208.

Moro s'arrêta de parler lorsqu'il remarqua soudain que son petit auditoire, effaré, avait la bouche et les yeux béants.

— Est-ce que nous devons ajourner la séance, leur demanda-t-il d'un air inquiet ?

Après quelques secondes d'un silence embarrassé, voyant que Cat et Oli étaient abasourdis, comme figés dans une profonde léthargie, Amélie essaya de relancer la conversation.

— Au lieu de chocolat, Cat aurait mieux fait de nous apporter un thé de verveine, dit-elle en souriant. À vous entendre, Moro, Dessalines et ses généraux – Christophe en particulier – ont été tantôt anges, tantôt démons ? L'un et l'autre auront été, d'une part des héros sans lesquels nous n'aurions jamais conquis notre liberté ; de l'autre, des brutes sanguinaires qui auraient commis d'inimaginables monstruosités ?

— Manbo Amélie, permettez que j'aborde mon expérience avec Christophe, une autre fois. Cela dit, s'il est vrai que l'Empereur a souvent agi comme un ogre, il n'était pas que ça. C'était un homme complexe, une âme tourmentée, un être aussi généreux envers ses amis, qu'impitoyable envers ses ennemis. Dessalines a été un patriote, un visionnaire, un homme courageux, et je m'en voudrais de ne pas vous décrire les différentes facettes de sa personnalité.

Si la Guerre de l'Indépendance a abouti à l'apothéose du 18 novembre 1803, c'est d'abord et avant tout parce que Dessalines, en s'alliant à Pétion, avait eu la prescience et l'humilité de faire un trait sur le passé en réconciliant les anciens partis de Rigaud et de Toussaint et en réunissant sous un même drapeau les créoles et les bossales. Malheureusement, ces alliances et les engagements qui les sous-tendaient furent éphémères.

Une fois la guerre terminée, les conditions de vie des masses paysannes – majoritairement composées de bossales – étaient restées largement les mêmes. Attachés à la terre dans des conditions qui rappelaient étrangement celles de l'esclavage, les paysans commencèrent à déserter les grandes plantations désormais gérées par des officiers noirs et mulâtres, qui en avaient hérité grâce aux largesses de l'Empereur. En réalité, les bossales avaient accepté de se battre à côté des créoles pour chasser les colons et l'armée française du territoire mais, une fois la guerre terminée et l'Indépendance conquise, ils n'avaient aucune intention, mais vraiment aucune, de retourner sur les plantations pour y travailler.

— Que s'est-il alors passé, lui demanda Cat?

— Le pays s'est automatiquement scindé en deux avec, d'un côté les officiers de Dessalines qui venaient de s'illustrer sur les champs de bataille et qui avaient reçu en guise de récompense des concessions sur les meilleures habitations, et de l'autre, de pauvres individus dont la vie n'avait guère changé. Au lendemain de l'Indépendance, le gros peuple, composé en grande majorité de bossales, était soit soldat, soit cultivateur. De ceux qui choisirent d'être cultivateurs, une majorité décida d'abandonner – que dis-je – de s'enfuir le plus loin possible des habitations. En reprenant mes activités d'arpenteur dans l'Artibonite et le Nord, j'avais aussi recommencé à me réveiller avant l'aurore pour avoir le temps de terminer mes travaux avant que le soleil ne soit trop chaud. Plus d'une fois, dans les premières lueurs du jour, j'ai croisé des dizaines de familles composées de femmes et de garçons vaillants, de vieillards et d'enfants qui, chargés de leurs menues possessions, gagnaient les montagnes avoisinantes, pour enfin recouvrer la liberté et fonder une société essentiellement africaine.

— Vous avez utilisé ce terme plusieurs fois déjà. Que voulez-vous entendre par société africaine, lui demanda Amélie?

— Sachez, Manbo, que les bossales n'avaient jamais accepté le projet de grands domaines agricoles des généraux créoles qui en réalité n'était qu'une reproduction perverse du système colonial sous un autre nom. Tout de suite après l'Indépendance, les antagonismes d'avant la révolution refirent rapidement surface. Voulant impulser au nouveau pays un regain d'activité économique, Dessalines, comme Toussaint avant lui, imposa par la force aux cultivateurs libérés, une terreur servile copiée sur celle de la plantation esclavagiste : « Il ordonna d'arrêter les vagabonds et de les contraindre à travailler sur les habitations de l'État[431] ». J'ai sillonné dans tous les sens, la chaîne des Matheux et les montagnes des Cahos. Je suis en mesure d'affirmer que Saint-Domingue se muait, certes, en Haïti, mais les paysans n'avaient changé que de maîtres : leur fardeau comme leur misère étaient restés les mêmes. Leur salut était dans la fuite et, pour répondre à votre question initiale, la société africaine dont voulaient les bossales aspirait à être tout ce que la société créole n'était pas : «[elle] opposa obstinément le vaudou au catholicisme ; la langue créole au français ; l'économie rurale à l'économie

---

[431] Thomas Madiou, *Histoire d'Haïti, Tome troisième*, op.cit., page. 182.

urbaine ; l'habitat dispersé aux villes ; le plaçage au mariage ; la tradition à l'éducation scolaire ; les bandes paysannes à l'armée[432]. »

Plus l'exode des cultivateurs progressait, plus la productivité des plantations diminuait. L'Empereur et ses conseillers décidèrent donc de sévir et édictèrent un Code Rural qui n'avait rien à envier au *Code Noir*. Qui pis est, ils lâchèrent l'armée aux trousses des bossales pour les contraindre à revenir au travail. Rien n'y fit : l'exode s'accéléra et l'économie continua à décliner. Le Père Fondateur fit alors l'impensable : il recommença la Traite des esclaves !

— Ce que vous dîtes est terrible, lui dit Amélie. Vous avez des preuves de ce que vous avancez ?

— Et pourtant, Manbo, c'est bien ce qui s'est passé. Incapables de tenir les nouveaux libres sur les plantations, Dessalines, comme Toussaint avant lui, recommença la Traite. Même si les esclaves étaient dûment rachetés aux négriers et libérés dès leur arrivée sur le sol haïtien, la justification ultime d'une telle transaction n'était pas leur libération mais bien la nécessité de s'approvisionner en main-d'œuvre nouvelle[433]. Déjà en 1801, et nous en avons déjà parlé, Toussaint Louverture avait même fait inscrire ce projet dans sa Constitution.

Sur les traces de Toussaint Louverture, Dessalines d'abord, Christophe ensuite ne firent pas mieux. Ils sont, soit entrés en négociation officielle avec les Anglais dans ce but, soit passés directement à l'acte. C'est ainsi que dans le Nord, le roi Henry importa deux mille jeunes guerriers dahoméens qu'il affecta à sa garde personnelle et qu'il appela les *Royal-Dahomey*. Pour symboliser la rupture avec l'Afrique-Mère et selon la tradition déjà bien établie du temps de la colonie, il les fit aussitôt baptiser et fut leur parrain à tous. Pétion, président dans l'Ouest, eut le même réflexe lorsqu'un navire négrier fut capturé par des corsaires haïtiens : tous les Africains débarqués et libérés furent baptisés et les plus valides furent incorporés dans l'armée[434].

— Comment expliquer qu'un tel comportement n'ait pu sembler ni répréhensible, ni contradictoire aux yeux d'anciens esclaves ou de descendants d'esclaves qui

---

[432] Barthélemy Gérard. *Le rôle des bossales dans l'émergence d'une culture de marronnage en Haïti*. In : Cahiers d'études africaines, vol. 37, n°148, 1997. La Caraïbe. Des îles au continent, page 858.
[433] Barthélemy Gérard, *Le rôle des bossales*, op.cit. page 858.
[434] Ibid.

venaient eux-mêmes de se battre pendant quinze ans pour conquérir leur liberté[435], demanda Amélie, livide?

— Je ne trouve qu'un mot, Manbo, un seul : concupiscence ! Contre toute attente, ceux qui s'étaient battus et n'avaient négligé aucun sacrifice pour venir à bout de l'esclavage ont continué la Traite négrière après l'Indépendance. Ils avaient mené une guerre impitoyable pour expulser l'armée française du territoire, mais au fond, ils n'avaient pas su, ou n'avaient tout simplement pas voulu détruire l'ordre existant. S'il est indéniable qu'ils voulaient tous se défaire de leurs oppresseurs, s'ils avaient sans doute désiré adoucir les conditions de travail de la masse de travailleurs, dans les faits ceux qui venaient d'hériter des rênes du nouvel État n'aspiraient malheureusement qu'à prendre la place des colons et s'enrichir au détriment d'une population qui n'avait, jusqu'ici, connu aucun moment de répit.

En dépit de toutes les intrigues, de tous les antagonismes, en dépit même du déclin de la productivité des grandes plantations, le jeune pays venait de passer une année relativement calme et une certaine prospérité commençait à y revenir. Tous les ports étaient fréquentés par des navires battant pavillons anglais, américains, allemands et danois qui apportaient des tissus, des uniformes pour l'armée et des armes. Ils repartaient chargés de café, de cacao, de sucre et de coton. Grâce au concours de techniciens allemands et polonais, le pays fabriquait ses armes et préparait sa poudre. Les villes étaient reconstruites. De colossales fortunes commençaient à être amassées, creusant encore plus profondément le fossé entre ceux qui avaient tout et ceux qui n'avaient absolument rien.

Le système exploiteur *peze souse*[436], qui existait avant l'Indépendance, avait survécu. Il s'était métamorphosé, envers et contre tout et perdurait. Il avait changé de mains, de teinte épidermique, d'origine sociale. Il avait changé d'apparence, mais ses comportements étaient restés les mêmes. Par une série de petites passes courtes, une espèce merveilleuse de *tiki taka* [437] étourdissante, la minorité au pouvoir avait réussi à envoûter la population et s'était arrangée par un jeu de miroirs et de doublure pour la contrôler à

---

[435] Barthélemy Gérard, *Le rôle des bossales*, op.cit. page 858.
[436] Système qui accable l'individu, le presse jusqu'à lui faire rendre son jus et le suce jusqu'à la moelle. Il faut prononcer *« pézé soucé »*.
[437] Un style de football espagnol caractérisé par le mouvement continu du ballon autour d'une série de passes rapides.

perpétuité et continuer à se remplir les poches. « Au lendemain de l'Indépendance, deux sociétés séparées, parallèles allaient désormais se construire et se développer mais, aucune ne pourrait ni dominer totalement l'autre, ni l'éliminer [438]. » Dès cet instant, les semences de deux cultures distinctes étaient plantées dans le nouveau pays.

— N'êtes-vous pas en train, lui demanda Oli, de réduire à l'absurde, une situation bien plus compliquée ? lui demanda Oli. Au-delà de cette dualité créole-bossale, n'existait-il pas plutôt une tension bien plus importante entre les Noirs et les mulâtres ? Pensez-vous vraiment qu'à l'Indépendance, les antagonismes qui avaient causé la Guerre du Sud étaient à tout jamais éteints, que les préjugés de couleur avaient vraiment disparu ?

— Padre, je me suis peut-être mal exprimé, mais même en décrivant la scission du nouveau pays en deux, je n'ignore pas que chacune de ces nouvelles structures sociales avait sa propre hiérarchie, ses propres contradictions et que des situations de conflit existaient déjà parmi elles. Après l'Indépendance, l'Empereur me nomma arpenteur de l'Empire et, à ce titre, j'ai intégré le cercle de ses proches collaborateurs et j'ai pu observer les hommes et leurs comportements. Parlons un moment, par exemple, du problème de couleur et de la répartition inégale des richesses qui fut organisée au lendemain de l'Indépendance.

Il est évident que les officiers créoles de Dessalines, ceux qui avaient repris les grandes plantations françaises, étaient indistinctement des Noirs ou des mulâtres. Cependant, il est tout aussi indéniable que les mulâtres jouissaient déjà d'avantages qui dataient de l'époque coloniale. Ils avaient par conséquent plusieurs longueurs d'avance sur leurs concitoyens noirs et ont pu ainsi s'imposer en plus grand nombre et plus facilement comme élite du nouveau pays. Ne serait-ce que parce qu'ils avaient une meilleure situation et que beaucoup d'entre eux avaient fait des études poussées en France. Déjà, du temps de la colonie, les mulâtres contrôlaient plus du quart de la propriété foncière et mobilière de la partie occidentale de l'île [439] !!! Parmi eux, il y avait des hommes de loi, des commerçants et des médecins. « Ils étaient des

---

[438] Barthélemy Gérard, *Le rôle des bossales*, op.cit. page 849.
[439] Gérard M. Laurent, *Pages d'Histoire d'Haïti*, op.cit., page 143.

éléments d'élite, capables de jouer un rôle de réformateurs, de moniteurs et de conseillers[440] ».

— Est-ce à dire qu'au lendemain de l'Indépendance, les mulâtres étaient devenus incontournables, reprit Oli ? Des historiens et pas des moindres, Anténor Firmin et Louis-Joseph Janvier pour ne citer que ceux-là, présentent les administrations de Pétion et de Boyer comme étant l'ère de la domination des mulâtres et l'administration de Soulouque comme celle où, pour la première fois, il y eut trois Noirs pour un seul mulâtre au pouvoir. Les mulâtres avaient-ils magouillé pour contrôler l'appareil politique et l'économie du nouvel État ?

— M. Firmin et le docteur Janvier ont sans doute raison de dire que les premières administrations publiques haïtiennes étaient dominées par des mulâtres. Ils se trompent cependant lorsqu'ils semblent vouloir insinuer que la situation politique des mulâtres, quoiqu'elle fût supérieure à celle des Noirs, ait été en tout ou en partie, une politique systématique d'abaissement de l'élite noire. La prééminence des mulâtres était déjà tout aussi réelle sous les règnes de Dessalines ou de Christophe et personne n'osera accuser ni l'Empereur, ni le roi d'avoir milité contre la promotion sociale des Noirs. Les chiffres parlent d'eux-mêmes et les faits sont têtus. Par exemple, cinq des sept secrétaires de l'Empire étaient des mulâtres : Boisrond-Tonnerre, Juste Chanlatte, Charéron, Dupuy et Carbonne. Seulement deux étaient noirs : Diaquoi et Mentor[441].

Outre ses secrétaires, les deux ministres de Dessalines étaient des mulâtres : Gérin et Vernet[442]. Je vous concéderai, en passant, que je n'ai jamais compris que Vernet – qui ne savait ni lire, ni écrire et ne pouvait que signer son nom[443] – ait pu devenir ministre des Finances, mais je m'égare. Le Directeur du domaine, Inginac était un mulâtre. Le chef de sa garde rapprochée, Charlotin Marcadieux était lui-aussi un mulâtre.

Si nous remontons maintenant à l'Acte de l'Indépendance, des 36 généraux ou officiers qui l'ont signé, nous retrouvons à côté des 13 Noirs que sont Dessalines, Christophe, Romain, Capoix, Daut, Jean-Louis François, Magloire Ambroise, Toussaint Brave, Yayou, Magny, Roux, Diaquoi et Raphaël, 23 mulâtres qu'étaient Pétion, Geffrard, Clervaux, Vernet, Gabard, Gérin,

---

[440] Gérard M. Laurent, *Pages d'Histoire d'Haïti*, op.cit., page 143. Gérard M. Laurent, *Pages d'Histoire d'Haïti*, op.cit., page 143.

[441] Auguste Magloire, *Le Matin, collection 1910, cité par Œdipe du 19 novembre 1969*, page 2.

[442] Ibid.

[443] Thomas Madiou, *Histoire d'Haïti, Tome troisième*, op.cit., page 231.

Férou, Cangé, Bazelais, Bonnet, Papailler, Morelly, Chevalier, Marion, Charéron, Loret, Quenez, Makajou, Dupuy, Carbonne, Malet, Derenoncourt et enfin Boisrond-Tonnerre[444].

Dessalines n'était pas seul. Christophe, lui aussi, avait confié les plus hautes fonctions du Royaume à des mulâtres. En effet, Prévot, Vastey, Prézeau, Juste Chanlatte, Dupuy, Ferrier et Rouannez étaient tous des mulâtres[445].

Cependant, il faut aussi dire que si certains mulâtres étaient dignes d'éloges et de récompense, nombre d'entre eux ne brillaient ni par leur civisme, ni par leur probité. Dans le Sud particulièrement, beaucoup d'entre eux s'étaient appropriés d'énormes habitations et avaient fondé leurs titres de propriété sur des illégalités scandaleuses, en se faisant passer pour des héritiers naturels d'anciens colons. Toutefois, je ne le redirai jamais assez : tous les hommes de couleur n'étaient pas des profiteurs de guerre ! Certains avaient peiné, bien avant la révolution libératrice pour se faire une situation. « Leurs biens avaient été acquis au prix de lourds sacrifices[446] ».

— Plus je vous entends parler, rétorqua Oli, plus je me rends compte combien difficile a dû être la tâche de Dessalines. Alors qu'il sortait gagnant d'une guerre qui avait duré un peu plus de quinze ans, voilà qu'il se retrouvait sur des cendres encore fumantes à devoir reconstruire un pays, sans qu'il n'ait vraiment de repères historiques, intellectuels ou moraux. L'Empereur avait-il des alliés autour de lui ?

— Bien sûr qu'il en avait. Il faut se garder, cependant, de les scinder, de les classifier, et de les qualifier simplement à l'aune de la teinte de leur peau, sous peine de se fourvoyer complètement. La réalité était cependant bien là : lorsque le pays est devenu indépendant, il était composé en grande majorité d'hommes et de femmes noirs qui se remettaient à peine de plus de deux siècles de servitude. À dessein et sous peine de mort, le régime colonial français leur avait empêché l'accès, même à la plus rudimentaire formation. En conséquence, ils n'avaient malheureusement pas, à ce stade, les compétences requises pour gérer la jeune nation.

— Comment se comportait l'état-major de l'Empereur, lui demanda Amélie?

---

[444] Auguste Magloire, *Le Matin, collection* 1910, op.cit.
[445] Ibid.
[446] Gérard M. Laurent, *Pages d'Histoire d'Haïti*, op.cit. page 147.

— Lorsqu'il l'avait fallu, l'illustre héros, celui qui avait conduit à la victoire des hordes d'anciens esclaves, avait bien été consacré « *primus inter pares* », le premier parmi ses pairs, celui que le charisme, l'intelligence et le courage désignaient comme le plus méritant chef de l'Armée indigène, et comme de fait, il avait été ovationné comme tel, d'abord à l'Arcahaie, puis au Camp-Gérard.

Une fois la guerre terminée cependant, chacun de ses subalternes s'estimait digne du pouvoir suprême. Les chefs des départements, Christophe, Pétion, Geffrard, Gabart tenaient leur ascendant, non en raison d'une faveur quelconque de l'Empereur, mais en raison de leurs propres sacrifices et des victoires qu'ils avaient personnellement gagnées dans la sueur et dans le sang[447].

Le premier dont l'Empereur se méfia fut Geffrard qui, une fois l'Indépendance conquise, ouvrit tout naturellement les bras à ceux qui s'étaient battus à ses côtés lors de la Guerre du Sud, l'avaient perdu et étaient dans la misère en exil. Dessalines pensa alors, que ce général qui lui avait été jusqu'ici fidèle, voulait, comme Rigaud avant lui, créer une république séparatiste. Sur ce point au moins, il avait tort.

L'Empereur redoutait aussi Capoix, ennemi juré de Christophe, qui s'était couvert de gloire pendant la guerre. Il était loin de ses yeux, dans le nord-ouest, au fin fond de l'Empire. Adulé par ses troupes, il ne s'embarrassait jamais de flatterie quand il s'adressait à Dessalines. Ce général, qui lui était pourtant loyal, ne cessait de se plaindre ouvertement de l'enrichissement éhonté de l'entourage de l'Empereur alors que les troupes n'étaient ni payées, ni habillées, ni équipées convenablement. Il voulait sauver le pouvoir de lui-même, mais Dessalines ne le comprit pas.

Christophe, jusque-là, avait monté dans le Nord une administration sévère et intelligente qui contribuait avantageusement au trésor public. Mais, il conspirait. Dieu, qu'est-ce qu'il conspirait ! Dessalines s'en méfiait et l'épiait. Secrètement cependant, Christophe avait déjà dépêché Brunot Blanchet à Geffrard pour sonder ses dispositions[448] au sujet d'un coup d'État. Blanchet se rendit ensuite dans l'Ouest où il fut reçu froidement par Pétion. Dans les deux

---

[447] Horace Pauléus Sannon, *Boisrond-Tonnerre et son temps*, op.cit., page 51.
[448] Idem., page 55.

cas, la réponse des deux chefs était suffisamment mitigée pour que Christophe en tire l'impression d'un quelconque appui[449]. Avec le temps cependant, force est de constater que ni l'un, ni l'autre ne l'ont dénoncé à l'Empereur. Dans l'incertitude, ils se sont retenus et laissent, encore aujourd'hui, planer un doute sur leur loyauté à son égard.

Qu'importe ! Dessalines aimait naturellement Pétion qui, en plus de ses talents de stratège militaire, jouissait d'une énorme influence sur les populations de l'Ouest. Pour s'assurer de sa fidélité et concrétiser son rêve d'unir encore plus les Noirs aux mulâtres, l'Empereur voulut lui offrir en mariage sa fille, la belle et gracieuse Célimène. Dessalines se rendit à Port-au-Prince pour concrétiser son projet. Il organisa une réception avec des intimes, y convia Pétion et lui présenta publiquement sa proposition. Pétion déclina respectueusement mais fermement l'honneur et dit à l'Empereur en guise de consolation : « Sire, un vieux garçon fait rarement un bon époux[450]. » Ébahi et blessé dans son orgueil, Dessalines ne desserra pas les dents et n'avala pas le refus. Ses traits se raidirent et son visage pâlit. D'un regard injecté de sang, il dévisagea son « compère » et, sans dire un mot, il prit congé de lui.

Tous ceux qui étaient dans la salle furent sidérés par la réponse de Pétion et craignirent le pire pour sa vie. Ils savaient tous pourtant que le général en chef de l'Ouest était un célibataire endurci et qu'il avait une vie amoureuse agitée. Tous savaient qu'il n'avait aucune intention de se marier, mais nul ne pouvait croire qu'il ait pu répondre aussi sèchement à l'Empereur. Sans qu'ils ne s'en doutent cependant, Pétion avait pourtant agi en vrai gentilhomme. Il avait dit non, c'est vrai ! Mais il avait eu la courageuse élégance de ne pas justifier sa réponse à l'Empereur en s'abstenant de lui révéler que la princesse avait déjà succombé aux charmes du capitaine Chancy et qu'elle était enceinte.

Dessalines laissa alors Port-au-Prince sur le champ et retourna à Marchand, convaincu plus que jamais qu'il était seul et entouré d'ennemis. Il décida alors de contrebalancer l'influence des grands feudataires du régime en morcelant leur commandement. En conséquence, il créa une deuxième circonscription dans chaque département qu'il confia à de jeunes officiers qu'il contrôlait. C'est

---

[449] Horace Pauléus Sannon, *Boisrond-Tonnerre et son temps*, op.cit., page 55.
[450] Joseph Saint-Rémy, *Pétion et Haïti,* Deuxième Édition, Librairie Berger-Levault, Paris, 1956, Livre X, page 43.

ainsi qu'il promut Germain Frère à Port-au-Prince, près de Pétion ; Moreau Herne, aux Cayes près de Geffrard, Capoix au Cap, près de Christophe[451].

Malgré ces changements, Dessalines ne décolérait pas et sa conversation avec Pétion continuait de le hanter. Il pressa son service de renseignement de lui fournir de plus amples explications sur le refus du général. C'est alors qu'on lui révéla que la jeune princesse était follement amoureuse du capitaine Chancy, qui était le neveu de Toussaint Louverture. Des années plus tôt, l'Empereur, qui exécrait l'ancien gouverneur général, avait eu vent de cette idylle, mais s'était déjà prononcé contre en disant, à qui voulait l'entendre, que son sang ne se mêlerait jamais à celui de Toussaint. Lorsqu'il apprit que sa fille était enceinte, une colère froide lui remplit le cœur. Il forma mille projets de vengeance, les uns plus affreux que les autres. Tantôt, il voulait faire empoisonner Célimène, tantôt il voulait faire arrêter Chancy et le livrer sous ses yeux aux pires supplices[452]. Finalement, le capitaine fut arrêté et écroué en prison à Marchand. Sachant le sort qui l'attendait, il utilisa un pistolet que Pétion lui avait fait parvenir dans sa cellule et se brûla la cervelle.

Entre-temps, Clervaux, le général le plus ancien de l'armée, celui qui devrait succéder à l'Empereur en cas d'absence ou de décès, tomba subitement malade à Marmelade. Christophe lui dépêcha immédiatement son médecin personnel. Malheureusement, Clervaux rendit l'âme quelques jours plus tard et la rumeur commença à courir que Christophe l'avait fait empoisonner pour avoir le champ libre au cas où l'Empereur disparaitrait. La conspiration commençait à prendre corps, d'autant que les rumeurs d'échange de courriers secrets entre le Nord et le Sud se précisaient chaque jour un peu plus. En réalité, pour convaincre Pétion et Geffrard de se joindre à lui, Christophe leur avait fait croire qu'il avait des indices irréfutables que l'Empereur planifiait de les faire assassiner.

Vers la fin du mois de décembre 1805, Christophe eût gain de cause : Geffrard sortit de sa réserve et discuta secrètement avec Pétion des moyens de renverser Dessalines[453]. Le plan était simple : aussitôt après la prise d'armes dans le Sud, l'Ouest devrait se prononcer, puis le Nord. Christophe chargea

---

[451] Joseph Saint-Rémy, *Pétion et Haïti*, op.cit., page 43.
[452] Thomas Madiou, *Histoire d'Haïti, Tome troisième*, op.cit., page 249.
[453] Ibid., page 273.

Blanchet de rencontrer Pétion à Saint-Marc et de discuter des détails d'une insurrection qui prendrait de plus en plus d'ampleur.

Parce qu'il avait encore confiance en Christophe – qu'il craignait en même – Dessalines résolut plutôt de se rendre dans le Sud pour affronter ses ennemis et déjouer le complot. À la fin du mois de mars, il laissa Marchand et pendant qu'il entrait à Port-au-Prince, la nouvelle lui parvint, contre toute attente, que le général Geffrard avait été pris de violents vomissements et avait rendu l'âme. Le bruit courut qu'il avait été empoisonné.

Pour faire taire la rumeur, la famille du général de division s'empressa d'annoncer quelques jours plus tard qu'il souffrait depuis longtemps d'un abcès à l'estomac qui avait crevé et qu'il avait succombé à une septicémie[454]. La ville des Cayes lui fit des funérailles dignes du héros qu'il était. Dans la soirée, Dessalines donna un bal à Port-au-Prince, pour « chasser le chagrin dont il était assailli[455]. » J'étais non loin de lui cependant ce soir-là, lorsque je l'entendis dire à haute voix : « En rappelant Geffrard à Lui, Dieu m'a devancé ! »

Malgré la mort de son rival, l'étau se refermait sur l'Empereur et sans qu'il ne s'en rende compte, il se retrouva coincé comme un rat : au nord par Christophe, à l'ouest par Pétion et au sud par les partisans de Geffrard.

— Où était donc Capoix, lui demanda Amélie ?

— Avant que nous parlions de Capoix et avant que je ne me perde dans le dédale de mes souvenirs, j'aimerais vous parler de mon expérience avec Inginac, le directeur des domaines de l'Empire.

— Allez-y, lui répondit Amélie !

— J'étais encore au service de l'Empereur quand il décida de faire vérifier tous les titres de propriété privée. Dès le début de son règne, Dessalines avait laissé s'installer autour de lui une certaine anarchie et son entourage en avait largement profité. À la fois égoïstes et sceptiques, c'était comme si ces hommes n'avaient jamais cru à l'Indépendance du pays et se pressaient de se remplir les poches avant que la France ne revienne à la charge.

Par des stratagèmes franchement malhonnêtes, ils s'étaient appropriés les meilleures plantations et avaient bâti des fortunes colossales à partir d'évasion fiscale, de pillage des magasins de l'État et de contrebande. J'ai plusieurs fois

---

[454] Certains médecins pensent aujourd'hui qu'il s'agissait plutôt d'un cancer de l'estomac.
[455] Thomas Madiou, *Histoire d'Haïti, Tome troisième*, op.cit., page 275.

entendu l'Empereur lui-même dire : « Plumez la poule, mais ne la laissez pas crier ! » C'était leur dire en d'autres termes : « Faites vos affaires aux dépens du fisc, pourvu qu'il n'y ait pas de scandale[456]. »

Furieux contre les potentats du Sud qui, après avoir profité de ses largesses, voulaient maintenant sa peau, Dessalines décida une fois pour toutes d'élucider et de résoudre les problèmes fonciers qui rongeaient le département et appauvrissaient le Trésor public. Sachant que pendant la colonie, j'avais travaillé comme arpenteur du Roi de France, il me dépêcha donc auprès d'Inginac pour le seconder dans cette lourde tâche.

Figure 45. Joseph Balthazar Inginac[457].

Cela dit, le désordre foncier qui régnait dans le Sud existait aussi dans l'Ouest et même dans le Nord où Christophe gérait le département avec une main de fer. Mais, à ce stade, l'Empereur avait maille à partir avec ceux qui l'avaient acclamé au Camp-Gérard et qu'il considérait désormais comme des fourbes et des ingrats. Il était vert de colère et prêt à tout pour leur faire payer leur traîtrise et leur perfidie.

Aussitôt après son arrivée à Jacmel d'abord, aux Cayes ensuite, il opéra des changements majeurs dans la fonction publique et dans le commandement du département. Il alla jusqu'à humilier publiquement tous les officiers qui avaient été dévoués à Geffrard en les ravalant au rang de simples soldats. De Léogâne à Jacmel, des Cayes à Jérémie, il fit brûler des milliers de tonnes de bois de campêche fraîchement coupés et prêts à être exportés contrairement à ses arrêtés. Au fait, écolo avant l'heure, Dessalines était, à juste titre, soucieux du déboisement massif du département du Sud où les cultivateurs avaient

---

[456] Beaubrun Ardouin, *Étude sur l'histoire d'Haïti, Tome 6*, Dezobry et Magdeleine, Haïti 1853, page 87.
[457] Dessin réalisé par Nixon Pierre, in: Justin-Chrysostome Dorsainvil, *Histoire d'Haïti, Tome I, 1492-1915*, Éditions Henri Deschamps, 2018, page 196.

abandonné la culture du cacao et du café pour s'adonner au travail bien plus facile, mais bien plus nocif, de la coupe des arbres[458]. De plus, voulant décourager la culture de la canne au profit du café, plus lucratif pour les caisses de l'État, il fit détruire – souvent arbitrairement – un nombre important de guildives récemment construites.

C'est dans cette atmosphère houleuse qu'Inginac entra en scène. Il s'en acquitta avec probité. Il annula toutes les ventes passées illégalement après l'Indépendance et fit rentrer bon nombre de propriétés dans le domaine privé de l'État. Il défendit bravement les intérêts de la nation mais, ce faisant, il s'attira aussi l'inimitié d'un ramassis de petits arrivistes qui avaient organisé le règne du vice et en avaient fait un dogme social.

Arrivé aux Cayes, l'Empereur fit saisir les archives du Général Geffrard et ordonna à Alexis Dupuy, un de ses secrétaires, d'en faire l'inventaire. Dans la correspondance entre Christophe et Geffrard, ce dernier trouva un bon nombre de lettres compromettantes pour de nombreuses familles qui décrivaient en détail la conspiration contre le pouvoir. Il affirma cependant à l'Empereur que les échanges entre les deux chefs étaient sans importance et, arriva ainsi à sauver un grand nombre d'individus de tous grades et de toutes conditions[459].

Ayant reçu l'aval de Diaquoi, Dupuy s'entretint avec Inginac et, au péril de sa vie, il lui confia, avant de quitter les Cayes, la mission de continuer à éplucher la correspondance entre les deux chefs, sous peine de voir le pays sombrer, de nouveau, dans une période de graves perturbations politiques. Inginac comprit le dilemme et lui promit de terminer le travail entamé. Dans la soirée, il fit appel à moi et me fit jurer par le Ciel de garder secrète la tâche délicate qu'il allait me demander d'accomplir avec lui. Ensemble, nous avons alors travaillé toute la nuit et, au petit matin, nous avions repérés et détruits tous les documents compromettants[460].

Le 9 septembre, l'Empereur partit de la ville des Cayes qu'il laissa en émoi. La situation était explosive ! Geffrard était mort, c'est vrai ! Dans le Sud, le complot était orphelin, mais la révolution n'en était pas moins mûre. Elle n'attendait qu'une étincelle pour éclater. Arrivé dans l'Ouest, Dessalines s'arrêta à Petit-Goâve pour se reposer. Pour la première fois, il avait l'air inquiet

---

[458] Thomas Madiou, *Histoire d'Haïti, Tome troisième*, op.cit., page 276.
[459] Ibid.
[460] Ibid.

et commençait à se demander s'il n'était pas allé trop loin, trop vite. Pendant qu'il déjeunait avec son entourage rapproché, il s'adressa au colonel Lamarre et lui dit : « Mon fils, tiens-toi prêt à descendre dans le Sud, à la tête de ton Corps, car si les citoyens de cette province ne se soulèvent pas après ce que je leur ai fait, c'est qu'ils ne sont pas des hommes[461]. »

Le soir tombait et Dessalines se préparait à dormir. Au loin, Dessalines pouvait entendre des voix de femmes employées à des travaux forcés qui reprenaient en chœur le refrain lancinant d'un chant présageant les troubles à venir :

Lanperè, menaje manman pitit[462] !

Empereur, ménagez les mères de famille !

— Permettez que je passe du coq à l'âne, lui dit Cat. Dessalines était-il un vaudouisant ?

— Contrairement à Toussaint qui était ouvertement catholique et qui dans sa constitution avait déclaré sa religion comme seule religion d'État, Dessalines était plus tolérant et avait fait inscrire dans sa constitution que la loi n'admettait point de religion dominante[463]. N'empêche que, lorsqu'il était inspecteur général des cultures de Toussaint, il tomba sur un service de lwa. Il fit incendier le péristyle où se réunissaient une cinquantaine d'initiés et ordonna qu'ils soient tous passés à la baïonnette[464].

De même, célébrant d'abord son sacre comme Empereur, et quelques mois plus tard, le premier anniversaire de l'Indépendance, il encouragea toutes sortes de spectacles de danse, mais interdit strictement les danses liées au vaudou[465]. Se rappelait-il alors les mouvements de résistance qui, dans le temps, avaient pris naissance durant les Calindas ? Voulait-il museler une opposition qui pouvait venir de la paysannerie et qui risquait de barrer la route au pouvoir absolu qu'il venait de s'attribuer ? Empruntant une page au manuel des colons, il avait probablement compris que *fèmen reyinyon, se fèmen*

---

[461] Thomas Madiou, *Histoire d'Haïti, Tome troisième*, op.cit., page 288.

[462] Jean Fouchard, *La Méringue, danse nationale d'Haïti*, Port-au-Prince, Deschamps, 1988, page 54, cité par Alix Emera in: Le Matin, Port-au-Prince, 22 novembre 2006.

[463] *Constitution de 1805*, Du culte, articles 50 à 52.

[464] Thomas Madiou, *Histoire d'Haïti, Tome troisième*, op.cit., page 91.

[465] Ibid., page 186.

lapawòl. Fèmen lapawòl, se fèmen reflèksyon. Fèmen reflèksyon, se fèmen libète[466]...

En fin de compte et pour répondre à la question de savoir si Dessalines était vaudouisant, je dois avouer que je ne l'ai jamais vu fréquenter un hounfort. Peut-être que manbo Amélie pourrait nous éclairer sur ce point ?

— Je ne suis malheureusement pas en mesure d'affirmer ou d'infirmer que Dessalines ait été un vaudouisant, répondit-elle. Toutefois, il a systématiquement combattu notre religion ! Il n'empêche cependant que le vaudou reconnaît en lui le Père de la Nation, celui qui a persévéré envers et contre tout pour lui donner sa liberté. Chaque année pour commémorer sa mort, nous lui attribuons le titre honorifique de Houngan et nous chantons l'ardente supplication des orphelins mêlée aux terribles présages que, malheureusement, il ignora.

Amélie ferma alors les yeux et se mit à fredonner une chanson en battant doucement des mains pour marquer la mesure :

> *Pawòl la te pale deja*
> *Desalin gangan*
> *Pawòl la te pale deja*
> *Tou le jou Makandal ape pale Desalin*
> *Desalin ve pa koute, lape monte desann*
> *Defile wè, Defile pè*
> *Nan Ponwouj sila a [...]*
> *Konplo sila a, li fò pase wanga*
> *Jeneral Desalin o, gade mizè mwen*
> *Gade traka peyi la*
> *Peyi la chavire*
> *Lanperè Desalin, ou se vanyan gason*
> *Pa kite peyi la tonbe. Pa kite peyi la gate*[467].

---

[466] *Interdire les réunions, c'est ne pas respecter le droit à la parole. Ne pas respecter le droit à la parole, c'est empêcher la réflexion. Empêcher la réflexion, c'est attaquer la liberté.* Michel Rolph Trouillot, *Ti Dife Boule sou Istwa Ayiti*, op.cit. page 26.
[467] Jean Fouchard, *La Meringue, danse nationale d'Haïti*, Port-au-Prince, Deschamps, 1988, page 54, cité par Alix Emera, op.cit.

Les rumeurs circulaient déjà
Dessalines Houngan
Les rumeurs circulaient déjà
Tous les jours Makandal te mettait en garde
Dessalines ne voulait rien entendre, il allait et venait
Défilé l'avait prévu, Défilé avait pris peur
À ce Pont Rouge
Le complot était plus fort qu'un mauvais sort
Ô général Dessalines, vois ma misère
Vois tous les tracas du pays
Le pays a chaviré
Empereur Dessalines, homme vaillant
Ne laisse pas le pays tomber. Ne laisse pas le pays pourrir[468].

La chanson terminée, personne n'ajouta un mot. Au bout de quelques minutes, Cat recommença à parler :

— Revenons maintenant à Capoix, si ça ne vous dérange pas. Où était-il pendant que se tramait le complot ?

— Tout bêtement, l'Empereur livra en pâture à ses ennemis un des rares généraux qui se serait battu pour lui jusqu'à la mort. Doutant de la loyauté de Christophe, jaloux de la renommée de Capoix dans le Nord-Ouest, sachant finalement que l'un et l'autre ne s'aimaient pas, Dessalines utilisa alors contre eux une stratégie vieille comme le monde : diviser pour régner. Il transféra Capoix dans le Nord-Est pour l'éloigner de Port-de-Paix, le plaçant ainsi sous le commandement de Christophe pour contrecarrer l'hégémonie de ce dernier dans la zone.

Christophe redoutait son fougueux et irascible subalterne et savait qu'avant de mettre ses plans en branle, il devait absolument s'en défaire. Il ignorait cependant que Dessalines avait préalablement suggéré à Capoix de l'assassiner et que celui-ci avait catégoriquement refusé de commettre un tel crime[469]. En revanche, Christophe n'eut pas les mêmes scrupules. Dans la nuit du samedi au dimanche 5 octobre 1806, un détachement hispano-français s'emparait par surprise de Ouanaminthe qui était sous la responsabilité de Capoix. Ce dernier avait profité de la fin de semaine pour aller en tournée à la Grande-Rivière du Nord.

Une fois informé, Christophe s'empressa d'écrire une lettre impitoyable à l'Empereur pour lui annoncer l'intrusion française et l'informer qu'il avait

---

[468] Traduction de l'auteur.
[469] Thomas Madiou, *Histoire d'Haïti, Tome troisième*, op.cit., page 265.

écroué à Laferrière les capitaines de bataillon qui n'avaient pas su défendre convenablement la ville. Il omit, bien entendu, de lui rapporter qu'avant qu'il n'écrive cette lettre, Capoix était déjà revenu à son poste, avait taillé en pièces les troupes ennemies et avait repris la ville. Somme toute, ce rapport était clairement un blâme, une dénonciation de « l'inconduite » de Capoix. Deux jours plus tard, Christophe recevait la réponse qu'il espérait de l'Empereur. Elle était terrible et sans appel : le général Capoix devait être exécuté[470].

Sans perdre de temps, Christophe convoqua au Cap le divisionnaire qui se mit en route aussitôt qu'il reçut le pli. À la tombée de la nuit, alors qu'il atteignait le Fossé-de-Limonade, Capoix fut tout à coup entouré de gens armés. Voyant parmi eux les officiers Romain et Dartiguenave, il comprit qu'il était tombé dans une embuscade. Il s'adressa à Romain et lui dit sèchement : « Ton maître Christophe est bienheureux de m'avoir pris dans ce piège, car sous peu, j'allais lui faire sentir la vigueur de mon bras… Finissons-en vite. » Il descendit de cheval et se plaça lui-même à cinq pas de la troupe qui l'ajusta. Une décharge partit et le héros de Vertières tomba face contre terre[471]. C'était dans la nuit du 9 au 10 octobre[472], il n'avait que quarante ans. Christophe avait maintenant le champ libre pour placer l'Empereur dans sa ligne de mire.

— Finalement, qui faisait partie du complot, demanda Amélie?

— En réalité, Manbo, avec la destruction de la correspondance de Geffrard, je ne peux vous dire que ce que j'avais déduit à l'époque. À mon humble avis, Christophe complotait, Geffrard aussi. Pétion qui, au début était réticent, finit par se rallier à la conspiration, tant l'Empereur fut maladroit à son endroit.

— Allons, Moro ! N'êtes-vous pas en train de dédouaner Pétion ?

— Non ! Pas du tout ! Rappelez-vous, Manbo, que lorsque Dessalines commença à douter de la loyauté de ses généraux, Dessalines décida de les doubler. Dans l'Ouest, il nomma le colonel Germain Frère qui, depuis l'incident Chancy, était devenu très influent dans son entourage, peut-être même plus que Pétion, à un poste où il relevait de ce dernier.

---

[470] Placide David, *Figures historiques, Capoix*, C3 éditions, Haïti 2013, page 33.
[471] Ibid.
[472] Une controverse subsiste quant à la date exacte de la mort de Capoix. Certains historiens, tels que François Dalencour et Wesner Emmanuel, soutiennent qu'il aurait été assassiné après Dessalines. D'autres, comme Thomas Madiou et Placide David, affirment au contraire qu'il serait mort avant. L'hypothèse de son élimination avant le parricide du Pont-Rouge semble toutefois plus vraisemblable. Placide David a publié, d'une part, des extraits de la correspondance entre Christophe et Dartiguenave, et d'autre part, entre Christophe et l'Empereur, qui laissent très peu de doute à ce sujet.

Ivre de pouvoir, ce jeune officier développa une insolence déconcertante et ne ménagea jamais son supérieur hiérarchique. Un évènement parmi tant d'autres me revient à l'esprit : Germain Frère organisait un « *barbecue* » sur les bords de la Rivière Grise et y convia Pétion. Arrivé sur place et observant l'ambiance de bacchanale qui y régnait, le général prit ses distances de la foule et alla s'asseoir tranquillement sous un arbre avec Joute Lachenais qui l'accompagnait. Frère s'approcha d'eux. Il était sans doute ivre. Sans la moindre retenue et à haute voix, il se permit de décliner tous les ragots qui couraient sur la compagne de Pétion et à reprocher au couple sa suffisance et son hypocrisie. Il avait une bouteille de vin rouge dans une main et une coupe dans l'autre. Le goujat se tourna vers Mademoiselle Lachenais et, à dessein, renversa sur sa robe tout le contenu de la bouteille[473]. Pétion se leva promptement. Il retint sa colère et avala l'humiliation. Il prit la jeune femme par la main et, sans dire un mot, monta en voiture et retourna à Port-au-Prince.

Surestimant l'omnipotence d'un pouvoir éphémère, le jeune et impudent officier venait de sceller son sort et celui de l'Empereur qu'il servait. Quant à Pétion, il prêta une oreille bien plus attentive à Bruno Blanchet à la prochaine visite de cet émissaire dans l'Ouest.

Avant qu'il ne se rende dans le Sud, Dessalines avait déjà perdu le soutien des commandants en chef du Nord, de l'Ouest et du Sud qui, je l'ai déjà mentionné, étaient adulés par la population et chéris de leurs troupes. En revanche, l'Empereur avait malheureusement choisi de se battre sur trop de fronts à la fois. En s'attaquant – même légitimement – aux intérêts économiques du Sud ; en négligeant de payer les troupes à temps ; en soumettant une bonne partie de la population à des travaux forcés ; en tolérant autour de lui toute une flopée de conseillers et de généraux qui affichaient un train de vie scandaleux aux dépens du trésor public, l'Empereur avait fini par liguer contre lui toute une frange de la population.

L'empressement de Dupuy, de Diaquoi et d'Inginac de détruire toutes les preuves du complot ourdi contre l'Empereur, semble aussi indiquer qu'à ce stade « *la messe était dite* » et qu'autour de lui, même ses secrétaires avaient décidé de l'abandonner à son sort. Cependant, c'est sans doute la trahison de

---

[473] Thomas Madiou, *Histoire d'Haïti, Tome troisième*, op.cit., page 260.

Gérin, son ministre de la Guerre, qui aura été la plus déterminante dans la planification et l'exécution de l'attentat au Pont Rouge.

— Pourquoi revenir à Gérin, lui demanda Oli?

— Tout simplement parce que Gérin était une création de l'Empereur et qu'il était en droit de s'attendre à bien mieux d'un homme dont il avait sauvé la vie et qu'il avait élevé à l'une des plus hautes fonctions de l'Empire. Pendant tout son règne, Dessalines n'eut que deux ministres : Vernet et Gérin – Gérin qu'il avait connu durant la Guerre du Sud.

Figure 46. Étienne-Élie Gérin[474].

Gérin combattait alors aux côtés de Rigaud et avait été fait prisonnier à Fond-des-Nègres. Il faisait partie d'un groupe d'officiers et de soldats qui allaient être passés par les armes. Son courage devant la mort suscita l'admiration de Dessalines qui le gracia et l'intégra dans son armée. Cruel envers les Français, sévère et grossier envers ses soldats, Gérin était le prototype même de l'officier qu'appréciait Dessalines. Lorsqu'il devint empereur, il lui confia le ministère de la Guerre.

Quand, le 8 octobre, l'insurrection éclata dans le Sud, Gérin était avec sa concubine Abelle Geffrard et se prélassait sur ses terres à l'Anse-à-Veau. Deux jours plus tard, on vint lui annoncer que le colonel Francisque, qui venait d'arriver des Cayes, demandait à le voir. Il le reçut immédiatement.

Ce dernier lui annonça que toutes les grandes villes du Sud étaient en rébellion contre le gouvernement et qu'il avait été chargé de lui offrir la tête du mouvement. Minimisant l'ampleur des évènements, Gérin refusa dans un premier temps. Mademoiselle Geffrard, qui partageait les sentiments de son feu-frère envers Dessalines, frappa du poing sur la table à manger et, en

---

[474] *Diffusion Haïtienne 1804-1954,* page 117.

s'adressant à son amant, lui dit vertement : « Général, si vous ne vous sentez pas le courage de prendre les armes contre le tyran, donnez-moi votre habit, vos épaulettes et votre épée. Je me mettrai moi-même à la tête des troupes[475]. »

Peu importent la loyauté et la reconnaissance qu'il devait à l'Empereur, devant la détermination et l'audace de sa maîtresse qui venait de fouetter son orgueil (si ce n'est que ça), Gérin « céda » en espérant, du coup, devenir « calife à la place du calife».

Entre-temps, Pétion laissait Port-au-Prince à la tête des 11e et 12e demi-brigades et marchait contre le Sud. Arrivé à Léogâne, il s'entretint avec Magloire Ambroise qui, bien que malade, était venu de Jacmel à sa rencontre. Après plus d'une heure de discussion, ils décidèrent de se rallier à la cause des insurgés[476].

Pétion accéléra alors sa marche et prit de l'avance sur ses troupes. Arrivé à Grand-Goâve, il passa des instructions au colonel Frère pour qu'il attende sur place que le gros des troupes le rattrape. À la tête d'un piquet de dragons, Pétion poursuivit sa route, traversa le morne Tapion et atteignit Petit-Goâve aux petites heures du 15 octobre. Il y retrouva Yayou, fraternisa avec les rebelles et consentit à laisser le commandement de la rébellion à Gérin.

Le même jour, les insurgés s'ébranlèrent en direction de Port-au-Prince. Le 16 dans l'après-midi, 10 000 hommes, répartis en six demi-brigades et trois escadrons de dragons entrèrent dans la ville. Ils la traversèrent et s'arrêtèrent au Portail Saint-Joseph. Le colonel Frère, qui avait été arrêté à Grand-Goâve, fut alors jeté en prison.

Informé des projets de l'Empereur de se rendre à Port-au-Prince, Gérin dépêcha rapidement au Pont-Rouge les 15e et 16e demi-brigades qu'il plaça en embuscade. Il établit les 21e et 24e au Portail Saint-Joseph et confia les 11e et 12e à Pétion qui les cantonna au centre-ville.

Dans l'intervalle, les règlements de comptes avaient commencé dans le département du Sud. Les généraux Moreau-Herne et Lafleur étaient mis aux arrêts. Lafleur tenta de s'enfuir à cheval. Il fut vite rattrapé par des dragons qui le renversèrent, le sabrèrent et lui fendirent le crâne. Quelques instants plus

---

[475] Placide David, *Figures Historiques, Gérin*, C3 Éditions, Haïti, 2013 page 48.
[476] Thomas Madiou, *Histoire d'Haïti, Tome troisième*, op.cit., page 313.

tard, une vieille dame arrivait sur les lieux de l'assassinat. Elle prit le cadavre dans ses bras et l'embrassa tendrement. Aidée par de bonnes âmes des environs, elle commença à creuser une tombe de ses mains tremblantes. C'était la mère du général[477].

Moreau-Herne, quant à lui, déjeunait au Camp-Gérard quand il entendit sonner un clairon. Il se leva de table et lorsqu'il aperçut les dragons des Cayes dans la cour intérieure, il dit à son entourage : « C'en est fait ! ». Le capitaine de la troupe qui venait d'arriver lui dit qu'il avait l'ordre de le conduire aux Cayes. Il lui répondit stoïquement : « Allons-y, je suis prêt ! » Il monta à cheval et les suivit. En chemin, devinant le sort qui l'attendait, il descendit de cheval, demanda crayon et papier. Il écrivit ses dernières volontés et pria le capitaine de les remettre à sa femme. Après avoir prononcé ses derniers mots, il recula et s'écria avec le plus grand sang-froid : « Mes amis, tirez maintenant ! ».

Les officiers de l'escadron déchargèrent leurs armes à bout portant. Le corps du général fut déchiqueté par la force des balles qui le projetèrent à la renverse. Les soldats laissèrent l'endroit sans même prendre le soin d'enterrer le cadavre. « La veuve de Geffrard, pardonnant les torts que Moreau avait causés à son mari, lui fit donner une sépulture[478] ».

À Jérémie, trois officiers fidèles à l'Empereur – le colonel Bazile, le commandant de la place René et le capitaine Figaro furent assassinés. Lorsque la révolte éclata, j'étais encore occupé à vérifier des titres avec Inginac. Nous avons été sauvés in extremis par des âmes charitables.

Dessalines était à Marchand lorsqu'il reçut des rapports lui apprenant que le département du Sud était en ébullition. Il fulmina contre ses adversaires et s'écria : « Je veux que mon cheval marche dans le sang jusqu'à Tiburon[479] ». Il écrivit sur le champ à Christophe pour lui demander de se tenir prêt à entrer en campagne, sans se douter que ce dernier avait lui-même fomenté l'insurrection. Il adressa une lettre aussi à Pétion et lui intima l'ordre de marcher sur les Cayes, sans deviner non plus que celui-ci s'était déjà joint aux insurgés et marchait désormais contre lui.

Croyant qu'il était encore maître de la situation, l'Empereur confia le commandement de la ville à Vernet et partit en toute hâte avec une faible

---

[477] Thomas Madiou, *Histoire d'Haïti, Tome troisième*, op.cit., page 319.
[478] Ibid.
[479] Ibid., page 322.

escorte. Il croyait alors pouvoir établir son quartier général à Port-au-Prince où il attendrait que le rejoignent les troupes de l'Artibonite, du Nord et de l'Ouest. Il était convaincu qu'il allait rééditer la Guerre du Sud et mater, une fois pour toutes, les rebelles. Il avait tort !

Ignorant le risque qu'il courait, Dessalines laissa Saint-Marc presque seul. Il n'avait avec lui que ses secrétaires : Mentor, Dupuy et Boisrond-Tonnerre, deux colonels, Roux et Charlotin Marcadieux ainsi que quelques membres de sa garde rapprochée. En route, il croisa Delpêche, un de ses aides de camp, qui tenta en vain de lui expliquer qu'il allait au-devant de graves dangers et qu'il ne devait entrer à Port-au-Prince qu'à la tête d'une imposante armée. Dessalines ne voulut rien entendre. Il l'accusa de trahison et menaça même de le mettre aux arrêts.

Dans la soirée du 16 octobre, arrivé à l'Arcahaie, l'Empereur remarqua une épaisse fumée noire qui s'élevait au sud. Espérant encore, contre toute espérance, et plus que jamais confiant dans la loyauté indéfectible de Pétion, il s'écria : « En ce moment, mon compère donne du feu aux révoltés[480]. » Le même soir, la 3e demi-brigade l'avait rattrapé et il la dépêchait en reconnaissance sous le commandement du colonel Thomas et du chef de bataillon Gédéon. Il leur demanda de l'attendre à l'entrée de la ville au Pont-Rouge.

Vers dix heures du soir, les éclaireurs de l'Empereur étaient, à environ deux kilomètres de leur destination. Prévenus de la présence de la 3e demi-brigade qui, à l'insu de ses chefs, s'était déjà entendue avec les insurgés, les généraux Gérin, Yayou et Vaval partirent à leur rencontre. Arrivés sur place, Thomas et Gédéon furent faits prisonniers et amenés à Pétion. Séance tenante, Gédéon jura allégeance à l'insurrection et informa le général que l'Empereur, avant de s'engager sur le pont, attendrait qu'il lui fasse personnellement un signal l'assurant qu'il avait le champ libre.

Il se déshabilla et passa son uniforme à un officier de la 15e demi-brigade qui lui ressemblait. Le 17 octobre, aux premières lueurs du jour, Dessalines quittait l'Arcahaie accompagné uniquement de son état-major. Il avait refusé de patienter et d'attendre la 4e demi-brigade qui devait arriver un peu plus tard de Montrouis. Lorsqu'il entra dans la plaine du Cul-de-Sac, il la trouva calme et

---

[480] Thomas Madiou, *Histoire d'Haïti, Tome troisième*, op.cit., page 323.

fut réconforté. Arrivé au Pont-Rouge, il aperçut l'officier qui se faisait passer pour Gédéon et qui lui fit signe d'avancer. L'Empereur et sa suite s'engagèrent en direction du pont où des soldats étaient postés des deux côtés du chemin. Il était environ neuf heures.

Soudain, le colonel Léger, engagé dans son état-major, un ancien officier de Rigaud, lui fit remarquer qu'il avait reconnu des hommes du Sud parmi les soldats gardant l'accès au pont. L'Empereur le rabroua. Au même instant, un roulement de tambour retentit et des soldats sortirent des bois qui bordaient la route. Le cortège de l'Empereur était pris dans une souricière. Quelques secondes plus tard, il entendit crier : « Halte-Là ! » et « Aux armes ! »

L'Empereur comprit qu'il était tombé dans une embuscade. Il éperonna vigoureusement son cheval pour se frayer un passage parmi les assaillants. Il ne portait malheureusement aucune arme ce matin-là. Il tira alors sa canne et s'en servit pour écarter les baïonnettes qui tentaient de l'atteindre. En vain, un jeune commandant ordonna de faire feu. Le gros des troupes était paralysé, tandis que d'autres commençaient à rompre les rangs pour prendre la fuite. Soudain, Garat, un soldat de la 15e, l'ajuste et tire. Il rate l'Empereur mais atteint son cheval qui s'affaisse et le rive au sol sous son poids.

Observant que l'Empereur est enfin immobilisé, les soldats se réveillent de leur stupeur et déchargèrent leurs armes dans sa direction. Il s'écria alors : « *Charlotin à moi !* » Sans hésiter, le colonel descendit de sa monture, se précipite sur lui et le couvre de son corps pour le protéger. Le chef d'escadron Delauney, qui était du nombre des insurgés, sort alors son sabre et lui fend le crâne. Charlotin expire sur-le-champ. Le général Yayou, accouru sur les lieux, fonce sur Dessalines qui est coincé et sans défense, et l'achève à coups de poignard.

L'entourage de l'Empereur prend la fuite pendant que la soldatesque se livre à la plus horrible sauvagerie. Elle le dépouille de tout ce qu'il portait, lui coupa les doigts pour lui voler ses bagues et ne lui laissa que son caleçon. Après le drame, Yayou ordonne que le cadavre ensanglanté soit mis sur un brancard fait de fusils. Transporté sans la moindre précaution par des soldats, mille fois, ils le laissèrent tomber et, chaque fois, la foule se rue sur lui pour le lapider et le mutiler à coup de sabres. Ce qui en resta fut finalement jeté sur la place du gouvernement où des gamins le criblèrent de jets de pierres.

Finalement, il aura fallu que Défilé, une bonne vieille folle, intervienne pour mettre un holà à cette immonde boucherie. Dans un éclair de lucidité inespéré, elle avait été prise de pitié pour celui qui venait d'être lâchement immolé. Au péril de sa vie, elle s'interposa entre le cadavre et ces badauds qui arrêtèrent aussitôt de lui lancer des pierres. Elle ramassa les restes ensanglantés du Chef qu'elle mit dans un sac en toile. Elle les transporta ensuite au cimetière intérieur de la ville et leur offrit à sa façon – sans stèle, sans pompes, sans cérémonie religieuse – la décence d'une rudimentaire sépulture. Quelques jours plus tard, Pétion ordonnait qu'une fosse soit creusée et que les restes du Père de la Patrie y soient enterrés. Des années plus tard, Mme Inginac y fit élever une tombe où l'on pouvait lire : « Ci-git, Dessalines, mort à quarante-huit ans[481] ».

Alors qu'Haïti descendait en enfer, la bravoure de Charlotin Marcadieux ne passa pas inaperçue. Son cadavre fut récupéré par Pétion qui lui offrit des funérailles solennelles auxquelles toute une foule d'admirateurs assista. Quelques jours plus tard, Germain Frère était assassiné en prison. Pétion aurait pu le protéger mais ne fit absolument rien. Une semaine après, Étienne Mentor et Boisrond-Tonnerre étaient arrêtés à leur tour. Enfermés dans la même cellule, ils attendaient leur sort. Quelques jours plus tard, un officier entrait dans leur cachot. Il était accompagné d'une dizaine de soldats et leur annonçait que leur heure était venue. Mentor se leva et se retourna contre un des murs pour attendre le coup fatal. Il tomba sans laisser entendre une plainte. Boisrond-Tonnerre, quant à lui, décida de se battre. Il prit tout ce qui lui tomba sous la main : cruche, gobelets, bouteilles, gamelle et les lança contre ses assaillants. Rien n'y fit. Il ne put leur opposer qu'une défense dérisoire.

Là encore, il aurait pu être sauvé par Pétion qui ne fit pas le moindre effort pour l'aider en ce sens. Boisrond était un homme impertinent qui, fort de ses relations rapprochées avec l'Empereur, ne manquait pas l'occasion de se moquer ouvertement des généraux de Dessalines et de les humilier publiquement. Nul n'était épargné. Pétion et Gérin avaient souvent été victimes de ses sarcasmes et de ses plaisanteries de mauvais goût.

Je me rappelle un évènement en particulier qui me fit comprendre toute l'irrévérence de Boisrond. J'étais alors à Marchand, dans la cour du Palais

---

[481] Thomas Madiou, *Histoire d'Haïti, Tome troisième*, op.cit., page 326.

impérial, j'observais de loin une conversation entre Diaquoi, Dupuy, Chanlatte et lui. Voyant le général Pétion qui s'avançait vers eux sur des béquilles, je pus entendre Boisrond dire à haute voix : « En voici un qui se prend pour Sixte-Quint[482]. » Ces courtisans éclatèrent de rire. Pétion savait qui était Sixte-Quint. Il reçut le mot en pleine face, mais l'insulte glissa sur lui comme de l'eau de pluie sur le dos d'un canard. Il passa lentement près d'eux, les regarda brièvement et, sans rien dire, continua sa pénible marche.

Pétion avait été souvent blessé au combat et avait subi de multiples fractures qui avaient été mal soignées par les différents chirurgiens de l'armée. Avec l'âge, lorsqu'il faisait humide, il souffrait le martyr et ne pouvait vaquer à ses occupations, qu'à l'aide de béquilles. À la mort de l'Empereur, Pétion savait que Boisrond-Tonnerre avait été emprisonné et que l'irascible Gérin allait probablement le faire assassiner. Comme pour Germain Frère, il ne leva pas le petit doigt pour le protéger. Dans un tour ironique de l'histoire, celui qui avait inspiré tant de violence à l'Empereur et qui, deux ans plus tôt, avait suggéré d'utiliser une baïonnette trempée dans du sang pour rédiger l'Acte de l'Indépendance, était assassiné à son tour à coups de baïonnettes. Il n'avait que trente ans. Sur un des murs de sa cellule, à l'aide d'un clou, Boisrond avait gravé ce quatrain :

> *Humide et froid séjour fait par et pour le crime,*
> *Où le crime en riant immole sa victime,*
> *Que peuvent inspirer tes fers et tes barreaux*
> *Quand un cœur pur y goûte un innocent repos*[483] *?*

À ces mots, Moro se tut. Il avait parlé pendant quatre heures d'affilée. Ses interlocuteurs étaient encore suspendus à ses lèvres, quand, au loin, les cloches de Sainte-Anne annoncèrent des obsèques en sonnant un glas grave et lugubre, dont les notes tombaient une à une, comme le sang qui avait dégouliné du cadavre de l'Empereur immolé. Sans s'être donné le mot, les quatre membres du groupe avaient chacun fermé les yeux, et une myriade de questions leur tourmentaient l'esprit. Dans

---

[482] Felice Peretti, connu aussi sous le nom de Sixte-Quint, était un homme de basse extraction qui est devenu pape en faisant croire à tout le monde qu'il était infirme et qu'il ne pouvait se déplacer qu'à l'aide de béquilles. Ce n'est qu'au moment de son intronisation qu'il jeta bien loin ses appuis en bois en s'écriant : « Ego sum nunc papa !» (Je suis maintenant pape !)

[483] Thomas Madiou, *Histoire d'Haïti, Tome troisième*, op.cit., page 339.

une ribambelle macabre, ils voyaient défiler les mânes des pères et des mères de la Nation: Caonabo qui était mort noyé ; Anacaona qui avait été pendue ; Makandal qui avait été brûlé vif ; Boukman qui avait été décapité ; Ogé et Chavannes qui avaient été roués ; Sanite et Charles Bèlair qui avaient été fusillés ; Toussaint qui avait succombé à la faim ; et enfin Dessalines, cet être complexe, cette âme troublée, ce général si cruel en combattant la barbarie des colons. Dessalines que « la morale condamnait mais que la raison devait absoudre[484] ». Dessalines sans lequel nous aurions gardé longtemps encore nos chaînes.

Soudain, Olivier interrompit le silence et pria tout bas : « Bon Dieu, pour ramener l'Empereur à Toi, tu lui as réservé une mort horrible. Tu l'as créé avec ses qualités et les défauts de ses qualités. Accepte cette prière que, du fond du cœur, je lance vers Toi pour que Tu le prennes dans Tes bras et fasses briller sur lui la lumière de Ta face. Pardonne-lui ses nombreux péchés et fais-le reposer en paix. En Jésus, par Marie et Joseph, Amen. »

Pendant que Gaby raccompagnait Moro au dortoir, le petit groupe se leva et se dirigea vers la sortie.

---

[484] Thomas Madiou, *Histoire d'Haïti, Tome troisième*, op.cit., page 339.

CHAPITRE 32

Ce 2 mai, le père Olivier devait dire la messe matinale et chanter les laudes, mais sa nuit avait été très agitée et il était recru de courbatures. La veille, il avait eu une journée éreintante. Elle avait débuté par des funérailles. Toute la matinée, il avait entendu des confessions et, avant le déjeuner, il avait dû réconforter un jeune couple dont la femme avait reçu la terrible nouvelle que son cancer était revenu et qu'il n'y avait plus rien à faire.

La jeune femme avait été ferme. Son pauvre mari, en revanche, était inconsolable et avait pleuré à chaudes larmes. Elle avait fait de son mieux pour le convaincre que, même tout seul, il serait capable d'élever leurs deux petites filles.

— Nous avons vu pire, lui dit-elle.

— Sans toi, je ne suis rien ! Rien, tu m'entends, lui répondit-il ? Que vais-je dire aux filles ? Comment vais-je pouvoir leur expliquer ton absence ? Qui pourra répondre à leurs innombrables questions ? Où vais-je trouver les mots pour les réconforter ? Comment vais-je faire ? Sais-tu que je dors à peine ? Que je veille constamment sur toi ? Que je crains de fermer les yeux et de les ouvrir seulement pour réaliser que je t'ai à tout jamais perdue ?

Cette surabondance de questions la désempara. La jeune femme en eut le souffle coupé et perdit la parole. En guise de réponse, elle ne put qu'ouvrir les bras pour étreindre son mari. Doucement, deux êtres distincts s'étaient alors fondus l'un dans l'autre et ne faisaient qu'un. Ils avaient pleuré sans retenue. Pour leur donner un peu plus d'intimité, mais surtout pour ne pas leur laisser voir qu'il versait des larmes lui aussi, Olivier était resté près d'eux et leur avait tourné le dos. En son for intérieur, il priait. Au bout d'un moment, le jeune couple s'essuya les yeux et demanda au prêtre de les bénir. La prière terminée, les tourtereaux étaient rassérénés. Plus amoureux que jamais, ils repartirent en se tenant par la main, apparemment prêts à affronter ce qu'il leur restait encore de vie commune.

Dans l'après-midi, pour célébrer la fête du Travail et de l'Agriculture, Olivier avait accompagné ses séminaristes à Santo sur un terrain dont l'Archevêché venait de faire l'acquisition et où, ensemble, ils avaient planté une cinquantaine d'arbres fruitiers. Après une journée qui lui avait paru interminable, Olivier retourna en début de soirée à Turgeau, rompu de fatigue. Sans prendre la peine de se déshabiller ou de dîner, il se coucha sur son lit et le sommeil l'emporta. Le lendemain matin, il se réveilla complètement engourdi. Le dos bombé et les épaules courbées, il se dirigea vers la salle de bain où il enleva ses vêtements et prit une douche glacée qui faillit lui couper le souffle, mais qui le revigora en le remettant de sa langueur. Il s'habilla ensuite prestement, prit son missel et se dirigea vers la chapelle.

En entrant dans la nef, il fléchit le genou en faisant le signe de la croix. Dans la pénombre du jour naissant, il put apercevoir l'évêque de Port-de-Paix qui était déjà devant le Saint Sacrement et égrenait un chapelet. Il entra dans la sacristie, enfila une chasuble et mit son étole. Il retourna ensuite dans la chapelle et assis près du vieux prêtre, ils continuèrent à réciter ensemble des Ave Maria. Une bonne demi-heure plus tard, le diacre faisait sonner la clochette pour signaler le début de la messe.

Olivier prit congé de l'Évêque et se dirigea vers le fond de la chapelle. Là, il rejoignit la procession des séminaristes et monta à l'autel. Deux sœurs de la Charité de Saint-Louis chantèrent les psaumes à la louange du Seigneur. Le diacre lut l'Évangile du jour, celui qui racontait que les disciples, pris dans un mauvais temps en pleine mer, paniquèrent en se croyant perdus. Soudain, ils aperçurent Jésus qui venait vers eux en marchant sur l'eau et leur frayeur avait alors redoublé d'intensité. Lorsque Jésus arriva près d'eux, il leur dit tout simplement : « C'est moi. N'ayez pas peur[485] ! »

Quand le diacre eut terminé, Olivier se leva de son siège et alla se tenir derrière le lutrin. Il ferma les yeux, pria en silence pour invoquer le Saint-Esprit et commença son homélie. Après avoir salué l'assistance, Il lui raconta la journée de la veille en énumérant tout ce, qu'avec la grâce de Dieu, il avait pu accomplir en Son Nom. Il remercia le Seigneur de lui avoir permis d'être là pour la jeune maman, pour ses deux fillettes et pour son mari. Il parla des cocotiers, des manguiers, des tamariniers, des cerisiers, des amandiers, des arbres véritables et des quénépiers qu'il avait plantés et qui ne donneraient probablement pas de fruits avant huit ou dix ans. Puis il rendit grâce à Dieu pour ces arbres, qui allaient tôt ou tard, nourrir des gens, purifier l'air, retenir les eaux de ruissellement et les faire alimenter la nappe aquifère. « Planter un arbre », dit-il, « est un acte de foi en Dieu, un témoignage d'espérance et un geste d'amour envers les enfants. » Il parla finalement du mort dont il venait de chanter les obsèques.

« Il y a un temps pour rire et un temps pour pleurer » conclut-il. « Un temps pour planter, et un temps pour récolter ce qui a été planté ; un temps pour se lamenter et

---

[485] *Évangile selon Saint Jean* 6 : 16-2.

un temps pour danser[486] ». Il remercia ensuite le Créateur de lui avoir donné en une seule journée tant de preuves de l'existence du plan divin, du cycle immuable des phénomènes et des métamorphoses qui sans cesse renouvellent la création. Il sourit. En levant les yeux au Ciel, il pria ainsi : « Seigneur, accorde-nous de vivre dans Ta paix, de traverser, sans sombrer, les tempêtes du péché. La nuit, le jour, jusqu'au dernier jour, inspire-nous et protège-nous ! Fais qu'à travers tout ce que nous faisons de bien, de beau, de bon, de sage et de juste, ce soient Tes actes qui soient vus et pas les nôtres ; Toute gloire à Toi, maintenant et pour toujours, Amen ! »

Après avoir mangé le pain et bu le vin consacrés, Olivier sentit sa fatigue et ses douleurs s'évanouir. Il ouvrit les yeux et se rendit compte que le vieil Évêque le regardait en souriant, avec les mains ouvertes comme pour l'inviter à regarder les siennes. Il baissa doucement la tête et remarqua que ses mains rayonnaient d'une lueur blanchâtre. Interloqué, il leva instinctivement la tête et regarda une nouvelle fois en direction du vieux prêtre qui, souriant toujours, avait les yeux fermés et s'abîmait en prières. Il revint alors à ses mains qui étaient redevenues normales. Il leva les yeux au Ciel et dit tout simplement : « Merci Seigneur ! »

Une fois la messe dite, Olivier se rendit au réfectoire. Il prit son petit déjeuner en silence. Au bout d'un moment, le diacre se pencha à son oreille pour lui rappeler qu'il devait aller se préparer s'il voulait arriver à l'heure à l'Asile. Il avala une dernière gorgée de café, se leva de table, remonta dans sa chambre pour se rafraîchir. Quelques minutes plus tard, il montait en voiture avec le diacre qui le déposa à la rue Mgr Guilloux. Il avait à peine franchi le portail de l'Asile qu'il remarqua Amélie et Cat qui conversaient avec le docteur Fénelon. Elles lui firent signe de se joindre à eux. Il tendit d'abord la main au psychiatre, puis embrassa Cat et Amélie. Le médecin se retourna et lui dit :

— Père Olivier, je faisais remarquer à ces dames que vous voyez Moro depuis bientôt six mois. Je voulais vous signaler que depuis le début de l'année, il n'est plus sous médication. Il est calme et ne nous a jamais donné l'occasion de penser, même une seule fois, qu'il était déprimé ou qu'il voulait tenter de se suicider. Par Mademoiselle Laporte, j'ai des rapports réguliers sur ses progrès. Bien qu'il semble être toujours en délusion, il est serein et, n'étaient ses récits fabuleux, il est cohérent dans toutes les conversations que j'ai eues avec lui. Il est même allé jusqu'à me dire, en souriant, qu'il était prêt à discuter de tout

---

[486] *Livre de l'Ecclésiaste* 3.

avec moi, sauf d'histoire d'Haïti. Vous avez réussi à le mettre en confiance et c'était franchement inespéré. Continuez à l'accompagner et à lui permettre de s'exprimer. Je pense qu'il est en bonne voie de guérison.

À ces mots, Cat devint toute radieuse. Un sourire lui illuminait le visage et Amélie était heureuse de la voir si épanouie.

— Docteur Fénelon, répondit Olivier, rassurez-vous. Anne-Catherine, Amélie et moi nous sommes engagés à accompagner Moro jusqu'à ce qu'il ait recouvré, avec sa dignité, sa santé mentale.

Sur ces entrefaites, le docteur Fénelon s'en alla et le petit groupe rejoignit Moro qui était déjà assis sous l'amandier. Lorsqu'il les aperçut, il se mit debout, leur serra à chacun la main et tira galamment une chaise pour inviter Cat à s'asseoir. Olivier fit de même pour Amélie et la séance commença.

— La dernière fois que nous étions ensemble, vous nous avez décrit la trame du complot qui a mené à l'horrible assassinat de Dessalines. Ourdie par Christophe, puis par Geffrard, il semble cependant qu'au-delà de la mort, nulle trahison ne lui aura fait plus mal que celle de Pétion, celui qu'il aimait profondément et qu'il appelait affectueusement « Mon Compère ».

— En effet, Mademoiselle, ils sont morts ennemis. Fraternellement unis, ils avaient été formidables. « C'est à leur héroïsme coalisé que notre Haïti doit ce splendide et historique honneur d'être la [première] République libre du Nouveau Continent. C'est par l'alliance de leurs témérités que notre Haïti incarna cette magnifique audace, au sein de l'esclavagisme universel de l'époque, d'être, fièrement, [la seule] République d'esclaves ayant rompu leurs chaînes[487] ! »

Sans en être véritablement conscient, Dessalines avait fait de Pétion un ennemi. Et il semble que cette inimitié ait jeté comme une ombre fatale sur l'existence du peuple qu'ensemble, ils venaient de libérer. Un peuple qui « aujourd'hui encore se morfond dans la désunion, dans l'anarchie sanglante

---

[487] Président Louis Borno, *Discours prononcé le 1er janvier 1928 à l'inauguration du monument érigé sur la place de l'Indépendance, en l'honneur de Jean-Jacques Dessalines et d'Alexandre Pétion*. Nous nous sommes permis humblement de corriger les mots du président qui dans son discours avait plutôt écrit : « la seconde République libre, et indépendante du Nouveau Continent. » Haïti est cependant bel et bien la première République libre de l'Amérique car les États-Unis n'ont aboli l'esclavage qu'en 1865.

des querelles sans noblesse et des dissensions mesquines[488]. » Dessalines et Pétion s'étaient combattus l'un l'autre, avec vaillance, lors de la Guerre du Sud ; et ce conflit a retardé l'heure de la Libération ! Il arriva qu'un jour, par une miraculeuse catharsis, ils comprirent leur faute, se tendirent la main pour réaliser l'apothéose du 18 novembre 1803 ! Cependant, il n'aura fallu que quelques mois pour que des intérêts, aussi inavoués qu'inavouables de leur entourage respectif, arrivent à les diviser. Ainsi se produisit la catastrophe du Pont-Rouge ! Si Pétion s'y était opposé, Dessalines aurait survécu et notre destin aurait été différent.

Figure 47. Alexandre Pétion[489].

Comment peut-on ne pas rêver de ce qu'aurait pu être ce pays si, au charisme de Dessalines, s'étaient alliées la sagacité de Pétion et la rigueur administrative de Christophe ? Peu de temps après que Pétion eut décliné la proposition d'épouser Célimène, Dessalines, dans un moment presqu'inespéré de clarté, annonçait un changement de cap[490] : « Eh bien ! de même que je fais fusiller ceux qui volent des poules, des denrées et du bétail, je ferai mourir ceux qui par complaisance permettent qu'on se mette [illégalement] en possession des biens de l'État [...] les Noirs dont les pères sont en Afrique, n'auront donc rien ? [...] Prenez garde à vous ! Nègres et mulâtres, nous avons tous combattu contre les Blancs, les biens que nous avons conquis en versant notre sang appartiennent à tous ; j'entends qu'ils soient partagés avec équité[491]. »

Malgré ce sursaut de conscience, ces mots ne furent qu'un vœu pieux : Dessalines ne fit aucune distribution de terre aux masses paysannes et il fallut attendre que Pétion devienne président pour que la réforme foncière prenne

---

[488] Président Louis Borno, *Discours prononcé le 1er janvier 1928*, op.cit.
[489] Gravure, collection privée.
[490] Sans qu'il ne semble exister de lien entre ces deux évènements.
[491] Thomas Madiou, *Histoire d'Haïti, Tome troisième*, op.cit., page 247.

corps et avec elle, que les terres séquestrées soient réparties en petits lopins de 5, 10 et 25 carreaux pour être distribuées aux soldats et aux paysans[492] :

— Ceux qui avaient conspiré contre l'Empereur l'accusent d'avoir été un obstacle au bonheur du peuple, au progrès et à l'union, interrompit Cat. Ceux qui l'ont suivi ont-ils fait mieux ?

— Si vous le permettez, Mademoiselle, parlons d'abord de Pétion. Fondamentalement, c'était un débonnaire. Il voulait plaire à tout le monde et était aussi à l'aise avec des paysans qu'avec des officiers aux manières les plus raffinées. Il abhorrait le sang versé inutilement. Plus d'une fois, il était intervenu auprès de l'Empereur pour implorer sa clémence en faveur d'un soldat, d'un officier ou d'un agriculteur en difficulté et ce n'est pas sans raison que Dessalines l'avait surnommé « Papa bon cœur[493]. »

Bien qu'il sente la poudre autant que Dessalines, Christophe ou Geffrard, Pétion n'aimait pas la violence et tentait toujours d'amadouer, de séduire et de trouver des compromis avec ses adversaires avant de sévir contre eux. Cependant, il n'en était pas moins un politicien redoutable et un homme profondément rancunier et vindicatif. Il n'hésita pas, par exemple, à tuer ou pour le moins, à permettre que soient tués quatre signataires de l'Acte de l'Indépendance : Yayou qui fut taillé en pièces dans les montagnes de Léogâne ; Boisrond-Tonnerre et Magloire Ambroise qui furent écroués et assassinés dans leur cellule ; Gérin tombé les armes à la main en combattant Pétion.

Parlons un peu de Gérin si vous le voulez bien. Lorsque Pétion accéda à la présidence de la République, Gérin n'en revenait pas et pestait contre lui. Il était à Corail lorsqu'il apprit que le Sénat avait jeté son dévolu sur son jeune rival plutôt que sur lui. Dans une violente explosion de colère, il s'adressa à ses troupes et leur dit publiquement et impudemment : « Militaires, j'ai posé l'échelle et un autre l'a escaladée ! Vous savez qu'on a nommé Mademoiselle Pétion président d'Haïti. Oui, on m'a laissé de côté pour donner la préférence à un enfant… moi qui ai renversé le tyran Dessalines ! Qu'est-ce que ce Sénat ? Un tas de vieux nègres et de vieux mulâtres, la plupart du Nord qui ne savent que faire de l'esprit. Avant longtemps, j'irai avec ma canne leur imposer silence[494]… »

---

[492] *Arrêté du 30 décembre 1809.*
[493] Gérard M. Laurent, *Pages d'Histoire d'Haïti,* op.cit. page 192.
[494] Placide David, *Figures Historiques,* op.cit., page 58.

Ces paroles furent rapportées à Pétion qui ne se pressa pas de réagir. Il savait que ses assises dans le Sud n'étaient pas encore assez solides et il rongea son frein en silence. Lorsqu'il estima que la force était de son côté, il accula Gérin à se rebeller à l'Anse-à-Veau où des troupes républicaines en surnombre le terrassèrent.

En disciple et en émule de Dessalines, Pétion continua à soutenir le pan-américanisme initié par son prédécesseur. En effet, l'Empereur avait demandé à Magloire Ambroise de recevoir Francisco de Miranda[495] avec les meilleurs égards, de l'armer, de le financer et de lui permettre de recruter tous les jeunes volontaires haïtiens qui voulaient participer à la guerre de libération de la Grande Colombie[496]. Lorsque, quelques années plus tard, le moment fut venu, le président Pétion n'hésita pas à supporter Simon Bolivar. Il lui offrit l'asile lorsqu'il le demanda. Il l'arma et le finança sans contrepartie dans sa lutte contre l'Espagne en ne lui demandant qu'une chose en retour, UNE SEULE : la libération de tous les esclaves qu'il trouverait sur sa route :

— Permettez que je vous interrompe, Moro pour revenir à ma question initiale. Pétion a-t-il fait mieux que Dessalines ?

— J'y arrive, Mademoiselle. En prenant le pouvoir, Dessalines avait réussi à rallier les départements du Nord, du Sud et de l'Ouest en un seul pays. Au lendemain du parricide, Pétion savait que le pouvoir devait revenir au général Christophe, le plus haut gradé de l'armée. Froid calculateur, il manipula la composition et le vote du Sénat et s'assura qu'en conséquence, une nouvelle constitution soit écrite qui concentrait tous les pouvoirs aux mains du Grand Corps et accorderait au remplaçant de l'Empereur moins de marge de manœuvre qu'à un caporal[497].

Il connaissait bien les penchants autocratiques du général Christophe et savait d'avance qu'il allait refuser la Présidence qui lui revenait d'office. Il savait aussi que, ce faisant, le pays allait sombrer dans une guerre civile. Chose dite, chose faite, Christophe refusa le poste et attaqua l'Ouest. Pendant les quatorze années suivantes, le pays fut scindé en deux avec d'un côté le Royaume du Nord, ci-devant État d'Haïti et de l'autre la République d'Haïti. Ce furent quatorze ans d'une cruelle et fratricide guerre civile.

---

[495] Francisco de Miranda est un général vénézuélien qui est un des héros de la lutte pour l'indépendance de son pays.
[496] Thomas Madiou, *Histoire d'Haïti, Tome troisième*, op.cit., page 269.
[497] Ibid., page 366.

Hormis le partage des terres, que fit Pétion pour le peuple, me demanderez-vous ? Eh bien ! Il le laissa malheureusement croupir dans la misère et l'ignorance. Dans la misère, parce qu'il ne lui offrit aucun fond pour s'outiller convenablement, dans l'ignorance parce qu'il n'eut aucun souci de l'instruire convenablement.

« Le Président fit voter une charte libérale qui laissa le peuple abandonné à ses propres instincts comme à ses propres ressources. Cette constitution qui était destinée à un pays non seulement indiscipliné mais plongé dans la plus épaisse ignorance, édictait des droits politiques qui mettaient dans le peuple, la source de la souveraineté nationale[498]. »

Toutefois, Pétion négligea de l'habiliter à l'exercice de ses droits en lui donnant accès à un apprentissage dosé, fruit d'une méthode patiente et d'une discipline raisonnable.

En échange, l'entourage du Président roulait en carrosse et était cousu d'or : il pillait le trésor public, il était faux-monnayeur ou contrebandier et, « Pétion, bonasse, le laissa faire. Sa bonté l'aveuglait, son apathie le paralysait[499]. » S'il est vrai que sous Dessalines, la cupidité, le vol et la dilapidation avaient introduit partout le désordre et l'anarchie, lorsque Pétion arriva au pouvoir, il ne fit guère mieux. De l'Empereur au Président, Haïti connut deux excès contraires. « L'Empereur, dynamique, maintint le pays en état de guerre et gouverna le sabre au clair: c'était le règne de la force. Le Président, somnolent, offrit au peuple l'envoûtement de l'opium. C'étaient les délices de l'illusion[500]. »

En fin de compte, vous savez, Mademoiselle, le parricide du Pont-Rouge n'a pas trouvé sa justification dans la conduite de Pétion qui, lorsqu'il arriva au pouvoir, ne fit que très peu pour combattre la corruption des mœurs, l'incurie dans la gestion de la chose publique et la désacralisation de l'État. Tout l'entourage du Président ne se prêtait cependant pas à ce jeu macabre et, lorsque des citoyens honorables le pressaient de mettre un terme à ces abus, il leur répondait en haussant les épaules : « Tous les hommes sont des voleurs ; voulez-vous donc que je fasse pendre tout le monde[501] ? »

---

[498] Anténor Firmin, *Le Président Roosevelt*, op.cit., page 307.
[499] Gérard M. Laurent, *Pages d'Histoire d'Haïti*, op.cit., page 194.
[500] Bonnet, Edmond, *Souvenirs Historiques du Général Bonnet* page 194, cité par Firmin in: *Le Président Roosevelt*, op.cit., page 307.
[501] Ibid.

— Où étiez-vous à l'époque, lui demanda Cat ?

— Au moment de l'assassinat de l'Empereur, j'étais encore aux Cayes avec Inginac. De Charybde en Scylla, nous avions, plus d'une fois, échappé à la mort. D'abord, lorsque Pérou, chef de la 13ᵉ demi-brigade, arriva dans la maison où nous logions et nous intima l'ordre de le suivre pour être mis en lieu sûr. Inginac, pressentant que nous allions être tués, refusa d'obtempérer et reprocha au jeune officier d'avoir accepté une mission aussi ignoble. Au bout d'un moment, ce dernier, les larmes aux yeux, nous montra l'ordre écrit de nous assassiner, qu'il avait reçu de ses supérieurs. Il s'en repentit et nous assura alors qu'il n'allait pas se faire complice de ce crime odieux. Inginac le remercia de sa franchise mais décida, malgré nos multiples appréhensions, de ne pas quitter la ville et de rester sur place. Pérou nous laissa alors cinq grenadiers auxquels il faisait confiance et qui devaient nous assurer une certaine sécurité.

Quelques minutes plus tard, une trentaine de soldats envahissaient l'espace. Malgré les efforts désespérés des hommes de Pérou qui nous entourèrent immédiatement pour nous protéger, les nouveaux venus étaient à deux doigts de nous menotter pour nous exécuter à la baïonnette. Voyant venir la fin, Inginac prit son pistolet pour se griller la cervelle lorsque, soudain, le colonel Papailler qui commandait la ville des Cayes fit irruption dans la salle. Il s'interposa entre nous et nos agresseurs en leur disant qu'avant d'arriver jusqu'à nous, ils devraient d'abord passer sur son corps. Devant la détermination de l'officier, les soldats se calmèrent et laissèrent l'endroit sans nous faire aucun mal. Par les soins de Papailler, nous avons été amenés à Pestel, d'où Inginac s'embarqua pour Port-au-Prince. Ainsi, il alla retrouver sa famille qu'il avait pris soin de confier au général Pétion avant de rejoindre Dessalines dans le Sud[502].

Quant à moi, je rentrai à Saint-Marc. Quelques temps après, le général Christophe me recrutait et me nommait arpenteur de l'État. Je prêtai serment à la Chambre des Comptes et je fus affecté au corps des architectes chargé de la construction des fortifications, des palais et des châteaux. J'intégrai alors une équipe dirigée par le général Marcial Besse[503] assisté de Jean-Étienne Barré, du colonel Faraud, du colonel Lacroix, d'André Descourtilz, de François Poisson et

---

[502] Thomas Madiou, *Histoire d'Haïti, Tome troisième*, op.cit., page 278.
[503] Patrick Delatour, *Qui est l'Architecte de la citadelle Henry*, Le bulletin de l'ISPAN, No. 43, avril 2021.

des deux frères Théophile et Jean-Baptiste Badaillac. En plus de milliers d'ouvriers, nous avions à notre service deux régiments de manœuvres : le Royal Bonbon et le Royal Goudron[504].

— Quel genre de dirigeant a été Christophe, lui demanda Amélie ? A-t-il fait mieux que Dessalines ? Mieux que Pétion ?

— Ni Pétion, ni Christophe n'ont fait honneur à Dessalines. Au lieu de chercher un compromis sur le vivre-ensemble, ils ont, les deux, préféré scinder le pays en deux et soumettre une population qui se remettait à peine de treize violentes années de guerre de libération, à quatorze années additionnelles de guerre civile.

Figure 48. S.M. Henri Christophe, premier et seul roi d'Haïti[505].

Quand Christophe comprit que Pétion et les hommes du Sud et de l'Ouest lui offraient un pouvoir limité, il marcha sur Port-au-Prince à la tête de 18 000 hommes pour saisir ce qui lui revenait – de fait et de droit – et gouverner comme l'avaient fait avant lui Toussaint Louverture et Dessalines, c'est-à-dire sans tutelle et sans contrainte constitutionnelle.

En dépit de succès initiaux et de glorieux faits d'armes, Christophe échoua aux portes de Port-au-Prince et son attaque fut repoussée. Il retourna alors au Cap en janvier 1807 et créa une république séparatiste qu'il appela l'État d'Haïti. Il prit les titres pompeux *d'Altesse Sérénissime, Monseigneur Henri Christophe, président d'Haïti*[506].

Le 6 janvier 1811, les catholiques célébraient l'épiphanie, l'adoration de l'Enfant Jésus par les Rois Mages. Christophe et sa famille se trouvaient sur une habitation des environs de Fort-Liberté où ils avaient été invités par des

---

[504] Louis-Émile Élie, *La vie tragique du Roi Christophe*, C3 Éditions, Collection Textes Retrouvés, Port-au-Prince, Haïti, 2020, page 61.
[505] Henri 1er, roi d'Haïti, tableau peint à l'huile par Richard Evans en 1816.
[506] Louis-Émile Élie, *La vie tragique du Roi Christophe*, op.cit., page 44.

proches à partager la traditionnelle galette des rois. À cette occasion, d'adroits courtisans avaient arrangé les choses de sorte que la tranche qui contenait la fève fut servie à Monseigneur. Dès qu'il la trouva, la petite foule d'adulateurs s'écria aussitôt : « Vive le roi Henri 1er ! »

Comme par enchantement, une constitution royale avait déjà été rédigée et le 1er avril, Monseigneur changeait de titre et devenait par la grâce de Dieu et la Loi constitutionnelle de l'État, Henri, Roi d'Haïti, Souverain des Îles de la Tortue, Gonâve, et autres îles adjacentes, Destructeur de la tyrannie, Régénérateur et Bienfaiteur de la nation haïtienne, Créateur de ses institutions morales, politiques et guerrières, Premier monarque couronné du Nouveau-Monde, Défenseur de la Foi, Fondateur de l'ordre royal et militaire de Saint-Henri.

Il mena dans le Nord une stratégie bien différente de celle de son rival dans l'Ouest et du Sud. Il ne s'embarrassa pas de panaméricanisme et choisit plutôt de concentrer tous ses efforts diplomatiques sur l'Angleterre et les États-Unis. Il alla jusqu'à s'engager à ne pas s'immiscer dans les affaires des colonies anglaises dans les Caraïbes. En sus de la défense du territoire national, le premier souci du Roi était la vulgarisation de l'instruction publique. Sachant que la grande majorité de ses sujets étaient analphabètes et qu'ils ignoraient leurs droits et leurs responsabilités, Christophe ne s'embarrassa pas de principes libéraux et s'attela plutôt à les préparer à contribuer à l'essor économique du Royaume.

Il géra son peuple d'une main de fer. Il mit de l'ordre dans les finances et remplit les coffres du trésor public. Il mena aussi une campagne féroce contre la corruption et contre le vol. Tous les objets perdus même sur la grand-route, devaient être apportés au bureau de la place le plus proche. La commune entière en était responsable[507].

Il fit du mariage et de la construction de cellules familiales le centre de son programme social. Beaucoup de ces mariages étaient forcés et imposés soit à des récalcitrants, soit à des insouciants. Comme Toussaint et Dessalines avant lui, Christophe combattit l'oisiveté et la paresse en obligeant chaque citoyen à apprendre un métier et chaque enfant ayant atteint l'âge de 10 ans à entrer en

---

[507] Bonnet, Edmond, *Souvenirs Historiques du Général Bonnet* page 371, cité par Firmin in: *Le président Roosevelt*, op.cit., page 310.

apprentissage. L'économie du Royaume devint florissante, c'est vrai ! Mais, c'était une économie féodale. Son organisation du travail bien qu'admirable à certains égards, entretenait les plus criantes injustices individuelles. Les cultivateurs étaient soumis au despotisme d'usufruitiers féodaux qui les obligeaient, comme lors de l'époque coloniale, à travailler sur la même habitation sans pouvoir circuler librement. Tous les contrevenants à ces instructions étaient poursuivis sans répit par les redoutables soldats du *Royal Dahomey* qui avaient remplacé, dans cette tâche, l'Armée coloniale de Toussaint Louverture.

L'énergie insatiable du Roi lui permit aussi de construire une petite marine marchande. Grâce à ses contacts avec l'Angleterre, il fit venir des experts qui lui construisirent une filature qui eut tant de succès qu'Haïti cessa d'importer des tissus de coton. Au nom du Roi, l'État avait monopolisé l'élevage et ces revenus alimentaient le Trésor public. Dans toutes ses transactions avec l'étranger, le Royaume achetait en troquant des produits et vendait contre de l'or Doucement mais sûrement, les caisses de l'État se remplissaient. Le trésor de Sans-Souci était immense et estimé à 12 millions de livres sterling[508]. Il finançait les budgets de l'éducation nationale, de la santé publique, des travaux publics et de la défense.

Le Roi était le plus grand bâtisseur et le plus grand planteur du Royaume. En plus de Sans-Souci, il ne construisit pas moins de 7 autres palais, chacun entouré d'immenses terrains fertiles, continuellement labourés et exploités. Christophe à lui seul, produisait plus de 10 millions de livres de sucre, soit les deux tiers du volume total exporté par le Royaume. En plus du sucre, le port du Cap-Henry à lui seul exportait annuellement 20 millions de livres de café, 5 millions de livres de cacao, 4 millions de livres de coton et quantités de fruits, de tabac, de bois précieux, d'huiles essentielles, de rhum, de mélasse et de produits vivriers[509].

Le Roi qui n'avait cessé de rêver de faire monter son peuple et son pays au zénith de la civilisation, d'en faire le *premier État nègre, fier et prospère du continent*[510], se lança à la conquête de cet idéal avec une foi de patriote, un enthousiasme d'illuminé et une témérité de messie. Au bout de quatorze ans

---

[508] Un montant estimé à plus d'un milliard quatre-cent mille livres sterling de 2023.
[509] John W. Vandercook, *Black Majesty*, Harper and Brothers Publishers, New York, 1928, page 136.
[510] Michel Soukar, préface de Louis-Émile Élie, *La vie tragique du Roi Christophe*, op.cit., page 18.

de pouvoir, il laissa au pays une fonction publique performante, des infrastructures qui n'avaient rien à envier à celles du vieux continent et qui incluaient, entre autres, des hôpitaux modernes, des écoles, des ponts, de nouvelles routes, des systèmes d'adduction d'eau potable et une marine marchande. Il avait fondé une Académie Royale de Musique, un orchestre philarmonique, une Académie de peinture et un Théâtre Royal[511].

— Le roi Christophe est en effet digne de louanges, interrompit Olivier. Il a été un personnage extraordinaire, mythique, un visionnaire qui a transcendé le temps et a inspiré des romans et de nombreuses pièces de théâtre. Pendant que j'y pense, Aimé Césaire et *La tragédie du roi Christophe* me viennent à l'esprit... Je me rappelle encore, il y a plus de vingt ans, cette remarquable mise en scène d'Hervé Denis et de Jean-Pierre Grasset réalisée par Myrtho Casséus, Daniel Marcellin, Lobo Dyabavadra et Ricardo Lefèvre à l'Institut Français de Port-au-Prince... et puis il y a aussi eu cette pièce d'un auteur Antiguais ou Grenadien qui, plus tard, a reçu un Nobel de littérature... Son nom m'échappe...

— Derek Walcott, ajouta Amélie en souriant. Il vient plutôt de Sainte-Lucie.

— Merci Amélie, je me suis trompé. Peu importe, mais il y a environ cinq ans, alors que je visitais la Citadelle avec mes étudiants, je me suis laissé dire par un guide que le souverain avait aussi été un homme irascible, impénitent, débauché et cruel. Qu'il avait sacrifié des milliers de personnes à la construction de ses palais, qu'il ne contrôlait ni ses pulsions, ni ses émotions. Vous l'avez connu Moro. Que pouvez-vous nous dire de ce côté de sa personnalité ?

Moro respira profondément et prit un temps pour trouver le mot juste. Au bout d'un moment, il brisa le silence et dit ceci :

— Christophe a été, en même temps, Docteur Jekyll et Mister Hyde, un philanthrope et un assassin, un mécène et un vandale, celui qui s'est battu contre l'esclavage, mais arrivé au pouvoir, est devenu élitiste et liberticide. Il me rappelle en ce sens le roi David, celui que Dieu pensait avoir créé selon son cœur, mais qui, lorsqu'il est tombé amoureux de Bath-Shéba, n'a pas hésité à envoyer son mari Urie à la mort[512] devenant du coup, adultère et assassin.

---

[511] Gérard M. Laurent, *Pages d'Histoire d'Haïti*, op.cit. page 250.
[512] *Deuxième livre de Samuel*, chapitre 11.

Dans sa correspondance avec Wilberforce, un abolitionniste anglais de la première heure, Henri 1er était un homme sobre et aux manières raffinées. Dans ses rapports avec son peuple et ses ennemis haïtiens, il a été d'une brutalité inouïe. Lorsqu'en mars 1812, il a attaqué Port-au-Prince et que les troupes de l'Ouest l'ont repoussé, il alla refaire ses forces à Saint-Marc, mais il repartit avec une centaine de prisonniers de l'armée républicaine. Arrivé au Boucassin, il fit allumer un immense bûcher dans lequel il les précipita vivants[513].

Au début du mois d'avril suivant, il attaqua une nouvelle fois Port-au-Prince et les hostilités durèrent deux longs mois. Les postes républicains tombaient les uns, après les autres. La marine royale infligeait de lourdes pertes aux navires républicains et s'était rapidement emparée du Golfe de la Gonâve. Port-au-Prince était prise en étau, et le Roi laissa ses troupes se livrer à toutes sortes d'excès sur les cultivateurs de la Plaine du Cul-de-Sac. N'ayant pas réussi à enlever la ville d'assaut, il résolut de la réduire par la famine[514].

En attendant que soient brisées la détermination et la résistance des assiégés, il se replia une fois de plus sur Saint-Marc où il fit organiser de grandes fêtes pour célébrer la victoire prochaine du Royaume sur la République. C'était sans compter sur l'opiniâtreté de Pétion qui n'arrêta pas de manœuvrer pour gagner à sa cause certaines des troupes du Roi qui commençaient à douter de son état d'esprit. Le premier à succomber aux avances du Président fut le général Etienne Magny, Duc de Plaisance. Avec sa défection, le général André Vernet fut contraint d'abandonner sa position dans la chaîne des Matheux qui devint intenable et se replia avec ses troupes sur Mirebalais. Le siège de Port-au-Prince était levé.

Cette nouvelle trouva Christophe encore à Saint-Marc et le piqua au vif. Il laissa promptement la ville et se rendit à Milot où il s'était fait construire le somptueux palais de Sans-Souci. Il était en proie aux pires tourments et avait de terrifiantes visions d'apocalypse. Il lui fallait trouver un bouc-émissaire. Il décida alors de faire tuer tous les mulâtres de Saint-Marc auxquels il attribua la défection des 3e, 7e et 14e régiments ; peu importe que les principaux

---

[513] Thomas Madiou, *Histoire d'Haïti, Tome V, 1811-1818*, Imprimerie Deschamps, Haïti 1988, page 128.
[514] Ibid., page 148.

instigateurs de la conspiration, Gabit Dalzon et Paul Brossard, soient des officiers noirs[515], il lui fallait une vengeance, même contre des innocents.

Deux mille personnes de tout âge, de tout rang, de toute profession, de toute condition, instruits et ignorants, honnêtes et malfaiteurs, marchands, artisans, cultivateurs, manœuvres, domestiques dont le seul crime avait été de n'être pas noirs pur-sang, furent rassemblés sur la place d'armes où ils furent impitoyablement égorgés à coups de sabres et de baïonnettes... La consternation fut telle et le silence si profond, qu'en pleine nuit et sentant peut-être le poids de l'énorme calamité qui venait de fondre sur Saint-Marc, des coqs se mirent à chanter. Christophe dont la colère avait dégénéré en délire décida alors qu'il fallait tuer tous les gallinacés de la ville[516]. Chose dite, chose faite. Il fallut ensuite des mois avant que les coqs ne recommencent à chanter au petit matin.

De retour à Milot, Christophe convoqua le vieux général Vernet pour qu'il réponde de sa décision de lever le siège de Port-au-Prince. Vernet, je vous le rappelle, avait été ministre des Finances de Dessalines, chef de la deuxième division du Nord et un des valeureux héros de la Guerre de l'Indépendance. À peine arrivé sur les lieux, il fut reçu par le Roi qui le fustigea sans lui laisser placer le moindre mot. Christophe secouait nerveusement la tête et roulait des yeux convulsés et fulgurants. Sa respiration était désordonnée. On aurait dit un taureau prêt à bondir sur sa proie[517]. Au bout d'un farouche et interminable soliloque, au cours duquel, de temps à autre, il poussa des mugissements horribles, il offrit au vieux général un gobelet d'argent à moitié rempli d'arsenic. Stupéfait, Vernet hésita.

— Buvez, mon cher Vernet, lui ordonna Christophe sur un ton froid. Je vous ferai, n'en doutez pas, de belles funérailles. Tous les canons des forts, les cloches des églises, les clairons et les tambours chanteront à la fois. Nos compagnons de gloire, généraux et soldats suivront le char somptueux qui vous conduira au cimetière.

Vernet hésita encore.

— Au diable, canaille, buvez donc, s'écria le Roi !

---

[515] Thomas Madiou, *Histoire d'Haïti, Tome V, 1811-1818*, Imprimerie Deschamps, Haïti 1988, page 154.
[516] Ibid., page 156.
[517] Héraclès, *Euripide*, 867-871. Traduction de Léon Parmentier et de Henri Grégoire, Paris, Les Belles Lettre, 1965, cité par Gwenaëlle Le Person, *Portraits de fous en Grèce ancienne*, Revue historique, 2015/2 (N°674), pages 253 à 270 .

Vernet, interloqué, saisit le gobelet de ses mains tremblantes, but le poison et tomba mort aux pieds du monarque.

Christophe lui fit, comme promis, des obsèques solennelles. Les canons des forts, le glas des églises, les clairons et les tambours entremêlèrent leurs sons macabres au sermon moralisateur de l'Archevêque Corneille Brelle qui était, soit dit en passant, le confesseur du Roi. Rappelez-vous ce nom s'il vous plait, car nous allons y revenir. Le lendemain, le Roi fit présenter à Mme Vernet une note pour des frais funéraires qu'elle fut contrainte d'honorer et qui, en conséquence, la ruina[518].

À ses excès de cruauté, le monarque crut bon d'ajouter une note ésotérique, comme pour faire croire qu'il était en contact avec des esprits mystérieux. Il avait, à cet effet, bâti à Sans-Souci une pièce dans laquelle il s'enfermait avec une multitude de chats blancs et où il faisait brûler tout un mélange d'herbes et de feuilles odoriférantes. Chaque fois qu'il en sortait, il était comme possédé et une de ses veines frontales était enflée par on ne sait quel sang volcanique.

C'est ainsi qu'après une de ses séances, il reçut des amis. Quoique roi, il avait conservé la manie du jeu. La veille, Roumage Jeune avait gagné une somme importante, environ 200 quadruples espagnoles. Sentant que Christophe était contrarié, Roumage s'avisa de lui demander s'il se sentait bien.

— Mon ami, lui répondit-il, j'ai été tourmenté toute la nuit par une vision affreuse ; je me suis vu en songe dans la cruelle nécessité de vous faire trancher la tête. N'est-ce pas qu'il est vraiment pénible pour moi d'obéir à cet ordre impérieux ? Adieu Roumage.

Quelques heures plus tard, Roumage était arrêté, amené à la Citadelle et décapité[519]. Une autre fois, Christophe avait été cloué au lit par une longue maladie. Un de ses aides-de-camp, en qui il avait pleinement confiance et qui, comme lui était né à la Grenade, un nommé Saint-Georges, s'approcha de son lit, écarta discrètement le grand rideau de velours fauve de la fenêtre principale de la chambre et s'informa de l'état de santé de son ami d'enfance. Irrité par

---

[518] Louis-Émile Élie, *La vie tragique du Roi Christophe*, op.cit., page 57.
[519] Ibid., page 65.

cet excès de familiarité et de bienveillance, le Roi se saisit de son pistolet et fit feu sur son ami[520] qui mourut sur-le-champ.

À peu près à la même époque, alors qu'il était à table avec des parents et des amis, il posa une question à Vilton qui était le parrain de la princesse Athénaïse et qui, dans le temps, l'avait convaincu de se rendre à Leclerc[521].

— M'aimez-vous toujours Vilton, lui demanda le Roi ?

— Non répondit Vilton, l'effroi que vous m'inspirez est incompatible avec l'amitié. Vous avez fait disparaître les uns après les autres, plusieurs signataires de l'acte de l'Indépendance : Capoix, Vernet, Papelier ; vos ministres Roumage et Juste Hugonin, votre confesseur Corneille Brelle, mes parents et mes amis qui étaient aussi les vôtres. Je ne peux plus vous aimer Sire.

— Au diable ! lui répondit Christophe estomaqué. Royal Dahomey, je veux que la tête de cette canaille roule sur les dalles du palais.

Malgré les pleurs et les supplications de la reine et des petites princesses, Vilton fut décapité séance tenante[522].

— Cet homme était un psychopathe, s'écria spontanément Cat !

— Mademoiselle, dit Moro en souriant, gardons-nous de faire des diagnostics hâtifs… particulièrement dans un asile.

— Je suis désolée, lui répondit Cat visiblement embarrassée. Veuillez continuer s'il vous plait.

— Le lobby pro-Christophien marchait cependant à merveille en Angleterre. Alors que dans le Royaume du Nord, le sang des sujets du monarque coulait à profusion, la perception dans les grands salons de Londres était toute autre. Wilberforce, qui recevait gracieusement des centaines de sacs de café et de boucauts de sucre régulièrement du Roi, fermait discrètement les yeux sans lui tenir rigueur. Lobbyiste avant l'heure, il continuait à le décrire comme « l'honneur de l'espèce humaine, l'homme le plus libéral, le plus éclairé, le plus bienfaisant chrétien, sincère et pieux, l'un des augustes souverains de l'univers,

---

[520] Louis-Émile Élie, *La vie tragique du Roi Christophe*, op.cit., page 57.
[521] *Lettre de Vilton à Christophe*, 28 Germinal, année 10 (16 avril 1802), Reed, Law Book Sellers, London, 1816, pages 31.
[522] Louis-Émile Élie, *La vie tragique du Roi Christophe* op.cit., page 75.

élevé sur le trône par l'amour et la reconnaissance de ceux dont il a fait le bonheur[523]. »

Le 29 mars 1818, la nouvelle tomba comme un couperet : Le président Pétion qui, deux ans plus tôt avait été « élu » président à vie par le sénat, succombait à la fièvre jaune. Il allait bientôt avoir 48 ans. Après l'autopsie du cadavre, des funérailles nationales furent chantées. Le corps du Président fut exposé pendant deux jours dans la grande salle du palais et, jour et nuit, le peuple défila pour se recueillir et lui rendre un dernier hommage.

Figure 49. Joute Lachenais[524].

Le péristyle du Palais était drapé de noir et toutes les avenues de la Capitale jonchées de fleurs et de feuillage. Partout dans la ville, c'était la consternation. Un convoi funéraire imposant laissa le Palais pour l'église et toutes les cloches de la ville se mirent à sonner le glas sans discontinuer. Le Fort National tira des salves de deuil qui furent reprises en boucle par les autres fortifications de la ville. Dans la rade, tous les navires avaient leurs drapeaux en berne.

Le corps du Président fut inhumé au pied de l'Arbre de la Liberté dans un caveau au Champ de Mars en face du Palais National, ainsi que son cœur qui avait été placé séparément dans une urne d'argent. Ses entrailles quant à elles furent enterrées au Fort National. Pendant la marche du convoi, des cris de douleur et des sanglots émanant du cortège étaient repris par la foule et couvraient le son du tambour et des cuivres. De vieux loustics ont même affirmé que les quatre chevaux qui traînaient le corbillard avaient pleuré eux aussi[525].

---

[523] Louis-Émile Élie, *La vie tragique du Roi Christophe* op.cit., page 75.
[524] Joute Lachenais, huile sur toile, traitement au crayon d'une photo tirée des archives du CIDIHCA.
[525] Thomas Madiou, *Histoire d'Haïti, Tome V*, 1811-1818, op.cit., pages 486-488.

Le lendemain, le commandant de la Garde présidentielle, le général Jean-Pierre Boyer, était désigné président de la République en remplacement de Pétion. Sans grande surprise, il prit aussi officiellement la place encore chaude du défunt dans le lit de sa concubine, la sculpturale Joute Lachenais, qui depuis quelques années déjà, était devenue sa maîtresse et son égérie.

Étonnamment, lorsqu'il apprit la mort de son rival, Christophe décida de ne pas réagir tout de suite et voulut plutôt donner du temps au temps. Il entreprit une tournée de son Royaume pour s'assurer de la loyauté de ses sujets et jauger leur réaction quant à la disparition de Pétion. Boyer, non plus, ne s'emballa pas et s'avisa, comme son vis-à-vis, de parcourir son pays. Les contrastes entre la République et le Royaume étaient cependant choquants et ne pouvaient pas mieux être symbolisés par l'aspect des deux capitales et l'esprit qui y régnait. Port-au-Prince était sale et, la nuit tombée, ses rues défoncées étaient noires. La ville du Cap, quant à elle, était resplendissante et ses rues étaient propres, parfaitement pavées et éclairées par de beaux réverbères[526].

Dans l'Ouest, l'agriculture, le commerce et l'industrie étaient en déclin. Les écoles fonctionnaient à peine et l'insécurité était grandissante. Le *laissez-grennen*[527] de Pétion était certes plus doux et plus supportable que la main de fer de Christophe, mais une certaine anarchie résultant d'une carence d'autorité, commençait à s'installer pernicieusement partout dans la République. C'était une variante superlative du laissez-faire de Dessalines où l'État disparut graduellement des relations entre citoyens. Les lois existaient mais étaient systématiquement violées par ceux qui les avaient édictées et étaient chargés de les faire respecter. En fin de compte, la leçon la plus tragique à tirer de l'assassinat de Dessalines aura été que les classes dirigeantes, qui avaient accepté le joug d'une dictature qu'elles avaient jugée rétrograde, ne se révoltèrent contre elle, que lorsque leurs prérogatives se trouvèrent menacées.

Pour reprendre la pensée de Firmin, les gouvernements républicains qui ont succédé à l'Empire n'ont pas su travailler à la préservation du bien commun qui ne peut s'obtenir que par l'ordre et la probité dans l'administration des affaires de l'État. Au contraire, leur seule boussole avait été « la satisfaction des appétits les plus grossiers de ceux qui sont toujours prêts à crier au nom des

---

[526] Thomas Madiou, *Histoire d'Haïti, Tome V, 1811-1818*, op.cit., page 509.
[527] Laisser-aller.

libertés politiques quand ils ne peuvent plus s'enrichir aux dépens du peuple[528] ! »

Dans le Nord, c'était une tout autre histoire : l'économie était florissante. Le Royaume était calme et le Trésor public opulent. La cour était brillante et les troupes bien exercées étaient magnifiquement entretenues[529]. Pour clôturer sa tournée du Royaume, Henri 1er rentra au Cap où il inaugura la chaire d'anatomie qu'il venait de fonder à l'Hôpital Militaire. N'était son inconduite scandaleuse qui, par sa rigueur excessive, souvent par son sadisme, avait graduellement monté son peuple contre lui, le Royaume du Nord aurait été l'archétype du développement harmonieux et intelligent d'une jeune nation.

Figure 50. Jean-Pierre Boyer[530].

De l'avènement de Boyer à la Présidence, à l'été 1820, le Roi et le nouveau président se regardèrent en chiens de faïence. Il y eut quelques escarmouches à la frontière des deux territoires, mais c'est tout. Christophe était richissime et à la tête d'un État, tout compte fait, prospère. Un problème parmi tous les autres le tourmentait cependant : en quinze ans de règne, il s'était présenté deux fois devant Port-au-Prince, et chaque fois, il avait échoué en y laissant des canons et en perdant huit régiments qui s'étaient volontairement rangés sous les drapeaux de la République. Qui pis est, les rumeurs de malaise dans son armée, émanant particulièrement de Saint-Marc, se faisaient de plus en plus persistantes. En revanche, il savait qu'un nombre infime de soldats de Pétion avait déserté pour se rallier à l'armée du Royaume[531]. C'est là encore qu'une nouvelle fois, il pensa à « recruter » ou à « importer » de nouveaux guerriers africains.

---

[528] Anténor Firmin , *Le président Roosevelt*, op.cit., page 299.
[529] Thomas Madiou, *Histoire d'Haïti, Tome V, 1811-1818*, op.cit., page 498.
[530] Gravure, Collection privée
[531] Louis-Émile Élie, *La vie tragique du Roi Christophe* op.cit., page 177.

— Christophe redoutait-il une attaque de Boyer, lui demanda Amélie ?

— Oui, Manbo. Christophe était devenu paranoïaque et voyait partout des ennemis. En réalité, le nouveau président de l'Ouest n'avait pas les moyens d'attaquer le Royaume. Boyer savait que des officiers préparaient un coup à Saint-Marc, mais il ne savait vraiment pas à quoi s'attendre.

— Quel genre d'homme était Boyer, poursuivit Amélie ?

— Je l'ai mal connu. Je peux cependant vous raconter ce que m'a confié Balthazar Inginac qui lui a servi de secrétaire général pendant sa présidence. Quarante jours avant que meure le président Pétion, Inginac lui rendait visite sur sa propriété à Thor-Le-Volant. Le Président sentait sa fin proche et il confia à son ami qu'il était inquiet pour l'avenir du pays. Inginac crut bon de lui rappeler qu'il avait bien préparé le général Boyer pour le seconder. Pétion lui répondit que personne ne connaissait Boyer mieux que lui, qu'il était d'une probité et d'une délicatesse à toute épreuve quant à ce qui ne lui appartenait pas[532].

— Il ignorait sûrement que Boyer le cocufiait, ajouta Cat avec un sourire narquois...

— Peut-être. Sachez cependant, Mademoiselle, que Pétion était follement amoureux de Joute Lachenais et que, plus on aime, plus on souffre. Il se pourrait aussi qu'ayant découvert la trahison, il se soit résigné à son sort, que sa mélancolie l'ait conduit à Thor où il broyait du noir et voyait venir la mort. Qu'à cela ne tienne, il décrivit aussi son protégé à Inginac comme un homme ingrat, fougueux, vaniteux, qui se croyait une merveille d'intelligence. Un homme si suffisant qu'il ne connaissait ni ne pouvait admettre les limites de ses compétences[533]. Bref, à en croire Pétion, Boyer était un fat, mais nous y reviendrons.

Retournons pour l'instant à Christophe, si vous me le permettez. Aujourd'hui encore, si vous vous avisez de faire une visite guidée de la Citadelle, vous apprendrez que le Roi était sans miséricorde pour les 20 000 âmes qu'il avait réquisitionnées pour sa construction. En réalité, Julien Prévost lui-même, qui fut Comte de Limonade et ministre des Affaires Étrangères du Roi semblait penser que l'excessive brutalité qu'il exerça lors de la construction de la Citadelle Laferrière aurait été une des causes premières de la Révolution de

---

[532] Joseph Balthazar Inginac, *Mémoires*, Imprimé par J.R. De Cordova, Kingston, Jamaïque, 1843, page 33
[533] Ibid.

1820. Quelles qu'en soient les raisons cependant, dès le début de l'année, des mouvements insurrectionnels avaient éclaté un peu partout dans le Royaume, encouragés par des agents et des sympathisants de Boyer. Les ennemis de Christophe n'attendaient que l'étincelle qui viendrait mettre le feu aux poudres.

Pour aggraver la situation, du mois d'avril au mois d'août 1820, Christophe était devenu de plus en plus irascible. Il dormait peu et buvait avec démesure. Le 15 août 1820 approchait, c'était la Fête de l'Assomption, la célébration de l'élèvement miraculeux de la Sainte Vierge Marie au Ciel par les anges. Le Roi avait décidé de célébrer grandiosement l'évènement à Limonade. Le jour venu, il se leva avant le soleil et fulmina contre sa femme et ses enfants qui dormaient encore alors qu'il était déjà debout.

Dès six heures, le Roi et sa suite étaient à l'Église. Un torrent de sons ruisselait des grandes orgues et un chœur harmonieux de voix d'enfants remplissait la voûte épaisse de la chapelle. Jean de Dieu Gonzalès, le nouvel archevêque du Cap, pénétra dans l'église précédé par un cortège d'enfants de chœur. C'était un prêtre espagnol qui avait roulé sa bosse à Cuba avant de s'établir dans le Royaume. Toute la ville savait qu'il avait magouillé pour arriver à son poste et l'exécrait. Cette fripouille avait convoité la place de son prédécesseur, le Capucin Corneille Brelle, et n'avait pas hésité à l'accuser, à tort, de pactiser avec Louis XVIII. Plus impulsif que jamais, Christophe avait fait arrêter le vieux prêtre et l'avait enfermé à la Citadelle où il était mort de faim.

La procession avançait donc solennellement dans la nef quand, tout à coup, Jean de Dieu vacilla et tomba face contre terre. Instinctivement, l'assistance se retourna pour observer le monarque qui demeura imperturbable. Le prêtre fit de son mieux pour se remettre de son embarras et se relever. Il recommença à marcher un peu plus lentement. Arrivé devant l'autel, il s'agenouilla puis s'avisa de gravir les marches du transept. Une fois de plus, il s'affaissa violemment par terre, comme si on lui avait fauché les jambes.

Une stupéfaction mêlée d'anxiété pouvait se lire sur tous les visages. L'orgue cessa de souffler et la chorale se tut. Énervé, le Roi se leva de son siège d'un air menaçant. Ses prunelles brillantes de fureur allaient alternativement de Jean de Dieu qui, au sol, tremblait comme une feuille, à sa garde d'honneur qui, l'arme au pied, l'observait terrifiée. D'une voix grave, il commanda au prêtre de se relever et de commencer la messe quand soudain, entre deux mots, il se tût. Comme un halluciné, il eut les yeux figés sur le tabernacle qui s'illuminait... tout reluisant d'or et de pierreries[534]. De son côté, essayant de recouvrer son calme, Jean de Dieu qui s'était remis debout, se recueillit un instant, ouvrit les bras au ciel comme pour implorer la miséricorde divine. Il essayait une fois de plus de monter à l'autel quand, brusquement, il recula comme s'il avait été inexplicablement épouvanté par une vision d'enfer. « Au diable ! Canaille ! s'écria le monarque, mais officiez donc[535] ! »

Le prêtre se retourna vers le Roi pour lui indiquer, d'un geste convulsif, une apparition mystérieuse au-dessus du tabernacle. Une voix d'outre-tombe, frêle et tremblante, chantait le *Dominus vobiscum*. Était-ce le spectre de Corneille Brelle ? Soudain, Christophe crut voir effectivement son ancien confesseur et ordonna aux Royal Dahomey de le chasser de la chapelle. Les gardes éberlués se regardaient l'un l'autre et tâchaient vainement de comprendre ce qu'ils pouvaient bien faire pour obtempérer à l'ordre du Souverain.

Tout à coup, un des nombreux caniches de la reine se mit à japper avec acharnement dans les jambes du Roi qui se saisit de sa canne et le frappa violemment. Le petit chien s'enfuit en gémissant. Christophe se pencha alors vers un page pour lui chuchoter quelque chose à l'oreille, mais il fut distrait par Jean de Dieu qui s'approchait de lui comme un zombie. Le prêtre tomba une troisième fois et, cette fois-ci, il était complètement paralysé et de l'écume lui sortait de la bouche. L'assistance, quant à elle, était horrifiée.

Christophe le regardait interloqué quand soudain, ses propres yeux se révulsèrent. Ses prunelles s'agitèrent, sa bouche se déforma et se mit à trembler. Tout à coup, il fut, lui aussi, pris par une commotion si violente qu'il s'affaissa lourdement, comme s'il avait reçu un fulgurant coup de poing provenant d'une main puissante et invisible[536]. Un officier tenta en vain de le soutenir pour amortir sa chute. Ce fut peine perdue : le Roi était inerte. Rapidement, sa garde l'entoura, le mit sur une civière et le transporta en urgence au château de Bellevue-le-Roi où son médecin anglais Duncan Stewart lui fit une saignée. Un moment plus tard, Christophe rouvrait les yeux, mais il était paralysé du côté droit et s'exprimait avec difficulté. Jean de Dieu quant à

---

[534] Louis-Émile Élie, *La vie tragique du Roi Christophe* op.cit., page 131.
[535] Ibid., page 132.
[536] Ibid., page 133.

lui, était amené à l'hôpital. Il ne put être réanimé et mourut trois jours plus tard.

— Que fit le président Boyer à la nouvelle de l'indisposition du Roi, demanda Amélie ?

— Boyer dut parer au plus pressé car, par une malheureuse coïncidence, alors que le Roi était foudroyé par un AVC à Limonade, à Port-au-Prince, à l'angle de la Grand Rue et de la rue Bonne-Foi, une pieuse femme commémorait l'Assomption chez elle. Dans son oratoire en l'honneur de la Vierge Marie, elle avait allumé un cierge qu'elle renversa par mégarde. Avant qu'elle réagisse, sa maison était en feu. Un vent d'Est soufflait sur la ville et l'incendie se propagea rapidement. Lorsqu'il fut circonscrit, le bilan était désastreux : plus de trois-cents maisons avaient disparu et tout le commerce de détail de la rue des Fronts-Forts, où s'alignaient les plus jolis magasins de la ville, était parti en fumée[537].

Au bout d'une dizaine de jours, Christophe laissait Limonade et retournait à Sans-Souci. Il se remettait doucement de son apoplexie et, bien que diminué, il arrivait quand même à marcher péniblement en traînant la jambe droite, mais ses pulsions et son comportement n'avaient pas changé. Il continuait d'imposer un joug de fer à la population qu'il terrorisait. La moindre critique, le commentaire le plus insignifiant, un mot malheureux, la faute la plus légère, la moindre infraction à la discipline conduisaient un prêtre, un ami d'enfance, un général ou un soldat, aux cachots de la Citadelle d'où on sortait rarement vivant[538].

À ce stade, ses sujets n'en pouvaient plus et n'attendaient que le moment propice pour se rebeller. Christophe leur offrit cette occasion sur un plateau d'argent : il imposa une corvée au 8e régiment pour qu'il transporte des matériaux de construction de Saint-Marc au Haut-du-Cap. Officiers et soldats avaient été contraints de parcourir à pied, les 160 kilomètres de sentiers rugueux de la montagne du Puilboreau qui séparent les deux villes. Les hommes arrivèrent à destination complètement exténués, ayant celui-là une ou deux planches sur la tête, cet autre une ou deux pierres taillées et un dernier un sac de 25 kilos de chaux ou de sable de carrière. En chemin, ils avaient essuyé les

---

[537] Georges Corvington, *Port-au-Prince au cours des ans, 1804-1888*, tome III, Imprimerie Henri Deschamps, Haïti, 1993, page 55.
[538] Edmond Bonnet, *Souvenirs historiques de Guy-Joseph Bonnet*, Auguste Durand, Librairie, Paris, 1864, page 284.

quolibets de jeunes femmes, qui, faisant semblant de pousser des pourceaux, leur envoyaient des *toya* [539] en criant : *Chou, chou, zòt ki kontan ; chou, chou, zòt pa bouke ; chou, chou, zòt ki vle sa*[540] !

Une fois arrivés à destination, ils déposèrent leur charge en aspirant à se délasser le corps et à reposer leurs membres endoloris. Sans aucune empathie, Christophe ordonna que le régiment, déjà à bout de forces, regagne Saint-Marc sur-le-champ. Avec le support de leur commandant, le colonel Paulin, les soldats refusèrent d'obtempérer. L'officier fut mandé à Sans-Souci où après un échange houleux avec le Monarque, il fut dégradé sur place et incarcéré à la Citadelle. Christophe le remplaça, séance tenante, par le général Jean-Claude. Lorsque ce dernier rentra à Saint-Marc à la tête du régiment, les rumeurs d'une mutinerie au sein de la 8ᵉ se faisaient de plus en plus précises. Le général Romain, responsable de la Petite-Rivière de l'Artibonite, entra précipitamment dans la ville pour soutenir son collègue avec l'espoir d'étouffer la rébellion dans l'œuf. Les mutins comprirent qu'ils devaient agir vite. Jean-Claude se préparait à aller accueillir les renforts et avant qu'il ne se déplace, ses troupes l'attaquèrent et l'assassinèrent.

En apprenant la nouvelle, Romain opéra un demi-tour et repartit au galop vers la Petite-Rivière. Les insurgés décapitèrent alors le cadavre de Jean-Claude et mirent la tête dans un sac en toile qu'ils expédièrent bizarrement à Boyer... peut-être pour lui signifier que le pouvoir du Roi avait été « étêté » à Saint-Marc et que la ville était désormais prête à se rallier à la cause de la République.

Christophe était cloué au lit quand il apprit la nouvelle. Il ordonna quand même que 1 200 soldats marchent contre Saint-Marc. Les troupes rassemblées au Haut-du-Cap refusèrent de lui obéir. Le lendemain matin, le Roi était réveillé en sursaut par une canonnade soutenue provenant du Cap. Le Prince Héritier Victor Henry entra en trombe dans la chambre de son père pour lui annoncer que le Duc de Marmelade, Jean-Pierre Richard, Gouverneur du Cap-Henri l'avait trahi, s'était joint aux insurgés de Saint-Marc et se préparait à donner l'assaut à Sans-Souci. Le 8 octobre 1820, oubliant sa maladie, Christophe se fit préparer un bain de rhum, de piments broyés et d'autres feuilles aux propriétés revigorantes. Il y resta plus d'une heure pendant que de vigoureux jeunes

---

[539] Lancer des pointes à quelqu'un.
[540] Edmond Bonnet, *Souvenirs historiques*, op.cit., page 284. Il le traduisait ainsi : « *Vous autres, vous êtes satisfaits de ce traitement ; mais vous n'êtes donc pas fatigués de cette tyrannie ; c'est vous autres qui voulez de ce régime.* »

hommes le massaient et tentaient de raviver ses muscles apoplectiques. Tout à coup, mû par un sursaut d'énergie, il sortit de la baignoire, revêtit ses habits de combat et, sans qu'il ne reçoive d'aide de personne, il descendit rapidement le grand escalier de Sans-Souci. Il se préparait à enfourcher son cheval, quand, brusquement, il s'affaissa à genou, cette fois-ci complètement paralysé[541]. Les Royal Dahomey le ramassèrent et le transportèrent dans sa chambre. Le docteur Stewart se rendit immédiatement à son chevet et réussit une fois de plus à lui permettre de reprendre ses esprits.

Figure 51. Armoiries du Duc de la Marmelade[542].

Le Roi demanda qu'on lui fasse immédiatement un compte-rendu de la situation qui s'était considérablement dégradée pendant la nuit. Le Cap-Henri, dirigé par le duc de Marmelade était en rébellion et, le 8ᵉ régiment avait abandonné Saint-Marc et était en route pour Sans-Souci. Christophe fit signe à son fils d'interrompre le compte-rendu, car il voulait placer un mot. Il avait la langue lourde et respirait difficilement.

— Richard m'a donc finalement trahi, dit-il d'une voix écœurée ?... J'aurais dû m'en douter. Ce *Judas* n'avait-il pas choisi de placer des hyènes sur ses armoiries ? De tous les animaux, ce fourbe avait choisi des hyènes ! Des hyènes, je vous dis ! Des charognards à l'odeur infecte, au ricanement sardonique, symboles de laideur et de cruauté sournoise... Je ne lui laisserai pas ce plaisir malsain. Continuez votre rapport, ordonna-t-il.

— Placide Lebrun, le Comte de Gros-Morne et commandant de l'artillerie royale, Charles Pierre, Duc de Terrier-Rouge et ministre de la Justice,

[541] Louis-Émile Élie, *La vie tragique du Roi Christophe*, op.cit., page 134.
[542] Coat of arms of the Duke of Marmelade: I, College of Arms MS J.P. 177, fol.18r (arms of le Duc de Marmelade) in: Paul Clammer, *Black Crown*, C. Hurst and Co. (Publishers), London 2023

votre gendre, le Chevalier Nord Alexis[543] commandant des Dragons Royaux se sont tous joints à l'insurrection. Ils ont arrêté le Baron Dessalines[544] qui vous était encore fidèle et refusait de les suivre. Les insurgés ont établi leur camp au Haut-du-Cap et s'apprêtent à nous donner l'assaut.

Figure 52. Prince Jacques-Victor Henry[545].

Le Roi demanda à ses officiers de le laisser seul avec sa famille. Il s'adressa d'abord à Victor Henry, le prince héritier :

— M'aimez-vous, mon fils, lui demanda-t-il ?

— Oui, Sire, je vous aime.

— Nous avons été trahis. Je n'ai plus la force de me battre. Dans quelques heures, les traîtres seront dans la place. Vous devez me promettre de mettre votre mère et les princesses en sécurité et surtout de ne pas laisser ces crapules profaner mes restes.

— Je vous le promets, sire ! lui dit Victor-Henri qui, visiblement ému, s'agenouilla devant son père, lui prit la main dans les siennes et l'embrassa.

Christophe demanda qu'on le conduise dans sa chambre et qu'on le laisse seul. Un moment plus tard, sans surprise, un coup de feu éclatait. Le Roi, seul avec son Créateur, s'était tiré une balle au cœur. Deux jours plus tôt, dans une sobriété inhabituelle, il avait fêté son 53e anniversaire de naissance. Améthyste et Athénaïse, séchèrent leurs larmes, rentrèrent dans la pièce, enveloppèrent le corps de leur père dans un drap et avec l'aide de la reine Marie-Louise, de Dupuy et de Prézeau, s'empressèrent de le transporter à la Citadelle.

---

[543] Marié à Blésine Georges une fille illégitime du roi, ils étaient les parents de Nord Alexis qui fut président de la République d'Haïti en 1902.
[544] Fils illégitime de l'Empereur.
[545] Richard Evans, *Prince Jacques-Victor Henry*, Huile sur toile 1816.

Rapidement, les rumeurs de la mort du Roi commencèrent à circuler dans Milot. Incrédules, les sujets de Sa Majesté étaient accourus aux nouvelles et s'étaient approchés de Sans-Souci. Plus que jamais intimidés par la réputation du monarque qui n'était plus à faire, ils étaient indécis et ne savaient ni comment réagir, ni à qui s'adresser. Les sentinelles des Royal Dahomey étaient imperturbables à leur poste et regardaient droit devant elles. Encore respectueuse de la sainte distance qui avait toujours existée entre elle et le Roi, la foule s'approchait à pas feutrés. Cependant, plus la rumeur se répandait dans la ville, plus la foule grossissait et avançait encore plus près des grilles du palais. Soudain, le Baron de Vastey sortit du palais, descendit les marches du perron et une fois arrivé près des grilles, s'écria : « Le Roi est mort ! Vive Henri II ! »

Sans attendre, la population força le portail au cri de « Vive la liberté ! » Les Royal Dahomey reculèrent sans faire feu. La populace envahit l'espace et le saccagea. Elle entra dans la salle du trône, dans les grands salons et dans les appartements royaux dont elle détruisit tout le mobilier, les miroirs, les pianos-forte, les sculptures et les tableaux. Fidèle à la promesse faite un peu plus tôt à son père, Victor-Henri défendit l'espace de son mieux. Devant une telle foule, il savait sa cause perdue d'avance, mais il se battit vaillamment sachant qu'il devait, à tout prix, gagner du temps pour sa mère et pour ses sœurs... et c'est ce qu'il fit avec bravoure. Moins d'une heure plus tard, les mutins le cernèrent et le firent prisonnier.

Malgré tout, la reine et ses filles eurent le temps d'arriver à la Citadelle avec le corps du Roi. Elles durent creuser la tombe de Christophe de leurs mains, car aucun des soldats présents n'offrit de les aider. Subitement, la garnison de la Citadelle ainsi que les gens de métier et les manœuvres, furieux contre l'excessive brutalité du monarque, décidèrent de les attaquer et voulurent se saisir du cadavre pour le jeter dans le précipice du Grand Boucan. Il fallut l'énergique intervention du général Dupuy et du colonel Prézeau pour les en empêcher.

Pendant que ces dames, et les officiers qui les secondaient, s'affairaient à cette pénible tâche, la soldatesque commença le pillage systématique de la Salle du Trésor qu'abritait la Citadelle. Partout dans le Royaume, le spectacle était le même, les portes étaient défoncées et les palais systématiquement saccagés. Sur les terres du Roi, le bétail était massacré, mais laissé en putréfaction, car personne ne voulut en manger.

— Où étiez-vous pendant ces troubles, Moro, lui demanda Cat ?

— J'étais encore arpenteur au Cap. À la mort du Roi, alors que tous ses biens étaient en train d'être pillés, le duc de Marmelade, commandant du Cap-Henri et chef autoproclamé de la révolution voulut à tout prix rétablir l'ordre dans le Royaume et arrêter le désordre. Il décida de former des régiments pour le maintien de la paix et j'ai été embrigadé sous le commandement du capitaine d'artillerie Johan Albrekt Abraham de Frese, un Suédois engagé par Christophe pour former ses artificiers.

Dix jours après le suicide du Roi, pendant que nous patrouillions les rues de la ville, le capitaine Frese décida de faire un tour d'inspection de la prison centrale. Il était environ 10 heures du soir. En entrant dans la cour intérieure, nous l'avons trouvée illuminée et remplie de cavaliers et de fantassins. Le duc de Marmelade, chef indiscuté de la ville, était là en personne. Ce fourbe s'était laissé prendre à ses propres ambitions et avait décidé de se faire proclamer roi. Perché sur une chaise haute, il se préparait à faire exécuter tous ceux qu'il avait fait prisonniers et qui étaient susceptibles d'entraver sa prise de pouvoir. Devant lui, il avait fait libérer un espace où une dizaine de prisonniers accompagnés chacun de quatre geôliers pouvaient se tenir à ses pieds. Par un geste de la main, il demanda à l'assistance de se taire. Un à un, il fit entrer les « inculpés » dans l'arène.

Le premier à être « déféré » devant lui fut Victor-Henry. Les mains attachées derrière le dos, le jeune homme avança bravement. Richard qui, quelques heures plus tôt, aurait fait des courbettes en l'apercevant, lui dit sèchement : « Bien que vous soyez un adolescent innocent, le bien-être du Royaume exige que vous soyez exécuté. » Victor-Henri lui répondit calmement qu'il n'avait rien à se reprocher et que son seul crime était d'être le fils de son ennemi. Sans état d'âme, Richard l'admit, et le prince réagit stoïquement : « Je suis alors en paix avec ma conscience ! ».

Par un geste désinvolte de la main, sans que le jeune prince ne s'en rende compte, Richard venait de donner l'ordre aux soldats qui étaient derrière lui, de lui enfoncer leurs baïonnettes dans le dos. Alors qu'il tombait par terre, un charpentier du régiment le décapitait. Victor-Henri n'avait que seize ans. Vint ensuite celui que tout le Royaume appelait le bâtard. C'était le prince Eugène, duc du Môle, fils illégitime de Christophe. Il dévisagea Richard avec mépris et ne lui dit absolument rien. Il eut la tête coupée, il avait 22 ans. En succession rapide : le prince Maréchal Noël, qui avant de mourir s'écria : « Vive le Roi ! Vive sa manière de gouverner des scélérats comme vous ! » ; le baron de Vastey et le duc de Lascaron qui implorèrent Richard de les épargner, mais ne trouvèrent pas d'oreille clémente à leur supplication et le Baron de Dessalines qui ne vit même pas le coup venir. Tous subirent le même sort.

Plus que tout autre, le baron de Vastey eut une fin atroce. Il continua à souffrir pendant 48 heures, car le coup de hache reçu ne lui trancha que partiellement la tête et le laissa cloué au sol. Mais vivant et gémissant. La dernière victime fut un autre enfant illégitime du Roi qui n'avait que douze ans[546].

— Personne n'a eu la charité d'achever Vastey, demanda Oli ?

— Tout de suite après la boucherie de la prison, le duc de Marmelade fit évacuer l'espace, *manu militari*. Les corps des victimes avaient été rassemblés par les services de la voirie et jetés pêle-mêle dans une décharge publique. J'ai su par Frese, seulement deux jours plus tard, que Vastey n'était pas mort sur-le-champ. Je me suis rendu immédiatement au dépotoir municipal où je l'ai retrouvé, les yeux vitreux, inconscient, râlant, la cervelle exposée et rongée par la vermine. J'ai fait une courte prière pour recommander son âme à Dieu et je l'ai achevé d'un coup de pistolet.

— Qu'est-il advenu de Richard, demanda Amélie ?

— Quelques mois plus tard, il tenta de soulever la population contre Boyer. Il fut arrêté, jugé et fusillé.

— Bien fait pour lui ! dit Cat. Que sont devenues la reine Marie-Louise et ses filles ?

— Après avoir enterré le Roi, elles étaient redescendues à Milot et s'étaient cachées sur l'habitation Lambert, une petite propriété qui, avant l'Indépendance, avait appartenu à la famille de la reine[547].

Le 26 octobre, le président Boyer entrait pacifiquement à la tête de l'armée Républicaine à Barrière Bouteille[548]. Il se fit amener ces dames qu'il prit sous sa

---

[546] Fredrik Thomasson, *Sweden and Haiti, 1791–1825: Revolutionary Reporting, trade, and the Fall of Henry Christophe*, Uppsala University, *The Journal of Haitian Studies*, Volume 24 No. 2, 2018, pages 19-21.
[547] Louis-Émile Élie, *La vie tragique du Roi Christophe*, op.cit., page 135.
[548] Entrée principale de la ville du Cap.

protection et les fit conduire à Port-au-Prince. Un an plus tard, elles partaient pour Londres. Améthyste et Athénaïse moururent en 1840. Complètement défaite par ce double deuil, la reine laissa alors Londres pour s'installer à Pise en Italie où elle s'éteignait en 1847.

— Tiens donc, tant qu'on y est, et Claire-Heureuse dans tout ça ? Qu'est-elle devenue ? Vous ne l'avez jamais revue, lui demanda Amélie ?

Cette question prit Moro de court. Visiblement décontenancé, il ferma les yeux et resta momentanément coi avant de répondre enfin :

— À la mort de l'Empereur, Christophe et Pétion rivalisèrent d'éloges envers elle et ne cessèrent de lui faire des appels du pied, de l'amadouer pour la gagner chacun à leur cause, car ils savaient combien la population l'aimait et la respectait. Claire-Heureuse resta cependant égale à elle-même et n'accepta ni argent, ni poste honorifique d'individus qui avaient, soit conspiré, soit participé directement à l'assassinat de l'homme qu'elle avait tant aimé. Elle porta dignement son deuil jusqu'à sa mort. Elle se retira d'abord à Saint-Marc où elle vécut humblement du travail de ses mains. Lorsque dans sa vieillesse, elle commença à perdre de son autonomie. Elle alla aux Gonaïves retrouver Tessa[549], sa petite-fille, l'enfant que Célimène avait eu de Bernard Chancy. Elle mourut centenaire et laissa à tous ceux et celles qui eurent le bonheur et l'honneur de la connaître, le souvenir d'une personne intègre, agréable et profondément humaine ! Tous les ans, le 8 août, je lui rends visite au cimetière principal de la ville des Gonaïves, où elle repose, et je lui laisse un bouquet de Lys Callas, sa fleur préférée : celle que Salomon dans toute sa gloire n'avait jamais pu égaler en élégance ou en beauté.

Soudain, des larmes, qu'il ne pouvait plus contenir, commencèrent à lui couler des yeux. Embarrassé, Moro s'excusa, se leva de table et promit de rejoindre le groupe après le déjeuner.

---

[549] Nos recherches des arbres généalogiques des familles Chancy et Dessalines désignent cette enfant sous le nom de Dessalines Chancy. Nous avons choisi de l'appeler Tessa.

RÉPUBLIQUE D'HAÏTI.

EMPRUNT DE TRENTE MILLIONS DE FRANCS.

1825.

ANNUITÉ N° ▓▓▓▓ .

CRÉATION DE 30,000 ANNUITÉS DE MILLE FRANCS,

Divisées en 25 séries chacune de 1200 annuités, et remboursables intégralement par voie de tirage au sort, à l'époque qui sera déterminée, à Paris, le 1er octobre de chaque année. Le payement de la série appelée au remboursement s'effectuera à Paris, le 1er janvier de chaque année, CHEZ MM. CH. TERNAUX, J. GANDOLPHE ET Cie; et le premier de ces payements étant fixé au 1er janvier 1827, l'emprunt sera entièrement remboursé le 1er janvier 1851.

N° ▓▓▓▓ DE LA SÉRIE ▓▓▓▓ .

Capital 1000 francs, intérêts 60 francs.

Le porteur de la présente annuité de la série , sous le n° , a droit au capital de mille francs, remboursable le PREMIER JANVIER de l'année qui sera déterminée par le sort, et aux intérêts de ce capital, à raison de SIX POUR CENT par an, payables par semestre, le PREMIER JANVIER et le PREMIER JUILLET de chaque année, sur les coupons ci-annexés. Le remboursement du capital et le payement des intérêts seront effectués à Paris par MM. CH. TERNAUX, J. GANDOLPHE ET Cie.

Le produit des domaines nationaux de la République d'Haïti est affecté et hypothéqué spécialement au service de cet emprunt, et au service des intérêts.

Paris, le 4 novembre 1825.

Les commissaires de la République, chargés de pleins pouvoirs,

FRÉMONT,   ROUANNEZ.

Nous, soussignés, certifions véritables les signatures de messieurs les commissaires de la République d'Haïti, apposées ci-dessus.

Signé : CH. TERNAUX, J. GANDOLPHE ET Cie.

NOTA. Les pleins pouvoirs originaux délivrés par S. Exc. le président Boyer, sont déposés à la Banque de France.

Figure 53. Emprunt de Trente Millions de Francs (1825).

CHAPITRE 33

Lorsque Moro retourna sous l'amandier, il avait séché ses larmes et était prêt à recommencer la séance.

— Ça va ? Ça va bien, lui demanda Cat ?

— Je vais beaucoup mieux, lui répondit Moro. Vous savez, même après tant d'années, certains souvenirs sont encore douloureux et j'éprouve énormément de tristesse à en parler... Pleurer m'a fait le plus grand bien.

— « Bienheureux ceux qui pleurent », lui dit Olivier, « car ils seront consolés[550] ! »

— Jésus ne croyait pas si bien dire, ajouta Amélie. Il a été scientifiquement prouvé que pleurer apporte un certain soulagement. C'est un phénomène physiologique qui a un double effet thérapeutique : d'abord, il incite le corps à produire des endorphines qui sont des hormones qui calment, et ensuite, il lui fait éliminer le cortisol qui est l'hormone généralement associée au stress. Moro a vécu des évènements terribles et le fait d'en parler d'abord et d'en pleurer ensuite, sont des signes qui augurent qu'il est en bonne voie de guérison.

— Merci, Manbo, pour vos bons mots d'encouragement. Pourrions-nous recommencer la session ? Maintenant, je voudrais vous parler du président Boyer, si vous voulez bien.

— Allez-y, lui répondit Cat.

— À la mort de Christophe, je me préparais à rentrer chez moi à Saint-Marc pour tenter d'y refaire ma vie. Avant de quitter le Cap, je m'étais promis de retourner au Bureau du Domaine que le *peuple souverain* avait saccagé. Avec l'aide de quelques collègues, j'avais pu nettoyer l'endroit et remettre le mobilier en état. Patiemment, nous avions remis les archives en ordre. Petit à petit, nous avions sécuriser la grande majorité des titres de propriété, des actes d'arpentage, des hypothèques et des récépissés de taxes perçues par les agents du Roi. Par une chance inespérée, nous avons réussi à reconstituer la totalité des plans parcellaires et le cadastre de toutes les communes du Royaume.

Alors que ce travail prenait fin, quelle ne fut ma surprise de voir arriver un détachement de soldats de la garde présidentielle qui accompagnait mon ancien patron, Joseph Balthazar Inginac. Il avait entendu parler d'une initiative

---

[550] *Évangile de Saint Matthieu* 5 : 4.

prise par des fonctionnaires publics et était venu en personne constater les résultats. Lorsqu'il apprit que c'était moi qui dirigeais les opérations, il m'en félicita et ne tarit pas d'éloges quant au civisme de tous ceux qui, avec moi, avaient tout fait pour protéger les intérêts de l'État.

Après des échanges sur la méthodologie employée pour le classement des dossiers et les mesures conservatoires que nous allions prendre avant de remettre le bâtiment aux forces de sécurité, il me prit à part et m'annonça qu'il était devenu secrétaire privé du président Boyer. Il m'expliqua qu'il fallait refaire le cadastre de la réunification du Royaume et de la République. Se fiant à mes compétences de cartographe et fort de l'expérience que nous avions faite ensemble aux Cayes, il m'offrit, séance tenante, la possibilité de me joindre à son cabinet particulier et j'acceptai.

— Vous êtes donc revenu à Port-au-Prince avec le président Boyer, lui demanda Cat ?

— Oui, Mademoiselle, et tant qu'on y est, je m'en voudrais de ne pas vous signaler un fait extraordinaire. Alors que Pétion avait laissé la République en faillite, à la mort du Roi, le trésor royal regorgeait d'or. Le cadavre de Christophe était encore chaud que les chefs de l'insurrection, Romain, prince du Limbé, et Richard, duc de la Marmelade assassinaient le trésorier du Roi, Joseph Fidèle, et emportaient une part du trésor que les uns estiment à 30 millions de francs, les autres à 10 millions[551]. Christophe est décédé le 8 octobre et Boyer n'est arrivé au Cap que le 26 du même mois pour y rétablir l'ordre et mettre fin au *dechoukaj*[552]. La Citadelle, les palais et tous les édifices publics du Royaume avaient donc été soumis à 18 jours de pillage ininterrompu. Malgré tout, tenez-vous bien, le président Boyer a pu trouver plus d'un million de dollars qu'il a fait transporter dans les caves de la trésorerie générale de Port-au-Prince[553].

— C'est effectivement impressionnant, dit Olivier. Comment qualifiez-vous la présidence de Boyer ? A-t-elle été meilleure ou pire que celles de ses prédécesseurs ?

---

[551] Louis-Émile Élie, *La vie tragique du Roi Christophe*, op.cit., page 150.

[552] Le *dechoukaj* (prononcé déchoucage) est un terme haïtien apparu à la fin du régime dictatorial des Duvalier et qui vient du français « dessouchage », c'est-à-dire extraire la souche après l'abattage d'un arbre. Le dechoukaj consiste à détruire les maisons jusqu'à leur fondation et les entreprises appartenant aux notables ou aux bourreaux liés au régime déchu.

[553] Anténor Firmin, *M. Roosevelt ...*, op.cit., page 371.

— Question intéressante, Padre ! Disons que la présidence de Boyer a été marquée par quatre évènements importants qui devraient vous permettre de l'apprécier à sa juste valeur. Primo, il a accepté de payer une rançon à la France en échange de la reconnaissance de notre Indépendance. Secundo, il a réunifié l'île sous un seul drapeau. Tertio, il a partiellement financé l'Indépendance de la Grèce face à l'Empire Ottoman et enfin, il a – pour le meilleur ou pour le pire – gagné la guerre des créoles contre les bossales.

— Commençons par le commencement, lui dit Oli. Christophe et son entourage ont-ils eu raison d'accuser Pétion, avant Boyer, d'avoir trahi la Nation en acceptant le principe du paiement d'une indemnité ? Qu'en est-il au juste ?

— Commençons au contraire, Padre, si vous me le permettez, par la question la moins difficile. Je peux affirmer, sans risque de me tromper, que Boyer a été le seul dirigeant depuis l'Indépendance qui soit arrivé à garder le peuple haïtien plus ou moins uni sur un seul territoire. Dessalines, Christophe, Pétion et Rigaud étant morts, Boyer est arrivé – par défaut ou par dessein – à réunifier le Nord, le Sud et l'Ouest presque sans tirer un coup de feu. Mieux encore, sans violence, il est même arrivé à conquérir la partie orientale de l'île. En effet, le 9 février 1822, il entrait « pacifiquement » à Santo-Domingo où le Gouverneur espagnol Nuñez de Caceres lui remettait les clés de la ville... je dis « pacifiquement », car il avait quand même pris la précaution de se faire accompagner par une armée forte de 12 000 hommes.

— Comment ont réagi les Dominicains à l'occupation haïtienne, quand on sait que la campagne de Dessalines en 1805 leur avait causé beaucoup de torts, demanda Oli ?

— Pour répondre à cette question, je dois remettre les faits en perspective. Souvenez-vous, alors qu'Haïti était devenue indépendante dans la douleur et dans le sang, la partie orientale de l'île appartenait toujours aux Français. Malgré sa déroute à Saint-Domingue, Napoléon continua à se battre contre ses ennemis anglais et russes. Contre toute attente, il attaqua l'Espagne des Bourbons et plaça son frère Joseph sur le trône de Castille. Furieux de ce crime de lèse-majesté, des centaines de milliers de patriotes espagnols se rebellèrent contre l'envahisseur et ce mouvement insurrectionnel ne tarda pas à s'étendre aux colonies espagnoles de l'Amérique. C'est ainsi que don Torribio Montés, le

Gouverneur de Porto-Rico, s'attaqua à Ferrand qui commandait encore Santo-Domingo au nom de la France.

En 1795, l'Espagne avait cédé la partie Orientale de l'île à la France et beaucoup de Castillans l'avaient alors abandonnée pour s'installer dans les autres possessions espagnoles de la zone. Lorsque ceux qui s'étaient réfugiés à Porto-Rico apprirent ce que Napoléon avait fait à la Mère-Patrie, ils se portèrent volontaires pour retourner dans l'Est de l'Île et la reconquérir au nom de l'Espagne, avec le support financier de Montés.

Ferrand se défendit comme il put, mais finit par être tué. Ayant abandonné le reste du territoire, les Français se cantonnèrent tous à Santo-Domingo. Les insurgés assiégèrent la ville forçant l'occupant à vider les lieux. C'était le 7 juillet 1809. Soit dit en passant, à l'époque, Pétion et Christophe se disputaient le pouvoir en Haïti, chacun d'eux mit des armes à la disposition des rebelles espagnols[554]. Une fois la guerre terminée, l'Espagne reprit la partie orientale de l'île, mais elle n'avait absolument rien changé à son administration traditionnellement inefficace et désuète. Quelques mois après sa libération, la nouvelle colonie était déjà en difficulté, car elle était mal gérée et n'arrivait pas à stimuler son économie moribonde.

Il fallait absolument que quelque chose change et, bon gré mal gré, la population espagnole de l'île se retrouva alors scindée en trois camps distincts. Le premier, fortement influencé par Boyer et les Haïtiens, voulait à tout prix empêcher que la France n'y remette les pieds. Localement, il était largement soutenu par tous ceux qui – Noirs et sangs-mêlés – voulaient abolir l'esclavage encore légal dans l'Est. Le second dirigé par José Nuñez de Cáceres voulait proclamer l'Indépendance de la colonie et l'intégrer à la Grande Colombie de Bolivar. Finalement, le reste de la population était apathique et, à tort ou à raison, se confortait dans un insoutenable statu quo.

Le 30 novembre 1821, Cáceres et ses partisans opérèrent une fuite en avant : ils destituèrent tous les agents de l'État espagnol, déclarèrent leur Indépendance et baptisèrent le nouveau pays *État Indépendant d'Haïti Espagnol*. Ils caressaient encore le rêve de se joindre à Simon Bolivar qui, de

---

[554] Jean-Price Mars, *La République d'Haïti et la République Dominicaine, Tome 1,* Collection du Tri cinquantenaire de l'Indépendance d'Haïti, Port-au-Prince, 1953, page 75.

son côté, empêtré dans ses propres ennuis, les ignora et ne leur donna aucun signe de vie. Encore moins de supports financiers et militaires.

Le mouvement de Cáceres n'était qu'une utopie, car il n'avait aucun moyen de se défendre contre une attaque espagnole et son nouveau pays était en manque de tout. Qui pis est, la dangereuse réalité était qu'à l'époque, la partie orientale de l'île ne comptait que 70 mille personnes réparties sur cinquante mille kilomètres carrés et que de l'autre côté de la frontière, il existait un peuple de 400 mille habitants dont 50 mille formaient une armée endurcie par une guerre de libération qui avait duré plus de 14 ans[555].

Fort de tout cela, Boyer saisit l'opportunité et pénétra dans l'Est. Avait-t-il été appelé spontanément par ses voisins ? J'en doute fort ! Car nul patriote digne de ce nom, ne sacrifierait volontairement l'Indépendance, la Souveraineté et la Dignité de son pays pour accepter l'hégémonie d'un voisin, même si ce dernier était motivé par les meilleures intentions.

Inginac et moi avions longuement discuté de la question et nous étions mis d'accord sur le fait qu'en faisant de l'abolition de l'esclavage une condition *sine qua non*, nous aurions pu proposer à nos voisins un accord de défense mutuelle et un régime de libre échange qui auraient sans doute été bien plus bénéfiques aux deux peuples…

Ne serait-ce que du point de vue logistique, par exemple, les produits d'exportation de la partie Est de l'île étaient, à l'époque, constamment volés par des corsaires originaires des nouvelles nations hispaniques en guerre avec l'Espagne. Les seuls ports sécurisés du territoire étaient ceux de la partie haïtienne qui disposait alors d'une marine marchande et militaire pleinement capable de résister aux pirates. Les armateurs haïtiens auraient pu offrir leurs services aux voisins dominicains pour leur permettre d'exporter leur production… mais je m'égare…

— Retournons, si vous le voulez bien, au plan de Boyer, lui demanda Amélie. Pour que ces deux pays arrivent à s'unir, ne pensez-vous pas qu'ils auraient eu dû avoir des cultures compatibles ?

— Les peuples dominicain et haïtien ont tout un héritage, toute une histoire en commun. Ils partagent les mêmes douleurs, les mêmes joies, les mêmes aspirations, les mêmes cicatrices… Ils partagent une île où les catastrophes

---

[555] Jean-Price Mars, *La République d'Haïti et la République Dominicaine, Tome 1*, op.cit., page 77.

naturelles ou celles causées par l'homme les affectent au premier degré. À la frontière, les citoyens des deux nations se côtoient, tombent amoureux et se marient les uns avec les autres. Ce *peuple des terres mêlées* [556] crée des marchés, parle indistinctement créole ou espagnol et a développé une profonde affection mutuelle. Une affection qui s'est propagée par contagion à leurs concitoyens des deux côtés de la frontière.

— Vous n'êtes pas sérieux, lui dit Amélie ?

— Permettez, Manbo, que je termine ma pensée. Ce que je viens de dire est généralement vrai pour l'Haïtien et le Dominicain moyens. Il existe cependant, au sein de l'élite dominicaine une minorité suprémaciste. Mais ce n'est qu'une minorité : c'est elle qui se fait encore appeler « *blancos de la tierra* » … C'est elle qui tient absolument à se faire passer pour blanche. Cette minorité-là, exècre les Haïtiens !

Un homme, Manuel Arturo Peña Batlle, plus que tout autre, a été à l'idéologie raciste dominicaine, ce que Joseph Goebbels a été à la propagande nazie. Tant qu'il a vécu, nul autre que lui, à l'exception peut-être de Joaquin Balaguer[557], n'a su mieux définir la position des « blancos » lorsqu'il y a environ soixante ans, il affirmait plus ou moins ceci :

1. « Les Espagnols de la République Dominicaine sont de pure souche caucasienne.

2. Cette communauté blanche est homogène.

3. Elle doit être défendue par des moyens appropriés contre la contamination de la race africaine noire d'Haïti au nom de la religion chrétienne et de la solidarité interaméricaine, puisque les autres peuples du continent sont, comme la République Dominicaine, de race blanche et de croyance chrétienne.

4. Pour atteindre cet objectif, il convient d'élever des frontières infranchissables contre l'infiltration haïtienne en République

---

[556] Le mot est de René Philoctète

[557] Mort un 14 juillet 2002, Joaquin Balaguer a été trois fois président de la République Dominicaine qu'il a dirigée pendant plus de 23 ans. Le 1er décembre 1927, il prononça un discours sulfureux et ô combien raciste dans lequel il lançait une terrible mise en garde à son peuple: « *Craignez, disait-il, cette vague dévastatrice de la funeste mer de charbon qui rugit* [de l'autre côté de la frontière] *tel un lion enchaîné…* » (el oleaje arrollador del funesto mar de carbón que ruge, y como león encadenado…) En reprenant ces mots vénéneux, Balaguer, possédé par -Dieu seul sait- quel démon, n'avait pas hésité à pervertir l'esprit de la première lettre de Saint Pierre dans laquelle l'apôtre du Christ exhortait plutôt les premiers membres de l'Église à la sobriété : « *Veillez, disait-il, [car] votre adversaire, le diable, comme un lion rugissant, rôde, cherchant qui dévorer.* » (1 Pierre 5:8).

Dominicaine. Non point une simple démarcation entre les deux pays, déterminée par une ligne géométrique tracée matériellement sur le sol, mais par tout un ensemble de mesures légales, d'organismes administratifs et de méthodes éthiques[558]. »

Fort de ce credo aussi scabreux qu'absurde, les « blancos » ont imaginé une politique de défense frontalière dont s'est inspiré le sinistre Rafael Trujillo y Molina, lorsque se prenant pour Caligula, il décida de « nettoyer » son pays et de « l'épurer » de sa composante « haïtiano-africaine ».

Du 2 au 8 octobre 1937, ce barbare conduisit certains de ses concitoyens au « massacre du Persil ». Une hécatombe au cours de laquelle, le long de la rive dominicaine de la rivière Dajabón[559], entre 20 mille et 40 mille hommes, femmes et enfants haïtiens et dominicains descendants d'Haïtiens, ont été indistinctement assassinés pour une couleur et pour un mot[560].

— Assassinés pour une couleur et pour un mot, que voulez-vous donc bien dire, lui demanda Cat interloquée ?

— Oui, Mademoiselle, c'est bien ce qui s'est passé ! Plus de 20.000 personnes ont été pourchassées dans leurs derniers retranchements par l'armée et la police politique dominicaines qui les ont massacrées, tout simplement, parce qu'elles étaient noires et ne pouvaient prononcer correctement le mot *perejil*[561].

— C'est affreux, s'écria Cat !

— En effet, Mademoiselle : ce qui s'est passé à la frontière en 1937, disons-le haut et fort, est abominable, et le simple fait d'en parler me donne aujourd'hui encore un tel frisson que j'en ai la chair de poule. Cependant, l'Histoire est ce qu'elle est et la réalité est aussi, qu'un siècle plus tôt, l'armée haïtienne avait commis des crimes affreux contre des civils dominicains.

— Allons donc, Moro ! Ceci ne saurait justifier cela, lui répondit Amélie.

— Absolument pas, Manbo ! Je ne saurais me faire l'apologiste de massacres, encore moins de nettoyage ethnique. Permettez cependant que j'éclaircisse ma pensée.

— Allez-y, Moro. Je vous prie de m'excuser de vous avoir interrompu.

---

[558] Jean-Price Mars, *La République d'Haïti et la République Dominicaine, Tome 1*, op.cit., page 124.
[559] Cette rivière située à l'extrémité nord de la frontière Haitiano-Dominicaine s'appelle rivière Massacre du côté haïtien. Ce nom remonte à un massacre perpétré par les Espagnols sur un campement de boucaniers français au début du XVIIème siècle.
[560] L'expression est de René Philoctète
[561] Persil en espagnol.

— Merci, Manbo ! À ce stade, je crois important de rétablir les faits historiques dans leur intégralité, sans édulcorer la vérité, de sorte qu'un jour enfin, ces deux pays frères, ces deux faces d'une même pièce, ces deux ailes du même oiseau arrivent à cohabiter pacifiquement et coopérer pour la construction, l'amélioration et la pérennisation du bien commun. En ce sens, il faut admettre que si la gestion de Boyer, comme président de la République d'Haïti, avait été exécrable pour les Haïtiens, elle avait été encore pire pour les Dominicains qui, en plus, ont été traités en parents pauvres. Un régime militaire inflexible, la fermeture arbitraire de l'Université de Santo-Domingo, une tentative maladroite de remplacement de l'espagnol par le français, une gestion absurde de l'économie et de l'instruction publique finirent par agacer les Hispano-Haïtiens qui se révoltèrent et repoussèrent l'occupant « *haïtiano-africain* » à la frontière des deux pays.

C'est ainsi qu'en 1838, Juan Pablo Duarte, Ramón Matías Mella et Francisco del Rosario Sánchez, fondèrent une société secrète appelée La Trinitaria qui complota pour arriver à l'Indépendance dominicaine. Les Trinitaires convainquirent, entre autres, deux régiments haïtiens de la ville de Santo-Domingo de se soulever contre l'occupant et, le 27 février 1844, ils s'emparèrent de la forteresse de Puerta del Conde. Les rebelles se battirent vaillamment et refoulèrent l'armée haïtienne sur la partie occidentale de l'île. Une fois de plus, une fois de trop, c'est encore cette même armée haïtienne qui, dans sa retraite comme quarante ans plus tôt, détruisit, pilla, viola et incendia tout ce qu'elle trouva sur son passage.

Malgré tout, certains de nos compatriotes ne sont jamais arrivés à digérer cette défaite et, sans souffler, différents gouvernements haïtiens qui ont succédé à Boyer ont tenté au moins quatre fois de reconquérir la partie orientale de l'île et ont échoué à chaque fois[562].

Finalement, en 1861, Pedro Santana inquiet d'une énième attaque haïtienne, a préféré annexer son pays à l'Espagne – un cas unique dans l'histoire du monde où un État est revenu volontairement à son ancien statut de colonie. Cette annexion poussa les patriotes dominicains à se rebeller une fois de plus et à mener une violente guerre de libération contre les Espagnols ; une guerre qu'ils gagnèrent lorsqu'ils expulsèrent l'Espagne de leur pays en

---

[562] Charles-Rivière Hérard en 1844, Jean-Louis Pierrot en 1845 et Faustin Soulouque en 1849 et 1855.

1865, grâce au support en troupes, en armes et en munitions du président haïtien Fabre Nicolas Geffrard [563]. Le tour était joué ! La République Dominicaine, avec l'appui bienveillant et inestimable de ses frères haïtiens, était enfin libre... Pour un demi-siècle tout au moins... Car, en 1916 déjà, les Américains frappaient à la porte...

— Tchuipp ! Nous les avions donc aidés à recouvrer leur indépendance, interrompit Olivier ! *Adye Papa[564]* !

Figure 54. Fabre Nicolas Geffrard, président d'Haïti (1859-867)[565].

— Oui, Padre, et les Dominicains le reconnaissent... Je devrais plutôt dire qu'ils le reconnaissaient car, avant d'être rebaptisée *Abraham Lincoln,* une des plus belles avenues du centre de la capitale dominicaine s'appelait *avenue Fabre Geffrard.* Mais, avec le temps, les services rendus par le pays frère ont été malheureusement oubliés.

— Tant que nous y sommes, vous avez mentionné tantôt le support de Boyer à la lutte des patriotes grecs... Qu'en a-t-il été vraiment, lui demanda Oli ?

— En effet, Padre, dans la tradition de Dessalines et de Pétion, Boyer, dont le pays était déjà pauvre, s'était arrangé pour envoyer généreusement 25 tonnes de café aux rebelles grecs qui les revendirent et purent s'approvisionner en armes et en munitions dans leur lutte contre l'Empire Ottoman. C'était peut-être une goutte d'eau dans un océan, mais, comme pour la vieille dame qui, dans l'Évangile de Saint Marc[566], avait donné de son nécessaire, Haïti, une fois de

---

[563] Fabio Herrera Miniño, 31 mayo, 2018, *«Los dominicanos reconocieron a un presidente haitiano»,* Hoy digital. Fabre Nicolas Geffrard est le fils de Nicolas Geffrard, général en chef du Département du Sud de Dessalines et signataire de l'Acte de l'Indépendance.

[564] Bon Dieu!

[565] Fabre Geffrard, Sir Harry Hamilton Johnston, *The Negro in the New World,* New York, 1910, Schomberg Center for Research in Black Culture, Jean Blackwell Hutson Research and Reference Division, Shelf Locator: Sc 326-97 J.

[566] *Évangile de Saint Marc,* 12 : 41-44.

plus, avait fait le sacrifice de ce qu'elle avait pour vivre pour secourir un autre peuple en danger.

— Retournons, si vous le voulez bien au paiement exigé par la France, lui demanda Amélie. Certains de nos compatriotes – Christophe le premier – ont accusé Pétion d'abord et Boyer ensuite, d'avoir trahi la Nation en acceptant le principe du paiement d'une indemnité en échange de la reconnaissance de notre Indépendance. Qu'en savez-vous exactement ?

— Avant de répondre à votre question et d'assigner des responsabilités aux uns ou aux autres, ayons au moins l'honnêteté d'appeler un chat un chat. Il ne pouvait s'agir d'une indemnité ! Ce que revendiquait la France était innommable, immoral et paradoxal ! Comment comprendre qu'un peuple, qui avait subjugué, asservi, déshumanisé et martyrisé un autre pendant plus de deux-cents ans ait eu l'impudence d'en réclamer des dédommagements ? Cette demande honteuse et immonde n'était rien d'autre qu'une extorsion, un vulgaire racket, un acte de brigandage, une rançon exigée d'un État affaibli que l'on menaçait autrement de bombarder... Cela dit, j'étais encore fonctionnaire dans le département du Nord lorsque j'ai été témoin d'un évènement inouï. C'était juste après la défaite de Napoléon à Waterloo. Louis XVIII avait rétabli la dynastie des Bourbons en France. Une fois revenu au pouvoir, il était devenu plus que jamais obsédé par la reconquête d'Haïti qu'il voulait, à tout prix, remettre dans son escarcelle. Il y dépêcha alors une mission composée de l'adjudant-général Dauxion-Lavaysse qui devait rencontrer Pétion, de Franco de Medina qui devait convaincre Christophe et de Draveman, un négociant de Bordeaux qui avait préalablement vécu dans la colonie.

Arrivé à Port-au-Prince, Dauxion-Lavaysse tomba gravement malade et fut soigné par le médecin personnel de Pétion. Draveman resta brièvement dans le pays, et lorsqu'il comprit que la plupart de ses contacts n'étaient plus au pouvoir, il retourna en France sans demander son reste. Medina, quant à lui se dirigea vers la frontière du Royaume à partir de Santo-Domingo. Christophe qui avait été prévenu de sa présence dans la partie orientale de l'île, le prit en filature, lui tendit un piège, l'arrêta et l'amena au Cap où, les fers aux pieds, il fut jeté dans un cachot. Jugé hâtivement par un conseil militaire, il fut condamné à mort[567].

Christophe ne s'arrêta pas là. Le même jour, à la tombée de la nuit, il convoqua ses collaborateurs les plus proches et la noblesse du Cap à la Cathédrale de la ville. Les cloches sonnaient un glas sinistre et lourd. La nef était tendue de deuil. La lueur vacillante de cierges entourés de crêpes violines éclairait l'église et permettait à peine de distinguer les formes. Tout au fond, dans l'abside, un soliste ténor, accompagné d'un violon, d'un violoncelle et d'un clavecin, chantait la passion du Christ de Jean-Sébastien Bach. La voix pleine de sanglots, l'artiste clamait son désarroi et reprenait en boucle le passage du Christ meurtri par les péchés de l'humanité : *Erwäge, wie sein blutgefärbter Rücken, in allen Stücken*[568]...

Le Roi, quant à lui, était assis immobile dans le sanctuaire. Devant l'autel, il avait fait construire une estrade en bois où il avait fait déposer un cercueil vide et ouvert. Tout à coup, un bruit de bottes se fit entendre dans le narthex de l'église alors qu'une douzaine d'hommes portant des flambeaux et vêtus de longues robes noires s'étaient approchés de l'allée principale pour se positionner des deux côtés du transept. L'assistance redoutait le pire et avait les yeux rivés sur le Roi qui regardait toujours droit devant lui.

Le bruit des bottes s'intensifiait et était maintenant dans l'allée principale : le fusil sur l'épaule, quatre soldats encadraient Médina qui, enchaîné et crasseux, marchait péniblement. Pour tout vêtement, il ne portait qu'une large chemise noire et une corde de pite qui lui ceignait les reins. Le prisonnier avait été visiblement torturé. Son escorte militaire avançait, quant à elle, lentement et à pas pesants. Arrivé devant l'autel, Médina fut pris en charge par quatre croque-morts portant, eux-aussi, des robes noires. Visiblement effrayé par la scène d'horreur dont il était le protagoniste, ses forces le lâchèrent et il s'affaissa. À coup de fouets, son cortège funèbre le força à gravir les marches du chœur jusqu'à ce qu'il se tienne à côté du cercueil qui lui était destiné. Médina semblait obsédé par le linceul de la bière qu'il ne pouvait pas quitter des yeux.

---

[567] Saint-Rémy, *Étude historique et critique des Mémoires du Général Toussaint Louverture écrits par lui-même*, Pagnerre, Librairie-Éditeur, Paris, 1853, page 126.
[568] Considère comment son dos [est] taché de sang, de tous côtés ...

Le capucin Corneille Brelle monta à son tour à l'autel. Par un geste de la main, il demanda au soliste d'arrêter de chanter. Il entonna alors un troublant « *Libera* [569] ». Pendant qu'il chantait le premier couplet, Médina perdit connaissance à nouveau. Les quatre croque-morts recommencèrent à le fouetter jusqu'à ce qu'il sort de sa torpeur. Il tenait à peine sur ses jambes, tant il tremblait d'épouvante. Il eut le vertige et dut, malgré lui, s'appuyer sur le cercueil vide, jusqu'à ce que le prêtre ait terminé la liturgie du repos des âmes. Le chevalier de Prézeau s'avança jusqu'à l'estrade et lut les chefs d'accusation qui avaient été retenus contre le prisonnier. Il parla de l'ancien ordre politique d'avant l'Indépendance, expliqua le but de la mission de l'espion qui avait été chargé de corrompre le Roi pour l'amener à rétablir l'esclavage et livrer le pays aux Français. Médina, épouvanté, s'évanouit à nouveau. Les militaires, qui étaient au premier rang, tirèrent leurs sabres cette fois-ci et foncèrent sur lui pour l'achever. Christophe se leva et éleva la voix pour les en empêcher. « Pas ici ! leur cria-t-il. » Le prisonnier fut alors transporté à la Citadelle où quelques jours plus tard, il mourait de faim et d'effroi[570].

Christophe et son entourage inondèrent alors le pays de pamphlets accablants pour Pétion, l'accusant d'abord d'avoir bien accueilli Dauxion-Lavaysse et de l'avoir fait soigner lorsqu'il était tombé malade. De manière plus pernicieuse encore, ils l'accusaient d'être non seulement favorable au paiement d'une indemnité aux anciens colons mais d'être prêt à rétablir l'esclavage dans tout le pays.

— Pétion a-t-il vraiment été favorable au paiement d'une indemnité, lui demanda Amélie ?

— Manbo, je n'étais pas à Port-au-Prince et je ne peux que rapporter ce que j'ai vécu et appris par ouï-dire de l'entourage du Roi, particulièrement de deux de ses secrétaires : le Baron de Vastey et Juste Chanlatte. En novembre 1815, les deux hommes utilisèrent la Gazette Royale pour publier ce qu'ils appelaient « les preuves de la trahison de Pétion ». Le texte cinglant commençait ainsi : « Pétion s'est couvert d'infamie en trahissant le peuple haïtien. Pétion s'est avili par la versatilité de sa conduite et son odieux caractère ; ce Français du

---

[569] Chant catholique entonné devant un cercueil à la fin d'une cérémonie funéraire et qui commence par : « *Libère-moi Seigneur de la mort éternelle… »*
[570] Louis-Émile Élie, *La vie tragique du Roi Christophe*, op.cit., page 87.

Nouveau-Monde, comme ses frères d'Europe, crie indifféremment : Vive Louis XVIII ! Vive Bonaparte[571] ! »

Ces propos étaient, sans aucun doute, calomnieux. Je ne sais honnêtement pas ce qu'ont été les échanges entre Dauxion-Lavaysse et Pétion. Cependant, des années plus tard, j'ai pu lire dans des journaux ce que Pétion avait écrit de sa main et qui disait à peu près ceci : « La France réclame des droits sur Saint-Domingue, elle les a à tout jamais perdus. Les propositions qui nous ont été faites tendent à rétablir la souveraineté de la France en Haïti. Je les ai rejetées car elles sont inadmissibles[572]. »

En me remémorant ces lignes, je me suis toujours dit que, s'il y avait eu des propositions à rejeter, c'est qu'il y en avait bien eu et, au bas mot, un début de négociation. Certains de ceux qui avaient participé à ces séances de travail m'ont laissé comprendre qu'avant qu'elles ne prennent fin, le président haïtien était tombé dans le piège de son interlocuteur et avait, à un moment donné, envisagé la possibilité du paiement d'une indemnité[573].

Pétion était-il fatigué de se battre sur tous les fronts ? Dauxion-Lavaysse l'avait-il surpris dans un moment de faiblesse ? Quelles que soient les réponses, il est évident que les réactions de Pétion et de Christophe ont été diamétralement opposées : Médina n'a même pas eu le temps de faire la moindre proposition au Roi alors que Pétion a fait soigner l'envoyé de Louis XVIII, lui a parlé et lui avait permis de retourner en France sans être inquiété. En réponse à votre question, je dois donc reconnaître qu'apparemment Pétion a pris le temps d'entendre l'ennemi, alors que Christophe a été intraitable avec lui.

— Même si on peut accuser Christophe de cruauté, il ne fait aucun doute qu'il a été un patriote jusqu'au bout ! objecta Cat.

— C'est vrai, Mademoiselle. A-t-il cependant été aussi intransigeant sur la question des négociations avec la France que semble indiquer l'assassinat de Médina ? La réponse est non ! Même après avoir tué l'envoyé de Louis XVIII, quelques années plus tard, il instruisait Julien Prévost, Comte de Marmelade, ministre des Affaires Étrangères, de contacter les alliés anglais du Royaume du

---

[571] IBID., page 95.
[572] Louis-Émile Élie, *La vie tragique du Roi Christophe*, op.cit., page 90.
[573] Placide David, *Études Historiques, Pescay et le président Boyer*, C3 Éditions, Haïti, 2019, page 66.

Nord et de leur confier la mission d'entamer des négociations avec la France en faveur du Royaume.

— Des négociations pour arriver à quoi, répliqua Cat ?

— Des négociations pour arriver à la reconnaissance de l'Indépendance d'Haïti, en assurant les Français que le roi Henri était prêt à écouter favorablement « les propositions justes et raisonnables qui lui seraient faites[574]. »

— Assurément, vous vous trompez ! Si le Roi voulait vraiment négocier, pourquoi avait-il tué Médina ?

— C'est une bonne question, Mademoiselle. Toujours est-il qu'à la fin de 1819, le Souverain haïtien écrivit personnellement à l'Anglais Thomas Clarkson qui lui servait de conseiller. Il lui fit parvenir des lettres de créance en le nommant envoyé plénipotentiaire du Royaume d'Haïti. Il lui confia la mission de faire des ouvertures à Paris en vue de négocier un traité de paix avec les Bourbons de France. Ainsi, Haïti serait reconnue comme une nation libre, souveraine et indépendante. Son commerce serait libre de toute entrave et les revendications des ex-colons seraient abandonnées[575]. En échange, le roi Henri était prêt à concéder à la France un statut préférentiel comme partenaire commercial.

Rapidement, Clarkson répondit au Roi que ses premiers échanges avec les Français avaient été infructueux, que Louis XVIII n'était prêt à signer un traité qu'avec le général Christophe et pas avec un roi dont il ne reconnaissait pas l'autorité. Qu'Haïti devrait en échange payer une indemnité à la France et lui concéder des droits exclusifs de commerce pendant un demi-siècle.

— Comment a réagi Christophe, demanda Cat ?

— Je n'en sais honnêtement rien ! Le connaissant, il a sûrement dû sortir de ses gonds... et puis, rapidement, le 15 août 1820 est arrivé.

Elle continua :

— Qu'a fait alors Boyer ?

— Par où devrais-je commencer ? Cet individu n'avait qu'une seule chose à son actif, une seule : la réunification de l'île d'Haïti sous un seul gouvernement, mais il l'a tant bâclée qu'elle n'a pas survécu... Rien d'étonnant ! Pétion avait

---

[574] Placide-Justin, *Histoire Politique et Statistique de l'île d'Hayti*, Imprimerie d'Hippolyte Tilliard, Paris 1826, page 470.
[575] *Henry Christophe & Thomas Clarkson*; a correspondence edited by Earl Leslie Griggs and Clifford H. Prator, University of California Press, 1952, pages 168 à 170, cité par Paul Clammer, Black Crown, Hurst and Company, London, page 282.

pourtant prévenu Inginac : cet homme était un cancre, doublé d'un fat ! Par un alignement propices des planètes, il a posé un geste d'éclat en 1821 en réunissant le pays sous un même drapeau. Vraiment trop beau pour être vrai ! Le crétin avait réussi là où Pétion et Christophe avaient échoué et il trouva quand même le moyen de se tirer une balle dans les pattes en 1825 ! L'année 1825 est de loin…, mais de très loin, l'année la plus néfaste qu'ait connue Haïti depuis l'assassinat de Dessalines. C'est aussi l'année où des choix stratégiques aussi irréfléchis qu'immondes ont été imposés à la jeune nation. Des choix qui ont plombé tous les espoirs qu'Haïti pouvait raisonnablement entretenir de voir son peuple grandir et prospérer dans la dignité.

Déjà, avant la mort de Pétion et celle de Christophe, les demandes de soumission à la France avaient été claires. Maintenant que Boyer avait réunifié l'île, les Bourbons pensèrent opportun de renouer les négociations avec lui. Ils lui dépêchèrent alors toute une horde d'agents secrets qui, sous couvert d'un statut de pacotilleurs, commencèrent à préparer la voie à une entente. Une première mission haïtienne en France composée du notaire Rouannez et du sénateur Larose échoua lamentablement.

La France, flairant qu'Haïti était dirigée par un homme indolent et plutôt médiocre, demanda à ses espions locaux d'augmenter la pression et c'est bien ce qu'ils firent. Un d'entre eux, M. de Laujeon, rencontra Boyer au palais et lui annonça avec une insolence à peine voilée et un sans-gêne révoltant que, moyennant *soixante-quinze millions de francs et un chocolat*[576], il était possible d'arriver à un accommodement. Cédant à la suffisance et à la sottise qui n'étaient pas ses moindres défauts, Boyer déclara inconsidérément : « Si ce n'est que cela, j'en donnerai cent ! »

— Non ! Ce n'est pas possible ! Il n'a pas fait ça, demanda Cat interloquée ?

— Et pourtant, Mademoiselle, c'est bien ce qu'il a fait. Comme vous d'ailleurs, Laujeon n'en croyait pas ses oreilles. Au lieu de rabattre l'offre, Boyer avait surenchéri. Ces mots imprudents, prononcés avec tant d'aplomb, avaient convaincu l'agent français que la jeune République était bien plus riche que la France ne le croyait. Avait-il découvert la légendaire « Toison d'or » de Toussaint Louverture ?

---

[576] Edmond Bonnet, *Souvenirs historiques…*, op.cit., page 284.

Laujeon fit immédiatement son rapport à Charles X qui, le plus naturellement du monde, doubla sa demande initiale. Sa Majesté Très Chrétienne, excusez du peu, posait alors un acte qui n'avait absolument rien de chrétien, mais tout de méphistophélique. Elle délégua le baron de Mackau qui débarqua à Port-au-Prince avec une ordonnance par laquelle la France imposait une « *indemnité* » de 150 millions de francs à Haïti.

L'ordonnance fut présentée à Boyer qui, complètement pris au dépourvu, tenta de se dédire. Peine perdue : le mal était déjà fait ! Mackau n'était pas venu parlementer et, quatre petits jours après son arrivée, il avait en main un accord dûment signé. Comme par enchantement, l'escadre des Antilles qui s'était cachée derrière l'Île de la Gonâve entra dans la baie de Port-au-Prince pour « *célébrer* » le nouvel État indépendant[577]. Cette formidable armada jeta l'ancre en face de Port-au-Prince. Elle était composée de 14 vaisseaux alignant 528 canons contre la Capitale.

— Que venait de signer Boyer avec les Blancs, demanda Cat toujours incrédule ?

— Il venait de signer un pacte avec le diable, Mademoiselle ! Les Haïtiens, qui venaient à peine de payer leur liberté de leur sang, devaient maintenant passer à la caisse pour « indemniser » les vaincus. Une abomination ! Ce faisant, Boyer condamna son peuple à croupir à perpétuité dans la misère la plus noire. Lorsqu'il engagea le pays à payer 150 millions de francs répartis en 5 paiements de 30 millions de francs, le premier paiement représentait déjà plus de 6 fois l'ensemble des revenus de l'État en 1825 !

— Je me demande comment le monde occidental aurait réagi après le génocide arménien si la Turquie avait exigé et obtenu une indemnité des victimes, demanda Olivier, visiblement sorti de ses gonds ?

— C'est une excellente question, Padre. Mais pourquoi ne pas pousser votre argument un peu plus loin ? Nous souhaitons tous qu'un jour, « la paix soit sur Israël[578] » n'est-ce pas ! Lorsqu'avec la grâce de Dieu, ce jour arrivera enfin, l'État hébreu se sera finalement entendu avec son voisin palestinien et qu'il sera retourné à l'intérieur de ses frontières, pensez-vous que le monde acceptera que les Israéliens exigent une indemnité des Palestiniens ? Je m'égare une fois de plus. Revenons à nos moutons.

---

[577] François Blancpain, *Un siècle de relations financières entre Haïti et la France*, L'Harmattan, 2001, page 60.
[578] *Psaumes* 128 : 6.

Haïti avait à peine accepté le diktat français qu'elle se trouva incapable de faire face à ses obligations. Moins d'une semaine après avoir entériné l'ordonnance, le pays fut contraint de négocier un emprunt auprès des banquiers français Ternaux-Gandolphe et Cie. C'est ainsi qu'Haïti contracta la double-dette de l'Indépendance, 120 millions envers le gouvernement français et 30 millions envers les porteurs d'obligations[579].

— Qui a payé pour le chocolat, demanda Amélie avec un sourire narquois ?

— Il y a quelques années, répondit Olivier, un cadre supérieur de la Banque de la République d'Haïti a pris le soin de calculer au centime près, capital, intérêts et chocolat compris, la valeur actualisée du remboursement de cette « dette ». Ce jeune homme s'appelait Richard Baptiste[580]. C'est d'ailleurs grâce à lui que l'ex-président Jean-Bertrand Aristide a officiellement demandé que la France nous rembourse la rondelette somme de 21 685 155 571 dollars et 48 centimes. Au fait, quel que soit ce que l'on peut reprocher au président Aristide, la Nation doit, au moins, lui reconnaître le mérite d'avoir porté cette juste revendication par devant le monde entier. D'aucuns disent que c'est ce qui lui a valu le coup d'État de 2004.

— Attention à ce que tu avances, Olivier, interrompit Amélie. Il ne faut pas réécrire l'histoire : tu ne vas tout de même pas oublier les responsabilités du président Aristide dans sa propre chute. Je te rappellerai que son gouvernement a été le premier à utiliser les gangs de rue pour intimider la presse et terroriser ses opposants !

— Je te le concède, Amélie, mais il n'a pas été le dernier à le faire, non plus ! Tu admettras aussi que le gouvernement français, le président Chirac, son ministre des Affaires Étrangères, Dominique de Villepin et ce vieux barbouze de Régis Debray ont également magouillé comme des diables pour renverser Aristide. Pourquoi ? À cause justement de sa campagne de réparation et sa demande de restitution des fonds extorqués par la France en 1825. Debray était arrivé au pays en décembre 2003 et a fait de son mieux pour convaincre les Américains de lâcher Aristide, qui, malgré tout ce que son opposition lui reprochait, était resté jusqu'au bout l'homme des Yankees…

---

[579] Contre remise de 24 millions de francs à l'État Français, Haïti s'engageait à rembourser, en 25 ans 30 millions de francs, augmentés d'un intérêt de 6% l'an, amenant le taux réel du prêt à 7.5% (in: Blancpain, *Un Siècle…*, op.cit., page 66)

[580] Ericq Pierre, *La double dette de l'Indépendance et nous*, Le Nouvelliste, 18 juillet 2022.

— Et pour confirmer l'existence du complot, ajouta Moro, lorsqu'au départ d'Aristide, Gérard Latortue – celui sur lequel les Blancs avaient jeté leur dévolu pour diriger le nouveau gouvernement – fit son premier voyage officiel à l'étranger, comme par coïncidence, il alla tout droit en France. Là, il fut reçu en grande pompe par le président Chirac et, à sa sortie de l'Élysée, il déclara à la presse, sur un ton lapidaire, qu'il n'y avait aucune base légale à la demande de restitution de l'ex-président Aristide. Peu importe que la France, par la ruse et par la force, soit arrivée à mystifier des hommes dont elle avait déjà sucé la sueur et le sang pendant deux siècles ; peu importe qu'elle ait réussi à extorquer de cette jeune nation tout ce qu'elle avait pour vivre et se développer ; peu importe que le gouvernement français nous ait collé un canon à la tempe jusqu'à que nous soyons convaincus que nous n'avions d'autre choix que de plier l'échine, le nouveau leader haïtien avait choisi son camp ! Il était finalement arrivé au pouvoir et, à ce stade, c'était malheureusement et apparemment tout ce qui comptait pour lui.

— Où donc étaient les fortifications et les canons de Dessalines, demanda Cat avec une moue désabusée ?

— Ils étaient encore là, Mademoiselle ! Mais Dessalines était mort et le petit bon ange du pays était parti avec lui. Pire encore, la flibuste française avait fait des émules et, au moindre conflit commercial avec n'importe quel quidam qui se réclamait de leur nationalité, ces nouveaux maîtres du monde, Allemands, Espagnols, Anglais et Américains n'hésitaient pas à nous prendre à la gorge pour nous menacer des pires calamités. À nous soumettre également aux outrages les plus humiliants jusqu'à ce que nous leur ayons remis notre dernier sou.

— Où étaient alors Bolivar et sa Grande Colombie [581] ? Nous avions été les premiers – pour ne pas dire les seuls – à les aider à s'armer pour se battre contre l'oppresseur et aboutir à l'indépendance du Venezuela, de la Colombie, de l'Équateur, de la Bolivie et du Pérou. Dessalines et Pétion avaient même permis que de jeunes volontaires haïtiens les rejoignent pour se battre à leurs côtés. Si je ne m'abuse, des officiers et des soldats haïtiens dorment sous

---

[581] La Grande Colombie est née du mouvement indépendantiste de Bolivar face à l'Espagne. Le pays s'étendait sur deux millions et demi de kilomètres carrés et comprenait ce qui plus tard deviendrait la Colombie, l'Équateur, le Venezuela, le Panama, une partie du nord du Pérou, une partie du nord-ouest du Brésil et l'ouest de la Guyane Anglaise.

l'herbe et les fleurs des champs de bataille de Carabobo[582] et d'Ayacucho[583]. Où donc était Bolivar, maintenant que nous avions besoin de lui ?

— Lorsqu'en 1825, Boyer approcha les Colombiens pour leur proposer une alliance militaire et commerciale et leur demander de reconnaître notre Indépendance, sa demande fut rejetée par ceux-là mêmes qui, dix ans plus tôt, avaient désespérément sollicité et obtenu l'aide d'Haïti. Haïti, je vous le rappelle, qui alors n'avait pas hésité à assumer généreusement tous les risques et toutes les conséquences de ses choix !

Figure 55. Simon Bolivar[584].

Ce n'est pas tout ! Lorsqu'en 1826, les Colombiens – entendez par là, les Colombiens, les Panaméens, les Équatoriens, les Péruviens, les Boliviens et les Vénézuéliens – organisèrent la première réunion panaméricaine, ils n'invitèrent même pas Haïti à y participer. Officiellement, notre péché était de ne pas parler espagnol... *Yon tentennad[585]* ! Une absurdité ! car les Anglais, les Américains et les Hollandais étaient tous autour de la table !!! Au moment de porter le panaméricanisme sur les fonts baptismaux, la marraine fut évitée...tout bonnement!

Tous les Américains[586] avaient un siège à la table du festin, mais personne ne daigna offrir « le moindre strapontin aux fesses nègres d'Haïti[587] ». Haïti, je vous le rappelle, qui avait tant sacrifié pour Bolivar et pour les siens ; Haïti qui était maintenant seule face à son destin ; Haïti qui était dans une quête désespérée de compétence et en manque d'amitiés sincères. Haïti qui enfin

---

[582] À Carabobo, Simon Bolívar mit en déroute les Loyalistes et consacra l'indépendance du Venezuela.
[583] C'est à Ayacucho que fut consacrée l'indépendance du Pérou.
[584] H.F. Helmolt (ed.): *History of World.* New York, 1901, Courtesy of the University of Texas Libraries, The University of Texas at Austin.
[585] Une niaiserie.
[586] L'Argentine, le Chili et le Brésil avaient décliné l'invitation.
[587] L'expression est de Jean Fouchard.

allait être sacrifiée sur l'autel du plus vil racisme lorsque le chancelier José Rafael Revenga – proche collaborateur et homme de confiance de Bolivar – affirma sans vergogne que « la Colombie répugne à conserver avec Haïti des considérations relevant de l'étiquette généralement admise entre nations civilisées[588] ».

— Je n'en crois pas mes oreilles ! Et Bolivar dans tout ça, reprit Cat ?

— Aaah ! Il essaya plus tard de se disculper, mais il ne m'a jamais convaincu. Je laisserai Dieu et l'Histoire le juger. Il a d'ailleurs laissé une très ample correspondance qui devrait permettre aux uns et aux autres de se faire une idée juste de qui il était et de ce qu'il pensait vraiment de ceux qui nous ressemblent. Ses commentaires sur le héros mexicain Vincente Guerrero[589], par exemple, parlent d'eux-mêmes. Mais, je m'égare... Laissons Bolivar reposer, si possible, là où il est, et revenons en Haïti si vous le voulez bien.

— Veuillez m'excuser de vous avoir interrompu une fois de plus, lui répondit la jeune femme abasourdie.

— De rien, Mademoiselle. Je comprends et je partage votre désarroi. Je voulais seulement ajouter que de toutes les menaces, de toutes les humiliations, de toutes les insultes qui, au cours des ans, nous ont été infligées par l'étranger, nulle ne m'a fait plus mal que celle du capitaine Karl Ferdinand Batsch. C'était, en 1872. Nous étions, sous la présidence de Nissage Saget. Deux commerçants allemands établis l'un au Cap, l'autre à Miragoâne, s'étaient plaints à leur chancellerie qu'un prétendu dommage leur avait été causé par l'État haïtien.

Le gouvernement prussien dépêcha alors le capitaine Batsch à la tête d'une expédition punitive appuyée par deux frégates lourdement armées. Les Teutons avaient mobilisé toute cette force, parcouru toutes ces mers, tenez-vous bien, pour nous réclamer, sans la moindre décision de justice, une indemnité de 3 000 livres sterling[590]. Faute par le gouvernement haïtien

---

[588] Revenga à Gual (Bogotá, 24-09-1825), in: *Memorias del General O'Leary*, cité par Alejandro E. Gómez, Le Spectre de la Révolution Noire, Presses universitaires de Rennes, OpenEdition Books, page 90.

[589] Bolívar décrit ce personnage en termes péjoratifs, non comme métis mais comme un zambo – résultat du mélange entre un Noir et une Indienne, la catégorie raciale la plus basse durant l'époque coloniale dans l'Amérique espagnole. Il en parlait comme d'un « *barbare des côtes du Sud, vil avorton né d'une Indienne sauvage et d'un féroce Africain [qui] accède au pouvoir suprême laissant deux mille cadavres derrière lui* ». In *Simon Bolívar, Una mirada sobre la América Española*, (Quito, 1829), cité par Alejandro Gómez, op.cit., page 88.

[590] £ 3,000 de 1825, lorsqu'ajustées pour l'inflation et le taux de change vaudraient aujourd'hui environ US$ 455,547.37.

d'obtempérer, Batsch menaçait « de prendre telles mesures répressives qu'il lui plairait[591] ! »

À la faveur de la nuit, les Allemands s'emparèrent de deux corvettes haïtiennes qui étaient en réparation à la Marine et les traînèrent au large. Sans aucun moyen de se défendre, le président Saget, tergiversa, tenta de parlementer, mais, avant que commence le bombardement annoncé de la Capitale, il capitula et paya la rançon. Le jeune Oswald Durand tenta alors de laver l'affront avec ces vers vengeurs et méprisants[592] en écrivant au lendemain de cette gifle :

Nous leur jetâmes l'argent, le front haut, l'âme fière
Ainsi qu'on jette un os aux chiens !

La répartie était belle, mais le mal était fait. Le pays tout entier eut l'impression qu'il avait bu le calice de fiel jusqu'à la lie. Enfin, c'est ce que nous pensions. Nous ignorions alors qu'un bicolore sur le pont d'une de nos deux corvettes avait été souillé par la défécation d'un voyou qui, au lieu d'être puni pour conduite indigne d'un officier, avait été promu successivement chef d'état-major de l'Amirauté, contre-amiral et finalement vice-amiral de la Marine allemande[593].

— *Mezanmi*[594] ! N'étaient-ce pas ces mêmes Allemands que Dessalines avait accueillis à bras ouverts et auxquels il avait spontanément offert la nationalité haïtienne, demanda Cat, les larmes aux yeux ?

— Tchuipp ! Ce sont bien ces Allemands-là qui nous ont fait ça ! répondit Moro.

— Revenons un moment à Boyer si vous le voulez bien, lança Amélie. Aussi incompétent et présomptueux qu'il ait pu être, il a bien dû, à un moment donné, se demander comment le pays allait pouvoir payer une dette aussi faramineuse.

— Très rapidement, le Président se rendit compte que le pays était incapable de faire face à l'engagement contracté en son nom avec tant de légèreté. Sans même prendre le soin de consulter le peuple, il avait sacrifié ses intérêts en attachant à ses pieds un boulet qu'il allait traîner pendant plus de soixante

[591] Jean Fouchard, *Histoire d'Haïti, 1804-1990, Tome II,* Imprimerie Henri Deschamps, 2017, page 196.
[592] Ibid., page 196.
[593] Friedrich-Christian Stahl, *Batsch, Karl Ferdinand*, In: *Neue Deutsche Biographie (NDB)*. Band 1, Duncker & Humblot, Berlin 1953, page 629.
[594] Mes amis ! Interjection créole pour décrire une émotion vive et soudaine.

ans[595]. Pour trouver les fonds qui allaient payer sa stupidité, il retourna le couteau dans la plaie en faisant voter toute une série de lois abusives et rétrogrades. Il fit édicter un *Code Rural* qui allait faire du monde bossale un « pays en dehors[596] » et qui, une fois pour toutes, allait sceller son isolement économique, social et culturel. Si la rançon concédée à la France constituait déjà un crime impardonnable, le *Code Rural* de Boyer venait l'avilir et étouffer la paysannerie.

Déjà en janvier 1820, Boyer était entré à Jérémie et avait solennellement déclaré que son armée avait réussi à éliminer la dernière poche de résistance des marrons qui, depuis trente ans, avaient mis la Grande-Anse en ébullition. Bien qu'il n'ait jamais réussi à mettre la main sur Goman, Malfou et Malfèt, les trois leaders de la rébellion bossale, les paysans n'avaient plus personne pour les défendre et étaient désormais livrés à eux-mêmes. Boyer avait maintenant le champ libre pour faire ce que bon lui semblait... il n'avait malheureusement que très peu de bon en lui.

Avec son nouveau *Code Rural*, Boyer légalisait le servage du paysan et la même année, il fit voter une loi interdisant désormais à l'État de faire aucune concession de terrain provenant de son domaine privé. Ce faisant, il arrêtait l'essor économique du pays, émasculait la Nation et condamnait le monde rural à la plus sordide misère.

Avec son nouveau code, « Boyer interdisait au paysan, sous peine d'emprisonnement et de travaux forcés, de se déplacer à l'intérieur du pays sans avoir obtenu un permis du fermier, du propriétaire ou du gérant du domaine sur lequel on l'employait ; il fixait le nombre des heures de travail ; il supprimait le droit du cultivateur de quitter la campagne pour aller habiter les villes et les bourgs ; il déclarait qu'aucune réunion ou association de laboureurs fixés sur la même plantation ne pourrait se rendre fermière de la plantation pour l'exploiter ; il commandait au paysan d'être soumis envers le propriétaire, le fermier ou le gérant, sous peine d'emprisonnement. Hormis le fouet, c'était l'esclavage[597] ! »

Pour l'observateur non avisé, Boyer avait connu un succès inespéré: il avait réussi là où Dessalines, Christophe et Pétion, avant lui, avaient piteusement

---

[595] François Blancpain, *Un siècle de relations...*, op.cit., page 62.
[596] L'expression est de Gérard Barthélémy in: *L'univers rural haïtien, le pays en dehors*, Éditions l'Harmattan, Paris, 1991.
[597] Louis-Joseph Janvier, *Les constitutions d'Haïti (1801-1885)*, C. Marpon et E. Flammarion, Paris, 1886, page 149.

échoué. Il avait réunifié le Nord et le Sud. Il était entré dans l'Est et avait mis toute l'île sous sa férule. Il était venu à bout des marrons et la France avait reconnu l'Indépendance d'Haïti.

Pour l'Haïtien moyen, cependant, Boyer avait été une calamité. Son interminable présidence ne s'était soldée que par un terrible et redoutable enfantement et le pays n'avait accouché que d'un système n'ayant rien à envier au système colonial – la prospérité exclue. En édictant son Code Rural, Boyer légua au pays une société conçue et dirigée par des ogres affamés, des chiens méchants et sans pitié qui, de père en fils, allaient perpétuer un véritable enfer pour les plus vulnérables de leurs concitoyens.

À mes yeux, Boyer restera responsable de tous les ressentiments qui, de son arrivée au pouvoir à ce jour, ont divisé la société haïtienne. Par les incongruités de son système agraire, par ses faveurs prodiguées à un petit nombre de créoles aux dépens des bossales – qui étaient déjà et qui sont encore la majorité – il fit que « les premiers apprirent à sous-estimer les seconds, les seconds à honnir les premiers qui s'étaient emparés des meilleures terres, des places de choix dans l'administration publique [et des meilleures opportunités commerciales et industrielles du pays]. C'est le Code Rural de 1826 qui créait, dans un pays que l'on croyait égalitaire, deux nations dans la nation : l'une – minoritaire – suçant [jusqu'à la moelle] l'autre majoritaire[598].» C'est donc à ce même *Code* qu'il faut remonter pour trouver l'explication de tous les troubles sociaux qui n'ont cessé et ne cessent encore de bouleverser le pays.

Par sa vanité et sa nonchalance, par sa nullité et la corruption qu'il entretenait autour de lui, Boyer finit par agacer la population dans toutes ses composantes. À un moment donné, le Président voulut calmer le mécontentement du peuple en feignant d'accepter les demandes de réformes, mais il était trop tard. Un mouvement de protestation parti du village de Praslin, non loin des Cayes, se transforma en prise d'armes. L'armée populaire du Sud, dirigée par Rivière-Hérard, marcha vers Port-au-Prince. Elle était à Léogâne lorsque Boyer, craignant pour sa vie, envoya sa démission au Sénat de la République et s'embarqua pour l'exil. Il avait régné sur Haïti pendant vingt-deux

---

[598] Louis-Joseph Janvier, *Les constitutions d'Haïti (1801-1885),* op.cit., pages 151-152.

ans, quatre mois et vingt et un jours de trop. Sept ans plus tard, Il mourait en France de sa belle mort. Il avait 74 ans.

Tout à coup le téléphone d'Olivier se mit à sonner. Il se retira pour prendre l'appel. C'était Lou qui était à l'autre bout du fil : Mme Saint-Macary avait perdu connaissance et elle avait été transportée en urgence à l'hôpital. Elle avait repris ses sens et Lou le pria d'en informer Amélie et Cat avec tout le doigté nécessaire. Par la même occasion, il lui demanda de les ramener le plus tôt possible à la Petite-Rivière.

Figure 56. Clocher de Saint-Jérôme. Dessin au crayon de Kassim Oumarou dos Santos.

CHAPITRE 34

Les cloches de Saint-Jérôme appelaient les fidèles à la messe de dix heures lorsqu'Olivier gara le véhicule du Grand Séminaire à la rue Sténio Vincent devant chez Laporte. Lou était debout sur le trottoir pour les accueillir. Cat attendit à peine que la voiture s'arrête. Elle ouvrit la portière et se précipita tout droit vers les bras ouverts de son père qui l'enlaça :

— Où est-elle ? Où est Mèmère, lui demanda-t-elle, les larmes aux yeux ?

— Elle est dans sa chambre, ma chérie. Elle se repose et Maman est avec elle.

Elle embrassa son père et fonça vers les marches du perron qu'elle gravit rapidement. Arrivée devant la chambre de sa grand-mère, elle remarqua une infirmière assise en silence. Elle la salua d'un geste de la main et s'arrêta un moment pour reprendre son souffle et retrouver son calme. Elle frappa alors délicatement à la porte et l'entrouvrit. Hélène se retourna et lorsqu'elle aperçut sa fille, elle se leva doucement et la prit dans ses bras. Après une étreinte qui dura toute une éternité d'affection, Cat commença en chuchotant, à lui poser une kyrielle de questions qui se succédaient sans interruption et qui, en guise de réponse, suscitèrent le regard affectueux et tout rempli de compassion de sa mère.

Soudain, Mme Saint-Macary ouvrit les yeux, essaya de mieux s'installer sur le lit, se passa la main dans les cheveux pour ajuster sa coiffure et dit doucement :

— Anne-Catherine, ma chérie, que fais-tu là ?

— Tu nous as fait peur, Mèmère. Lorsque Papa nous a appelés pour nous annoncer que tu t'étais évanouie et que tu avais dû être transportée à l'hôpital en urgence, Marraine et moi sommes venues, en toute hâte, avec mon parrain qui nous a conduites tôt ce matin. Comment te sens-tu ?

— Je suis moulue de courbatures, mais je vais bien. Oli est ici avec vous ?

Alors que Cat se préparait à répondre à sa grand-mère, Amélie entra dans la chambre sur la pointe des pieds. Elle embrassa d'abord Hélène, puis sa mère et s'assit au bord du lit. La vieille dame ouvrit les bras pour inviter sa fille à se pencher sur elle. Elle l'étreignit alors délicatement sur sa poitrine, l'embrassa et lui caressa les cheveux.

— Tu m'as manquée, Amélie. Cat me dit qu'Olivier vous a accompagnées. Cat, pourrais-tu avoir l'amabilité de demander à ton père et à ton parrain de nous rejoindre ?

Amélie fronça le sourcil et se retourna en direction d'Hélène qui paraissait tout aussi confuse qu'elle. Quelques minutes plus tard, Cat revenait dans la chambre avec les deux hommes.

— Mes chers enfants, dit la vieille dame, je suis heureuse de vous avoir tous avec moi. Il y a des nouvelles que je voulais vous annoncer moi-même. D'abord et avant tout, sachez que je suis vraiment désolée de vous avoir tant inquiétés. En début de semaine dernière, je me suis sentie extraordinairement fatiguée. Au moindre effort, j'étais essoufflée et j'avais des palpitations. Je suis allée seule à Deschapelles et j'y ai rencontré, par hasard, une de vos anciennes connaissances. C'est la fille de Warren Berggren, cet éminent médecin américain qui a longtemps dirigé l'hôpital.

Vous vous en souvenez sûrement : elle s'appelle Elizabeth. Comme son père, elle est médecin. Il se trouve qu'elle est de passage à *Albert Schweitzer* pour superviser l'installation de nouveaux équipements. Je l'ai tout de suite reconnue. Elle a insisté pour me prendre en charge et m'a soumise à toute une batterie de tests. Lorsqu'hier j'ai perdu connaissance, Hélène et Lou m'ont tout de suite amenée à l'hôpital où Elizabeth m'a réanimée. Dans l'après-midi, je lui ai longuement parlé et son diagnostic n'est guère reluisant. Les examens ont confirmé que je souffre d'une leucémie aiguë qui s'est déclarée très brutalement. Vu mon âge, l'état avancé de la maladie, les rigueurs du traitement et ses effets secondaires, elle m'a déconseillé de l'entreprendre et m'a plutôt proposé des soins palliatifs qui vont me donner le temps de mettre mes affaires en ordre.

Amélie se retourna instinctivement vers Hélène et la regarda, complètement éberluée.

— Savais-tu que Maman était malade, lui demanda-t-elle sur un ton de reproche ?

Sentant le profond désarroi de sa sœur cadette, Hélène ne lui dit rien mais la regarda avec un sourire attendri et les larmes aux yeux.

— Amélie, je suis encore là avec toi, dit la vielle dame. Si tu as des questions, regarde-moi droit dans les yeux et pose-les-moi. D'abord et avant tout, ni Hélène, ni Lou n'étaient au courant de ma conversation avec mon médecin. Je ne leur en ai parlé pour la première fois qu'hier soir.

— Mais, Mèmère, il y a des traitements, insista Cat. Que peut bien savoir cette Elizabeth ? La science a beaucoup évolué. Tu ne peux pas baisser les bras aussi facilement. Si les rôles étaient inversés, je suis sûre que tu aurais été la première à me dire *Pitit mwen, mete fanm sou ou*[599] !

— Merci, ma chérie. Je comprends ta réaction, mais il se trouve qu'Elizabeth est une spécialiste en maladies infectieuses qui, en plus, est mariée à un oncologue. Elle vient tout droit de Dartmouth, la prestigieuse université américaine. Cette jeune femme n'est à Albert Schweitzer que pour y installer un laboratoire de dépistage de cancer et j'ai été sa première patiente.

— Comme quoi, *blan-an di ou mouri*[600] et tu l'acceptes comme ça, sans te battre ? *Mete fanm sou ou,* Mèmère !

— Anne-Catherine, lui répondit la vieille dame en esquissant un sourire, je lui ai parlé de toi et si tu veux la rencontrer pour qu'elle te donne plus de détails, elle sera disponible à l'hôpital demain pour répondre à toutes les questions que la famille pourrait avoir. Cela dit mes chéris, je suis heureuse que vous soyez tous là, car j'aimerais vous parler à chacun individuellement. Hier soir, j'ai déjà eu mes apartés avec Lou et Hélène. Je vous demanderais de me laisser maintenant seule avec Cat. Lorsque j'en aurai terminé avec elle, je voudrais passer un moment avec Amélie puis, avec Olivier.

À ces mots, le prêtre fut ému jusqu'aux larmes. Plus d'une fois ce matin-là, Mme Saint-Macary avait dit à toute sa famille qu'elle le considérait comme un des siens. Il fut le premier à laisser la salle pour se réfugier sur la galerie. Appuyé à la balustrade, il prit alors un mouchoir pour s'essuyer les yeux. Quelques minutes plus tard, Amélie, Hélène et Lou le rejoignaient. Amélie marcha tout droit vers lui, l'étreignit et fondit en sanglots. Il ferma les yeux, la serra dans ses bras et se tut, tant il avait la gorge serrée. La main dans la main et sans dire un mot, Lou et Hélène retournèrent à l'office pour les

---

[599] Expression créole qui signifie littéralement : « Mon enfant, sois une femme », mais qui se traduit mieux ainsi : « Mon enfant, ressaisis-toi et prends ton courage à deux mains. »
[600] Ce dicton signifie littéralement : « Parce qu'un étranger te dit que tu es morte, tu le crois. » C'est une critique mordante de la confiance indue accordée par l'Haïtien à l'étranger.

laisser tout seuls partager ce moment d'intimité. Entre-temps, dans la chambre, Cat s'était assise au bord du lit et tenait la main de sa grand-mère dans la sienne.

— Cat, tu sais combien je t'aime n'est-ce pas, lui demanda la vieille dame ?

— Oui, Mèmère, je le sais, je n'en ai jamais douté. Et toi, Mèmère, sais-tu combien je t'aime aussi ?

— Je n'en ai jamais douté non plus, mon ange. Je voulais te dire combien je suis fière de toi et de la remarquable jeune femme que tu es devenue. As-tu déjà choisi ta spécialisation ?

— Je penche de plus en plus pour la psychiatrie. Le travail que, grâce à mon parrain et à ma marraine j'ai pu accomplir avec Moro, m'a convaincue que c'est dans cette branche que le Bon Dieu m'appelle. Te rappelles-tu Moro ?

— Bien sûr que je me souviens de lui. Comment aurais-je pu l'oublier ? Tu as passé toute la fin de l'année à ne nous parler que de cet homme. Je t'avouerai qu'il m'a tout de suite fait penser au Comte de Saint-Germain, celui dont Voltaire disait qu'il savait tout et ne mourait jamais. Au fait, en ce qui concerne le Comte, la vérité était toute simple : il était un personnage original, un honnête homme qui avait acquis une culture encyclopédique et avait un énorme talent de conteur.

Certains de ses congénères avaient contribué à fabriquer le mythe qui l'entourait en affirmant qu'il avait même assisté aux Noces de Cana. Saint-Germain en riait de bon cœur et un jour, pour répondre aux questions de la Marquise de Pompadour où perçait un fond d'incrédulité, il lui expliqua qu'il avait tout simplement une mémoire d'éléphant, qu'il lisait beaucoup et qu'il s'amusait, non pas à faire croire, mais à laisser croire, qu'il avait vécu depuis le début de l'humanité. En fin de compte, malgré tout ce qu'ont dit ses congénères, il n'était ni alchimiste, ni celui qui avait découvert le légendaire élixir de jouvence.

— Penses-tu que je me sois laissée berner par Moro, demanda Cat visiblement consternée ?

— Non, ma chérie. Je n'ai aucune compétence, mais vraiment aucune pour t'offrir un avis quelconque sur ton patient... Je disais seulement qu'il m'a fait penser au Comte, c'est tout. En revanche, je ne crois pas me tromper en affirmant que Saint-Germain n'a jamais tenté de se suicider, ce qui n'est pas le cas pour ton Moro. Au fond, tu sais, je remercie le Bon Dieu de t'avoir mise sur son chemin.

Ta marraine ne cesse de me raconter les énormes progrès que tu lui as fait faire et c'est d'ailleurs pourquoi je te demandais tantôt si tu avais choisi ta spécialisation. Je crois, Cat, que tu es une jeune femme extraordinaire et que si tu choisis de devenir psychiatre, tu vas pouvoir aider énormément de personnes dans ce pays. Je t'avouerai que je prie souvent pour Moro et pour sa guérison :

— Merci, Mèmère. Je le lui dirai.

— De rien, ma chérie. As-tu quelqu'un de spécial dans ta vie ?

— Mèmère…, répliqua-t-elle, en rougissant ?

— Tu es jeune et tu as du temps devant toi. Bien que tu doives te concentrer sur tes études, rappelle-toi que la femme n'est pas faite pour vivre seule. Elle a été créée pour l'homme, comme l'homme pour elle. De temps à autre, cesse d'étudier et de travailler, et prends le temps de regarder autour de toi. Un jour, sans attentes, tu vas croiser un regard, ressentir le proverbial coup de foudre et tomber amoureuse. Il faudra cependant que tu fermes un moment tes bouquins et que tu lèves la tête pour donner une chance à celui auquel le Bon Dieu t'a destinée.

Je vais bientôt faire le grand voyage, ma chérie. Je retourne vers mon Créateur, mais je vais aussi retrouver ton grand-père, l'amour de ma vie. Son absence m'a pesé lourd sur le cœur et il est temps que je le rejoigne. Ne pleure pas, ma chérie, sois heureuse pour moi car je me prépare à partir, le cœur en paix et l'âme légère. Y-a-t-il quoi que ce soit entre nous qui n'ait pas encore été dit ?

— Non, Mèmère. Tout a été dit. Je ne peux cependant pas te promettre de ne pas pleurer, car personne ne va pouvoir te remplacer dans ma vie et tous les jours, je vais penser à toi. Je peux aussi te dire qu'en t'entendant parler de Grand-Père, tu m'as versé du baume sur le cœur. Je sais qu'il t'attend de l'autre côté. Lorsque vous serez ensemble, continuez à me regarder et à veiller sur moi. Lorsque je serai à proximité de celui que le Ciel m'a réservé, promets-moi de venir discrètement me suggérer de lever la tête.

— Promis, juré, craché : je serai toujours tout près de toi, ma chérie. Viens me faire un *cassé cou*[601] !

---

[601] Câlin.

Les deux femmes s'enlacèrent et pleurèrent ensemble de douces et chaudes larmes. Elles n'étaient plus tristes. Tout autour d'elles n'était qu'affection, gratitude et espérance. Une brise fraîche fit sonner le carillon à vent du jardin et poussa légèrement les rideaux de la pièce qui fut graduellement remplie d'une agréable lueur blanche chassant la pénombre qui noyait l'espace. Au bout d'un moment, Mémère lâcha sa petite fille. Avant de s'en séparer, elle lui traça, avec son pouce, le signe de la Croix sur le front et lui demanda de faire entrer Amélie après elle.

Lorsque Cat retourna sur la terrasse, Amélie était assise sur le canapé, blottie contre l'épaule d'Olivier qui l'enlaçait. Cat toussa alors légèrement pour leur laisser savoir qu'ils n'étaient plus seuls. Amélie resta où elle était, sans broncher, sans rien dire. Olivier lui passa la main dans les cheveux pour la réveiller de sa torpeur. Elle ouvrit alors des yeux qui étaient rouges de pleurs. Elle prit un moment pour se redresser et s'arranger :

— Mémère t'attend, Marraine. Ça va ?

Sans dire un mot, Amélie se leva, embrassa sa filleule sur le front et rentra dans la maison. Arrivée devant la chambre, elle s'arrêta un moment pour respirer profondément et reprendre ses sens, mais un étau lui serrait le cœur et l'en empêchait. Avant même qu'elle ne trouve le courage de frapper, elle entendit une voix limpide et ferme qui l'invita à entrer.

— Assieds-toi près de moi, ma chérie, et donne-moi ta main, lui dit la vieille dame. Tu as le cœur gros et les yeux gonflés de tristesse. Je suis désolée d'être la cause de tes larmes. Je t'aime tant mon Amélie chérie…

— Voyons, Maman, ce n'est pas ta faute : je pleure sans arrêt depuis ce matin, parce que je t'aime, que tu vas me laisser et que j'ai mal. J'ai toujours su qu'un jour tu allais mourir, mais mon cœur n'y a jamais cru… mais Maman, je suis égoïste… Tu es clouée au lit et je m'apitoie sur mon sort. Je te prie de m'en excuser. Que ressens-tu ? As-tu des douleurs ?

— Je vais bien, ma fille. Je suis lasse, j'ai des courbatures et une légère douleur là où les médecins ont fait une ponction. Autrement, je vais bien et je suis heureuse d'être là avec toi. Rassure-toi ma chérie, je ne crains pas la mort : c'est un passage obligé. Je m'y prépare depuis longtemps. Je retourne vers mon Créateur et vers ton père et j'en ressens un bonheur inexprimable…

— Ce que tu me dis est beau, Maman. Tu n'as donc pas peur de la mort ?

— Non ma chérie, je n'en ai pas peur ; si c'est possible, je l'embrasserais même un peu. Je t'avouerai cependant que je redoute de mourir, c'est à dire d'entrer en agonie et de souffrir avant de passer de l'autre côté. Je regrette aussi la peine que mon absence va causer à ceux que j'aime, le chagrin, par exemple, que mon départ va susciter chez toi. Je veux partir en paix, ma chérie, c'est-à-dire, en ayant tout dit, et c'est à cela que je veux passer ce moment avec toi.

— Quel que soit ce qui va se passer Maman, je serai là avec toi... jusqu'à la fin.

Amélie se remit encore à pleurer, et la vieille dame fit de son mieux pour essuyer les larmes de sa fille alors que, sur ses propres joues, des larmes commençaient à glisser. Amélie prit un mouchoir en papier pour les lui sécher. Tout à coup, leurs regards se croisèrent et les deux femmes se mirent à rire ensemble ;

— Si nous continuons à pleurer autant, nous allons finir par nous noyer dans nos larmes, lui dit sa mère en souriant. Aujourd'hui, je voudrais te parler de la vie, Amélie, de la vie et de l'amour.

— Manman... ?

— Oui, ma fille, de la vie et de l'amour ! De la vie d'abord, de cette extravagante succession de petits miracles grâce auxquels, envers et contre tout, nous perdurons et nous progressons. De ces petits miracles qui permettent qu'à travers d'innombrables échanges matériels et spirituels, notre Bon Dieu nous fasse sentir chaque jour, un peu plus, Sa présence et nous invite, si nous le désirons, à nous rapprocher de Lui.

— Où veux-tu en venir, Manman ?

— Ma chérie, je ne pense pas t'avoir assez dit combien je suis fière de toi et de tout ce que tu es, de tout ce que tu as surmonté et de tout ce que tu as accompli dans ta vie. Je te regarde et je suis ébahie devant ton courage, ta sagesse, ton savoir-faire et ton empathie. Et ce n'est pas tout, ta filleule était avec moi, il y a un moment, et je vois beaucoup de toi en elle. Tu en as fait une vraie lady.

— Cat est vraiment spéciale, Manman, mais ce sont des compliments qui devraient plutôt aller à Hélène, à Lou et à toi-même. Vous l'avez quand même eue avec vous jusqu'à qu'elle commence l'Université.

— Je sais ce que je dis, ma chérie. Anne-Catherine était une adolescente un peu gauche et timide quand elle nous a laissés, mais grâce à toi, aujourd'hui j'ai pu observer que c'est une jeune femme *an pimpan*[602]*,* cultivée, généreuse, et avenante qui nous est revenue.

— L'homme sur lequel elle va jeter son dévolu devra tous les jours remercier la Providence de l'avoir autant gâté, ajouta Amélie en souriant.

— Tant que nous y sommes, je voulais te parler de ça aussi, mais pour toi, pas pour elle...

— Manman, vraiment ?

— Oui, ma chérie, vraiment ! Comment sont les choses entre Oli et toi ?

— Oli et moi c'est de la vieille histoire !

— De la vieille histoire, hein ? Ta vieille mère est sur son lit de mort et comme ça tu penses pouvoir l'ignorer et détourner la conversation ?

— Maman, tu ne vas tout de même pas me faire chanter en prenant ta mort pour prétexte ?

— Absolument, ma fille ! Je ne m'en cache pas ! Alors, réponds-moi maintenant : Olivier et toi, où en êtes-vous exactement ?

— *Manman, ou gen nan kò w wi*[603]... lui dit-elle en rougissant ! Oli et moi, c'est vraiment une vieille histoire. D'ailleurs, depuis décembre, nous nous revoyons tous les samedis en assistant Cat et son patient. Nous avons même eu l'occasion, une ou deux fois, d'être seuls et de parler du passé. Mais il est prêtre, Maman. Il a fait ses choix depuis longtemps et a prononcé des vœux de fidélité à son Église.

— Lui as-tu confessé tes sentiments ?

En baissant les yeux, comme si elle avait un peu honte de ses pensées et redoutait d'être entendue, Amélie hésita un moment et répondit tout bas :

— Tu sais, je suis certaine qu'il les devine. Par nos regards échangés, ou mieux encore par nos regards évités... hmmm !

— Détrompe-toi, ma fille. Dans les affaires de cœur, crois-moi, les hommes sont nuls ! Devant l'amour non encore déclaré, ils ont tous une sainte pudeur qui m'a toujours étonnée. Ils se taisent quand ils devraient s'exprimer et sont ensuite surpris de ne pas être compris. Notre temps sur terre est limité et nous file entre les doigts. Je te demande alors ceci : si aujourd'hui était le dernier

---

[602] Élégante.
[603] Maman, tu exagères...

jour de ta vie, que dirais-tu à Olivier ? Amélie, il arrivera un moment où tu seras à ma place et toutes tes appréhensions, toutes les attentes de la société, toute la convenance des manières, toute ta peur de l'échec ou de l'embarras : rien de tout ça n'aura d'importance. Suis alors, dès maintenant, les penchants de ton cœur et les gémissements de ton âme. Parle-lui ! Tu m'as bien comprise ?

— Oui, Maman. Mais tu t'imagines : comment et quoi dire, un prêtre… quitte encore de « fauter » entre guillemets… mais avec une manbo ! Et moi alors… comment comprendre que je me sois réservée non pour mes convictions, ma croyance, mais par amour fidèle pour un prêtre. Avec un léger sourire, Amélie conclut : « C'est vraiment la confusion œcuménique des sentiments. Oh Maman, si tu savais ce qui me traverse… tu ne me ferais pas confesser tous mes émois, mes secrets. Est-ce vraiment nécessaire ? »

— Oh ma chérie, pourquoi pas ? Qui mieux que moi, à la fois femme, ta mère et ton amie, peut t'écouter, comprendre, accepter et te conseiller ? Je t'aime tellement… exprime-toi, libère-toi, ma fille. À ce stade, tu as d'ailleurs la garantie du secret de ta confession, je te promets d'être plus muette qu'une tombe ! dit-elle avec un petit rire sarcastique… Allez, avant que les opioïdes que l'on m'a administrés pour la douleur ne commencent à faire leur effet, fais entrer Olivier, je t'en prie. J'aimerais lui parler seule.

— Maman, tu ne vas tout de même pas lui relater notre conversation ?

— Non, ma chérie, malgré les apparences, je connais mes limites, lui répondit-elle en souriant. J'ai maintenant besoin du prêtre, pas de l'homme.

Amélie embrassa sa mère sur le front et l'enlaça pendant un long moment. Pendant qu'elle se levait, la vieille dame la retint un moment et lui dit :

— Que notre Bon Dieu te comble de Ses bienfaits, mon Amélie chérie !

Quelques minutes plus tard, Olivier frappait délicatement à la porte et entrait dans la chambre.

— Olivier, je voulais te remercier d'avoir été là pour Cat et Amélie et de me les avoir amenées. Il ne me reste plus beaucoup de temps. Je sens que je faiblis et que je vais bientôt partir.

— Devrais-je prévenir l'infirmière et appeler votre médecin ?

— Non, pas encore. Je dois te parler et me confesser avant. J'aimerais te demander d'être là pour la famille. Ils t'aiment tant et ils auront tous besoin de toi, tous, tu m'entends ?

— Vous pouvez avoir le cœur en paix, Mme Saint-Macary. Lou, Hélène, Cat et Amélie sont miens. Ils sont tout ce que j'ai de plus précieux au monde. La réalité est que j'aurai autant besoin d'eux, qu'eux de moi, car vous allez me manquer terriblement.

— Olivier, je ne te l'ai jamais dit, mais je t'ai toujours considéré comme un fils. Pour des raisons qui me sont propres et que je regrette maintenant, je ne t'ai pas toujours témoigné toute l'affection que j'ai pour toi. Tu sais peut-être que ta mère et moi étions amies intimes et, à son départ prématuré, sans que tu ne t'en rendes compte, je t'ai suivi de près. Yaya et moi avions souvent de longues conversations à ton sujet. Elle me confiait ses espérances, ses inquiétudes, ses attentes et ses larmes aussi. Elle était si fière de toi… et elle t'aimait tant. Lorsqu'à la mort de tes parents, tu es venu vivre avec elle, elle avait une peur bleue de ne pas être à la hauteur de la tâche qui lui était confiée. Graduellement cependant, par ton comportement exemplaire, tu as su la remettre en confiance et te voilà aujourd'hui un homme accompli. Tu n'as jamais démérité et c'est tout à ton honneur.

Les yeux voilés de larmes, Olivier restait silencieux. Il avait les mains jointes et inclina légèrement la tête en signe de gratitude.

— J'aimerais, poursuivit la vieille dame, me confesser maintenant, recevoir l'onction des malades et faire la prière du Chemin de Croix avec toi.

Le prêtre accepta, enfila son étole, fit le signe de la croix et la confession commença. Alors qu'au terme du sacrement, Madame Saint-Macary, récitait les prières qu'elle avait reçues en guise de pénitence, elle se mit à tousser. Olivier lui souleva la tête et lui fit avaler une gorgée d'eau. La toux se calma.

— Vous vous sentez bien, Madame ?

— J'ai recommencé à avoir des palpitations et j'éprouve des picotements dans la gorge. De temps à autre, j'ai la sensation de ne pas pouvoir respirer comme je voudrais, mais ceci aussi passera. En réalité, j'irais beaucoup mieux si tu me tutoyais et si tu m'appelais enfin par mon prénom : Madeleine.

— J'en suis sincèrement honoré, Madeleine.

— Merci, Oli. Maintenant, j'ai besoin de tes lueurs. Depuis toujours, mais surtout depuis que je suis tombée malade, je me pose tout un tas de questions sur les souffrances que je vois autour de moi. Toutes ces croix à porter, ces peines à endurer, ces périples à accomplir, ces ruines à reconstruire, ces écueils à écraser, m'interpellent ! Ne pense cependant pas que je m'apitoie sur mon sort, Oli. Je n'en ai pas le droit. J'ai vécu une vie heureuse et bien remplie : j'ai aimé et j'ai été aimée, j'ai ri et j'ai pleuré, je me suis contentée de peu et je n'ai jamais manqué de rien.

Maintenant que j'arrive à la fin d'une belle odyssée, je n'ai qu'un mot à dire à mon Créateur : Merci, tout simplement Merci ; mais j'ai quand même beaucoup de questions, pour Lui et pour toi, qui jusqu'ici sont restées sans réponse. Par exemple, ce matin j'ai eu une épiphanie et je suis arrivée à la conclusion que « le Bon Dieu ne nous épargne rien, mais qu'Il nous soutient inexplicablement en tout ![604] » Qu'en penses-tu ?

— Hmmm ! C'est là une réflexion profondément spirituelle et éminemment philosophique. Veux-tu vraiment en discuter maintenant ?

— Oui, s'il te plait. Si le Bon Dieu ne nous protège de rien, serait-ce parce qu'Il veut que nous souffrions ?

— Madeleine, tu l'as dit : le Bon Dieu te soutient en tout et sera toujours présent à tes côtés. Il est cependant un parent responsable qui, par amour pour ses enfants, leur a donné le libre arbitre, et les lois de la nature qui viennent chacune avec des conséquences immuables. Dieu, dans Son amour infini, sait qu'un monde sans liberté individuelle serait pire qu'un monde sans souffrance. Et que pire encore serait un monde où les gens violent continuellement les droits des autres sans en subir les contrecoups. Oui, Dieu ne nous protège de rien, à moins de miracles spectaculaires qui sont rares et vont à l'encontre du libre arbitre et des lois de la nature. Mais Il nous soutient en tout pour nous ramener à Lui et à Son Amour éternel ! Il y a tout plein d'exemples de femmes et d'hommes dont l'histoire illustre avec éloquence ce cheminement.

Prends Nelson Mandela par exemple. Lorsqu'il est revenu de nombreuses décennies d'injuste emprisonnement pour, entre autres, « délit d'épiderme », il n'a eu aucune amertume. Il ne s'est jamais pris pour une victime, il n'a jamais

---

[604] James Finley, *Exploring the Mystics*, Center for Action and Contemplation, New Mexico, October 14, 2017.

cherché à se venger et il en est sorti entier, intègre, c'est-à-dire égal à lui-même… J'ai comme l'impression que, même s'il était mort en prison, Mandela serait mort libre.

Je peux encore te donner l'exemple de la Vénérable Thérèse de Calcutta qui, pendant tout son apostolat, a vécu entourée de misère et de souffrance insoutenables pour la plupart d'entre nous. Elle n'a cependant jamais croulé sous le poids de la douleur humaine dans laquelle elle s'était immergée. Elle l'a traversée parce qu'elle était entourée de quelque chose d'indicible, d'une force qui lui a permis tout simplement d'être présente dans cette souffrance et cette misère et d'y devenir un signe de consolation.

De cette chose indicible, de ce moment d'union spirituellement infuse entre l'homme et le Verbe émerge un paradoxe. Celui, par exemple, qu'a vécu Jésus de Nazareth qui a marché sur terre et a vu cette souffrance. Au fait, Il l'a vécue dans Sa chair et Son esprit. Il a vu Sa prochaine crucifixion. Il a eu Son moment de doute, mais n'a rien fait pour changer Son sort. En réalité, Il a persévéré jusqu'à ce qu'Il rencontre Son destin. Toute pénible et toute réelle qu'ait été Sa souffrance, quelque chose d'invincible et d'irrésistible en est résulté. Ce quelque chose – que personne ne peut nous enlever –nous fait ressentir l'amour indéfectible de Dieu, présent à nos côtés dans nos pires moments de doute, d'angoisse, de souffrance et de colère. Pour paraphraser Sainte Thérèse de l'Enfant Jésus : « La vie est un passage, un bref instant entre deux éternités où nous devons apprendre à dire bonjour, merci et au revoir… », un bref instant entre deux éternités où le Bon Dieu ne nous épargne rien, mais nous soutient inexplicablement en tout[605].

Soudain, Madeleine se remit à tousser. Oli lui tendit un verre d'eau et la soutint pour qu'elle en prenne une gorgée. Elle n'y arriva pas, car la toux redoublait d'intensité. L'infirmière, qui jusqu'ici était restée derrière la porte, entra précipitamment dans la chambre. Elle demanda au prêtre de s'écarter un peu. Elle s'assit au bord du lit, prit Mémère dans ses bras et commença à lui taper doucement le dos comme pour l'aider à dégager sa gorge. Au bout d'un moment, la toux s'arrêta mais, sa respiration avait changé. Elle avait un râle épais dont le bruit rappelait celui de centaines de bulles d'air

---

[605] L'échange précédent s'inspire de différentes méditations du père Richard Rohr sur la souffrance.

qui s'échappent d'un scaphandrier et éclatent à la surface. Olivier alla précipitamment appeler les enfants. Lorsqu'ils entrèrent dans la chambre, l'infirmière s'apprêtait à mettre Madeleine sous oxygène.

— J'ai appelé le docteur Berggren, leur dit-elle. Elle arrive tout de suite. Mme Saint-Macary semble avoir de l'eau dans les poumons.

Avec une certaine difficulté, Madeleine souleva le masque qu'on venait de lui poser sur le nez et fit signe aux enfants de s'approcher d'elle. D'une voix faible et usée, elle arriva à leur dire qu'Elizabeth l'avait prévenue, mais que les symptômes étaient arrivés plus rapidement que prévu. Elle tendit la main à Olivier et lui dit doucement :

— Je crois que le moment est venu, Olivier. Prie avec moi, s'il te plait.

Olivier prit la main de Madeleine dans la sienne et les larmes aux yeux, il commença la prière d'extrême onction :

Seigneur, regarde avec bonté ta servante Madeleine
Donne-lui la paix et la joie
Soulage ses souffrances.
Donne-lui courage et force dans l'épreuve.
Soutiens-la en tout.
Remplis son cœur de confiance en Ta bonté et en la vie éternelle où Tu l'attends.

Madeleine reçut ensuite l'Eucharistie, ferma les yeux et sourit. Elle était mourante et le savait. Elle survécut la nuit et le lendemain, tout en douceur, elle partit comme un murmure avec la brise du matin.

Figure 57. Cadavre de Charlemagne Péralte attaché à une porte[606].

---

[606] Traitement au crayon d'une photo prise par le Major Meade, commandant du Département militaire du Nord, le 1er novembre 1919 dans la cour des Casernes du Cap Haïtien, in: Roger Gaillard, *Charlemagne Péralte le Caco*, Collection Les Blancs débarquent, Port-au-Prince, 1982, quatrième de couverture.

CHAPITRE 35

L'année 2010 avait commencé sous de bons augures. Trois mois plutôt, une ONG avait alloué des fonds à l'Asile psychiatrique pour la réfection des salles de bains, l'aménagement de toilettes hygiéniques et l'installation de ventilateurs au plafond des salles communes. Tous les murs de l'immeuble avaient reçu une couche de peinture fraîche et un grand coup de balai y avait été donné. En conséquence, de septembre à décembre, un désordre de chantier avait pris d'assaut un espace déjà exigu où avaient dû cohabiter, *bòs mason*[607], *bòs chapant*[608], *bòs pent*[609], *mannèv*[610], patients, médecins et infirmiers. Sentant qu'il était à deux doigts d'être dépassé par les évènements, le docteur Fénelon avait alors demandé à Cat de reporter ses séances avec Moro et de les reprendre, à la fin des travaux, au début du mois de janvier.

Le premier samedi de l'année tombait cependant un 2 janvier et coïncidait avec la Fête des Aïeux. Le jour était férié et l'Asile allait par conséquent être fermé aux visiteurs. Le vendredi suivant, Cat avait rendu visite au Docteur Fénelon pour lui souhaiter *larézoné*[611] et s'assurer qu'elle pourrait, comme prévu, recommencer son travail le lendemain matin. À son arrivée sur place, le psychiatre la reçut avec empressement. Ils échangèrent leurs vœux et il lui offrit spontanément une visite guidée de l'endroit : les murs avaient tous été repeints, le carrelage était reluisant, les mauvaises odeurs qui, d'ordinaire, agressaient les visiteurs dès la porte d'entrée, avaient complètement disparu. En entrant dans la cour intérieure cependant, elle poussa un profond soupir de découragement lorsqu'elle remarqua que les travaux de réaménagement étaient loin d'être terminés et que des fosses septiques en béton avaient été enfouies dans d'énormes trous qui étaient encore béants et rendaient l'espace impraticable. Tout au fond, l'amandier avait perdu ses feuilles. Il avait le tronc couvert de remblais et semblait être à l'agonie.

Profondément touché par la désespérance de la jeune stagiaire et pour tenter de la consoler, le docteur Fénelon lui proposa d'utiliser son bureau en attendant que les travaux prennent fin. Il y avait un hic cependant : le samedi était jour de paye du chantier et la pièce avait déjà été réquisitionnée à cet effet par le contremaître. Après une brève discussion, Télémaque offrit de lui laisser le bureau les mardis après-midi et

---

[607] Maître maçon.
[608] Maître charpentier.
[609] Peintre en bâtiment.
[610] Manœuvres.
[611] Une heureuse année.

elle accepta en le remerciant. Avant de laisser l'Asile, elle alla saluer Moro qu'elle avait aperçu tout au fond du parking.

— Bonjour Moro, lui dit-elle. Permettez que je vous souhaite santé et sérénité. Je viens d'avoir une longue conversation avec le docteur Fénelon et il m'a dit que vous avez fait de remarquables progrès en mon absence.

— Merci, Mademoiselle, lui répondit-il. Permettez que je vous retourne ces vœux au centuple. Vous m'avez bien manqué…

— Vous aussi, Moro. Depuis la mort de ma grand-mère, notre horaire a été chambardé et puis ce chantier a commencé…

— Au fait, Mademoiselle, comment vous remettez-vous de cette perte ?

— Le coup a été dur pour toute la famille, Moro. L'absence de Mèmère pèse lourd, mais chaque jour est moins difficile que le précédent.

— Je comprends. Comment vont manbo Amélie et Padre dans tout ça ?

— Ils vont tous les deux bien, merci. Au fait Moro, le docteur Fénelon va me permettre d'utiliser son bureau les mardis après-midi pour que nous recommencions nos séances. Êtes-vous intéressé à les poursuivre ?

— Bien sûr, Mademoiselle. Je n'attends que ça. Cependant, avant de reprendre notre travail, j'ai un service à vous demander.

— Oh ! Allez-y…

— J'aimerais que vous alliez à la Bibliothèque de Saint-Louis-de-Gonzague récupérer une petite enveloppe que j'y ai cachée, il y a quelques années. Elle est dans le revers de la reliure en cuir de *Pages Retrouvées* d'Amédée Brun. Si vous pouviez la récupérer et me l'amener à notre prochaine rencontre, je vous en saurais vraiment gré.

— Je vais essayer, mais je ne vous promets rien.

— Faîtes ce que vous pouvez, mademoiselle… vous n'allez pas le regretter, lui répondit Moro.

— Je vais, de ce pas, prévenir mes parrain et marraine. Donc, à mardi !

Lorsque le mardi arriva, il était à peine midi quand Amélie, Cat et Oli frappèrent à la porte du docteur Fénelon. Il les invita à entrer, se mit debout et s'empressa de ramasser les papiers et dossiers qui jonchaient son bureau. Il invita Cat à s'asseoir à sa place et désigna de la main à Amélie et à Oli deux des trois chaises, qui étaient devant lui. Un moment plus tard, Moro les rejoignait.

— Mesdames et messieurs, je vous laisse à votre réunion. Bon après-midi, leur dit Télémaque, en fermant la porte derrière lui.

Après les civilités habituelles, Moro s'adressa directement à Cat :

— Avez-vous retrouvé l'enveloppe ?

— Non Moro, mais j'ai fait mieux : je vous ai apporté le livre lui-même.

— Le Frère Ernest vous a permis de sortir avec un de ses livres, lui demanda-t-il l'air franchement étonné ?

— Rappelez-vous, mon cher Moro, que je ne suis pas n'importe qui, dit-elle en souriant... que j'ai un piston dans l'Église... j'ai demandé au recteur du Grand Séminaire Notre Dame, mon parrain que voici, d'intervenir en ma faveur !

Elle sortit alors le bouquin de son sac. Elle le lui remit avec un petit pot de colle et un coupe-papier. Moro déposa le livre sur le bureau. Il ouvrit la quatrième de couverture et avec le doigté d'un chirurgien, souleva le cuir sans l'abîmer pour en extraire une petite enveloppe blanche qui semblait contenir des photos. Il se servit de la colle pour soigneusement remettre la reliure en place. Il referma ensuite le livre et le redéposa sur la table en demandant à Cat de le laisser reposer là, le temps que sèche la colle.

— Allez-vous partager ces photos avec nous, lui demanda Cat ?

— Bien sûr, Mademoiselle, mais avant de le faire, je voudrais vous raconter une histoire. Chabert, ça vous dit quelque chose ?

— Nooon, répondit Cat !

— Chabert, si je me rappelle bien, est une habitation non loin du Cap-Haïtien, où a été enterré Charlemagne Péralte[612]. Non, demanda Amélie avec un doute dans la voix ?

— C'est bien ça, Manbo. Chabert est située dans la commune de Trou-du-Nord, à mi-chemin entre la ville du Trou et celle de Caracol[613]. C'est une ancienne propriété qui a appartenu au général Nord Alexis. Lors de l'Occupation américaine, elle avait été vendue à La Gendarmerie Nationale qui y avait

---

[612] Charlemagne Masséna Péralte était un guérillero haïtien. Chef Nationaliste du mouvement Caco, il combattit l'occupation d'Haïti par les États-Unis. Il a été exécuté par deux membres de l'armée américaine qui, à la faveur d'une trahison, sont entrés dans son camp et lui ont tiré dessus à bout portant.

[613] C'est sur cette habitation que le 22 octobre 2012 était inauguré le Parc Industriel de Caracol dont la construction a été financée par le Gouvernement américain, la Banque Interaméricaine de Développement et la Banque Mondiale.

installé une prison pour Cacos[614]. Ce site serait tombé dans un éternel oubli, si les Américains n'avaient décidé d'y enterrer Péralte.

De ce jour, des histoires les unes aussi incroyables que les autres ont fait surface. À en croire les nationalistes haïtiens, Chabert était un mouroir, un camp de concentration construit par les Américains et d'où aucun prisonnier ne sortait vivant. Un ancien officier de la Gendarmerie racontait qu'interner des Cacos en cet endroit équivalait à la peine de mort... et même plus. Quand ils étaient capturés, ils étaient férocement battus avant d'être internés à Chabert où la mort les attendait[615].

Au dire des Américains cependant, Chabert était un centre de réhabilitation, un espace bucolique où trois-cents « pensionnaires », tout au plus, pouvaient se distraire et mener une activité saine et en plein air. Les Américains qui s'y retrouvaient, n'avaient pour objectif que d'expérimenter de nouvelles méthodes de culture de produits indigènes et de faire bénéficier le peuple haïtien d'un apprentissage à de meilleures méthodes de production[616]. Où était la vérité dans tout ça, me demanderez-vous ? Eh bien ! Tout le monde savait que les marines et les gendarmes torturaient et assassinaient des prisonniers. Il était cependant impossible de recueillir des témoignages irréfutables, car tous ceux qui étaient auditionnés étaient coupables[617]. Déjà, les audiences du Sénat américain en 1921 faisaient état d'atrocités avec des détails ahurissants, mais la plupart des preuves n'étaient que des ouï-dire et très peu d'allégations pouvaient être légalement prouvées. Une enquête avait pourtant conclu qu'un major Wells, qui commandait le district du Nord et qu'un lieutenant-colonel Williams, commandant de la gendarmerie, étaient responsables de meurtres et que leurs subordonnés avaient tout simplement obéi à leurs ordres. Leurs supérieurs avaient alors recommandé qu'ils soient déférés par devant une cour martiale, mais les enquêtes avaient apparemment été entreprises trop tard. Les témoins ayant disparu, les plaintes avaient été retirées pour insuffisance de preuves[618].

---

[614] Paysans haïtiens engagés dans la guérilla anti-américaine.

[615] Interview accordée à Port-au-Prince, le 5 décembre 1969 par l'ex-colonel Jules André à Roger Gaillard et retranscrit in: *Charlemagne Péralte, Le Caco*, Collection Les blancs débarquent, Port-au-Prince, 1982, page 321.

[616] Inquiry into the occupation of Haiti and Santo-Domingo, page 81, déposition de John McIlhenny, Conseiller financier, cité par Roger Gaillard in: *Charlemagne Péralte*, op.cit., page 320.

[617] Hans Schmidt, *The United States Occupation of Haiti, 1915-1934*, Rutgers University Press, NJ, 1971, page 104.

[618] *Lejeune to Daniels*, November 1st, 1920 ; NA, RG80 File No. 5526-321, cité par Hans Schmidt, op.cit., page 105.

— Où voulez-vous en venir, Moro, lui demanda Oli d'un air inquisiteur ?

— Patience, Padre. J'y arrive. Il y a presqu'un siècle, des assassins ont échappé à la justice… mais, comme disait Saint Paul, « Il n'y a rien de caché qui ne doive être découvert, ni de secret qui ne doive être connu[619] ».

— Il s'agit plutôt de Saint Luc, reprit Oli.

— Peu importe, Padre ! reprit Moro l'air un peu agacé. Dans l'enveloppe que voici, j'ai des photos qui parlent d'elles-mêmes. Elles m'ont été remises en 1963 par une jeune Française qui laissait le pays. Elle s'appelait Denise et tenait l'Hôtel Dereix à Kenscoff. Avant de partir, elle m'a remis l'enveloppe que voici et m'a fait lui promettre de ne révéler ces photos à personne, avant qu'elle ne meure.

— Comment les avait-elle obtenues, demanda Amélie ?

— Par sa mère Fernande qui était infirmière et qui était venue en Haïti en 1918. Née dans la Nièvre en France, elle avait émigré aux États-Unis, juste avant que ne se termine la Première Guerre mondiale. Arrivée à New-York, elle avait tout de suite été embauchée par la Marine Américaine (US NAVY) qui cherchait une infirmière parlant français. Elle avait alors été rattachée à une mission médicale qui devait effectuer des recherches sur le paludisme en Haïti. Avec le temps, Fernande s'était liée d'amitié, entre autres, avec le capitaine D. A. Kelly avec qui elle partageait la passion de l'équitation. Un soir de novembre 1920[620], Kelly frappa à sa porte. Lorsqu'elle le reçut, le jeune officier était visiblement affolé. Il lui remit une enveloppe qu'il lui fit jurer de garder dans le plus grand secret car, lui dit-il, une commission d'enquête de l'Armée Américaine était dans le pays pour se renseigner sur les atrocités commises par des soldats américains. Kelly lui avoua alors qu'il n'avait pas toujours été cantonné à Port-au-Prince, comme il le lui avait laissé croire, qu'il avait plutôt été commandant de la Gendarmerie à la Petite-Rivière de l'Artibonite, et, qu'à ce titre, il avait dû se colleter avec des Cacos. En septembre 1919, il les avait poursuivis et lorsqu'il les eut finalement cernés, désarmés et faits prisonniers, il se saisit du chef de la bande et le décapita personnellement. Un des soldats qui l'accompagnait avait pris les photos qu'il lui confiait maintenant. Peu après cette visite, Kelly partait du pays et, pour des raisons que j'ignore, il ne revint jamais récupérer

---

[619] *Évangile selon Saint Luc* 12 : 2.
[620] Le 8 novembre 1920, un tribunal d'enquête de la Marine Américaine débarquait en Haïti pour investiguer des révélations terribles faites par la Presse américaine sur le comportement des forces américaines d'occupation, in: *Hearing before a Select Committee on Haiti and Santo Domingo, sixty-seventh Congress, first session, pursuant to S. Res. 112, Part 1,* August 5, 1921, page 27.

l'enveloppe. Avant qu'elle ne meure, Fernande remit les photos à sa fille qui me les confia à son tour au moment de quitter Haïti. Fidèle à ma promesse, je les ai cachées dans la Bibliothèque de Saint-Louis-de-Gonzague… et vous connaissez le reste. Maintenant que Denise n'est plus, je suis libre de les partager avec vous.

Il ouvrit alors l'enveloppe, en sortit des photos qu'il étala sur le bureau. Après un long moment de silence, Cat s'écria :

— Mais, elles sont affreuses, Moro !!!

— En effet, Mademoiselle. Elles sont pénibles à regarder. Lors des audiences du Sénat américain de 1921, le général Barrett, commandant du Corps des Marines, avait été invité à commenter le contraste frappant entre les pertes haïtiennes et celles des marines : pendant les cinq premières années de l'occupation, trois mille deux-cent cinquante Haïtiens avaient été tués contre seize marines. Le général avait alors bêtement répondu que tout s'était passé comme aux Philippines. Il était impossible, selon lui, de faire une différence entre les Cacos et la population civile car, disait-il, Ils ne portaient pas d'uniforme. Il avoua quand même que les Haïtiens étaient mal armés et qu'ils n'avaient aucune chance contre les mitrailleuses américaines.

— Cacos et simples citoyens ont donc été systématiquement massacrés, lui demanda Oli ?

— En effet, Padre. Malgré les commentaires atténuants du général, les pertes avaient été bien pires en Haïti qu'aux Philippines ; Là-bas, le « kill ratio[621] » avait été de 25 Philippins contre un Américain[622]. En Haïti, il avait été de 203 contre 1.

— Ces photos sont accablantes, Moro. Nous avons devant nous la chronique iconographique d'un crime de guerre ! se lamenta Oli. Il ne s'agit pas d'une personne tuée au combat, mais bien d'un prisonnier qui, après avoir été désarmé, maitrisé et immobilisé, a été froidement assassiné par un officier américain. Imaginez un peu la barbarie d'un être humain qui, non content d'en avoir décapité un autre, a encore l'impudence de poser avec la tête de son adversaire en main !!! Même l'infâme Hérode n'a pas fait ça à Saint Jean-Baptiste…

---

[621] Taux de mortalité.
[622] *Lejeune to Daniels, November 1st, 1920* ; NA, RG80 File No. 5526-321, cité par Hans Schmidt, op.cit., Ibid.

Figure 58. Photos d'atrocité commise en Haïti par un officier Américain. Collection privée.

— Qu'allez-vous faire de ces photos, lui demanda Amélie ?

Avant que Moro ne réponde à la question, un bruit effrayant et grossissant… un grondement lointain, lugubre, inouï, comme si, des entrailles de la terre voulait s'échapper un dragon, se mit progressivement à monter en intensité. Moro bondit de sa chaise, se saisit de Cat et la poussa violemment sous le bureau. Avant même de comprendre ce qui se passait, elle se heurta la tête et perdit connaissance.

Au loin, le clocher de Sainte-Anne s'était mis à sonner à toute volée, de manière horrible, comme pour annoncer la naissance d'un monstre. Le sol devenu une mer agitée, un ventre en mal d'enfant, commença à se déformer en soubresauts, en vagues indomptables, en replis tortueux. Figés par la peur dans leurs sièges, Amélie et Oli se tenaient par la main. Moro leur cria : « Attention ! » lorsqu'ils disparurent sous la dalle de béton du plafond dans un vacarme éclatant. La terre tremblait ! La terre avait accouché du dragon. Comme pour saluer cette « délivrance », un nuage de poussière grisâtre envahit l'espace et l'obscurcit.

Quelques secondes plus tard, des cris de patients hurlant d'horreur et de douleur réveillèrent Moro de sa stupeur. Il ouvrit les yeux et se trouva coincé par un classeur métallique et le bureau en bois du Docteur Fénelon contre le seul mur qui avait résisté au choc. Le toit s'était effondré sur la pièce comme un drap dont un des bouts, au-dessus de Moro, était encore miraculeusement attaché au mur par le ferraillage du béton. Moro haleta, ahana, et serrant les muscles, il se mit à pousser comme un possédé, contre le classeur qui était bloqué par les débris jonchant le sol. Il avait mal partout, mais aussitôt qu'il eut les bras libres, il commença à démonter la table du bureau qui était coincée sous la dalle et sous laquelle gisait le corps inerte de Cat. Par un effort titanesque, il arriva à la tirer vers lui et la prit dans ses bras.

Elle était inconsciente et complètement recouverte de poussière mais elle était encore en vie. En puisant dans tout ce qui lui restait de force, il se mit debout et, en marchant péniblement sur des décombres – en dessous desquelles lui parvenaient des gémissements de mourants – il arriva, tant bien que mal, à sortir de l'immeuble. Arrivé au parking, il regarda autour de lui, et ne reconnut rien de ce qu'il vit : c'était comme si Port-au-Prince avait explosé en *miettes morceaux*[623]. Les murs d'enceinte de l'Asile s'étaient écroulés et le quartier offrait désormais une vision d'apocalypse : à perte de vue, tout était dévasté… un horizon indéfini… et le soleil avait disparu derrière cet épais

---

[623] Menus morceaux.

nuage de poussière ! Des dizaines de véhicules étaient coincés sous les décombres. Les notes dissonantes de leurs alarmes perçaient la poussière comme les cris d'une multitude de bêtes en agonie et l'éclairage rouge, intermittent et irrégulier de leurs clignotants leur donnait des airs de fauves blessés.

Moro allongea Cat doucement sur le parking. Il retira sa chemise qu'il plia et lui mit sous la tête. Il retourna dans l'immeuble en ruine et commença à fouiller à mains nues pour tenter de retrouver le prêtre et la manbo. Ce fut peine perdue : le béton était lourd, épais et inamovible. Il se mit alors à crier désespérément leurs noms quand soudain, faiblement, il put entendre la voix d'Oli.

— Padre, Padre, est-ce vous, demanda-t-il ?

— Oui, Moro, c'est bien moi. Vous avez survécu ? Que s'est-il passé ?

— Il y a eu un tremblement de terre, Padre. Tenez bon ! Je vais vous sortir de là.

— Moro, je ne sens plus mes pieds et je peux à peine respirer. La dalle de béton m'est tombée dessus et je crois qu'un des fers de l'armature du toit m'a transpercé le côté. Sans équipement lourd, vous n'allez pas pouvoir faire grand-chose. Amélie est à côté de moi, je lui tiens la main, mais je ne cesse de l'appeler et elle ne me répond pas. Où est Cat ?

— J'ai pu la sortir des décombres. Elle est inconsciente, mais elle est en vie.

— Oh ! Merci, Bon Dieu ! répondit Oli. Amenez-là tout de suite à l'hôpital s'il-vous-plait. Si on vous demande son adresse, dites qu'elle habite au numéro 2, à l'avenue N. Rappelez-vous-en !

— 2, avenue N... Très bien Padre ! Je m'occupe d'elle et je vous reviens tout de suite. *Kenbe la wi! Pa lage*[624]!

Moro retourna au parking et retrouva Cat comme il l'avait déposée... Si ce n'est qu'à ce stade, une douzaine de corps sans vie avaient été sortis des décombres et étaient alignés à côté d'elle. Il la souleva de terre, la prit dans ses bras et se dirigea en courant vers l'Hôpital Général qui jouxtait l'Asile. Autour de lui, tout était destruction et lamentation ! Tous les gens qu'il croisait étaient couverts de poussière, complètement désorientés et erraient comme des zombis... la plupart pleuraient.

Arrivé devant l'Hôpital, il ne trouva qu'un amas de décombres. Il continua à courir, sans trop savoir où il allait. Il longea la rue Mgr Guilloux et n'avait pas parcouru une centaine de mètres lorsqu'il découvrit le Palais de Justice qui s'était écroulé lui aussi. Il

---

[624] Tenez ferme!

essaya de demander de l'aide à ceux qui étaient autour de lui mais, rapidement, il se rendit compte qu'il vivait une répétition de l'Apocalypse où tous les gens erraient et étaient vidés de leur substance. Par des bribes de phrases incohérentes, il arriva à comprendre l'étendue du désastre. À perte de vue, le Palais national, la Cathédrale, toutes les écoles, tous les hôpitaux, toutes les églises de la zone avaient disparu.

À ce stade, Moro ignorait que plus de 200 mille personnes venaient de perdre la vie et que Port-au-Prince, Léogâne et toutes les agglomérations avoisinantes avaient été détruites. Il n'avait pas de temps à perdre. Il devait sauver Cat et retourner à l'Asile pour en extraire Oli et Amélie. Il se ressaisit, remonta alors la rue Magny, tourna à droite sur la rue Capoix, puis à gauche sur La Fleur du Chêne jusqu'à l'avenue N. Arrivé au numéro 2, il poussa un *ouf* de soulagement, en voyant que la maison tenait encore debout. D'un coup de pied, il ouvrit la barrière et trouva Luciana, angoissée, affolée. Elle se précipita vers lui avant de le conduire sans attendre jusqu'au canapé de la terrasse, où il allongea Cat. Quelques instants plus tard, la vieille dame revint avec une cuvette d'eau tiède et une éponge à la main. Elle s'agenouilla à côté de Cat et, avec la tendresse d'une mère, elle commença délicatement à lui nettoyer le front, les paupières, le nez, la bouche, le cou… quand tout à coup la jeune femme ouvrit les yeux en demandant où elle était et ce qui lui était arrivé. Moro lui expliqua qu'il y avait eu un tremblement de terre, que la ville était détruite et qu'il fallait qu'il retourne à l'Asile pour en extraire son parrain et sa marraine. Il serra, une dernière fois, la main de Cat dans la sienne. Luciana le remercia et le pria de ne pas revenir sans Amélie.

CHAPITRE 36

En chemin, Moro aida à dégager de pauvres malheureux qui étaient coincés sous des décombres. Pour le remercier, ils lui firent don d'un marteau et d'un burin. Lorsqu'il arriva à l'Asile, il se dirigea tout droit vers l'espace où était le bureau. Il ne le reconnut pas tout de suite, car le dernier mur qu'il avait laissé debout s'était affaissé entre-temps. La poussière s'était tassée et le crépuscule jetait encore un dernier rayon de lumière sur la ville. Moro se mit immédiatement et furieusement à buriner la dalle qui avait écrasé ses amis, sans savoir qu'à moins de cinquante centimètres sous ses pas, la persévérance d'Oli avait porté fruit : Amélie avait finalement ouvert les yeux. En lui serrant la main, elle lui demanda :

— Que s'est-il passé, Oli ?

— Il y a eu un tremblement de terre, Amélie. La terre a tremblé sous nos pieds et le ciel nous est tombé sur la tête.

— Où est Cat ?

— Elle est saine et sauve. Moro l'a extraite de sous les décombres et l'a emmenée à l'hôpital où elle reçoit des soins. Comment te sens-tu, Amélie ?

— J'ai la sensation d'avoir les cheveux mouillés. Je peux à peine bouger les bras. Je crois que je saigne, Oli. Je dois avoir une blessure quelque part à la tête. Et toi-même ?

— Comme toi, je suis bloqué sur place. J'ai des difficultés à respirer, mais je vais bien. Si tu tournes légèrement la tête à droite, tu peux me voir.

— Oooh ! Tu es passé dans de la farine !? Mais pourquoi fait-il si sombre ?

— Il doit être probablement 6 ou 7 heures, et la nuit est en train de tomber. Je te tiens la main. Tu le sens ?

— Oui, mais je ressens aussi des fourmillements. Ça doit provenir d'un engourdissement...

— Laisse-moi te lâcher la main un instant, pour que le sang puisse recommencer à circuler...

— Non, non, non Oli... *Pa lage-m non ! Kenbe men-m*[625] !

— Je suis là, Amélie. Je ne vais nulle part, dit-il en souriant.

— Oli, *ou kwè nap chape*[626]?

---

[625] Retiens-moi. Ne me laisse pas partir comme ça !
[626] Penses-tu que nous en sortirons ?

— Amélie, ressaisis-toi ! Ne parle pas comme ça !

— Oh ! Oli, il faut parler pourtant, il nous faut parler vrai, *alèkile*[627]. Tout dire, tout te dire... tout t'avouer... avant qu'il ne soit trop tard...

— Amélie, tu... tu... comment dire ?

— Oli, mon gros bébé, ne bégaye pas, je t'en prie. Ne me rends pas la tâche plus difficile. Tais-toi et écoute ce que j'ai à te dire.

— Je t'écoute, Amélie.

— Oli... mon Oli... Sais-tu combien je t'aime ?

— Moi aussi, je t'aime, Amélie...

— Non, Oli, pas comme ça ! Tant de fois, j'ai essayé de te le dire. Tant de fois, je me suis retenue car je croyais naïvement que mon amour devait se mêler de pudeur. Ce que je n'ai jamais oser t'avouer, ma mère sur son lit de mort m'a conseillée de te le confesser et le moment est venu. Je t'aime, Oli ! Tu m'entends ? Je t'aime... corps, cœur et âme. Tu sais, je t'ai toujours aimé et je n'ai jamais digéré que tu aies choisi de devenir prêtre, d'avoir jeté ton dévolu sur l'Église et de m'avoir délaissée.

— Amélie... je... tu sais...

— *Pe bouch ou*[628], Oli ! Je t'appartiens ! À toi seul ! Toute ma vie, je me suis réservée pour toi. Espérant qu'un jour, tu devinerais mes sentiments, que tu réaliserais que tu avais assez donné à ton Dieu et à ton Église et que tu reviendrais à celle que le Grand Maître avait créée pour toi et pour toi seul. Personne ne m'a jamais touchée... personne, tu m'entends ? Je t'ai attendu et, comme *Erzulie Fréda*, je suis restée pure et je suis encore vierge[629]! Lorsque tu as prononcé des vœux de chasteté, moi aussi j'ai pris le même engagement, en souhaitant qu'un jour enfin, tu te réveillerais à l'appel de mon cœur. Que tu me laisserais alors t'emmener dans mon jardin où je t'aurais gardé tout à moi et où je me livrerais enfin à toi... Totalement, sans retenue, sans condition, bien plus, qu'infiniment.

Amélie se tût. À ses côtés, Oli était ébahi. Mille et une pensées lui traversaient l'esprit... et son cœur était à deux doigts d'exploser. Il venait d'entendre ce qu'il avait toujours souhaité, sans jamais oser l'espérer. Il en avait le souffle coupé. Voilà que cet

---

[627] Expression créole qui se traduit littéralement comme suit : « *à l'heure qu'il est* » et qui signifie « *en ce moment.* »

[628] Expression créole qui se traduit littéralement comme suit : « *Paix à ta bouche* » *et qui signifie* « *Ne dis rien.* »

[629] Beauvoir Rachel et Dominique Didier, *Savalou E*, op.cit., page 80.

amour venait de lui être déclaré pendant qu'il était coincé sous une dalle de béton, incapable de s'exprimer. Incapable de joindre les gestes à la parole... Il tressaillait de bonheur, oubliait momentanément sa douleur et sentait que son cœur allait voler en éclats.

— Tu es là Oli, lui demanda Amélie ?

— Oui, Amélie, mon Amélie, Amélie de tous mes rêves... je suis bien là. Que puis-je te dire que tu ne saches déjà ? J'ai pris un engagement face à mon Dieu et face à mon Église ; un engagement que j'ai tout fait pour respecter. Et je suis prêtre, c'est vrai ! Mais je n'en suis pas moins homme et un homme qui t'aime, Amélie. Je t'aime malgré mes engagements, je t'aime malgré mes efforts, je t'aime malgré tous les interdits... Je t'aime, tu m'entends, Amélie ?

Jeune, je t'aimais déjà comme une amie, une sœur. Aujourd'hui, je t'aime comme j'aime l'Église, c'est-à-dire, sans confusion, sans méprise, sans doute. L'esprit clair et le cœur en paix, alors que je rentre dans l'ombre de la vallée de la mort, laisse-moi te déclarer devant Dieu que je t'aime !!!

— Oli, mon amour, ne parle pas comme ça, dis-moi plutôt -t'en souviens-tu ?- ce poème qui parlait de papillons, ce soir où nous avions dansé pour mon anniversaire. Hmmm ! Et *Erzulie* seule sait combien, tout le temps malgré moi, je vois des papillons, même quand ils n'existent pas.

— Amélie, je ne crois pas que je vais sortir vivant d'ici, mais tu es en train de me faire vivre le plus beau moment de mon existence. Ô Amélie, Mélie, mon âme.

— Tu ne m'as jamais autant appelée, plaisanta Amélie. Et voilà que je découvre combien j'adore mon prénom et combien il est beau ! Entre mon âme rebelle et le miel, qui n'est pas dans mon caractère ! Amélie !!! Entends-tu les coups des marteaux ? Ils vont bientôt nous libérer de cette prison de béton et de fer, mon amour... Continue de m'appeler.

— Amélie, je me sens faiblir. J'ai perdu beaucoup de sang.

— Oli, bats-toi ! Bats-toi pour moi, bats-toi pour nous !

— Je ne sens plus rien de mon corps... si ce n'est mon cœur embrasé du plus bel amour... Par ma faute, nous n'avons pas été libres de nous aimer ici-bas... je t'en demande pardon, Amélie. Nous nous reverrons au Paradis. Je pars en emportant notre amour au plus profond de mon âme.

— Oli, reste éveillé… ne ferme pas les yeux, mon chéri. Te rappelles-tu le Cantique des Cantiques, le dialogue de Salomon et de Sulamite ? Que lui avait-il dit lors de leur nuit nuptiale ? T'en souviens-tu ?

D'une voix frêle et en gémissant, Oli commença à déclamer les propos du roi :

— « Tu es toute belle, ma bien-aimée, et sans tache aucune ! […] Tu me fais perdre mes moyens, ma sœur. Tu me fais perdre mes moyens par un seul de tes regards […]. Que ton amour a de charmes, ma sœur ! Que ton amour est délicieux, plus que le vin ! Et l'arôme de tes parfums, plus que tous les baumes ! Tes lèvres distillent le miel vierge. Le miel et le lait sont sous ta langue ; et le parfum de tes vêtements est comme le parfum du Liban[630]. »

— Mon Oli, reste éveillé ! […] « Souffle sur mon jardin et ses arômes s'exhaleront ! Qu'il entre dans son jardin, mon bien-aimé, qu'il en goûte les fruits délicieux[631]. »

— « Je suis entré dans mon jardin », lui répondit Oli d'une voix encore plus faible. « J'ai recueilli ma myrrhe, avec mes aromates, j'ai mangé mon pain et mon miel, j'ai bu mon vin et mon lait[632]. »

Olivier poussa alors un long et profond soupir. Amélie sentit qu'il avait desserré sa main. Elle se retourna pour le regarder. Il avait les paupières closes et souriait. Elle l'appela, une fois, deux fois, trois fois, mais il ne répondit pas. Elle chercha à tâtons la main inerte qu'elle reprit dans la sienne et se mit alors à pleurer en silence. Soudain, comme une bête incapable de s'exprimer autrement, elle hurla sa douleur au Ciel. Elle ferma alors les yeux et eut la sensation d'être envahie par une lumière d'abord diffuse, douce et indécise, mais qui ensuite gagna en intensité et devint d'une blancheur éblouissante. Graduellement, la lueur s'atténua et Amélie put discerner au loin un magnifique mapou tout plein de fleurs bleues, blanches et roses. Un mapou majestueux au pied duquel se tenaient Jésus, *Erzulie* – ou était-ce plutôt la Sainte Vierge Marie ? – Mèmère, Pèpère et Oliver qui, souriants, lui tendaient la main et l'invitaient à les rejoindre de l'autre côté.

---

[630] *Bible de Jérusalem, Cantique des Cantiques*, 4 : 7-15.
[631] Ibid., 4 : 16.
[632] Ibid., 5 : 1.

ÉPILOGUE

Le lendemain du tremblement de terre, Lou et Hélène étaient à Port-au-Prince pour prendre soin de leur fille. Un peu plus tard dans la journée, des sauveteurs avaient extrait les corps d'Amélie et d'Oli qui se tenaient encore la main sous les ruines de l'Asile. Très peu de morgues étaient encore debout. Partout dans la ville, les cadavres commençaient à entrer en décomposition et à empuantir l'air. Lou prit son courage à deux mains, il alla identifier les restes de sa belle-sœur et de celui qu'il aimait comme un frère. Il les transporta à la Petite-Rivière où ils furent enterrés, côte à côte, dans le caveau familial des Baude.

En peu de temps, Cat s'est totalement remise de sa commotion cérébrale. Nous n'avons certes pas pu reprendre nos séances de thérapie et nous nous sommes perdus de vue. Cependant, je suis sûr que, comme moi, elle ne pourrait oublier… m'oublier. Dans le désordre qui a suivi la destruction de l'Asile, je suis parti m'établir à Saint-Marc où j'ai, une fois de plus, recommencé une autre vie bien plus calme cette fois-ci. Un jeune notaire qui vient de prendre la succession de son père m'a offert un emploi. Et de temps à autre, je retourne seul à la Petite-Rivière déposer des fleurs et me recueillir sur les tombes du prêtre et de la manbo, eux qui m'ont soigné et sont si chers à ma mémoire.

Les années ont passé et Cat a terminé ses études. Elle est aujourd'hui psychiatre et a su se bâtir une excellente réputation. En plus de sa pratique privée, elle continue d'exercer à l'Asile, se préparant à prendre la relève du docteur Fénelon, avec toujours ce même enthousiasme et cette même empathie, pour améliorer le sort des « Fous ». Attentive aux recommandations de sa grand-mère, elle a finalement levé la tête et est tombée follement amoureuse d'un jeune entrepreneur de la Grande-Anse. Un homme de bien dans tous les sens du mot rencontré dans le cadre d'un tournoi sportif inter-universitaire.

Je les ai croisés deux ou trois fois dans les rues de la Petite-Rivière, sans me faire voir, et même, lors du deuxième anniversaire de la catastrophe, nous avons failli nous retrouver « barbe pour barbe » au cimetière. Je me suis rapidement défilé. Elle m'aurait certainement reconnu ! Mais à quoi bon faire remonter les souvenirs de la vie d'avant et troubler une sérénité fragile si chèrement acquise, en feignant d'oublier cette vie d'avant-là.

Il faut revivre plutôt que survivre : on ne survit pas à un tel drame, on doit en mourir, comme le grain tombé en terre doit mourir pour que fleurisse l'Espoir des hommes... et après, revenir à la vie envers et contre soi-même. Cela prendra le temps qu'il faudra.

Et pour Cat, voici venir ce temps... Le mariage, la promesse d'une vie calme, une nouvelle famille, des enfants, des parents bientôt vieux, à chérir encore plus, avant de leur fermer les paupières pour retourner à l'ordre raisonnable des choses. Le souvenir d'un parrain, d'une marraine si spéciaux, mentors complices dans la vie d'avant. Guides invisibles unis dans l'éternité, absence pénible et douleur exquise de l'âme de la vie de maintenant.

Aujourd'hui c'est la fête des Morts, la fête de mes morts. Mon Dieu ! Qu'est-ce que j'en ai ! Chaque année, à la même date en priant et en jetant de l'eau[633], je me retrouve à me remémorer, avec une gratitude certaine et un cœur serein, le souvenir de tous ceux qui sont passés de l'autre côté et ont fait de moi ce que je suis, avec mes qualités et les défauts de mes qualités.

Aujourd'hui cependant est un jour différent. Le jour où je suis sorti du lit avec cette horrible sensation d'avoir dans la gorge, un petit caillou qui l'écorche et n'arrive pas à passer. Inexorablement, et au fil d'un chapelet que j'égrène, je retourne à tous ces autres morts fauchés par une si absurde violence – Anacaona, Boukman, Toussaint, Dessalines... Antoine, Antoinette, Jacko, Diego, Guyteau, Jean, Mireille, Nadim, Josette, Sarahdjie, Sondjie, Luisa, Geneviève, Fritzson... – eux-aussi, mes morts et qui, loin de contribuer à ma sérénité, me tourmentent, me pèsent sur le cœur et l'âme et m'amènent là où je ne voudrais pas succomber.

Soudain, tout autour de moi, un vent venu de je-ne-sais-où agite la couronne des palmiers et le temps s'assombrit. Les Saints et les *Lwa* se trompent : ils croient que je leur demande de la pluie...

---

[633] Verser trois gouttes d'eau sur le sol en l'honneur des morts.

POSTFACE

La première idée qui m'est venue à l'esprit en apprenant la sortie des *Mémoires d'un Fou est* que Daniel-Gérard Rouzier avait pris le chemin de la fiction pour raconter son propre vécu. Autrement dit, les mésaventures d'un idéaliste tombé dans les chausse-trappes de la jungle politique haïtienne. En fait, j'étais parti de l'idée très répandue – mais souvent contredite dans les faits – qu'un premier roman est toujours autobiographique et j'avais hâtivement conclu que celui-ci était l'histoire de la vie de son auteur. Il aura suffi que j'en lise les premières pages pour comprendre que le livre que j'avais en main n'était en rien une autobiographie. Et qu'il aurait pu, tout au plus, porter la marque de l'arrière-goût amer de rendez-vous manqués avec l'Histoire.

Je n'ai donc pas tardé à me rendre compte de mon erreur de départ : les pages de ce volumineux roman ne sont nullement les confessions d'un Daniel déçu et désabusé, ni le plaidoyer d'un citoyen désireux de laisser à la postérité une image de héros séduisant ou un modèle de civisme. Elles sont plutôt le récit de 500 ans d'une histoire tragique racontée par un mystérieux personnage rappelant à s'y méprendre *Forrest Gump.* Ce personnage mythique d'Hollywood qui se retrouve toujours au cœur de l'action ou dans l'entourage des gens qui font l'Histoire.

À la manière d'un cinéaste ou d'un dramaturge, Daniel a monté un scénario de film et il l'a centré sur quatre personnages : le Fou, dont le vrai nom Kassim Oumarou Dos Santos incarne, à lui seul, les vieux mondes européen, africain et arabe; une étudiante en médecine tourmentée par le problème des troubles mentaux; une bourgeoise bon teint convertie au vodou et qui s'assume dans un rôle de manbo; un prêtre catholique dont les déchirements et la pondération apportent une touche particulièrement originale au récit.

Entre l'élément déclencheur qu'est l'effondrement d'une école entraînant la perte de parole chez la mère d'une des victimes et le dénouement final du roman, l'action se déroule à un train d'enfer. Entrecoupé de courtes digressions, de coups de frein et d'accélérations, le récit prend l'allure d'un authentique thriller.

Une sainte horreur de l'à-peu-près

Contrairement aux nombreux dramaturges et romanciers qui, pour les besoins de la cause, donnent allègrement dans l'invraisemblable et les faussetés, Daniel manifeste un souci rigoureux de la mesure et de la précision dans sa reconstitution du passé. Il a vérifié tous les faits évoqués dans son livre sans jamais sortir de la fiction. La seule interrogation qui reste omniprésente dans toutes les pages du livre est celle qui a trait à la folie annoncée du narrateur.

De toute évidence, l'auteur a horreur de l'à-peu-près, des anachronismes et des confusions qui abondent dans les ouvrages de ce genre. Aussi a-t-il pris le temps de documenter correctement l'authenticité de tous les faits relatés et de les raconter avec soin. Et quand, dans un cas précis comme l'assassinat de Capoix-La-Mort, la lumière n'est pas encore faite sur un important point d'histoire, il expose la controverse dans une note de bas de page. Ainsi, on pourrait même citer son livre comme référence dans les travaux d'histoire les plus sérieux si le roman historique était admis en preuve. J'ai fait un cheminement similaire au sien en écrivant mon livre d'histoire *Haïti : Extermination des Pères fondateurs et Pratiques d'exclusion*. Sans qu'aucun de nous deux ait lu l'autre, nous avons fait les mêmes découvertes et les mêmes observations sur les grandes figures de notre histoire.

Un travail de moine

Devant l'immensité de la tâche accomplie par Daniel, j'ai vu au moins dix ans de travail. Daniel m'a précisé avoir consacré trois ans à l'écriture... auxquelles il faut ajouter vingt ans de lectures et de réflexions. Je n'avais donc pas exagéré. Cette œuvre est le fruit d'un travail patient, méthodique et mené de bonne foi, sans parti-pris idéologique ou autre. Bravo, Daniel continue sur ta lancée !

Avec ce coup d'essai qui s'est révélé un coup de maître, Daniel est entré par la grande porte dans les lettres haïtiennes. Les bousculades et l'engouement auxquels le lancement du livre a donné lieu à La Réserve à Pétion-Ville sont une consécration qui invite l'auteur à poursuivre le travail si bien commencé.

Un coup de frein, deux coups d'accélérateur

Une des choses que j'ai le plus aimée dans le livre, c'est l'habileté avec laquelle l'auteur applique les freins, appuie ensuite sur l'accélérateur et vice-versa. Avec un art consommé, il accélère la narration quand le fou déballe des affirmations déconcertantes, invraisemblables ou à peine crédibles, suscitant doutes, questionnements et impatience. Puis, brusquement, un coup de frein, une digression même dans laquelle il insère le début d'une histoire d'amour complètement inattendue. L'ajout de ce *piman bouk* à la recette va donner une saveur irrésistible au plat de résistance.

Dans ce premier quart du 21e siècle, où les méthodes traditionnelles de séduction ont disparu pour céder la place à des pratiques frisant la goujaterie, Daniel a eu l'idée géniale de « laisser le temps au temps » dans l'esquisse de l'idylle naissante. Il a ainsi opté pour la maturation des désirs contenus, forçant souvent ses personnages à avancer à reculons dans la satisfaction de leurs désirs. En observant la valse-hésitation dans laquelle le révérend Oli et son amie d'enfance Amélie se laissent emporter, le lecteur est tellement emballé qu'il néglige de tourner les regards vers le marionnettiste qui tire les ficelles, et l'enchantement est total. On dirait Alice au pays des merveilles !

On se souvient alors des consignes du révérend père Solages, des Cayes, qui répétait sans cesse aux jeunes filles des années 60 qu'il valait mieux s'endormir avec un regret que de se réveiller le lendemain avec un remords. Vus sous cet éclairage, Oli et Amélie apparaissent comme deux personnages d'un autre temps égarés dans la dépravation caractéristique de notre époque. Le premier, comme un héros cornélien, la seconde, comme une créature sortie tout droit d'une tragédie de Racine.

Comme si Daniel-Gérard Rouzier se jouait de nos sentiments, il nous entraine tour à tour dans des moments d'angoisse qu'il atténue avec les petits pas de la relation amoureuse inavouée entre le prêtre et la manbo. Les temps ayant changé, les lecteurs d'aujourd'hui s'insurgent presque de voir les choses évoluer si lentement, mais le régisseur sait bien où il veut les mener et il ne se presse pas. Avec une rare maîtrise du genre, il oriente et dose méthodiquement les rencontres avec le Fou jusqu'au jour où un violent de coup de tonnerre vient tout chambarder. Au grand soulagement du lecteur chauffé à blanc. Poussé au bout de la patience.

La très longue histoire de violence, de génocides et de commotions sociales échelonnée sur plus de cinq siècles s'achève alors dans un soupir de soulagement. Daniel a gagné le pari d'offrir à notre délectation un roman historique à la fois captivant et instructif. Rafraichissant également malgré toutes les embuches dressées sur notre passage.

Bref, il y a de tout dans ces *Mémoires d'un Fou* : une revue de cinq siècles d'histoire allant de la découverte du Nouveau Monde à la crise actuelle, en passant par le séisme du 10 janvier 2010; un aperçu déroutant des problèmes de santé mentale observés au quotidien dans un pays de traumatismes permanents et qui refuse d'entendre parler de psychiatres; une succession d'instantanés à la fois pittoresques et réalistes de la société haïtienne de diverses époques; la petite histoire d'un grand amour interdit arrivé, selon les lecteurs, comme un cheveu sur la soupe, une cerise sur le gâteau ou le sel qui manquait à la recette d'un succès certain.

Prodige d'imagination, tour de magie ou intuition géniale ? Je ne saurais dire. Je sais seulement que je mourais d'impatience pendant que je parcourais fiévreusement les dernières pages du roman et que Daniel mettait fin au suspense avec une habileté consommée. Un roman historique haïtien comme on en voit rarement !

Eddy Cavé
Le 17 octobre 2024

1. Ardouin Beaubrun, *Étude sur l'histoire d'Haïti, Tome 1*, Dezobry et E. Magdeleine, Lib.-éditeurs, Paris, 1853.

2. Ardouin Beaubrun, *Étude sur l'histoire d'Haïti, Tome 6*, Dezobry et Magdeleine, Haïti, 1853.

3. Ardouin Beaubrun, *Études sur l'Histoire d'Haïti, Tome Sixième*, Dalencour, Port-au-Prince, 1958.

4. Arrington Phillips Anghelen, *Gingerbread Houses, Haiti's Endangered Species*, Imprimerie Henri Deschamps, Haïti, 1975.

5. Auguste Magloire, *Le Matin,* collection 1910, cité par Œdipe du 19 novembre 1969.

6. Barthélémy, Gérard, *Le rôle des bossales dans l'émergence d'une culture de marronnage en Haïti*, Cahiers d'études Africaines, vol. 37, n°148, 1997. La Caraïbe.

7. Barthélémy Gérard, *L'univers rural haïtien, le pays en dehors*, Éditions l'Harmattan, Paris, 1991.

8. Beauvoir Rachel et Dominique Didier, *Savalou E*, Les éditions du CIDIHCA, Montréal, 2003.

9. Beauvoir, Max G, *Lapriyè Ginen*, Presses Nationales d'Haïti, Port-au-Prince, 2008.

10. Bible de Jerusalem.

11. Bible TOB (Traduction œcuménique de la Bible).

12. Bible de Louis Segond.

13. Blancpain François, *Un siècle de relations financières entre Haïti et la France*, L'Harmattan, 2001.

14. Bolivar Anne Myriam, *Maladie mentale : des Haïtiens se tournent vers le vodou pour remède,* Global Press Journal, 29 septembre 2021.

15. Bonnet Edmond, *Souvenirs historiques de Guy-Joseph Bonnet*, Auguste Durand, Librairie, Paris, 1864.

16. Borno Louis, *Le Denier, Offrande Mariale*, L'Étoile de Port-de-Paix, Haïti, 1921.

17. Borno, Président Louis, *Discours prononcé le 1er janvier 1928 à l'inauguration du monument érigé sur la place de l'Indépendance, en l'honneur de Jean-Jacques Dessalines et d'Alexandre Pétio*n.

18. Camus, Albert, *Le Mythe de Sisyphe*, Gallimard, France, 1942.

19. Chantrans Girod, *Voyage d'un Suisse dans différentes colonies d'Amérique*, Neuchâtel 1785.

20. Charlemagne Manno, *La Fimen*, 2006.

21. Clammer Paul, *Black Crown*, Hurst and Company, London, 2023.

22. Colomb Fernand, *Histoire de la vie et des Découvertes de Christophe Colomb*, traduite par Eugène Miller de la Bibliothèque de l'Arsenal, Maurice Dreyfous, Éditeur, Paris, 1879.

23. Compendium de la Doctrine Social de l'Église, https://www.vatican.va/roman_curia/pontifical_councils

24. Congreve, W., *The Works of Mr. Congreve: Volume 2. Containing: The Mourning Bride; The Way of the World; The Judgment of Paris; Semele; and Poems on Several Occasions*, Adamant Media, London, 2001.

25. Constitution de 1801.

26. Constitution de 1805.

27. Corvington Georges, *Port-au-Prince au cours des ans, 1804-1888, tome III*, Imprimerie Henri Deschamps, Haïti, 1993.

28. Corvington Major Paul, *Exposé de la bataille de Vertières*, Armée d'Haïti, Haïti 1954.

29. Courrier International, *Mais où diable est passé l'argent de la reconstruction ?* 12 janvier 2012.

30. Daniel Supplice, *Dictionnaire biographique des personnalités politiques de la République d'Haïti*, C3 éditions, 2014.

31. David Placide, *Études Historiques,* C3 Éditions, Haïti 2019.

32. David Placide, *Figures historiques,* C3 éditions, Haïti 2013.

33. De Bercy Droin, *De Saint-Domingue, de ses guerres, de ses ressources*, Paris 1814.

34. Delatour Patrick, *Qui est l'Architecte de la citadelle Henry,* Le bulletin de l'ISPAN, No. 43, avril 2021.

35. De Vaissière Pierre, *Saint-Domingue : la société et la vie créoles sous l'ancien régime (1629-1789)*, Perrin et cis, Paris, 1908.

36. Descourtilz M.E., *Voyages d'un Naturaliste, Tome Second,* Dufart, Père, Paris 1809.

37. Desmornes Carl-Henri, *Ti limyè sou vaudou*, Port-au-Prince 2013.

38. Dominique Didier, *Odeur de Soufre*, Éditorial de Casa de Las Americas, La Havane, Cuba, Décembre 2022.

39. Dorsainvil Justin-Chrysostome, *Manuel d'Histoire d'Haïti*, Procure des Frères de l'Instruction Chrétienne, Port-au-Prince, 1934.

40. Dorsainvil Justin-Chrysostome, *Histoire d'Haïti, Tome I, 1492-1915*, Éditions Henri Deschamps, 2018.

41. Ducœurjoly S.J., *Manuel des habitants de Saint-Domingue*, Lenoir, Paris, 1802.

42. Dumas Alexandre, Le Collier de la Reine, Deuxième série des mémoires d'un médecin, Méline, Cans et Compagnie, Bruxelles, 1849.

43. Dominique Jean Léopold, Archives de Radio Haïti Inter, Duke University Digital Repository.

44. Élie Louis-Émile, *La vie tragique du Roi Christophe*, C3 Éditions, Collection Textes Retrouvés, Port-au-Prince, Haïti, 2020.

45. Fick Carolyn E., Haïti, *Naissance d'une nation*, Éditions de l'Université d'État d'Haïti, 2017.

46. Fignolé Jean-Claude, *Moi, Toussaint Louverture*, Éditions Plume et Encre, Montréal 2004.

47. Finley James, *Exploring the Mystics*, Center for Action and Contemplation, New Mexico, October 14, 2017.

48. Firmin Anténor, *M. Roosevelt président des États-Unis et la République d'Haïti*, F. Pichon et Durand-Audias, Paris, 1905.

49. Fouchard Jean, *Histoire d'Haïti, 1804-1990, Tome II*, Imprimerie Henri Deschamps, 2017.

50. Fouchard Jean, *La Méringue, danse nationale d'Haïti*, Port-au-Prince, Deschamps, 1988.

51. Fouchard Jean, *Les Marrons de la Liberté*, Éditions Henri Deschamps, Haïti 1988.

52. France Anatole, *Les désirs de Jean Servin*, Calmann-Lévy, Éditeurs, Paris, 1921.

53. French Howard, *Study Says Haiti Sanctions Kill Up to 1,000 Children a Month*, New York Times, November 9, 1993.

54. Frossard, *La Cause des nègres esclaves*, Lyon, 1789.

55. Gaillard Roger, *Charlemagne Péralte Le Caco*, Collection Les Blancs débarquent, R. Gaillard, Port-au-Prince, 1982.

56. Garfield Richard, *Effets des Sanctions sur la Santé et le Bien-être des Populations*, Réseau aide d'urgence et de réhabilitation, février 2000.

57. Gómez Alejandro E., *Le Spectre de la Révolution Noire*, Presses universitaires de Rennes, OpenEdition Books, 2017.

58. Griggs Earl Leslie and Prator Clifford H., *Henry Christophe & Thomas Clarkson a correspondence;* University of California Press, 1952.

59. Hall Alin Louis, *La Péninsule Républicaine*, Collection Estafette, Haïti 2014.

60. Hochmann Jacques, *La peur du fou*, Érudit, Volume 6, numéro 1, juin 1981.

61. Hurbon Laënnec, *l'Insurrection des esclaves de Saint-Domingue*, Les Éditions Karthala, Paris, 2000.

62. Inginac Joseph Balthazar, *Mémoires*, Imprimé par J.R. De Cordova, Kingston, Jamaïque, 1843.

63. Janvier Louis-Joseph, *Les constitutions d'Haïti (1801-1885)*, C. Marpon et E. Flammarion, Paris, 1886.

64. Jean Paul II, *Crossing the Threshold of Hope*, Alfred A. Knopf, Inc, New York, 1994.

65. Jean-Paul II, *Discours à la Communauté catholique de l'île de Gorée dans l'Église de Saint-Charles-Borromée*, le 22 février 1992.

66. Jean-Paul II, *Homélie du mercredi 9 mars 1983*, Port-au-Prince, Haïti, in www.vatican.va.

67. Jocelyn Marcelin, *La Guerre de l'Indépendance dans le Sud (1935)*, C3 éditions, Haïti, 2018.

68. Krawec Patty, *Becoming Kin: An Indigenous Call to Unforgetting the Past and Reimagining Our Future*, Broadleaf Books, Minneapolis, 2022.

69. Labat, *Nouveau Voyage aux Isles de l'Amérique, Tome Premier*, Chez Husson et al, La Haye MDCCXIV, 1714.

70. Laurent Gérard M., *Pages d'Histoire d'Haïti*, Imprimerie La Phalange, Haïti, 1960.

71. Lee Hannah Sawyer, *Memoir of Pierre Toussaint, born a slave*, Crosby, Nichols and Company, Boston, 1854.

72. Leech Kenneth, *The Social God*, Wipf and Stock Publishers, Eugene, Oregon 1981.

73. Le Nouvelliste (archives en ligne).

74. *Les décorations Haïtiennes à travers l'histoire*, Collection du Tri-cinquantenaire de la République d'Haïti, 1954.

75. *Les Échos, Haïti et les sanctions*, éditorial en ligne, 31 août 1993.

76. *Lettre de Vilton à Christophe*, 28 Germinal, année 10 (16 avril 1802), Reed, Law Book Sellers, London, 1816.

77. Lewis Jacqui, *Fierce Love: A bold path to ferocious courage and rule-breaking kindness that can heal the world*, Harmony Books, New York, 2021.

78. *Livre d'Or du Bicentenaire de la République d'Haïti (1804-2004)*.

79. Madiou Thomas, *Histoire d'Haïti, Années 1492-1799*, Deuxième édition, Imprimerie Chenet, Haïti, 1922.

80. Madiou Thomas, *Histoire d'Haïti, Tome deuxième*, imprimerie de Jh. Courtois, 1847.

81. Madiou Thomas, *Histoire d'Haïti, Tome troisième*, Imprimerie de Jh. Courtois, Port-au-Prince, 1848.

82. Madiou Thomas, *Histoire d'Haïti, Tome V, 1811-1818*, Imprimerie Deschamps, Haïti, 1988.

83. Malenfant Colonel, *Des Colonies et particulièrement de celle de Saint-Domingue*, Audibert, Paris, Août 1814.

84. Marius André, *La Véridique Aventure de Christophe Colomb*, Librairie Plon, Paris, 1927.

85. Ménier M. A. et Debien G., *Journaux de Saint-Domingue, Outre-Mers*. Revue d'Histoire des Colonies, Paris, 1949.

86. Métraux Alfred, *Croyances et pratiques magiques dans la vallée de Marbial*, Journal de la société des américanistes, 1953.

87. Métraux Alfred, *Le Vaudou Haïtien*, Gallimard, Paris, 1977.

88. Monteil C. , *Les Bambaras du Ségou et du Kaarta*, G.P. Maisonneuve et Larose, Paris, 1977.

89. Muyart de Vouglans Pierre-François, *Les Loix criminelles de France*, T1, Paris, 1781.

90. Nau, Emile Baron, *Histoire des caciques d'Haïti*, Gustave Guérin et Compagnie, Éditeurs, Paris, 1894.

91. Pierre Ericq, *La double dette de l'Indépendance et nous*, Le Nouvelliste, 18 juillet 2022.

92. Placide-Justin, *Histoire Politique et Statistique de l'île d'Hayti*, Imprimerie d'Hippolyte Tilliard, Paris 1826.

93. Planson, Claude, *un initié parle*, Éditions J'ai lu, France, 1974.

94. Powles Louis D., *The Land of the Pink Pearl, or recollections of life in the Bahamas,* Sampson low, Marston, Searle, & Rivington, London, 1888.

95. Price-Mars Jean, *La République d'Haïti et la République Dominicaine, Tome 1*, Collection du Tri cinquantenaire de l'Indépendance d'Haïti, Port-au-Prince, 1953.

96. Prudhomme Claude, *La papauté face à l'esclavage : quelle condamnation ?* Mémoire Spiritaine, 9, Duquesne Scholarship Collection, 2019.

97. Racine Jean, *Bérénice*, Œuvres complètes de Jean Racine, II, 2, Imprimerie de Crapelet, Paris, 1811.

98. Ragon Pierre, *Les lectures françaises de Bartolomé de Las Casas, de Jacques de Miggrode à l'abbé Grégoire*, Université de Rouen, 2016.

99. Rousseau Jean-Jacques, *Lettres écrites de la montagne*, Collection complète des œuvres, Genève, 1780-1789, vol.6, in-4°, édiction en ligne, www.rousseauonline.ch, version du 7 octobre 2012.

100. Rouzier Raoul, *Missions Diplomatiques et Consulaires*, Imprimerie de l'État, Port-au-Prince, 1944.

101. Rouzier Semexan, *Dictionnaire géographique et administratif universel d'Haïti*, Imprimerie Brevetée Charles Blot, Paris 1898.

102. Saint-Rémy, *étude historique et critique des Mémoires du général Toussaint Louverture écrits par lui-même*, Pagnerre, Librairie-Éditeur, Paris, 1853.

103. Saint-Rémy Joseph, *Pétion et Haïti*, Deuxième Édition, Librairie Berger-Levault, Paris, 1956.

104. Salès Jacques, *Haïti, naissance tragique,* Éditions France-Empire Monde, Paris 2012.

105. Sannon Horace Pauléus, *Boisrond-Tonnerre et son temps, 1904*, C3 éditions, Port-au-Prince, Haïti, 2013.

106. Sannon, H. Pauléus, *Histoire de Toussaint Louverture, Tome Premier*, Imprimerie Auguste Héraux, Haïti 1920.

107. Sartre, Jean-Paul, *Situations II*, Gallimard, Paris, 1948.

108. Schmidt Hans, *The United States Occupation of Haiti, 1915-1934*, Rutgers University Press, NJ, 1971.

109. Soukar Michel, Sylvain Salnave, La douce-amère, C3 édictions, Port-au-Prince, Haïti, 2021.

110. Stahl Friedrich-Christian, *Batsch, Karl Ferdinand*. In: Neue Deutsche Biographie (NDB). Band 1, Duncker & Humblot, Berlin 1953.

111. Steele Michael R., *Christianity, the other, and the Holocaust*, Greenwood Press, 2003.

112. Thomasson Fredrik, *Sweden and Haiti, 1791–1825: Revolutionary Reporting, trade, and the Fall of Henry Christophe*, Uppsala University, The Journal of Haitian Studies, Volume 24 No. 2, 2018.

113. Tournefort Josephi Pitton, *Institutiones Rei Herbariae*, Tomus Primus, Parisiis, 1700.

114. Trouillot Michel Rolph, *Ti Dife Boule sou Istwa Ayiti,* New York, 1977.

115. Vandercook John W., *Black Majesty*, Harper and Brothers Publishers, New York, 1928.

116. Villacañas Berlanga José Luis, *Recordar y olvidar*, Seminario Interdisciplinar, Consello da cultura galego, Galicia, 2008.

117. Zweig Stefan, *Magellan*, Éditions Grasset, 1938.

Made in the USA
Columbia, SC
08 December 2024

48691674R00246